豊臣秀吉像（佐賀県立名護屋城博物館蔵）

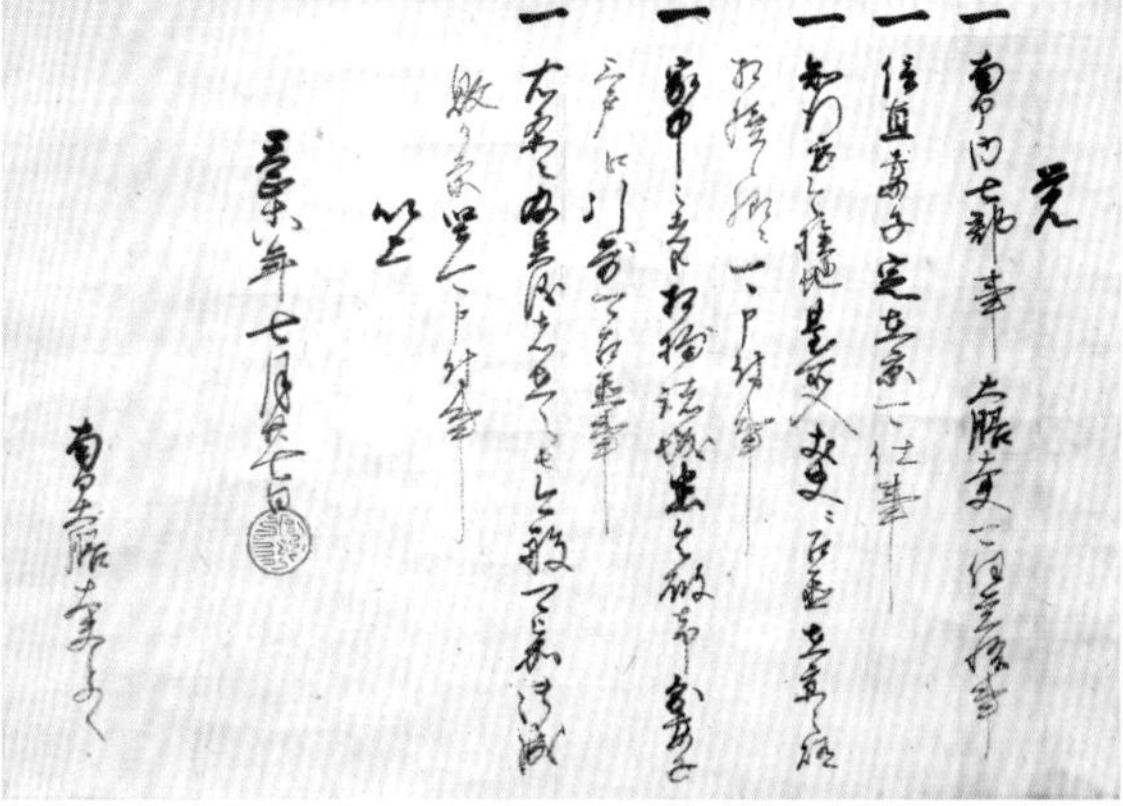

豊臣秀吉朱印状
（もりおか歴史文化館蔵、本書P179史料一・P197資料一）

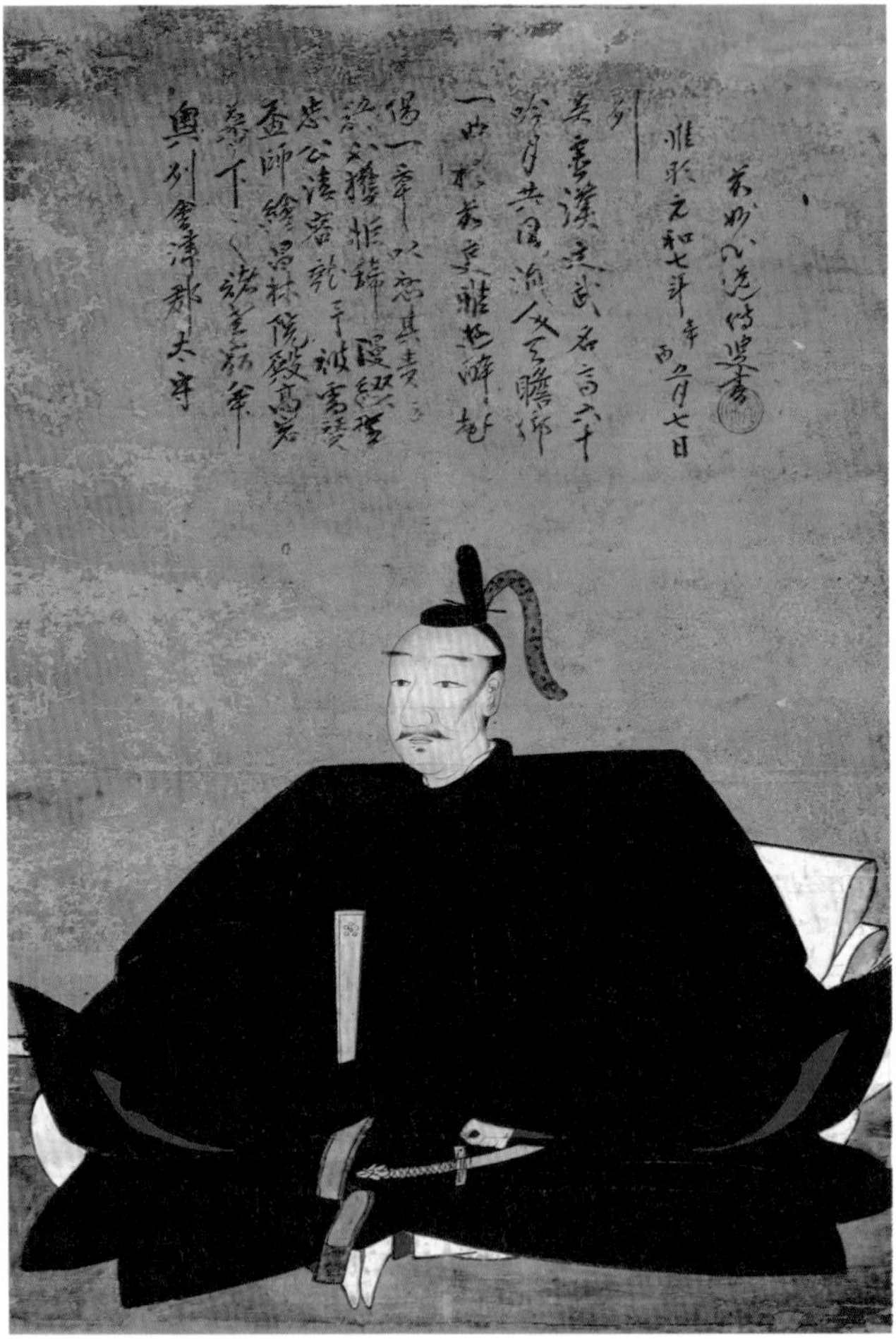

蒲生氏郷像（西光寺蔵、福島県立博物館寄託、本書P41）

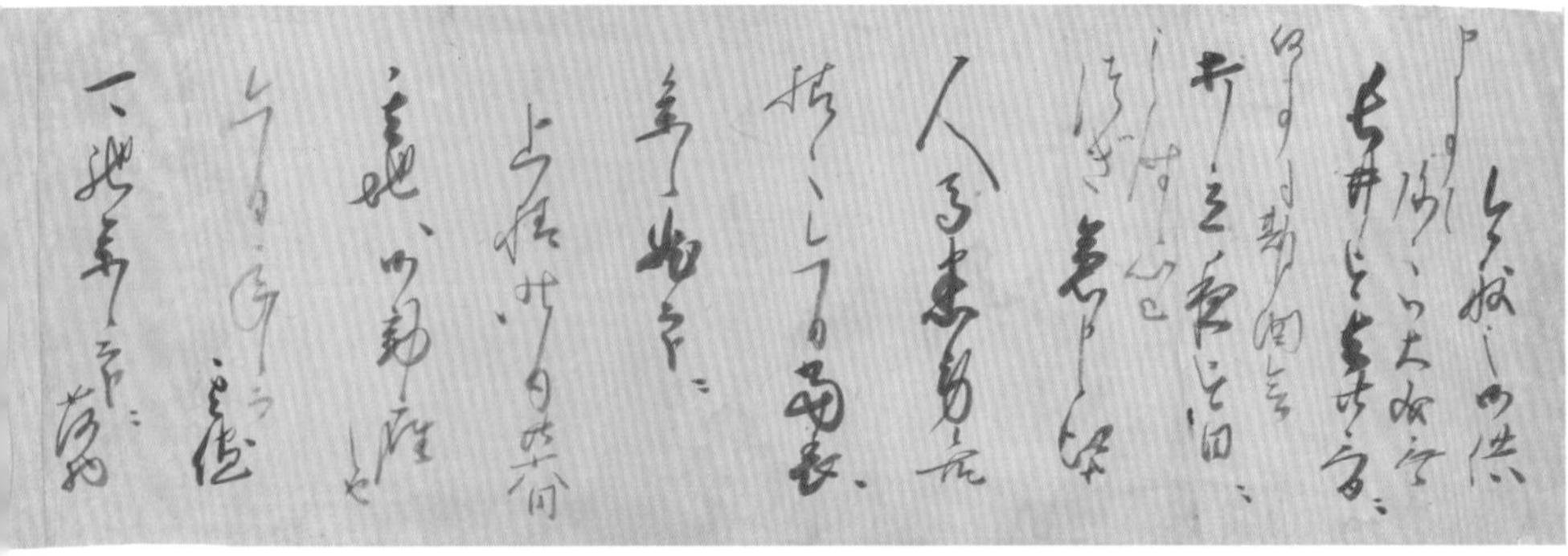

徳川家康像（栃木県立博物館蔵）

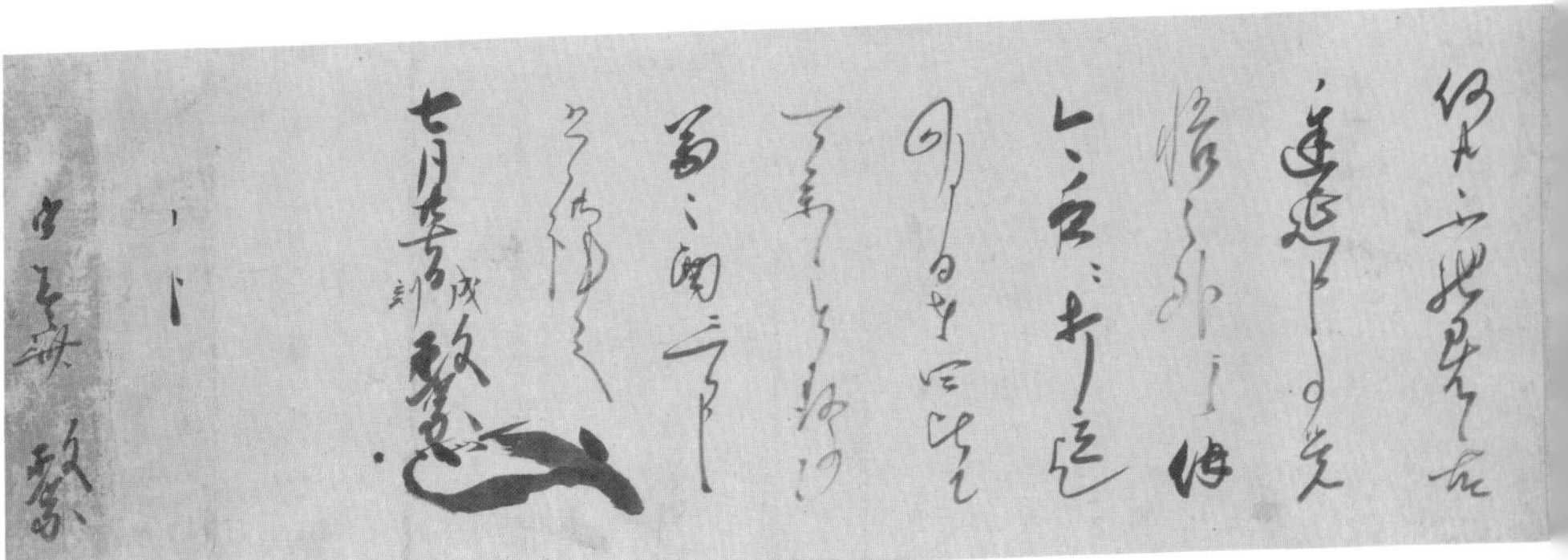

伊達政宗自筆書状（栃木県立博物館蔵、本書P17）

最上義光所用　三十八間総覆輪筋兜
（最上義光歴史館蔵、本書p.258）

上杉景勝像（米沢市上杉博物館蔵）

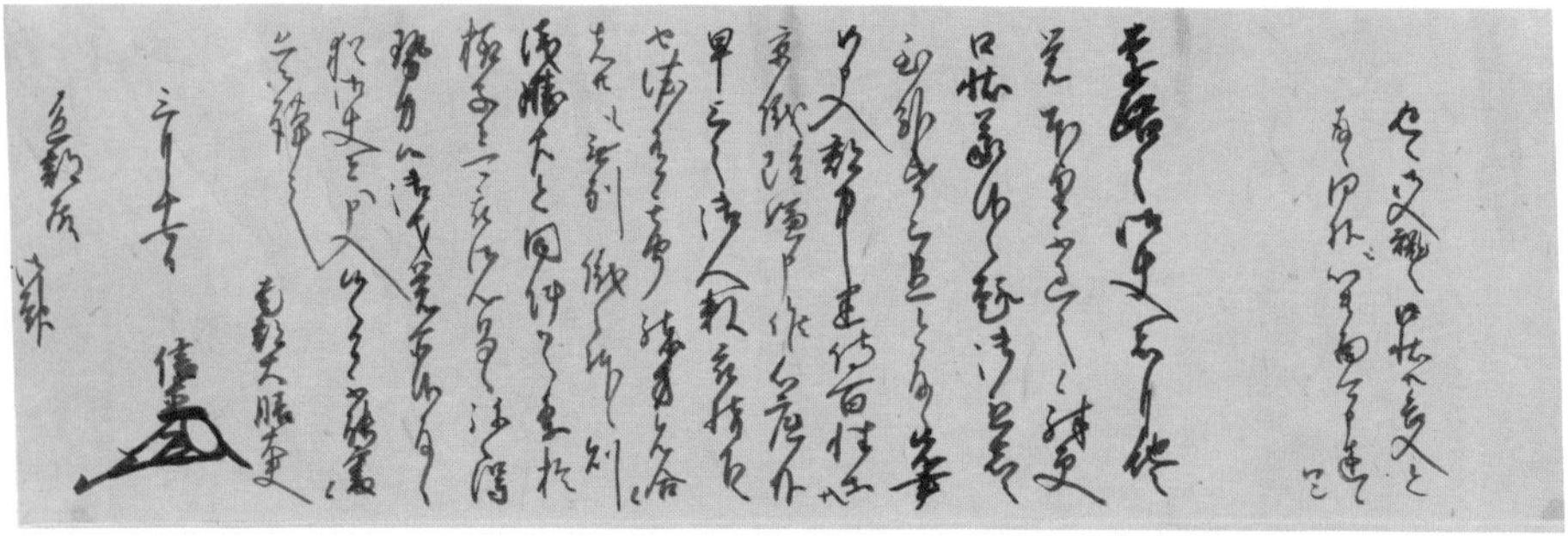

南部信直書状（新潟県立歴史博物館蔵、本書p.203資料六）

秀吉の天下統一
奥羽再仕置

江田郁夫〈編〉

勉誠社

秀吉の天下統一 奥羽再仕置

江田郁夫〈編〉

第III部◆出羽の再仕置

付録

・使用図版
本扉＝最上義光所用　三十八間総覆輪筋兜（最上義光歴史館蔵）
目次＝「南部家歴代当主画像」のうち南部信直（もりおか歴史文化館蔵）

序　豊臣秀吉の天下統一

江田郁夫

えだ・いくお――宇都宮短期大学人間福祉学科教授。専門は日本中世史。主な著書に『下野の中世を旅する』（随想舎、二〇〇九年）、『中世東国の街道と武士団』（岩田書院、二〇一〇年）、『戦国大名宇都宮氏と家中』（岩田書院、二〇一四年）などがある。

一、天下統一はいつ？

秀吉の天下統一は、たとえば高校生の日本史の教科書にはつぎのように記されている。

一五八五（天正十三）年、秀吉は朝廷から関白に任じられると、天皇から支配権をゆだねられたと称して、全国の戦国大名に停戦を命じ、領土の裁定を秀吉に任せることを強制した。一五八七（天正十五）年には、これに違反したとして九州の島津氏を制圧し、一五九〇（天正十八）年には関東の北条氏をほろぼし（小田原攻め）、東北の伊達氏を服属させて全国を統一した。

（『高校日本史改訂版』山川出版社、二〇一九年）

そして、「天皇から支配権をゆだねられたと称して、全国の戦国大名に停戦を命じ、領土の裁定を秀吉に任せることを強制した」という一節には、「この政策を惣無事令とよぶことがある」との注釈がくわえられている。「惣無事令」とは、戦国時代史研究の泰斗、藤木久志氏が上梓した『豊臣平和令と戦国社会』（東京大学出版会、一九八五年）の代表的な研究成果のひとつであり、この点について身近な国語辞書にはこうある。

豊臣秀吉が戦国大名に発した戦争停止命令。領土紛争は豊臣政権の裁定により解決し、違反者は武力制裁の対象

となるという内容で、島津氏・北条氏討伐の正統性の根拠とされた。（『広辞苑第七版』岩波書店、二〇一八年）

ともに二〇一八～九年ごろの代表的な教科書・辞書類に示された理解を例示した。[1] その後も「惣無事令」をめぐっては、その実態や発令時期、あるいは豊臣政権の政策基調などの諸点を中心に現在にいたるまで活発な議論が繰り広げられてきている。[2]

いっぽう、定説化したかにみえる「関東の北条氏をほろばし（小田原攻め）、東北の伊達氏を服属させて」完成した、「一五九〇（天正十八）年」の天下統一だが、はたしてその点はどうか。すでにこれについても東北戦国史のパイオニア、小林清治氏によって『奥羽仕置と豊臣政権』『奥羽仕置の構造――破城・刀狩・検地』（ともに吉川弘文館、二〇〇三年）の二書が公刊され、東北地方における天下統一の内実が体系的・網羅的に解明されている。

小林氏は、奥羽仕置を「豊臣政権がみずからの全国支配を完結させるべく、天正十八年（一五九〇）から翌十九年にかけて陸奥・出羽の二国、すなわち奥羽に対して強行した豊臣体制化の推進」と位置づけ、具体的には破城（城わり）・検地・刀狩と諸大名の参勤・大名妻子の在京などにより東北の近世化（集中的封建制の樹立）が強行されたとする。

また、それへの反対闘争である奥羽諸一揆の制圧と戦後処理を奥羽再仕置とよび、再仕置は天正十九年秋にようやく終了したという。つまり、秀吉が「日本全国を完全に支配下に収め、強力な集中的封建制をきずきあげた」のは、実際には天正十九年だったことになる。さきに教科書でみた全国統一とは、あくまで「仮」（暫時それと決めること。永久でないこと。まにあわせ。かりそめ。以上『広辞苑第七版』）統一であって、「本」（まこと。正しい、正式のもの。同上）統一ではなかった、といえようか。

それでは「仮」統一から「本」統一までには、いったい何があったのか。本書では、秀吉の天下統一を対象地域となった関東・東北の諸事例から再検討をくわえる。これにより、統一の舞台裏をあきらかにするとともに、あわせて近年さかんな「惣無事令」をめぐる議論にもあらたな一石を投じたい。

二、天下統一の推移と本書の構成

天正十八年三月一日、相模小田原城の北条氏政・氏直父子征討するために京都を出陣した秀吉は、麾下二〇万を超える大軍で小田原城をはじめとする北条方諸城を攻め、同年七月五日に氏直らを降参させた。北条氏を滅ばした秀吉は、その後、下野宇都宮、つづいて陸奥会津へと下向し、両地で関東・東北地方の戦後処理方針や占領政策をあいついで発令した。そしてそれらは、現地に下った秀吉諸将や秀吉に服属した大名・国人たちによって実行に移された。

当時、「征服した国や土地に砦を造っておく、または、守備兵をおく」(『日葡辞書』)などといった占領政策全般を仕置とよんでおり、本書では宇都宮で秀吉が発令・実行した諸施策を宇都宮仕置、また会津でのそれを会津仕置とよぶこととする。[3] また、それら諸施策の対象地に注目すれば、秀吉は宇都宮では関東の仕置(関東仕置)と東北の仕置(奥羽仕置)の両方を指示し、会津ではおもに東北の仕置(奥羽仕置)がおこなわれて、秀吉家臣の蒲生氏郷が会津、同じく木村吉清が改易された葛西・大崎氏の旧領をそれぞれ拝領した。そしてその後、秀吉は南会津経由でふたたび宇都宮に戻り、九月一日には京都に凱旋している。

ところが、はやくも九月下旬に出羽仙北地方で一揆がおこり、十月になると陸奥では葛西・大崎一揆、和賀・稗貫一揆、また出羽でも庄内一揆などが続発した。くわえて、葛西・大崎一揆鎮圧に向かった伊達政宗と蒲生氏郷との反目が表面化するなど、さっそく豊臣政権の東北支配体制の不安定さを露呈している。

結局、東北地方の一揆は翌年になっても沈静化せず、秀吉は甥の秀次と徳川家康を中心とする大軍を編制して東北に派遣し、現地の政宗・氏郷・南部信直・最上義光らとともに一揆勢の武力鎮圧を本格化させた。この結果、一揆勢は各地で敗れ、九月には南部信直に敵対していた一族の九戸政実も降伏して、ようやく一揆は終息した。そしてそれらをうけて、再度東北地方の知行割などがおこなわれ(奥羽再仕置)、あらたに政宗は旧葛西・大崎領を与えられて、それまでの出羽米沢から陸奥岩出山へと本拠を移した。天正十九年九月以降、ついに秀吉は国内の平和を完全に実現することができたわけで、ここに天下統一が完成した。

天正十八年の三月一日から九月一日までの半年の軍旅によって秀吉は、関東・東北の「仮」統一を果たしたわけだが、その後まもなく表面化した各地の矛盾を治めるまでには一年近くを要したことになる。双方の期間のちがいからみても、「本」統一が天正十九年だったことはあきらかなように思えるけれども、まずは本書の諸論考をお読みいただいたうえで、最終的な判断は読者自身にゆだねたい。

つづいて本書の構成に移るが、まず第Ⅰ部では天正十八年におこなわれた秀吉の宇都宮・会津仕置の実相に迫る。その結果が、翌年にまでおよんだ諸一揆と秀次・家康らの東北再征につながったわけで、いわば奥羽再仕置の前提といえる。

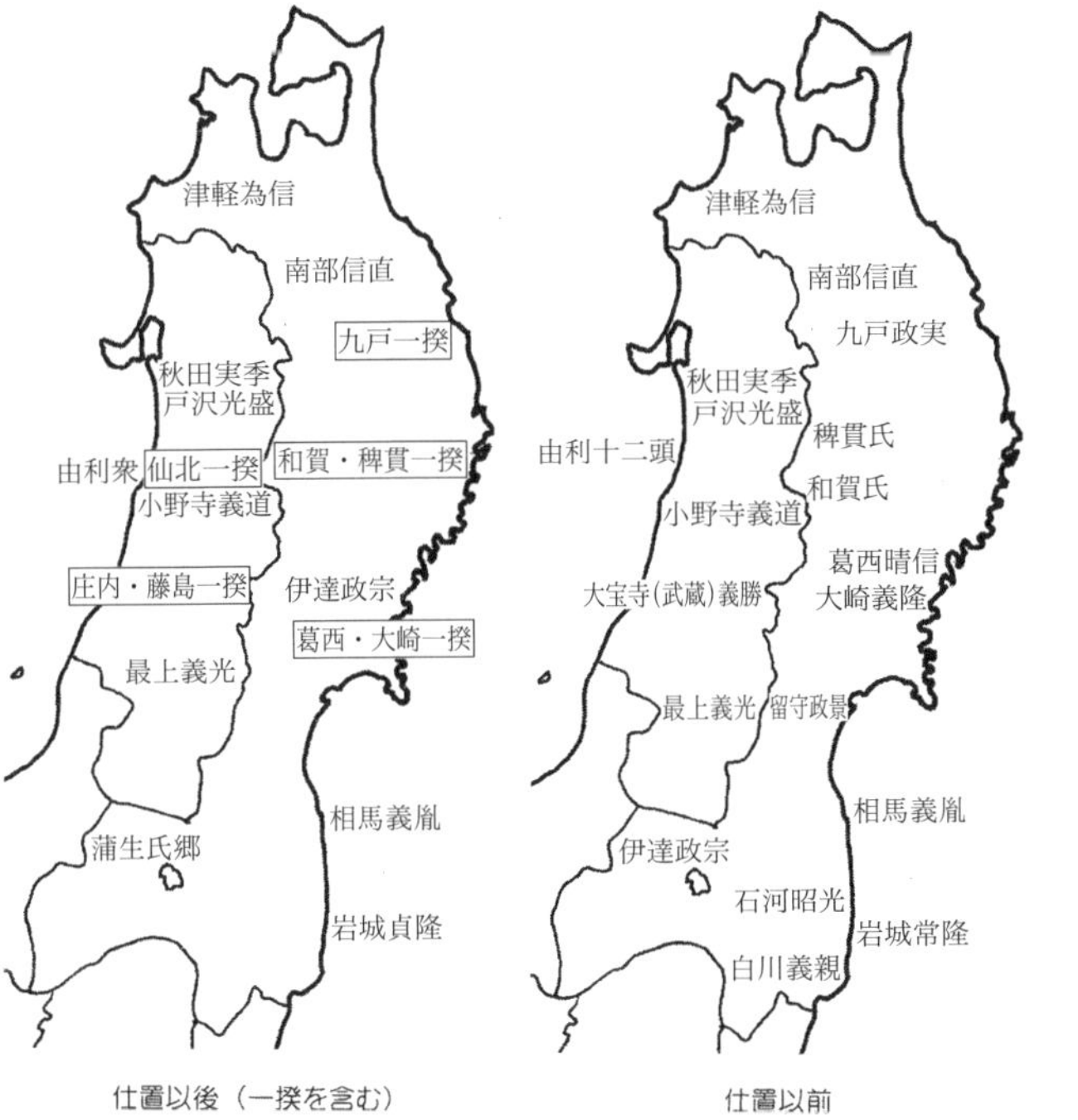

図　奥羽仕置以前・以後の東北大名配置図（高橋充編『東北近世の胎動』（吉川弘文館、2016年）掲載図を一部改変）

つぎに第Ⅱ部では、陸奥（現青森・岩手・宮城・福島県）をめぐる仕置の実情とそれへの反発をとりあげる。陸奥では葛西・大崎一揆、和賀・稗貫一揆、そして九戸一揆などが連続し、宇都宮・会津仕置への反発がもっともはげしく表面化した地域になる。仕置の対象となった地域も広大なため、それぞれの地域ごとにその実態解明を試みた。

そして第Ⅲ部では、出羽（現秋田・山形県）での仕置とその矛盾について考える。とくに出羽の仕置では、隣国越後の上杉景勝が重要な役割を担っており、景勝とその重臣色部長真の動向などからは当時の出羽の状況がうきぼりになる。

三、本書の背景と奥羽再仕置四三〇年記念プロジェクト

最後に、本書刊行の背景について少しふれておきたい。「本」統一たる奥羽再仕置から四三〇年目の節目である令和三年（二〇二一）に、これを記念して奥羽再仕置四三〇年記念プロジェクト（以下、プロジェクト）がゆかりの展示施設で開催された。

プロジェクトの趣旨は、奥羽再仕置から四三〇年目にあたって、日本史上の大きな転換点となったその意義を再評価することにあった。プロジェクト参加施設は、奥羽再仕置に関連する地域、もしくは人物にかかわる以下の諸施設である。

青森県では高岡の森弘前藩歴史館（弘前市）・八戸市博物館、岩手県ではもりおか歴史文化館（盛岡市）・花巻市博物館・えさし郷土文化館（奥州市）、山形県では山形大学附属博物館（山形市）・米沢市上杉博物館、宮城県では仙台市博物館と石巻市博物館、栃木県では大田原市那須与一伝承館・栃木県立博物館（宇都宮市）、そして福島県立博物館（会津若松市）・新潟県立歴史博物館（長岡市）の計十三施設になる。

それぞれの施設での展示テーマ・会期・来館者数は一覧に示したとおりだが、コロナ禍での開催だったこともあって、会期の変更・短縮を余儀なくされたり、山形大学附属博物館のように臨時休館（オンライン展示）となった施設もあった。(4) すでに展示は終了したが、奥羽再仕置をめぐって関連十三施設が連携した展示が東北地方を中心とする各地で開催された意味は少なくない、と思う。

そこで、プロジェクト参加施設の学芸員等を中心に刊行されたのが本書である。諸事情から今回寄稿いただけなかった方もおられるが、プロジェクトでの研究成果をもとに本書は編まれた。また、本書をさらに充実させるために、関東・東北の各地で当該期の研究にたずさわっている方々にも執筆に参加していただいた。奥羽再仕置から四三〇年、そして小林清治氏の大著から二十年あまりが過ぎたいま、あらためてその歴史的な意義を江湖に問うこととしたい。

表　奥羽再仕置430年記念プロジェクト参加施設一覧

No.	施設名	所在地	展示テーマ	会期	来館者数
1	高岡の森弘前藩歴史館	青森県 弘前市	津軽為信と九戸一揆	2021年7月17日 ～8月31日	2,559人
2	八戸市博物館	青森県 八戸市	乱世の終焉 ――根城南部氏と城	2021年7月10日 ～8月29日	2,819人
3	もりおか歴史文化館	岩手県 盛岡市	奥羽再仕置と南部領	2020年12月18日 ～2021年7月12日	12,546人
4	花巻市博物館	岩手県 花巻市	稗貫・和賀両郡と再仕置 ――支城となった花巻城	2021年9月19日 ～11月23日	2,139人
5	えさし郷土文化館	岩手県 奥州市	サイカチの木は残った ――奥羽仕置と胆江地方	2022年2月5日 ～3月27日	1,160人
6	山形大学附属博物館	山形県 山形市	上杉景勝と再仕置	2021年6月1日 ～7月29日 ※オンライン展示	0人
7	米沢市上杉博物館	山形県 米沢市	天下統一と上杉氏	2021年12月11日 ～2022年1月10日	1,630人
8	石巻市博物館	宮城県 石巻市	奥羽仕置と石巻	2022年1月18日 ～3月21日	1,770人
9	仙台市博物館	宮城県 仙台市	激突！秀吉の天下と奥羽の反発 ――政宗と秀吉	2021年9月14日 ～9月30日	3,975人
10	福島県立博物館	福島県 会津若松市	蒲生氏郷軍、北へ	2021年4月20日 ～6月20日	5,193人
11	大田原市那須与一伝承館	栃木県 大田原市	奥羽再仕置と那須衆 ――大田原から秀吉が帰った後…	2021年10月1日 ～11月23日	2,031人
12	栃木県立博物館	栃木県 宇都宮市	徳川家康が下野にやってきた！	2021年7月13日 ～8月24日	15,857人
13	新潟県立歴史博物館	新潟県 長岡市	奥羽仕置と色部長真	2022年1月15日 ～2月13日	1,675人
				総来館者数	53,354人

注

（1）最新の教科書記載例として、たとえば『詳説日本史』（山川出版社、二〇二三年）では、島津攻めを「秀吉は島津氏に天皇の意思と称して停戦を命じたが、島津氏は抵抗した」、北条攻めを「関東では小田原の北条氏が領地問題で秀吉の裁定に違反したことを咎め、一五九〇（天正十八）年、諸大名を動員して攻め滅ぼした」と記すが、ともに「惣無事令」への言及はない。「惣無事令」をめぐる議論の展開と絡んで、教科書の記述も変化してきていることがうかがえる。

（2）最近の成果として、戸谷穂高『東国の政治秩序と豊臣政権』（吉川弘文館、二〇二三年）があり、「惣無事令」をめぐる近年までの研究史が手際よくまとめられている。

（3）すでに渡辺信夫「天正十八年の奥羽仕置令について」（『近世東北地方史の研究』清文堂出版、二〇〇二年。初出は一九八二年）が、宇都宮でのそれを第一段階、会津を第二段階に位置づけている。

（4）具体的な展示の様子も含めたプロジェクトの概要に関しては、江田郁夫「石巻市博物館テーマ展「奥羽仕置と石巻」」（『地方史研究』四一九、二〇二二年）ほかを参照。

豊臣秀吉の宇都宮仕置

江田郁夫

豊臣秀吉による天下統一は、小田原北条氏の討滅とその後の関東・東北地方への戦後処理（仕置）によって、ひとまず完成する。秀吉はその第一段階を宇都宮（宇都宮仕置）、つづく第二段階を会津（会津仕置）でおこなうが、宇都宮仕置を中心にその経過を時系列でたどり、波乱にとんだ仕置の実情をあきらかにする。

はじめに

天正十八年（一五九〇）七月十一日の午後四時ごろ、豊臣秀吉の命によって北条氏政・氏照兄弟が切腹し、首級は即刻京都に運ばれた（「豊国神社文書」ほか）。翌十二日には当主氏直の高野山（和歌山県高野町）追放も決定し、初代早雲（実名伊勢盛時）以来、五代にわたって関東で覇を競った北条氏はついに滅亡した。

主のいなくなった小田原城（神奈川県小田原市）に秀吉が入城したのは翌十三日で、その後秀吉は下野宇都宮（栃木県宇都宮市）、つづいて陸奥会津（福島県会津若松市）への進軍を開始する。途中、同十七日に鎌倉に立ち寄り、鶴岡八幡宮への参詣を果たした。七月二十六日に宇都宮に到着した秀吉は、さっそく小田原合戦後の関東・東北地方の戦後処理に着手した。当時、「征服した国や土地に砦を造っておく、または、守備兵をおく」（『日葡辞書』）などといった占領政策全般を仕置と称しており、宇都宮滞在中の秀吉が関東・東北地方を対象に発令・実施した諸施策を宇都宮仕置とよぶ。

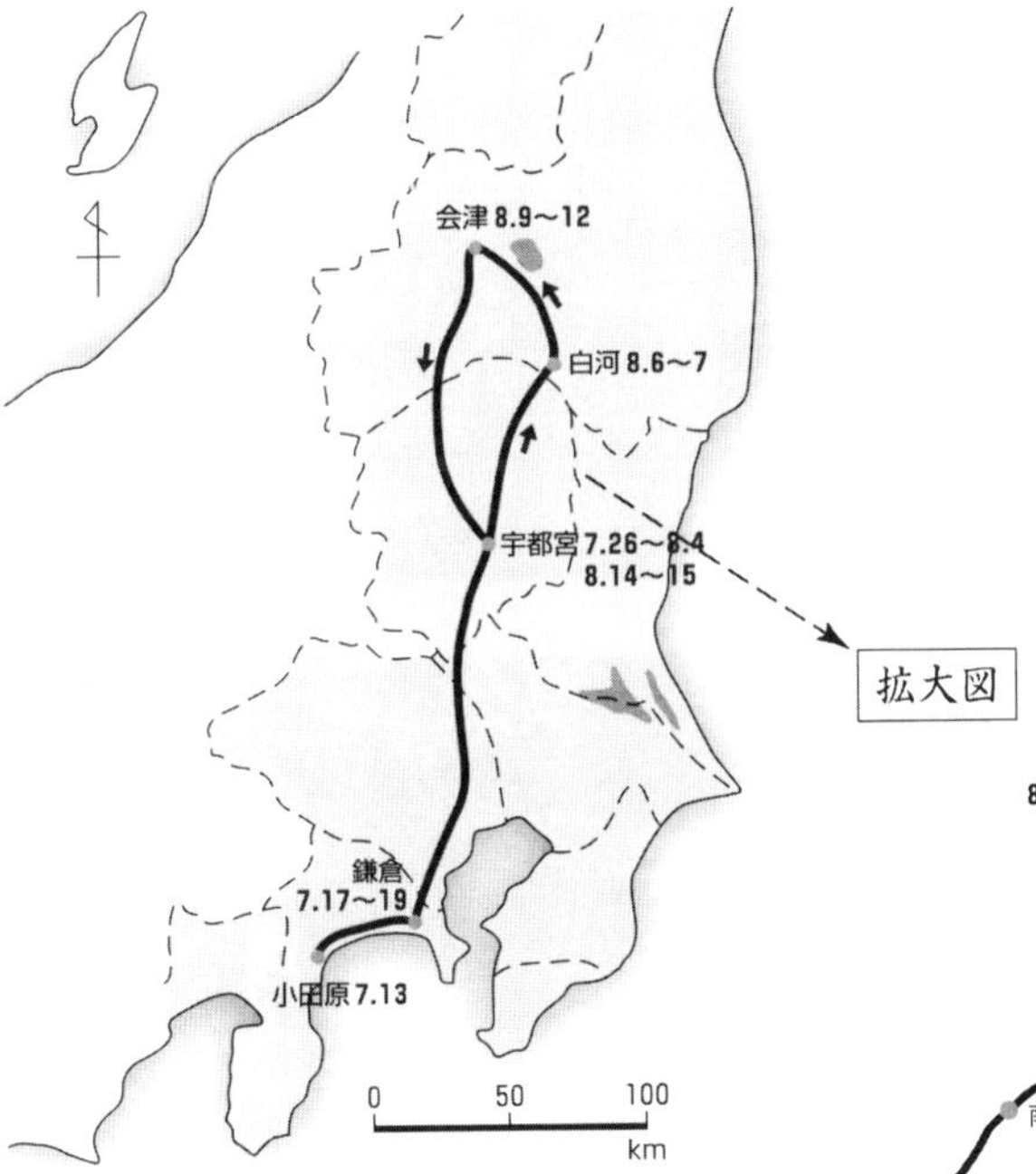

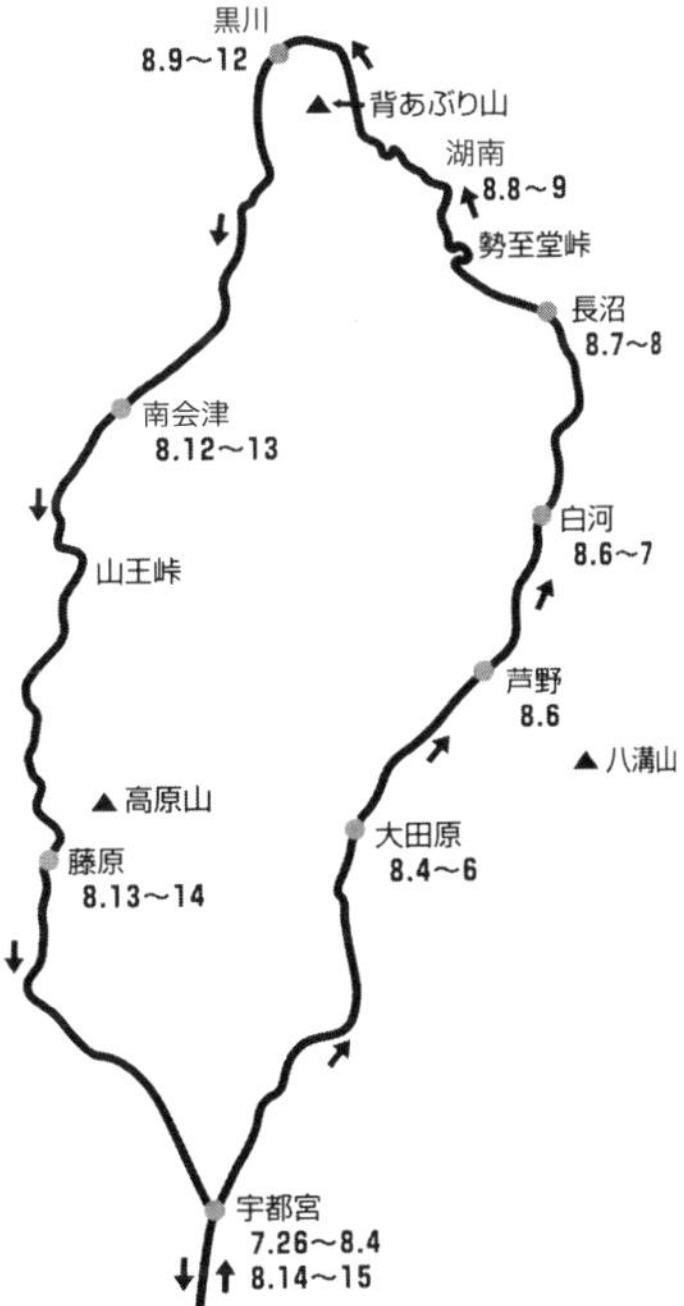

図1　秀吉の宇都宮・会津仕置ルート概略図
（『栃木の日光街道』（日光街道ルネッサンス21推進委員会、2003年）掲載図を一部改変）

この間、秀吉が滞在する宇都宮には徳川家康や伊達政宗など、関東・東北の大名・国衆（大名より小規模な領主）がつぎつぎと参上した。秀吉は、服属した関東の大名・国衆には代々相伝してきた本領や現実に支配する所領の当知行を安堵（確認・保証）し、東北の大名・国衆には知行の安堵を保証するとともに、所領支配に関する基本方針を令達した。また、服属を認めなかった大名・国衆からは所領を没収している。つまり宇都宮で秀吉は、関東地方の仕置を最終的に指令するとともに、東北地方の仕置に関しても重要な指令を下した。

なぜこのような仕置が宇都宮でおこなわれたのだろうか。宇都宮は、宇都宮明神（現二荒山神社）の門前町であり、宇都宮の地名は宇都宮明神に由来する。室町時代の文明十六年（一四八四）に成立した「宇都宮大明神代々奇瑞之事」（『続群書類従』）によれば、宇都宮明神は「代々の朝敵追罰の奇瑞分明」、つまり朝廷に仇なす敵を追討するうえで霊験あらたかな神とされていた。

たとえば、古くは東北地方での前九年合戦（一〇五一〜六二）にさいし、奥六郡（陸奥国中部）に君臨した「安部（倍）貞任征伐」にあたって、源義家は宇都宮明神で「降伏の祈精（祈願）」をおこない、これに対し明神の神殿が三度振動し、鏑矢（戦闘開始時に使用された矢）が神殿から東（実際は北）に飛び去ったという。安倍氏の抵抗が鎮圧されたのは、それからまもなくのことだった。

また、文治五年（一一八九）には、義家の子孫源頼朝が陸奥平泉（岩手県平泉町）の藤原泰衡を攻め滅ぼした奥州合戦において、宇都宮明神で頼朝の戦勝「祈精」がおこなわれ、ほどなくその宿願は現実のものとなった。この頼朝の宇都宮明神参詣については、鎌倉幕府の公式記録『吾妻鏡』に詳しい。

同年七月十九日に大軍を率いて鎌倉を発した頼朝は、同月二十五日に宇都宮に到着。まず最初に宇都宮明神に参詣し、「今度無為（無事）に征伐せしめれば、生虜（捕虜）一人を神職に奉るべき」[1]旨を祈り、神殿に上矢（鏑矢）を献じた。真剣な祈願を終えたのち、頼朝は宿館へとはいり、下野の有力御家人小山政光入道の饗応にこたえた。そしてその後奥州藤原氏をぶじ滅ぼした頼朝は、奥州からの帰路でも祈願成就の「御報賽」（お礼参り）のために、ふたたび宇都宮明神に詣でている。この奥州合戦の結果、全国に君臨する軍事権門として鎌倉幕府が確立する。

注目されるのは、頼朝の奥州征討のほぼ四〇〇年後に、秀吉の宇都宮仕置がおこなわれた点で、奇しくも頼朝の宇都宮到着が七月二十五日、秀吉の到着は翌二十六日だった。秀吉の鎌倉出発も頼朝と同じく七月十九日だった可能性があり、天下統一にあたって秀吉が頼朝の先例を強く意識していたことがうかがえる。

後世の所伝ではあるが、岡山藩士湯浅常山が記した大名・家臣の言行録『常山紀談』によると、秀吉は鎌倉の鶴岡八幡宮参詣時に、八幡宮にあった源頼朝像の背中を親しく叩きながら、つぎのように話しかけたという。

微賤より出て、日本を掌に握る事我と御辺と二人なり。然れども頼義父子鎮守府将軍として東国の者ども久しく親しみ多かりき。蛭が小島より兵を起されしに、関東の靡き従へるも謂れなきにあらず。我は土民の中より斯日本を思ひの儘にすれば、功尚高しといふべし。

「(源)頼義父子鎮守府将軍」の子孫である頼朝よりも、「土民」(庶民)出身で徒手空拳から天下を統一した秀吉のほうが、もっと偉いというのである。できすぎた話ではあるが、まんざら根拠のないことではない。というのも、秀吉はすでに天正十一年(一五八三)の賤ヶ岳の戦いでライバル柴田勝家を破ったおりに、みずからの勝利を「日本の治、頼朝以来これにはいかでか増すべく候や」(頼朝以来、またとない大勝利)と、毛利氏にあてた書状に記していた(「毛利家文書」)。

そのような秀吉にとって、念願の天下統一を目前に控え、自身をかつての頼朝に擬するのはある意味で当然のことでもあった。だとすると、頼朝以来約四〇〇年ぶりの東北地方平定にあたり、その仕置にふさわしい場所は宇都宮以外にはありえなかったし、日程的にも鎌倉出発は七月十九日、宇都宮到着も本来ならば同月二十五日ということになろう。たしかに、北条氏直が降伏を申し出てまもない七月六日の時点で、秀吉は「会津までか、しからずば宇都宮までは必ずお越しなさるべき旨」を周囲に表明しており(「秋田藩家蔵文書」)、当初から宇都宮を最重要視していた。

結局、秀吉の宇都宮滞在は八月四日まで及び、同日、会津に向け宇都宮城を出発した(『今宮祭祀録』)。ちなみに同年七月の月末は三十日なので、秀吉の宇都宮滞在は八泊九日間にわたったことになる。

すでに秀吉の宇都宮仕置に関しては、東北中世史の泰斗小林清治氏による詳細かつ膨大な研究成果があり(2)、上述した宇都宮仕置の概要もその多くを同氏の研究に負っている。とはいえ、小林氏の研究が公表されてからすでに二十年以上が経過し、その間にあきらかとなった事実や史料も一、二にとどまらない。そこで以下では、宇都宮滞在中の秀吉の動静を日にちを追って具体的にたどっていくことにしたい。これによ

図2　宇都宮城

り宇都宮での仕置の推移を時系列で再確認するとともに、あわせてその全容をあきらかにする。

一、七月二十五日——宇都宮仕置前日（御座所下総結城）

宇都宮到着の前日、秀吉は下総結城（茨城県結城市）に宿泊した。ただし、結城到着までの秀吉の移動ルートや詳細な日程は、なお不明な点が残されている。とはいえ、当初から検討されていた江戸から宇都宮までの秀吉の下向ルートとしては東通りと西通りの二ルートがあった（「秋田藩家蔵文書」）。そして、実際に秀吉が利用したのは東通りだった。

後日、宇都宮からの帰路で秀吉は、下総古河（茨城県古河市）、つづいて武蔵岩付（埼玉県さいたま市）を経由したことが史料から確認できるので（『今宮祭祀録』ほか）、東通りが江戸〜岩付〜古河〜宇都宮を経由するルートだったことがわかる。したがって、秀吉は鎌倉を出発後、江戸・岩付・古河を通過して下野小山（栃木県小山市）付近まで北上し、そこから結城に向かったと考えられる。

結城城で秀吉を迎えた結城晴朝は、小田原城を囲む秀吉のもとを五月二十四日に訪れ、すでに秀吉への拝謁を済ましていた。本来ならば、一路宇都宮をめざしていたはずの秀吉だが、かつて頼朝が宇都宮に到着した七月二十五日には、宇都宮ではなく結城を訪れていた。

そのあたりの事情は、翌年に晴朝が祈願所の高野山清浄心院にあてた書状に記されている（「清浄心院文書」）。それによると、「関白様（秀吉）奥州へ御座を進められるにつき、御一宿の儀これを致し、いよいよもって御感の上」とあって、秀吉が「奥州」会津に向かう途中で結城城に「御一宿の儀」があった。そのときの秀吉はたいそう上機嫌だったという。

そのうえで晴朝は、「老拙（晴朝）の名代の儀、侘言を奉り候の処、上聞に達し、家康息少将（羽柴秀康）〈関白様御養子の由〉候て、これを下し置かれ候」と記し、晴朝が養子の件を秀吉に陳情したところ、即刻聞き届けられ、秀吉の養子となっていた家康の息子羽柴秀康が、晴朝の継嗣に決まったという。

この主張を信じれば、七月二十五日夜に秀吉の一存で晴朝と羽柴秀康との養子縁組が決まったことになる。ずいぶんととんとん拍子に物事が運んだことになるが、秀吉は予定していた東通りからわざわざ回り道をして結城を訪れており、すでに養子縁組の下話は済ませたうえでの結城訪問だった可能性が高い。

その点は、秀康以前に晴朝の養子となっていた結城朝勝の動向からも裏づけられる。朝勝は宇都宮氏当主国綱の実弟で、北条氏の攻勢が強まるなか、結城氏と宇都宮氏との結束を強化し、国綱の伯父で常陸の佐竹義重とも連合（味方中、東方の衆とも）するため、天正五年（一五七七）十二月に晴朝の養子に迎えられた（『小川岱状』）。ところが、晴朝が秀吉に拝謁した天正十八年五月二十四日の時点では、朝勝はその場に同席しておらず、かえってその三日後に義重嫡子の佐竹義宣・宇都宮国綱と両氏重臣が秀吉に拝謁したおりに、かれらと同席していたことが知られる（「佐竹文書」）。

つまり、それ以前に晴朝と朝勝との養父子関係はすでに解消されており、当然ながら、その背景にはあらたに秀康、もしくはそれに類する立場の人物との養子縁組話が内々に進められていたと考えられる。以上の点からは、秀吉の結城訪問や以後の宇都宮仕置が事前の周到な準備を経たうえで、実行に移されていたことが類推できる。

二、七月二十六日——仕置第一日

結城から宇都宮までの秀吉の具体的な経路は、残念ながら不明である。すでに秀吉の下向以前から、結城から下野薬師寺（栃木県下野市）、同多功（栃木県上三川町）を経て、宇都宮に至る街道が存在し、この街道を結城では「宇都宮大道」とよんでいた（「健田須賀神社文書」）。「宇都宮大道」との呼称から、結城と宇都宮を結ぶ主要街道だったことがわかる。結城から宇都宮までは直線距離にして約三〇キロほどである。

通常ならば、この「宇都宮大道」を利用した蓋然性が高いが、今回の秀吉の宇都宮・会津下向にあたって、沿道の大名・国衆らには道幅三間（約五・四メートル）の「海道」（街道）普請が命じられていた（「伊達家文書」）。当然、小山〜宇都宮間の街道はこの普請の対象路となり、秀吉の命令どおり三間幅の街道が事前に整備されていたと考えられる。いっぽう、「宇都宮大道」にもそのような対応がなされたかどうかは定かでない。道幅といった通行の利便性にとどまらず、天下人となった秀吉の警備・安全面からも、秀吉はひとまず結城から小山へと戻り、小山から宇都宮に向かった可能性も考えられる。

秀吉の御座所となった宇都宮城は、この地を四〇〇年以上にわたって支配する宇都宮氏の居城だったが、天正年間以降激化した北条氏の軍事攻勢の影響で、天正十三年（一五八五）八月以降は宇都宮の西北に位置する多気山一帯（宇都宮市）が同氏のあらたな本拠となっていた。これにともない、多気城は「新うつの《（宇都）》宮」とよばれ（「桜井文書」）、政治・軍事面のみならず、経済・宗教面でも同氏の新本拠地にふさわしい内実をそなえていた(3)。

したがって、秀吉の下向に先だって宇都宮城は接収され、城中には秀吉家臣の増田長盛、金森長近、京極高次らが在番して、秀吉の到着を待ち受けていた。長盛らの宇都宮城入城は七月十三日（『今宮祭祀録』）、また石田三成も遅くとも同月十八日までには宇都宮に到着していた模様である(4)。つまり、秀吉が宇都宮に到着するほぼ二週間前から、秀吉の奉行衆を中心に宇都宮仕置の準備が進められていたことになる。

そして、宇都宮に到着した秀吉は、約四〇〇年前の頼朝の先例にならって、まず最初に宇都宮のシンボルである宇都宮明神に参詣し、その後、宇都宮城への入城を果たしたとみられる。

三、七月二十七日——仕置第二日

到着翌日の二十七日には、さっそく陸奥三戸城（青森県三戸町）主南部信直に対し、所領の南部七郡支配や信直妻子の在京等を命じる秀吉の朱印状が下された（『豊臣秀吉文書集』三三二六「盛岡南部家文書」、以下秀吉の発給文書は同書の収載番号のみを略記する）。到着して早々に信直の所領支配が認められた点からは、今後の東北地方の仕置において信直の存在が重要視されていたことがうかがえる。

南部一族で田子城（青森県田子町）主高信の子である信直

は、本家晴政の娘を正室とし、当主晴政・晴継父子の没後に南部氏の家督を継承した。ただし、それへの南部一族・家臣らの反発もあったようで、一族大浦氏の系譜をひく津軽為信が津軽地方（青森県西部）を領有して南部氏から独立するなど、信直の家中支配は依然として不安定だった。

このため、信直は小田原合戦以前から秀吉重臣の前田利家を介して秀吉に誼を通じるなど、豊臣政権を背景に自身の権力強化をはかってきた。宇都宮での仕置に先だち、すでに信直は七月六日に小田原で秀吉に拝謁を果たしており（『北松斎手扣』(5)）、今回宇都宮では南部七郡支配を正式に秀吉から認められた。この結果、信直はみずからの家中支配をようやく確固なものにすることができた。

また南部氏のほかに、秋田実季・相馬義胤らも宇都宮に出仕し、それぞれ秀吉に拝謁を果たした（「実季公御一代荒増記」）。秋田氏は、中世に津軽地方や蝦夷島（北海道）南部を支配した安藤（安東）氏の子孫にあたる。戦国時代には、出羽檜山（秋田県能代市）と同湊（秋田県秋田市）を本拠とする二家に分かれていたが、実季の父愛季がこれを統一したとされる。実季は天正十八年二月二十三日に秀吉から現在の支配領域（「当知行」）を安堵されていたが（秀吉二九六八）、それでも宇都宮に出仕し、秀吉にはじめて拝謁した。ときに実季は十五歳だった。

実季が宇都宮に出仕したさいには、陸奥小高城（福島県南相馬市）主相馬義胤本人や同名生城（宮城県大崎市）主大崎義隆の家老の姿もあった。当時、義胤は四十三歳だったが、まだ若年だった実季には「五十ばかり」にみえたという（「実季公御一代荒増記」）。かれらがそれぞれ宇都宮で秀吉に拝謁した日時は不明だが、秀吉の仕置が本格化したのは七月二十七日からであり、当然、それ以降のことと考えられる。

四、七月二十八日――仕置第三日

東北地方の仕置で秀吉から先導役を命じられていた伊達政宗は、二十八日の午前中にようやく宇都宮に到着した。本来ならば、秀吉よりもさきに宇都宮に到着し、秀吉を出迎えるべきところだったが、政宗は小田原参陣のみならず、宇都宮にも遅参したのである。早々の宇都宮参向を求める秀吉からの催促に対し（「伊達家文書」）、政宗は二十三日に米沢（山形県米沢市）を出発後、「夜を日につぎいそぎ申し候へども、人馬悉く労《つか》れ候ゆえ」、遅参してしまった旨を言い訳している（「栃木県立博物館所蔵文書」）。実際には伊達領内での反乱騒動への対処に忙殺され、宇都宮にも遅参してしまった模様だが、前夜の八時の時点では徹夜で宇都宮に急行し、翌二十八日の午前十時ごろに到着予定と報じていた(6)。

そして、宇都宮到着後には、さっそく秀吉に拝謁した。そのおりの秀吉はことのほか上機嫌だったらしく、拝謁時の様子を政宗は家臣につぎのように報じている。「さて〳〵今度関白様、別して御入魂。なかんずく西国・東国へめさせられ、天下を思し召しのごときの由、仰せ立てられる、御召しの具足、ならびに御甲を拝領候」とあって(「佐藤祐逸氏所蔵文書」)、秀吉が政宗に対したいへんねんごろな態度だっただけでなく、秀吉が愛用して天下を従えたという具足と兜まで拝領したことがわかる。政宗の得意が察せられる。

あわせて政宗には、①妻子の上洛、②破却した領内諸城と残置した諸城の報告、③奥羽仕置にともなう領内への出陣、等々が命じられた(「南川文書」)。政策基調は、南部信直の場合とほぼ共通する。奥羽での仕置に関連して政宗は、浅野長吉(長政)・木村清久らに同道することを求められており(「高橋鉄郎氏所蔵文書」)、その旨を家臣に伝えた七月三十日ごろまでは宇都宮に滞在していたとみられる。

この時期は荒天がつづいていたらしく、政宗が宇都宮を出発した当日は、「ことのほか洪水に候て、川辺に野陣にて夜をあかし、翌日も川ふかく候へども、馬をおよがせてとおり申し候き」といった状況だった(「維寶堂古文書」)。宇都宮から米沢に向かった政宗だが、宇都宮の東を流れる鬼怒川が洪水だったため、その夜は川辺で野宿し、翌日も依然水位は高かったものの、馬を泳がせて川を渡ったという。「不慮に一命相たすかり候」と書状に記したように、政宗にとってまさに命がけの渡河となった。

そして、同じく二十八日には出羽角館城(秋田県仙北市)主戸沢光盛が、出羽仙北における所領支配を認められ、かわりに①妻子の在京、②領内諸城の破却、③角館城下への一族・家臣妻子の集住、④検地による財政強化・在京経費の捻出等を命じられた(秀吉三三一九)。光盛は、兄盛安の急逝によって同年六月に家督を継いだが、秀吉への拝謁はすでに盛安が同年三月に駿河島田(静岡県島田市)で済ませたという(『新庄古老覚書』)。とはいえ、新当主光盛がこのタイミングで秀吉から所領支配を認められたことからすると、光盛本人、もしくは名代が宇都宮で再度秀吉に拝謁した可能性が考えられる。

そのほか、常陸太田城(茨城県常陸太田市)主佐竹義宣も、秀吉家臣の滝川雄利を介して、居城の太田城と「江戸・苻中・なめ(滑)津」の四城を除いた諸城を破却すべきことを命じられた(秀吉三三二〇)。そのころ義宣は秀吉への拝謁に備え、宇都宮氏の新本拠地多気城に滞在しており(「鹿島神宮文書」)、その場に雄利が派遣した伏屋・竹中・山田氏らの使者を迎えたとみられる。

五、七月二十九日——仕置第四日

前日の七月二十八日に秀吉は宇都宮での近況を家康に報じたが、その翌日には家康本人が宇都宮に到着した。二十九日当日に家康が秀吉側近の黒田孝高・水野忠重に提出した請書によると、両者の対面時には以下の件が話し合われた模様である（「水野文書」）。

①羽柴秀康の結城氏相続、②秀康の領知高は五万石とし、養父晴朝には隠居領を与える、③真田昌幸の処遇、④家康重臣井伊直政・本多忠勝らへの領知配分。

なかでも、あらたに旧北条領国約二四〇万石を拝領した家康の関東入国にあたって、家康重臣の井伊直政・本多忠勝・榊原康政らへの領知配分を個別に秀吉が指示していた点は注目される。結果的に直政は上野箕輪領（群馬県高崎市ほか）約十二万石、忠勝は上総大多喜領（千葉県大多喜町ほか）約十万石、康政は上野館林領（群馬県館林市ほか）約十万石をそれぞれ領することになった。この点に関する直政の礼状に接した秀吉は、お礼言上のためにわざわざ奥州の秀吉のもとまで参上する必要はなく、奥州からの帰路、たとえば武蔵岩付か、その近辺の秀吉の「御泊所」まで来てくれれば十分である旨を八月七日に直政に報じている（秀吉三三七四）。秀吉が家康家臣団のなかで、直政や本多忠勝・榊原康政らをとくに目をかけていたことがうかがえる。

家康は、秀吉と対面した二日後の八月一日（八朔）に江戸に戻り、この八朔の江戸帰府は家康の公式な「江戸御打ち入り」として後世まで喧伝されることになった（『徳川実紀』ほか）。現実には、八朔の打ち入り以前からすでに江戸に滞在していた家康だが、実子秀康の結城氏相続をはじめ、井伊直政ら重臣の領内配置等は宇都宮で秀吉と対面後に、正式に決定されたわけであり、その点では家康の関東領国支配は八朔以降にいよいよ本格化したといえよう。

六、七月三十日——仕置第五日

天正十四年（一五八六）に着工した京都の方広寺大仏は、文禄四年（一五九五）に大仏殿が完成したものの、慶長元年（一五九六）の大地震で完成間近だった大仏が大破し、秀吉の死後に息子秀頼の手で慶長十七年（一六一二）にようやく完成した。皮肉なことに、方広寺鐘銘中の「右僕射源朝臣家康」「国家安康」の一節が、家康を呪詛したものと難癖をつけられ、その後の大坂の陣、そして豊臣氏の滅亡につながったことはよく知られている。

この日秀吉は、土佐の長宗我部元親、阿波の蜂須賀家政、讃岐の生駒親正、伊予の戸田勝隆・福島正則、淡路の脇坂安治らに対し、小田原合戦後に富士山麓で選定した大仏造営用の材木を年内中に調達するように命じた（秀吉三三三二）。四国・淡路勢への命令なので、富士山麓から切り出された材木はかれら水軍によって海路で大坂湾岸まで運ばれ、その後は水路・陸路を利用して京都に運送される手はずだったことがわかる。大仏造営のための用材が富士山麓をはじめ、全国各地から調達されていたことがうかがえる。

七、八月一日――仕置第六日

この日秀吉は、佐竹氏からの自己申告にもとづき、義重・義宣父子に常陸・下野両国で二一万六七五八貫文の領知を認めた（秀吉三三六七）。この領知高は土地からの年貢を銭貨（中国・明から輸入した永楽銭）に換算した貫高制にもとづいており、米の生産量である石高では、その後の太閤検地を経ておよそ五四万五〇〇〇石となった。

かわりに佐竹氏は、義重とその妻子が人質として常陸から東山道を経由して上洛し、沿道の領主には「伝馬百疋・人足三十人」の提供と宿泊の世話が命じられた（秀吉三三六四～六）。ちなみに、義重の次男で、当初は白河義親の養子となって義広、つづいて蘆名氏の家督を継いで盛重と名乗った義勝は、秀吉から常陸江戸崎四万五〇〇〇石を与えられて九月下旬には帰国の途についた模様である。その点からすると、人質として八月早々に上洛した義重夫妻一行には義勝も同行していたとみられる。

いっぽう、上野金山城（群馬県太田市）主由良国繁とその実弟で下野長尾氏の家督を継いだ顕長は、ともに小田原城に籠城したものの、その母妙印尼（赤井氏）が早くから秀吉への臣従を表明していたことを考慮されて、常陸牛久（茨城県牛久市）五四〇〇石を「堪忍分」として与えられた（秀吉三三六九）。

したがって、七月末までに安房里見領を除いた南関東一円に上野を含めた徳川家康領や下総・下野の結城秀康領、そして八月一日に常陸一国にほぼ該当する佐竹義宣領が確定し、のこる下野中央部の宇都宮国綱領に関してもやはりそのころまでに秀吉によって承認されたとみられる。つまり、関東地方の所領配分の大枠は、秀吉の宇都宮滞在中に決定されていたことになる。

そのほか、これと並行して東北支配も本格化しつつあり、八月一日に越後の上杉景勝に対し、「出羽国大宝寺（義勝）分・同庄内三郡」の検地等の仕置を大谷吉継とともに実施するように命じられた（秀吉三三六八）。

八、八月二日——仕置第七日

白河城主白河義親は佐竹義重に臣従して、その子義広を養嗣子としていたが、義広の蘆名氏相続にともなって家督に復帰した。また、天正十七年(一五八九)に伊達政宗が蘆名氏を滅ぼしたのちは、政宗に服属した。秀吉の小田原攻めにあたって義親は、小田原まで出向くことはなかったものの、領内の八槻都々古別神社(福島県棚倉町)の別当が秀吉に書状とともに「料紙一箱」を献じたほか(「八槻文書」)、宇都宮滞在中にも「蝋燭五十挺有明」を届けている(秀吉三三二七)。

義親本人も、秀吉に出仕するため宇都宮に向かったが、その途中で政宗の奥羽仕置に急遽同陣することとなり、白河へと引き返した。その経緯について秀吉は、「中途まで相越すといへども、伊達奥口へ相動くにより、罷り帰る」と表現している(秀吉三三七〇)。この一節からは、宇都宮に向かっていた義親が奥州に下向する政宗に遭遇して宇都宮への出仕をあきらめ、その後は白河に戻ったことがうかがえる。たぶん、両者が会ったのは八月一日のことで、宇都宮と白河の中間に位置する那須野が原周辺でのことと思われる。

宇都宮への出仕にあたって義親は、代々相伝の太刀と馬一疋を献上品として用意していたが、八月二日の秀吉の礼状には「馬〈鹿毛駮《ぶち》〉」とだけ記され、それを秀吉に披露した浅野幸長の政宗への書状には「刀〈守家〉一腰」は政宗が進上したかのように記されている(「伊達家文書」)。この刀が義親の用意した相伝の太刀と同一なのかどうかは不明だが、少なくとも義親の進物を政宗が仲介したことが確認できる。八月一日に本人は途中で引き返したが、義親の献上品は翌二日にぶじ秀吉に披露されたのである。

結局、義親は秀吉によって白河城主の地位を逐われるが、もし宇都宮に向かう途中で政宗に会わずに、当初の予定どおり秀吉への拝謁を果たしていれば、ちがった結末を迎えていたかもしれない。秀吉への進物を自身で直接献上するか、それとも人づてに頼むか、結果的に義親にとっては運命の分かれ道ともいえるような大きな選択となった。

九、八月三日——仕置第八日

福島正則の書状に対する八月三日の返事で秀吉は、「今日(三日)会津へ御出なされ候」と記し、「出羽・奥州の儀、いよいよ堅く仰せ付けらる」とその意気込みを語っている(秀吉三三七一)。しかしながら、実際の出発は翌四日にずれこんだ。つまり、三日のある時点までは出発するつもりでその準備をしていたが、結局はその日の出発は見送られた。急遽の出発延期は、秀吉の体調、もしくは天気などといった理由が想定できる。

この点に関し、小林清治氏は「この年七・八月の交、雨が続いた」とし、秀吉は「三日出発の予定を雨で一日延期したものであろう」と推定する。(7) たしかに、秀吉は宇都宮出発後の大田原でも、八月四・五日の二晩を過ごしており、これも秀吉にとっては想定外だった可能性がある。

経路的には宇都宮出発後に鬼怒川、大田原出発後は蛇尾川、那珂川などの河川渡河が必要となる。事実、宇都宮から奥州に下向した伊達政宗は、鬼怒川の洪水で宇都宮出発当日は川辺で野宿し、翌日は馬を泳がせて命からがら鬼怒川を渡りきった（「維寶堂古文書」）。不運だったのは、奥州葛西氏のもとに下るはずだった浅野長吉の使者で、政宗によると「かの川にてその日死に申し候」といい、鬼怒川を渡りきれずにおぼれ死んだことがわかる。さすがの秀吉も、天候には勝てなかったというところだろうか。

十、八月四日
――仕置第九日（御座所下野大田原）

七月二十六日に到着以来、宇都宮に滞在していた秀吉だが、滞在も九日目を迎え、いよいよ会津に向けて宇都宮を出発した。当日中に秀吉は大田原に到着し、大田原城に宿泊している。このとき同城には、秀吉家臣の谷衛友《もりとも》が在番していた（『佐竹家譜』）。

大田原までの経路は、宇都宮を出て鬼怒川を渡り、氏家（栃木県さくら市）、喜連川（栃木県さくら市）、佐久山（栃木県大田原市）を経由した模様である。この行程は、近世の奥州街道と基本的に一致する。途中の佐久山城には秀吉家臣の戸田武蔵守（勝成、重政とも）が在番していたが、行程としては佐久山の手前の喜連川が宇都宮〜大田原間のほぼ中間地点であり、おそらく秀吉は喜連川か、もしくはその手前の氏家あたりで休憩をとったと考えられる。

秀吉が宿泊する「御泊所」には「御座所」が設営され、また「御座所近所」には秀吉に扈従し、道中や宿泊のさいにその警備にあたる馬廻衆（親衛隊）用の「二間五間ばかりの小屋、五、六十間（軒）」を準備するのが通例だった（秀吉三三三一）。そして、道中では「御坐所」のほかに「御茶屋」も用意され（「秋田藩家蔵文書」一〇）、秀吉の休憩所にあてられた。秀吉の宇都宮・会津下向に先だち、七月早々に沿道の領主たちには「横三間の海道」造成が命じられており（秀吉三二八九）、「御茶屋」「御座所」も含めて周到な事前準備がなされていた。

図3　大田原城本丸

大田原城で秀吉は、城主大田原晴清の旧主那須資晴の嫡子藤王丸（のち資景）と対面し、二か月後の十月には同人に福原（栃木県大田原市）五〇〇〇石を与えて、那須氏の再興を許した（秀吉三四九〇）。資晴本人は病気と称して小田原・宇都宮に出仕しなかったためすでに改易となり、居城の烏山城（栃木県那須烏山市）も没収されていた（「浅野文書」）。今回の藤王丸との対面は、大田原城を御座所とした関係もあって、晴清ら那須氏旧臣たちの要望にこたえたものとみられる。

大田原滞在中の八月五日に蜂須賀家政の書状に接した秀吉は、「昨日、下野国太田原に至り、御着座成され候」旨を報じるとともに、「二、三日中に会津へ御座を移さるべく候」と今後の予定を伝えている（秀吉三三七三）。家政の用件は、秀吉の見舞いかたがた、方広寺大仏用木材のその後の経過報告であり、富士山麓で木材を切り出したのちは、富士川を利用して駿河湾まで運搬する予定だった。秀吉もそれを承知し、「近日御帰陣あるべく候間」、そのさいに木材の状況を検分したいと回答している。まだ会津にも下向しておらず、実際の秀吉の「御帰陣」は当分先のことだったが、方広寺大仏用木材に秀吉が執心していたことがうかがえる。

結局秀吉は、翌六日には同地を出立した。秀吉の大田原連泊は、天候等の影響が想定されるが、当年五歳の那須藤王丸が運よく秀吉に初お目見えを果たすことができたのも、もしかすると、大田原連泊のたまものかもしれない。秀吉の宇都宮仕置によって一旦は改易された那須資晴だが、大田原晴清ら旧臣たちの必死の奔走もあって、まもなく再興を認められた。決め手となったのは、まだいたいけな藤王丸が「いまだ幼稚に御座候へども、(父資晴の)名代と仕り、御見参に入り奉り候と申し上げ」、秀吉の歓心を買ったことにあったらしい(『那須拾遺物語』)。北条氏をはじめ、関東・東北の大名・国衆の多くが没落していったなかで、那須氏のように限られた機会を活かして復活を果たしたケースもあったことは注目される。

十一、八月十四～十五日(御座所宇都宮)

その後、八月九日に会津黒川に到着した秀吉は、同月十二日まで黒川に滞在した模様である(秀吉三三八二)。そして会津での仕置を終えたあと、帰路では黒川を南下して南会津を経由し、山王峠から下野にはいり、三依・藤原(ともに栃木県日光市)をとおって同十四日に宇都宮に戻った(『今宮祭祀録』)。会津黒川から宇都宮までは約一五〇キロほどの道のりとなり、通常の移動速度なら最低でも三日はかかる。したがって、宇都宮到着が十四日とすると、必然的に会津出発は十二日と考えざるをえない。また行程的にみて、十四日の宇都宮到着も午後遅くのことだろう。

翌十五日に秀吉は宇都宮を発ち、その日は下総古河に宿泊した(『今宮祭祀録』)。移動距離にして約四〇数キロであり、午前中には宇都宮を離れたとみられる。秀吉は会津からの帰路でも宇都宮に宿泊したが、スケジュール的に同地で落ち着いて政務にあたる時間までは確保できなかった可能性が高い。事実、現時点で確認できるこの間の秀吉朱印状は、洪水で散乱した大仏用材木への対応を命じた十五日のものにとどまる(秀吉六一三三～四)。つまり、自身の発給文書からすると、秀吉の宇都宮仕置は七月二十六日から八月四日までの九日間に実施された諸施策にほぼ限定される。

この点に関連して小林清治氏は秀吉の会津出発を八月十三日とし(「伊達文書」)、宇都宮での宿泊を同月十五日、もしくは十六日と推定した[8]。しかしながら、『今宮祭祀録』には宇都宮宿泊は十四日、古河宿泊は十五日と明記され、翌十六日は武蔵岩付宿泊が想定される(『大かうさまくんきのうち』)。そして、十八日にはすでに秀吉は小田原に到着しており(秀吉三三八七)、前日の十七日は岩付～小田原間の某所(武蔵府中か)に宿泊したと考えられる。岩付～小田原間の御座所設置は、宇都宮滞在中の七月二十八日に忍・河越・岩付の在番衆に命じられており（秀吉三三三二）、秀吉の帰洛が当初の予定どおりに進んでいたことが確認できる。

帰途における秀吉の宇都宮仕置として小林氏は、①古河公方家の改易と堪忍分の宛行、②安房里見義康の減封服属などがおこなわれたと指摘する。[9] たしかに、里見義康は秀吉の会津出立後に宇都宮に参向しており（「高野山西門院文書」）、秀吉が宇都宮に戻った八月十四・十五日の両日中に義康は秀吉への拝謁を果たしたと考えられる。ただし、義康の減封と人質提出自体は拝謁以前からの既定方針であり、宇都宮に在番中の増田長盛が八月五日の時点で「房州御知行の儀」と義康「御ふくろ」の上洛といった秀吉の意向を報じていることから、それらは八月四日以前の宇都宮での決定事項だったと考えてよかろう。

いっぽう、古河公方家では、五代当主の足利義氏が天正十一年（一五八三）に没したのち、義氏の娘氏姫が古河城に在城していた。古河城は八月十五日の秀吉宿泊後に破却されたが（秀吉三四〇二）、氏姫には堪忍分として三〇〇貫文が秀吉から給され（「喜連川文書」）、氏姫は近隣の鴻巣館へと移った。氏姫近臣の処遇について報じた九月九日の浅野長吉書状には、「上様還御の刻、御機嫌能く、殊更姫君様へ三百貫文の所、御堪忍分として進《まい》らせらる」とあって（「喜連川文書」）、この件が秀吉の古河宿泊時に最終決定されたことがわかる。

同じく古河では、古河公方の一族である旧小弓公方家足利頼淳の子国朝が秀吉に拝謁した。あらたな領地として下野喜連川を拝領した御礼のため、国朝が同地に参上したのである。喜連川からほど近い宇都宮ではなく、古河で国朝に対面したのは、秀吉側の事情や思惑が優先された結果と考えられる。[10]

そして、その点とも密接に関連すると思われるのが、秀吉の宇都宮帰還時に「宇都宮に御座候姫君様」をめぐる一件である（「喜連川文書」）。この「姫君」は足利頼淳の「娘」であり、同年十二月に頼淳は彼女を「上げ置き申し候上は、国朝同前に御膝下に閣かれ候へば、いよいよ怡悦たるべく候」旨を秀吉の上聞に達するよう、増田長盛に依頼した（「喜連川文書」）。その後、秀吉の側室となった彼女の名は「嶋姫」（「足利家通系図」）、または「島子」（「旧喜連川藩史取調」二ほか）と伝承される。

彼女の「御上洛」について、秀吉に扈従する山中長俊は八月二十二日に駿府（静岡県静岡市）から宇都宮の増田長盛に対し、「然るべき様に御異見専一」と伝え、上洛の早期実現を求めている。当然ながら、長盛の「御異見」（忠告、または、訓戒、『日葡辞書』の「異見」）は「姫君」本人よりもその父頼淳を対象としており、さきの頼淳書状はそれへの回答とみなされる。

したがって、足利頼淳の娘「嶋姫」は遅くとも十二月以前に上洛の途についたことがわかる。見逃せないのは秀吉の宇都宮帰還時に同地にいたのが、足利頼淳の嫡子国朝ではなく、「嶋姫」だったことである。喜連川拝領に対する国朝の御礼言上が古河でなされた点がその証左となろう。つまり、頼淳・国朝父子の新知行地の決定は、秀吉から両者に直接伝えられたわけでなく、そのため御礼言上までに若干のタイムラグが生じたのである。

だとすると、新知行地の決定は秀吉の宇都宮帰還時になされ、その知らせをうけた国朝が急ぎ古河まで駆けつけて、秀吉への御礼言上を果たしたと考えるのが、もっとも整合的だろう。かれらの喜連川拝領が秀吉の宇都宮帰還以前に決まっていれば、国朝の御礼言上はすでに宇都宮で実現していたはずであり、その点からも以上のような経緯が裏づけられる。ちなみに、足利頼淳の祖先清和天皇から子孫喜連川氏までの系譜を記した「足利家通系図」では彼女の事績として、「嶋姫の願いに依り、(天正十八年)九月十六日秀吉依り喜連川領を弟国朝に給わる」とある。細かな日時はさておき、実際の経過もほぼそのとおりだった可能性が高い(11)。

そのほか、宇都宮には七月に急死した陸奥岩城氏当主常隆の名代として、重臣の小川氏らが参向していた。秀吉は八月四日以前に、常隆の名跡は岩城家中の意向を尊重する旨を増田長盛に伝えており、長盛は八月六日にその旨を小川氏に報じた(「伊達治家記録引証記」)。あわせて長盛は、秀吉の宇都宮帰還時に岩城氏の家老衆があらためて秀吉に直接御礼を言上すべきことと、そのさいには秀吉の「御朱印等」も下される予定であることも小川氏には伝えていた。しかし、現実には長盛と石田三成が連署した岩城氏家中支配に関する五か条の条書が家老の白土・岡本氏らに手交されたのは八月十六日だった(「白土文書」)。八月十四・十五日には秀吉への拝謁がかなわず、秀吉の「御朱印等」のかわりに長盛らの条書が交付されたのである。結局、帰洛途中の宇都宮で実施された秀吉本人の仕置は、実質的には足利頼淳・国朝父子の喜連川拝領にほぼとどまったことになる。

おわりに

天下人秀吉への御礼・歎願等のために、宇都宮に参向・滞在した大名・国衆やその一族・家臣・縁者は相当数に及んだとみられる。しかしながら、往路とはうってかわって、会津から駿府までの帰路で秀吉が連泊した御座所は宇都宮も含め一か所もなかった。

とくに会津から宇都宮までの帰路では、秀吉は往路とは異なるルート（中世会津街道）を選択した。途中に山王峠・高原峠といった峠越えが控える難路であり、高原越えではあまりの険しさに秀吉が乗輿から降りて歩いたという、「太閤下ろし」の伝承さえ残る（『貞山公治家記録』ほか）。この結果、宇都宮から会津までの往路では最短でも五日程度を要したのに比べて、会津からの帰路では距離・所用時間とも大幅に短縮された。秀吉が帰洛を急いでいたことはあきらかだが、問題はそこまでして帰洛を急いだ理由である。

図4　太閤下ろしの滝

八月十九日に箱根を越えた秀吉は、翌二十日に駿府に到着（「喜連川文書」）。しばらく駿府に逗留したのち、二十三日に懸川（静岡県掛川市）まで進んだ（秀吉三四〇四）。駿府から懸川までは約五四キロ程度の道のりであり、急げば当日中に到着することが可能な距離である。そして、懸川から京都までは約二四〇〜二八〇キロ程度。経路によって異なるが、通常ならば六日から七日程度で京都に到着することができ、秀吉は九月一日に京都凱旋を果たしている。

つまり、会津黒川から駿府までの約四五〇キロの道のりに九日、駿府から京都までの約三二〇キロ前後の道のりには十一日をかけた計算になる。一日の平均移動距離は駿府以東では約五〇キロ、駿府以西では約三〇キロと大幅にペースダウンしている。帰洛を急いでいたとみられる秀吉だが、実際には東北・関東を通過して以降は、移動速度をずいぶんと緩めていた。秀吉はただやみくもに帰洛を急いでいたわけではなかったのである。

結論として、秀吉の移動ルートや移動距離、そして帰路での足利国朝や岩城氏家老衆への対応などが示唆するのは、宇都宮・会津仕置終了後は東北・関東地方をできるだけ早いうちに離れるということが秀吉の最優先事項のひとつだったとみられる点である。したがって、帰途の宇都宮では八月四日までに実施された仕置の補足・追加対応程度が精いっぱいだったし、実際には足利国朝や岩城氏家老衆との対面さえも宇都宮では実現しなかった。

結果的にみれば、小田原合戦、そしてその後の宇都宮・会津仕置によって、北条氏をはじめ、それまでの東北・関東の大名・国衆の多くが滅び去ることになった(12)。当然、両地方では秀吉への不満や怨嗟の声が少なくなかったにちがいない。いっぽう、秀吉の立場からすれば、御座所や行軍中の不測の事態を未然に防ぐためにも、宇都宮・会津仕置の終了後は迅速な移動と万全の警備・安全体制が最優先課題とならざるをえない。秀吉が会津仕置後に往路とは別ルートとなる難路をあえて選択したのは、道中の快適さよりも警備・安全面を優先した可能性が考えられる。そして案の定、まもなく東北の各地で宇都宮・会津仕置を不満とする一揆が続発することとなる。

注

（1）『吾妻鏡』。以下、史料を本文中に引用するさいには、すべて読み下しとする。

（2）小林清治『奥羽仕置と豊臣政権』（以下『奥羽』）・『奥羽仕置の構造――破城・刀狩・検地』（ともに吉川弘文館、二〇〇三年）。また、近年の代表的な成果としては、市村高男「「惣無事」と豊臣秀吉の宇都宮仕置」（簗瀬大輔ほか編『北関東の戦国時代』高志書院、二〇一三年）などがある。

（3）江田郁夫「戦国の城郭都市・宇都宮多気」（松村啓子ほか編『大学的栃木ガイド』昭和堂、二〇二三年）ほか。

（4）島清興書状（『戦国遺文下野編』第三巻、一九六八）。

（5）『北松斎手扣』などの関連史料には、小田原での拝謁後に信直は陸奥白河表でふたたび秀吉を出迎え、「御見参ニ入玉フ」とされる（『信直記』）。また、信直への朱印状の様式などからも、朱印状が信直に実際に手交されたのは白河でのことと考えられている（熊谷隆次ほか『戦国の北奥羽南部氏』一四九頁、デーリー東北新聞社、二〇二一年）。しかし、秀吉の宇都宮到着早々にまず信直への朱印状が発給された点からすると、当人、もしくはその名代が同地で秀吉を待ち受けていた可能性はやはり否定できないように思える。

（6）江田郁夫「伊達政宗、二度目の遅参」（『日本歴史』八三三、二〇一七年）。

（7）『奥羽』一八一頁。

（8）『奥羽』一三三―四頁。

（9）『奥羽』一三五―六頁。

（10）阿部能久『戦国期関東公方の研究』（思文閣出版、二〇〇六年）では、「このことが氏姫との結婚を前提とした措置」とするが（二二〇―一頁）、なお検討の余地がある。

（11）佐藤博信「古河氏姫に関する考察」（『古河公方足利氏の研究』校倉書房、一九八九年、初出一九八一年）・『喜連川町史』第六巻通史編1（さくら市、二〇〇八年）ほか。

（12）蝦夷島では、秋田氏配下の蠣崎（のち松前）慶広がこののち秀吉・家康から道南支配を公認され、近世大名松前氏となった。

豊臣秀吉の会津仕置

高橋　充

たかはし・みつる――福島県立博物館副館長。専門は日本中世史。主な著書に『東北の中世史5　東北近世の胎動』（吉川弘文館、二〇一六年）、論文に「奥羽と関東のはざまにて――戦国期南奥の地域権力」（入間田宣夫監修『講座　東北の歴史』第三巻（境界と自他の認識）清文堂、二〇一三年）、「戦国期奥羽の書状の形態をめぐって――「竪紙・竪切紙系書状」の展開」（矢田俊文編『戦国期文書論』高志書院、二〇一九年）などがある。

天正十八年（一五九〇）八月九日に陸奥会津の黒川に到達した豊臣秀吉の動向に焦点を当て、宇都宮から会津までの道中の様相や黒川において秀吉が命じたこと等を、できるだけ具体的に紹介する。秀吉が会津まで来た理由として、伊達政宗の存在と陸奥国でありながら出羽国に近接する会津の地勢的な意義を考えてみた。

はじめに

宇都宮仕置を終え、奥羽の地を目指した秀吉は、陸奥白河（福島県白河市）を経て、天正十八年（一五九〇）八月九日に陸奥会津の黒川（福島県会津若松市）に到着した。会津は、秀吉が生涯を通じて足を踏み入れた最北の地であり、ここで奥羽両国に対する仕置すなわち奥羽仕置を行った。

いわゆる「会津動座」は、いつ頃決まったのであろうか。秀吉文書を通覧すると、五月十二日付け浅野長吉・木村一宛て朱印状に「奥州まで道筋明け候様に急ぎ仕るべく候事」（秀吉三二〇五）[1]、十三日付け加藤清正宛て朱印状に「出羽・奥州まで一篇あい済ませ候」（秀吉三二〇六）等の文言が見えるようになった後、十五日付け黒田長政宛て朱印状に「来月は会津に至るまで御座を移され、出羽并びに陸奥の儀あい改められ候て、置目等の事仰せ付けらるべく候」と見える（秀吉三二〇九）。小田原攻めの最中である五月半ば頃に、秀吉自身の言葉として「会津動座」が語られるようになったと考えられるが、秀吉の周囲では、もっと早くから、小田原の後

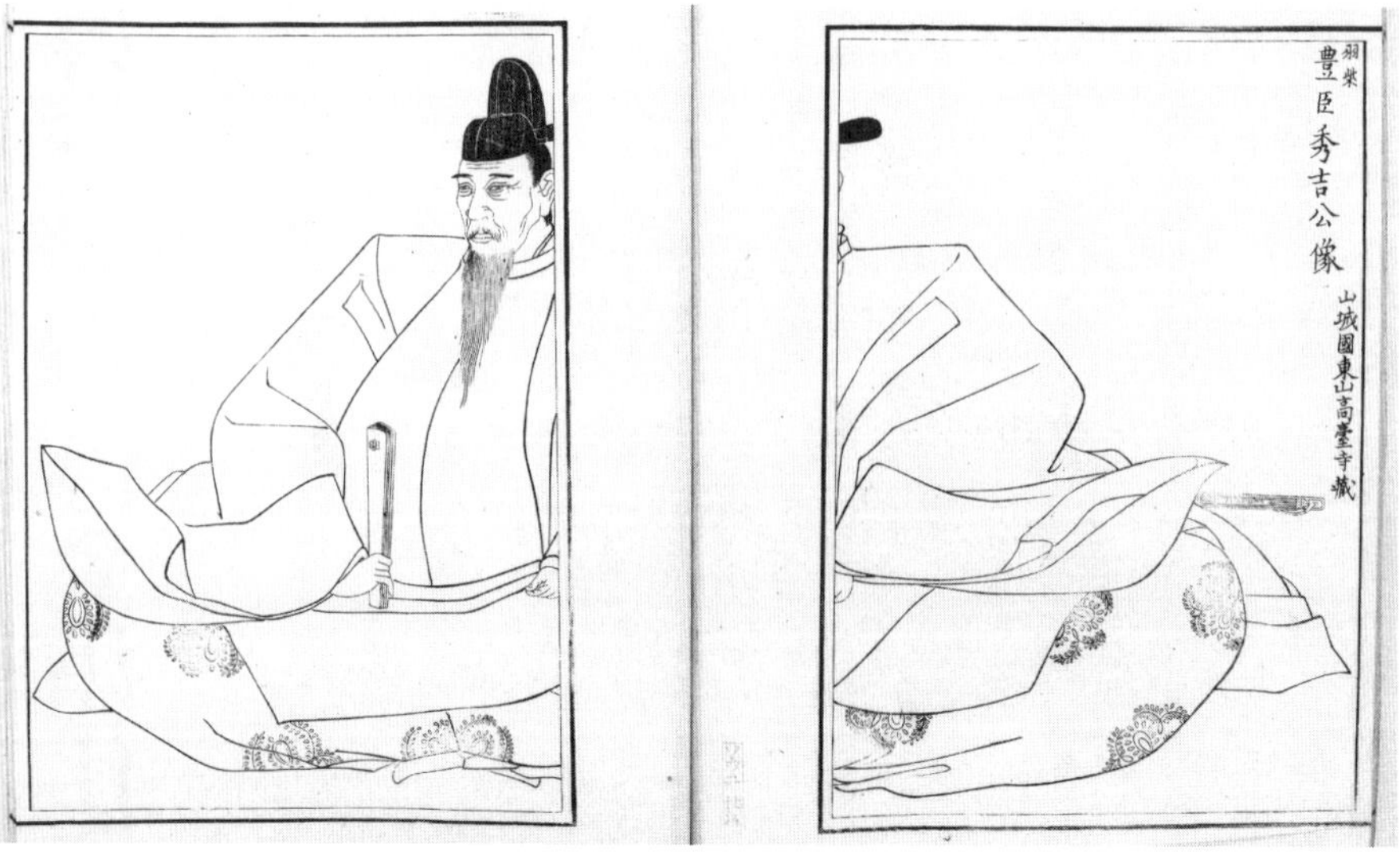

図1　豊臣秀吉像（集古十種所載　福島県立博物館蔵）

は会津下向の流れは想定されていたと思われる。四月二十二日付け滝本坊宛て千利休書状に「関（白）様、会津へ御下向の事、一定に候」とあり（小林著書一〇九頁）[2]、さらに正月十三日付け山内刑部大輔宛て石田三成書状には「三月朔日ニ御出勢あり、北条御成敗議定候間、其直に黒河へ御乱入成され、政宗首伐り刎ねらるべく」と書かれていた[3]。

八月五日に、下野大田原（栃木県大田原市）から蜂須賀家政に宛てた秀吉の朱印状には、「二三日中」に会津へ到着すると書かれているが、実際に到着したのは四日後の八月九日であった（秀吉三三七三）。八月七日に、陸奥長沼（福島県須賀川市）から井伊直政に宛てた朱印状には、「一両日中」に会津へ移るとあり、これはほぼ予定通りであるが、「四五日中」に「御帰陣」すなわち帰路につくと書いているのによれば、やはり実際の会津滞在より短い想定となっており、当初の行程が次第に後ろへずれ込んでいった状況がうかがえる（秀吉三三七四）。

ここでは、おもに秀吉の足跡を辿りながら、それぞれの滞在地での動向、さらに豊臣政権下の諸将や伊達政宗を筆頭とする奥羽の諸将の動きについても合わせて見ていきたい。

一、八月六日
――会津への道中（御座所陸奥白河）

図2　小峰城跡

（1）ルートと御座所

　この日、下野大田原を出発した秀吉は、奥大道を北上し、白河関を越えて、陸奥白河に入った。白河関は、古代以来、陸奥国の南の玄関口である。後世の編さん物であるが「白河風土記」によると、天正十八年の秀吉下向の際に、芦野（栃木県那須町）から白河までの距離が長かったため、途中に白坂宿を設定したと伝える。[4]白河関跡は旗宿にもあるが、この時のルートは、境明神を通過する近世の奥州街道であったと推定されている。

　本書所収江田論文でも触れられている通り、秀吉の宿泊地には「御座所」が設営されることになっており、白河での御座所は小峰城と推定される。[5]白河には、現在の市街地から東南へ約三キロの地に白川城があり、室町・戦国時代の白河結城氏の本拠であったが、永正年間頃からは本城としての機能は小峰城に移っていた。[6]小峰城跡（国史跡）は、近世以降の白河藩主の居城として、現在も整備が進められているが、これまでの発掘調査において、それ以前の十六世紀代の遺構も一部確認されている。

　小峰城の城主であった白河義親は、前年に伊達政宗に服属していた。江田論文でも詳しく述べられているように、八月二日付け義親（白河七郎）宛ての秀吉朱印状によると、これ以前に義親は宇都宮への参陣を企て、途中まで向かったものの、政宗が「奥口」へ出陣したため引き返したという（秀吉三三七〇）。「奥口」出陣は大里攻めと考えられている（小林著書一四七頁）。秀吉は、このことを了承し、馬一疋の進上への礼を述べている。

なお、近世の地誌である「白河風土記」の「鹿島社」の項には、秀吉下向の時、従軍が鹿島社の社前に「陣所」を設け、「乱妨」があったために「古記・古宝ノ類」が紛失したと記す[7]。鹿島社は、小峰城の東南約二キロにあるが、この記事を信じれば、秀吉に従った軍勢の駐屯は、鹿島社付近にまで広がる程の規模であったということであろうか。

この後、白河周辺の検地は宇喜多秀家が担当し、小峰城には、蒲生氏郷の臣下で伊勢国出身の関一政（右兵衛尉）が城代として配置された。

(2) 秀吉の御機嫌

この日、白河に宿泊した秀吉は、一時ひどく機嫌が悪くなったことが、伊達政宗に宛てた和久宗是の書状から知られる（伊達五二六）[8]。宗是の書状には、秀吉の機嫌が突如悪くなったようすは、政宗の身命が危うくなるばかりか、木村吉清が首を刎ねられそうな勢いで、浅野長吉も座敷から引き立てられ、周囲が困惑する程であったと書かれている。原因ははっきりしないが、政宗に関わることは明らかで、吉清や長吉が政宗の意向か意見を秀吉に伝えたために機嫌が悪くなったと想像される。政宗自身の処遇か、あるいは白河義親に関する問題であったかもしれない。その後は、他ならぬ政宗の事だからということで、次第に秀吉の機嫌も直り、政宗が進上した肴酒も振る舞われ、雰囲気もよくなったという。

山田邦明氏も指摘するように、この時期の政宗をめぐる書状には、秀吉の機嫌に関する文言がしばしば現れる[9]。秀吉の機嫌によって周りの者の身命が危うくなった前例は直近にもあった。小田原の北条氏直父子の助命を斯波義近（「三松」）が秀吉に言上したところ、秀吉の機嫌が悪くなり、追放された後に兄弟までも身命を奪われることになった（伊達五一五）。このことも宗是が政宗に伝えている。

ひと晩の出来事で、この時には大事には至らなかったものの、何事も秀吉の意向のままに（「御意次第」「関白様次第」）を常に心がけ、「御訴訟かましき事」は決して口に出さないことが何より肝要であるというのが、宗是が政宗に伝えたかった忠告である。奥羽仕置の前後の時期、天下人となっていた秀吉の存在感をよく示す出来事といえる。

(3) 浅野長吉の動向

浅野長吉も、この日に政宗へ書状を認め、白河に到着したことと共に、この後に会津へ参上するよう秀吉の命があったことを伝えている（伊達五二七）。この後、長吉は秀吉の軍勢と別れて、奥大道を北上し、九日には八丁目宿（福島市）に到達している（浅野六〇）[10]。そこでは、政宗の祖母に当たる栽松院の居所である杉目村（福島市）での「陣取」を禁止する禁制を出している（伊達五二八）。長吉は、この後、秀吉からの指令を受けながら、中奥・北奥の仕置を担当することになる。

二、八月七日
――会津への道中（御座所陸奥長沼）

(1) ルートと御座所

秀吉の軍勢は、会津を目指して白河を出発し、岩瀬郡の長沼（福島県須賀川市）に到着・宿泊した。八月七日付けで井伊直政に宛てた秀吉朱印状には、木下義隆への書状を「今日七日」に奥州長沼に到着して目を通したと書かれている（秀吉三三七四）。

この間のルートはいくつか考えられるが、時期は少し下るものの、蒲生秀行の治世（慶長年間）に「天下一ちゃわんやき吉左衛門」（樂家二代　常慶）が、白河から会津へ下った時には、飯土用―小屋（以上、福島県白河市）―牧之内（福島県天栄村）―長沼―勢至堂（以上、福島県須賀川市）―三代―福良―赤津（以上、福島県郡山市）―原村（福島県会津若松市）というルートを使っている。[11] これが当時の主要なルート、公式ルートと考えられ、おそらく秀吉の通った道も、これであったろう。

長沼には長沼城があり、ここが秀吉の御座所となったと考えられる。長沼城は、戦国期に蘆名氏家臣の新国氏が城主となっていた。[12] 政宗によって蘆名氏が会津を追われた後、城主であった新国貞通（上総介）は蘆名氏のもとを離れ、政宗に参候した。城跡の発掘調査の結果、主郭部では戦国期の遺構を改修して礎石建物や石列、石垣等が確認されており、それは秀吉の御座所となってから蒲生時代に城代が置かれた時期と考えられる。

新国貞通については、いくつかエピソードが残されており、黒川時代の政宗に参候した際には、年齢が六十を超えているにも関わらず、顔に白粉を塗り、小鼓を打って、政宗に諂う姿は、余りにも過ぎた振舞と見られていた。[13] また、秀吉が長沼城に宿営した際、貞通の武勇を聞いて御前に召し、所領を下賜するといわれたところ、余りの嬉しさに、傍の者に「田舎詞」を発したため、理解できなかった秀吉の機嫌が悪くなり、貞通は「しほしほ」と立ち去り、所領安堵も沙汰止みになったという。[14] いずれも後世の記録によるが、前述した白河での秀吉の機嫌をめぐる一件を考えると、まったくの創作とも思われない。この後、長沼城の城代には蒲生郷安（四郎兵衛尉）が命じられるが、「氏郷記」によると当初郷安は猪苗代城代であり、後に変更されたような書かれ方をしている。[15]

これは、貞通への宛行が急遽変更になったことと関連があるかもしれない[16]。

(2) 大里城をめぐる戦闘

岩瀬郡では、直前まで二階堂氏の旧臣矢田野氏が、政宗に離反して大里城（福島県天栄村）に籠城し抗戦していた[17]。前年に岩瀬郡須賀川城主の二階堂氏を政宗が滅ぼした後、矢田野伊豆守（安房守義正と同一人とする説あり）は政宗に服属していたが、小田原の政宗陣所から逃亡して常陸佐竹氏の許へ走り、弟の善六郎が大里城に立て籠もった。小田原から帰った政宗が、軍勢を派遣して城を攻囲したが、抗戦は続いた。

大里城は、白河から長沼へ至るルートにも近く、秀吉の下向までに決着させないと「外聞然るべからず」と政宗は認識しており（政宗七四二[18]）、総力戦に当たっては「いたて（伊達）のみやうせき（名跡）のたつもたたぬも此とき（時）に候」という決意を周囲に伝えている（政宗七四六）。

「白河関物語」には八月六日に落城したと書かれている。一方で八月二日付け亘理重宗宛て政宗書状では、大里攻めに向かおうとする重宗に対して、奥陣の準備すなわち浅野とともに北奥への仕置へ出陣する準備を命じており、この頃には停戦あるいは終戦が確定し、方針転換が図られていた（政宗七四七）。「奥州矢田（野）安房守領内」に対しては、同年七月日付けで軍勢甲乙人等の濫妨狼藉等を停止する秀吉の禁制が出されており、豊臣政権の強制力によって停戦が図られた可能性もある（秀吉三三三八）。戦闘の終局の具体相は不明だが、いずれにせよ秀吉が付近を通行した八月七日には戦闘状態は解消されていたものと考えられる。

(3) 長沼の武具改め・検地の指令

長沼では、同地周辺の百姓に対して、いわゆる刀狩と検地に関する指令が出された（秀吉三三七五）。刀狩については、刀・弓・鑓・鉄砲等の武具類を改め、すべて取り上げることを命じている。この朱印状について、藤木久志氏は、秀吉が長沼の現地において出したものであることを確定し、奥羽刀狩の初令と評価した[19]。

検地については、①一段の広さは五間×六十間を基準とすること、②「大繩」は禁止して「棹打」とすること、③斗代については、上田は一石一斗、中田は九斗、下田は七斗五升とすること、④京升を用いること等が指示された。

これらの指示を受けた片桐貞隆・青木一矩・竹中重利は、村々に奉行を派遣して、これらを実施することになった。なお、二日後の八月九日付けで出された「会津検地条目」とは、石高と貫高の違いがあるが、この点については後述する。

三、八月八日
――会津への道中（御座所陸奥中地）

ルートと御座所

長沼城を出発した秀吉は、安積郡に入り、猪苗代湖の湖南の地へ向かった。その間のルートは、前述したように、勢至堂峠（福島県須賀川市）を越えて、三代・福良（福島県郡山市）方面に向かうものであった。

道中のエピソードがいくつか伝わっている。白河義親と縁のある中畠晴時（義親庶兄である晴常の子）が、会津への道沿いの馬尾滝に潜み、鳥銃を用いて秀吉を狙撃した。しかし命中せず晴時は逃走し、後に姓を「隈井」と変えて蒲生氏郷に仕え、後に新国貞通（上総介）と共に九戸合戦で戦死したという[20]。また、秀吉が長沼から会津へ通行した際に、百姓たちは奥山へ逃れ隠れたが、勢至堂峠では、地元の柏木隼人・源六父子が赤飯を蒸して杉の葉を敷いた上に盛り、平伏して献上した。それにより秀吉への御目見がかない、長沼より三代への道を尋ねられて返答したところ、「御言葉之御褒美」を拝領したという[21]。いずれも事実かどうか確かめようがないが、地元には、秀吉通行のかすかな記憶の痕跡が残されていたということであろうか。

湖南における秀吉の御座所については、諸説がある。小林清治氏は、八月十四日付けで浅野長吉に宛てた政宗書状に、秀吉下向の際に木村吉清が福良で政宗の身上を果たすべき企みを行ったと書いていることから、福良の可能性を指摘する（伊達六七五・小林著書一八二頁）。福良には、観音堂・別当千手院という古刹があり、鶴山という山の上に鶴山館があった[22]。

一方で、本書所収青木論文でも述べられているように「佐竹家譜」（天正十八年七月十日条）や「奥羽永慶軍記」では、秀吉の御座所を中地としている。中地（福島県郡山市湖南町中野）は、福良の東に位置し、ルートからはややはずれるものの、蘆名時代から安積伊藤（伊東）氏の本拠であった。小倉山館という城館跡も所在し、伊藤氏の一族が分かれて福良など周辺の村々を支配していたといわれる[23]。蘆名氏滅亡後、この地域は政宗の支配下に入ったと推測されるが、伊藤氏一族内の対立・抗争があり安定しなかった。七月二十日付け政宗宛て木村吉清書状によると、中地・櫃沢（横沢か）・赤津の三ヵ村は秀吉への進上が命じられ、その通りになったことが秀吉に伝えられている（伊達五二二）。御座所準備の段階で召し上げられた所領であり、そのことを現地で確認するために、わざわざ中地の城を御座所とした可能性が考えられる。

四、八月九日——仕置第一日

(1) ルートと御座所

湖南を出発した秀吉は、この日に黒川に到着した。ルートとしては、猪苗代湖の西側を北上し、赤津、原を経て、背炙り峠を越えて、会津盆地内にある黒川へ入ったと考えられる。湖南から会津盆地へ抜ける峠は、古くは背炙り峠であった。文禄三年（一五九四）に薩摩国（鹿児島県）を出発し、諸国を遍歴して同五年に帰着した堀之内日限坊という僧侶の廻国日記には、柳津虚空蔵尊（福島県柳津町）へ参ってから会津黒川へ着いた後、「せなり（かゝ）あふりと申大なん（難）お越、ふくら（福良）と申在所へ」着いたと書かれている。[24] この峠は、後に加藤氏が会津藩主となった時代に冬坂峠と改称され、また参勤交代など主要なルートとしては別の滝沢峠越えが整備されていった。[25]

図3　若松城跡

黒川は、中世から三浦一族の蘆名氏の本拠として発展した。蘆名氏の居城は小高木館・黒川城と呼ばれ、後に蒲生氏郷によって大改修を受けて若松城となる前身の城館の姿であったと考えられている。[26]

この前年に当たる天正十七年（一五八九）六月に、伊達政宗は蘆名氏の最後の当主であった義広を、磨上合戦で破り黒川から追い出して、その後は居城として越年した。しかし、小田原・宇都宮での仕置において政宗の会津没収は確実となり、以前の米沢へ居城を戻していた。政宗の黒川在城は、わずか一年ほどであった。

七月二十日付けで木村吉清が政宗に宛てた書状によると、黒川御座所の普請は、これ以前から吉清が手配をして進め、ほぼ出来上がっていたようである（伊達五一二）。吉清は出来栄えを見せることも理由に、政宗に対して黒川へ参陣して秀吉に対面することを促している。また同じ書状の中では、豊臣秀次（「中納言殿」）が七月二十五日か二十六日に到着する予定と書かれている。秀次の会津下着日については、八月朔日（「貞山公治家記録」天正十八年八月八日条）や八月五日（「会津旧事雑考」巻八、天正十八年八月五日条）など説が分かれる[27]が、秀吉以前に黒川に入り、秀吉を迎える体制を取ったことは間違いないだろう。

秀吉の御座所について、江戸時代前期に会津藩士向井吉重の著した「会津旧事雑考」では、秀吉は黒川城に入り、興徳寺を「庁」としたと書かれている（ただし黒川入りは八月十日とする）。興徳寺は、鎌倉時代に蘆名氏が開いた臨済宗寺院で、室町時代には関東十刹にも列せられた名刹である[28]。

（２）検地条目

黒川に入った初日となる八月九日付けで出されたのは、「奥州会津御検地条々」すなわち奥州会津での検地に関する条目である（秀吉三三七六）。この史料は宛所を欠いているが、伝来から豊臣秀次に宛てた朱印状と推定されている（小林著書一六〇頁）。後述するように、秀次は会津の検地を担当することになる。

内容を要約すると、以下の通りである。

①田畠の各等級と年貢（永楽銭の貫文で表示　貫高）について、一反（段）につき上田は二〇〇文、中田は一八〇文、下田は一五〇文、上畠は一〇〇文、中畠は八十文、下畠は五十文とする。

②山畑は、現況に合わせて年貢を決める。

③漆木は、現況に合わせて年貢を決める。

④川役は調査して、特別に代官が命じる。

⑤田畠の面積の基準は、一段を五間×六十間と定める。

これが、会津における検地の原則を定めたものである。さらに冒頭の「奥州会津」の部分を「出羽国」に換えたほぼ同内容の検地条目が、上杉家中の色部氏の文書の中に確認されている（秀吉三四一二）。二日前に発出された長沼、この日の会津という奥州の個別地域を対象とした条目と並行して、出羽国という一国単位でも検地の原則が示されたことになる。

この原則について、とくに以下のような点が重要である。第一に、豊臣期の検地では石高で示すことが多いが、奥羽の場合は、現地の状況を考慮して、従来からの貫高の採用が一部認められていた点である。長沼で出された検地令と比べると一貫性がないようにも見えるが、実際の検地では、一度貫高で算出した後に石高に換算していたことが指摘されている[29]。「唐入り」（朝鮮出兵）が計画されている中で、現地の慣行・実情を考慮して、早急にできる現実的な対応をしながら、石高への移行を進めていくという方向性であったと考えられる。

第二に、田畠以外の年貢の対象が明示されたことである。山間部の焼き畑と思われる「山畑」や漆木、川猟等による収穫と思われる「川役」が、その対象となった。なお前記した出羽国の検地条目では②の項目だけ異なっており、「屋敷麻畠」は上畠並みの年貢とすると定められている。麻畠も課税対象となったのである。漆木などは戦国期から領主による収取の対象とされることはあったが、検地の対象として掲げられ、検地帳にも記載されるようになった意味は大きいと考える[30]。また焼き畑に対する賦課等は、後に在地で起きた一揆の原因にもなった[31]。奥羽の山野の豊かな恵みに対して中央政権による課税という介入が、この時から始まったのである。

五、八月十日——仕置第二日

郷村を対象とした掟書の発令

仕置第二日目となる八月十日には、仕置の原則を示す二種類の掟書が出された。ここでは、これまでの研究と同様に五ヵ条掟と七ヵ条掟と呼ぶ。

五ヵ条掟は石川兵蔵（貞清）宛てで、内容は以下の通りである（秀吉三三七八）。

①日本六十余州在々の百姓は、刀・脇指・弓・鑓・鉄砲など一切武具を所持してはならず、すべて没収する。この度、出羽・陸奥両国についても同様に命じ、今後は、もし万が一所持する百姓がいたならば、当人はもちろん、その所属する郷の者たちも同罪とする。

②盗人については、堅く成敗するので、郷や在所の中で聞き当たり、正直に申告するように、百姓の連判で誓紙を提出するように。もし見隠・聞隠があったら、その在所を処罰する。

③人身売買については、一切禁止する。天正十六年以降に売買された者は、契約を破棄するので、元のように返すこと。今後は、人を売る者はもちろん、買う者も処罰するので、聞き当たり申告したならば褒美を与えることにする。

④諸奉公人は、それぞれ給恩によって、その役を勤めるように。百姓は田畠の開作を専らにすること。

⑤在々百姓が他郷へ移動することがあれば、その領主は報告して返すように。もし返さず、召し抱える者があれば処罰する。

右の五ヵ条に違犯した者は処罰する。

次に七ヵ条掟は、同内容で石田治部少輔（三成）と青木紀伊守（一矩）に宛てたものが知られている（秀吉三三七九・三三七七）。石田三成は、陸奥国の太平洋岸沿い、岩城・相馬方面等の仕置を担当した。青木は前述したように岩瀬郡の担当である。その内容は以下の通りである。

①この度の検地の結果、定められた年貢・米銭以外に、百姓に対して臨時・非分の課役は一切行ってはならない。

②（五ヵ条掟②に同じ）

③（五ヵ条掟③に同じ）

④（五ヵ条掟④に同じ）

⑤（五ヵ条掟①に同じ）

⑥（五ヵ条掟⑤に同じ）

⑦永楽銭については、金子一枚（十両）は銭二十貫文に換算し、びた銭は永楽銭（精銭）一銭に対して三銭に換算すること。

右の七ヵ条に違犯した者は処罰する。

一部重複のある二種類の掟書は、総じて奥羽の在所（郷や村）、そこに住む百姓・奉公人に関わる条項である。

いわゆる刀狩、武具類の没収に関する条項（五ヵ条①・七ヵ条⑤）は、三日前に長沼周辺を対象に発出されていたが、条文にも見える通り、これは全国法令であり、ここで出羽・陸奥両国に対して、あらためてその適用を命じたことになる。七ヵ条①には検地に関する条項もあり、前日に出された検地条目と合わせて、ここに検地と刀狩という豊臣政権の二大政策が提示されたことになる。

盗人（五ヵ条②・七ヵ条②）の処罰には、犯人である百姓の所属する在所（村や郷）に対する詮索や、犯人隠匿に対する連帯責任も伴っている。人身売買の禁止（五ヵ条③・七ヵ条③）には、契約の一部破棄や処罰の厳格化、通報への褒賞など、在地社会での犯罪を取り締まる姿勢が見られる。

諸奉公人に関する条項（五ヵ条④・七ヵ条④）と百姓に関する条項（五ヵ条⑤・七ヵ条⑥）は密接な関係があるとされる[32]。給恩を得て武家領主等へ奉公する者たちは、その役をしっかり勤め、一方で百姓は田畠の開作に専心する、すなわち奉公人と百姓を身分として区別し、それぞれの職分を全うすることを求めている。さらに百姓に対しては勝手な移動を禁止し、耕作する田畠と結びつけられて検地帳に登録されることになった。このような百姓身分に関する原則が、ここでは表明されている。

このような奉公人と百姓の身分の区別の画定は、直接的には「唐入り」（朝鮮出兵）のための兵士・陣夫の確保を背景とするが、広く近世の村社会を準備するものであったといえよう。奥羽の在所・百姓に対して、それらが表明されたのである。

なお永楽銭に関する規定については、奥羽仕置における検地が、実質的に貫高を基準にしていることに伴う規定であること、この場合の永楽銭は、びた銭と区別される精銭を想定しているが、奥羽の場合は精銭ではなくびた銭で年貢等を徴収するのが実状だったことから運用面での調整がなされたこと等が指摘されている[33]。

戦国期の奥羽においては、関東の北条領国の場合のようには、在地に対する領主の支配が十分に浸透していなかったと考えられる。伊達氏等わずかな例を除けば、郡主クラスの多くの領主たちは村の百姓と直接的な支配関係をもたず、城館を構えて村々を治めていた小領主たちを服属させ家中として組織しようとしている段階にあった。そのような状況の中で、豊臣政権によって発出された掟書は画期的なものであり、奥羽の在所（郷や村）の内部にまで直接介入してくる重い法令であったと考えられる。

六、八月十一日――仕置第三日

（一）蒲生氏郷の会津配置が決定

会津での仕置三日目に当たる十一日には、白河から分かれて中通りを北上した浅野長吉に対して秀吉は朱印状を送っている（秀吉三三八〇）。長吉は九日に「八町目」（福島市）に着いたことを秀吉に報告しており、これに対する答書である。この朱印状の中で、「会津の儀、松坂少将に下され候、検地の儀は中納言に仰せ付けられ候」とあり、蒲生氏郷（「松坂少将」）を会津へ配置し、検地奉行には秀次（「中納言」）を命じたことが伝えられている。白河では正式に伝えられていないことから、氏郷の配置は、その後に決まったと考えられている（小林著書一五三頁）。

蒲生氏郷は、近江日野を居城とした蒲生家の当主で、織田信長に仕えて、その娘婿となり、本能寺の変後は秀吉に仕えるようになって、伊勢松坂城主として小田原攻めにも参加していた。この当時は三十五歳である。

この時の経緯について、「会津旧事雑考」は次のようなエピソードを伝えている[34]。

「会津守護」について、最初は「細川越中守」（忠興）に命じたが固辞された。そこで次に氏郷に命じたが、これまた固辞された。その理由として、会津は「東辺之要地」であるが、わが家臣には勇士が少なく、どうして「藩鎮之功」を挙げられようか、いま天下諸将が禁錮する者はみな「国士」である。命じて彼らの罪を許し、招いて「鎮撫」に当てたいと進言した。秀吉は、それを受け入れ、まず佐久間久右衛門の罪を許して氏郷の家臣とし、家康にも依頼して水野三右衛門（三左衛門の誤まり）も赦して氏郷に付けた。これより「天下之名士」が招かれ、氏郷のもとで会津を守ることになったという。

佐久間久右衛門（安政）は、尾張国の出身で、織田信長・柴田勝家・織田信雄・北条氏政に仕えた。北条氏滅亡の後、「太閤、其武勇をおしみ」殺さず、弟の勝之とともに氏郷に仕えさせた。(35) 水野三左衛門（分長）も尾張国を生国とし、叔父水野忠重に従い、後に家康に拝謁し、その命によって氏郷に仕えることになったと伝える。(36) 天正十九年（一五九一）九戸攻めの際の氏郷軍の陣立書の「寄合与（組）」という部隊の中に「佐久間久右衛門尉兄弟」「水野三左衛門尉」の名が見える。(37) 同じ部隊に名を連ねる真田隠岐守、曽祢内匠助、山上弥七郎、成田殿兄弟も、氏郷のもとに集まり仕官することになった「名士」たちであろう。

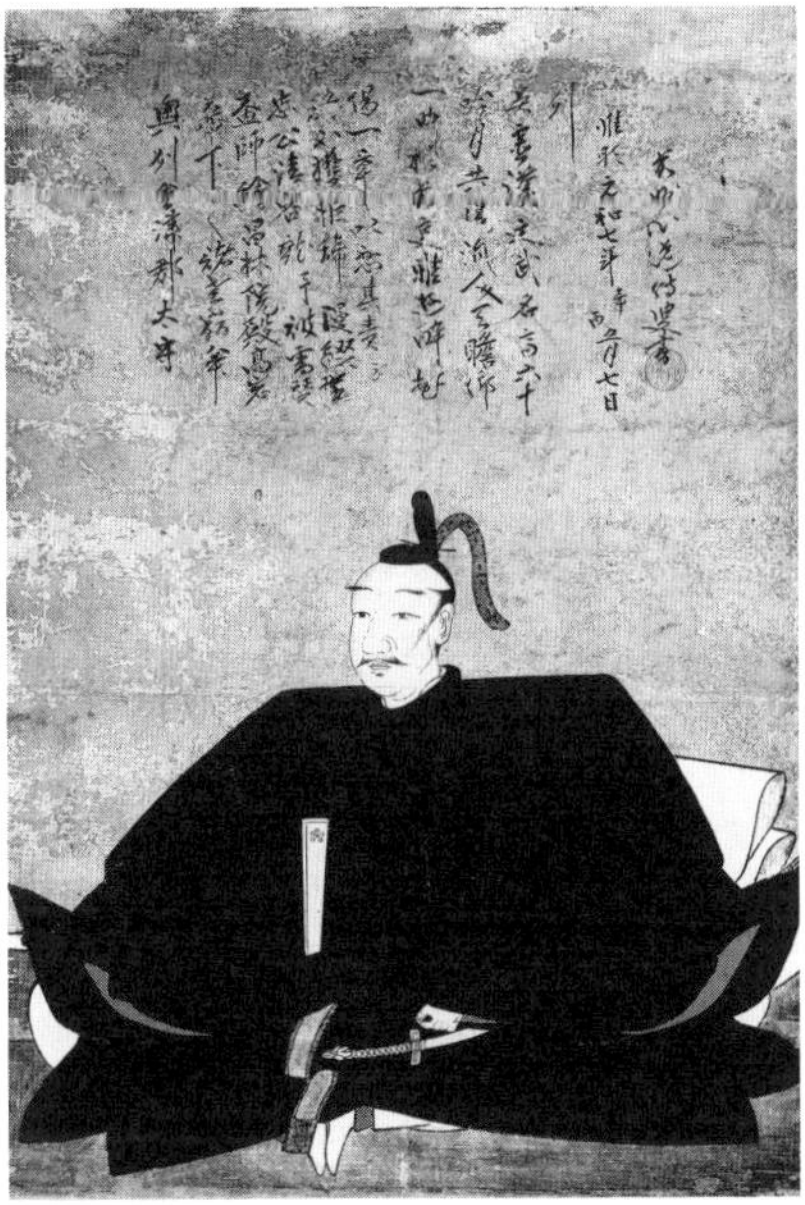
図4　蒲生氏郷像
（西光寺蔵　福島県立博物館寄託）

実際、奥羽の地を拝領して石高が急増したこともあり、会津に入った氏郷は多くの家臣を抱えることになった。その中には、天下一統の過程で敗軍の将となった者や、主人を失った者たちもあり、「天下之名士」が多く含まれていた。氏郷の新たな領地は、彼らの再仕官のチャンス、復活の地となった。しかし、氏郷が数年後に急死して蒲生領が縮小すると、彼らは離れていった。

（２）領主たちの去就

会津仕置における所領をめぐる問題について整理しておこう（小林著書一四五頁）。奥羽の諸氏に対する所領召上については宇都宮でほぼ決定していた。会津で最終的に決定したのは白河氏、田村氏であった（石川氏については未決着）。江田論文でも述べられているように、白河義親は宇都宮滞在中の秀吉に進物を送っていたが、出仕を政宗によって抑止され、秀吉が黒川に滞在している間に改易の通告を受けた（政宗七五三）。義親は、その後も復帰を画策し、白河の宇喜多秀家に働きかけ、また黒川の氏郷のもとに身を寄せることもあった。(38)

田村氏に対しても十二日までに改易の通達があった（同日付け田村宗顕書状　引証記・小林著書一五一頁）。石川氏に対しては、八月十三日付け石川義宗宛て石田三成・長谷川秀一連署書状によると、「当物成」の三分の一は上洛費用に充て、残りを支給されている（伊達五三二）。また浅野長吉への使者派遣や人質を白河の宇喜多秀家のもとに送ることを指示されている。義宗は、これに不服だったようで、政宗へ書状を送り、親の石川昭光と長吉とに相談しながら改善の工作を進めている（伊達六一四）。

一方で、所領宛行については、葛西・大崎旧領を木村吉清（伊勢守　清久・弥一右衛門尉）が受封することは会津仕置で決定されたと推定されている。そして蒲生氏郷は、会津・岩瀬・安積・白河・石川・二本松の受封が決定された。

奥羽仕置が、生涯の転機となった者は、これ以外にも多かったにちがいない。南会津の伊南郷（福島県南会津町）の領主であった河原田盛次（治部少輔）は、蘆名氏滅亡後も伊達政宗に抗戦し、秀吉による奥羽仕置に期待を寄せて宇都宮の出仕を試みたが、拝謁がかなわず、帰郷した後に病没したと伝える。[39] 河原田氏が領した地も、蒲生領に組み込まれることになった。

(3) 政宗、奥陣へ出陣

一方で、この日に政宗は中奥・北奥へ向けて出陣した。八月八日付け白河義親に宛てた書状の中で、政宗は「十一日に必々あい立ち候、その御心得にて出張あるべく候」と伝え、義親にも出陣を促している（政宗七五一）。米沢から出発し、中通りを北上する浅野・木村と途中で合流し、その先導役を務める手筈となっていた。十三日には長吉と共に宮城県蔵王町）に留まり、十四日には黒川郡（宮城県）に入った（政宗七五三・七五四）。二十三日には、葛西・大崎旧領に対して長吉が仕置を開始したことが秀次に報告されている（政宗七五五）。

この日に家臣の五十嵐芦舟斎に宛てた政宗の書状では、留守中に主要な家臣も不在になることを心配し、兵粮のことや上方衆の対応などを依頼している（政宗七五二）。この書状によると、この日に会津から帰還した芦舟斎に政宗はねぎらいの言葉をかけている。おそらく黒川滞在中の秀吉への使者の役目を担ったためと思われるが、このような書きぶりから、政宗自身は黒川の秀吉へ対面に出向くことはおそらくなかったと推測される。

七、八月十二日――仕置第四日

(1) 仕置実施の厳命

会津を出発する直前の十二日付けで、秀吉は仕置実施を厳命する朱印状を浅野長吉に対して発給した（秀吉三三八三）。

その内容は、以下のような四ヵ条であった。

①去る九日に会津へ御座を移し、御置目等を命じてきた。検地については、会津は中納言（秀次）、白川とその近辺については、備前宰相（宇喜多秀家）に命じる。

②そちらでの検地については、一昨日命じた通り、斗代等について、御朱印の内容に従って、どこであっても、入念に実施を命じること。もし粗相があれば処罰する。

③山形出羽守（最上義光）と伊達（政宗）の妻子は、早く京都へ差し出すこと。この二人以外の国人の妻子について、京都へ進上する者は、一廉尤なことである。そうしない者は、会津へ差し出すように命じること。

④この度命じた内容は、国人と百姓ともに合点が行くように、よくよく申し聞かせること。もし万が一承服しない者があれば、城主の場合は、城へ追い入れて、それぞれ相談し、一人も残さず、撫で斬りにすること。百姓以下で承服しない場合は、一郷も二郷も、ことごとく撫で斬りにすること。これらを六十余州（日本全国）に厳命し、出羽・奥州に至るまで粗相のないようにすること。たとえ亡所になったとしても許すので、その通りにすること。山の奥、海ハ艫櫂の続くところまで、入念にすべきこと。もし万が一、それぞれがなすべき事をしない時には関白（秀吉）自身が御座を移して命じることにする。このことについては、急ぎ復命をするように。

⑤（追而書）以上のことを仙道方面へ向かう者たちすべてに入念に伝達すること。同じく復命をするように。

ここには、九日の会津滞在以後の指令の内容が集約されており、中通り（仙道）を北へ進み、これから仕置を実施する長吉に託した秀吉の強い意志が表明されている。あらためて整理してみると以下のようになる。

i 検地について

検地の担当が、会津周辺については秀次、白河周辺は宇喜多秀家となることが確認された（①）。いうまでもなく仙道以北は浅野長吉である。ここには明示されていないが、長沼周辺は八月八日付け朱印状の宛所である青木以下の者たちであった。斗代等については「一昨日」の朱印状に従うとされているが、これは八月九日付け検地条目を指していると思われる。日付が一日ずれている理由は不明だが、この十二日付け朱印状が、すでに前日までに準備されていた可能性も考えられる。

なお奥羽仕置時の検地のあり方をめぐって、渡辺信夫氏は、奥羽仕置の検地の対象地が、仕置によって没収された地を主要な対象としており、伊達領や最上領等には及んでいないこ

とを重視し、伊達氏・最上氏には「自分仕置」が認められたとする。(40)

ii妻子の京上について

最上義光・伊達政宗の妻子は京都へ、その他の諸氏は京都か会津へ差し出すという原則が表明された。すでに八月六日付けの木村吉清宛ての書状で政宗は、宇都宮で約束した通り、正室(「内儀」)の京都出発の準備を調え、ともかく急いで九日には米沢を出発させる予定であることを伝えている(政宗七五〇)。また、この日に会津にいる今井宗薫が政宗に宛てた書状によると、手回しよく政宗が「御女房衆」を会津へ送り、これに対して「上様」すなわち秀吉の機嫌がたいへんよかったと伝えている(伊達六一一)。一方、八月十日付け政宗宛て和久宗是書状によると、最上義光は、妻子とともに九日に上洛しようとしていた(伊達五六六)。

iii掟書の内容の通達・実施

八月十日付けの掟書の内容を、国人(領主)や百姓に伝え、従わせることが命じられた。そして、城主(国人・領主)に対しては、呼び出して説得し、従わない場合は城主周辺の者たちも含めて「撫で斬り」、百姓に対しても、従わない場合は、周辺の村を含めて(「一郷二郷も」)「撫で斬り」と厳しい処分を命じた。「撫で斬り」令として有名なものだが、国人(城主)にせよ、百姓にせよ、その個人だけでなく所属する集団全体に対する処分であることは、十日付け掟書の処罰条項と共通する内容である。秀吉が対峙したのは政宗や義光のような大名だけではなく、奥羽の領主と一族・家中であり、奥羽の村々であった。

前日の十一日付けで島津義久に宛てた朱印状の中で秀吉は、「出羽・陸奥果迄」軍勢を派遣し、各地の領主を服属させて、「御置目等」をすべて命じ、伊達・南部・最上を始めとする諸氏に妻子の上洛を命じたので、明日十二日には帰還を開始すると書いている(秀吉三三八一)。秀吉の中では、十一日の時点で会津での仕置は終了しており、それを翌十二日付けで長吉へ伝えたということであろう。

(2)会津滞在中のエピソード

秀吉滞在をめぐって会津に伝えられたエピソードを、最後にまとめて紹介しておきたい。

ひとつは、天寧寺住職が寺宝の絵画を献上したエピソードである。天寧寺(福島県会津若松市)は、背炙り峠を越えて会津に入った東山温泉の入口付近にあり、蘆名氏の崇敬も篤かった曹洞宗の古刹である。この寺の近世の寺宝として、達磨図一幅と寒山拾得図二幅対、竹図一幅(近世後期には亡失)があった。これらを太閤へ献上したところ、寺宝という理由で返し戻され、白銀三十枚を下賜されたというものである。[41]

後日談として、これらの絵画は、寛永二年（一六二五）に将軍徳川家光が、氏郷の孫に当たる蒲生忠郷邸に御成になった時に台覧に供したという。なお「達磨図」一幅と「寒山拾得図」双幅は、天寧寺所蔵で現存している。秀吉に対する贈答や献上は数多く行われたと想像されるが、寺宝であるという理由で受け取らなかったという点が興味深い点であろうか。そういえば、白川義親が進上したとされる馬、刀、鞍のうち、馬と刀は喜ばれたが、鞍は上方から下賜されたものなので返還するという例もあった（伊達五二五　なお刀・鞍は政宗から進上された）。

もうひとつは、秀吉が会津郡の雁打沢（福島県会津若松市）の見物に現れたというエピソードである。黒川から猪苗代方面へ向かう途中の滝沢村付近に、猪苗代湖へ向かう雁を、風の強い日に竹竿で打ち落として捕獲する風習があった。これを見物するために、豊臣家下向の年に馬上十騎程が村の畦道に現れ、稲刈る農夫を呼んで案内をさせたというものである。[42]

今のところ、この出来事に関連する史料は他に見当たらず、これが事実であったか確かめる術はない。もし事実であったとすれば、領内の巡見の一環であろうが、興味深いのは、この付近には石ケ森金山という鉱山があり、近世初期までは活発に稼働していた。あるいは領内の鉱山経営との関わりがあったのかもしれない。

八、八月十三日――下野への道中

ルートと御座所　会津を出発した日

前述した島津宛ての十一日付け朱印状で、秀吉は十二日に会津を出発することを伝えていた。一方で十二日に今井宗薫が政宗に宛てた書状には、「上様」すなわち秀吉は「明日還御成られ候」と書かれている（伊達六一一）。しかし江田論文で詳しく触れられている通り、仮に十三日に出発した場合、行程として十四日に宇都宮に到着・宿泊するのはおそらく無理である。ここでは十二日中には会津を出発したと考えておきたい（なお「会津旧事雑考」は十四日、「氏郷記」は八月二十日頃とする）。

会津の黒川から宇都宮へのルートについて、諸書には「高原峠」を越えたと書かれている。その峠の険しさに、秀吉が駕籠を降りたため「太閤おろし」という通称が伝わっている。[43]このルートであったとすれば、黒川から田島（福島県南会津町）、山王峠を越えて下野国へ入ったことになる。この年の四月、黒川から関東へ出陣しようとした政宗は、大内（大地福島県下郷町）まで一度は出馬したが、関東方面の情勢を考慮して引き返している。[44] おそらく秀吉も、黒川―大内―田島というルートを使用したのではなかろうか。

なお竹井英文氏は、八月七日付け真田源三郎（信幸）宛ての某氏書状の中に、「土出」（群馬県片品村）の地に「上様御座所」を造り、橋道等の整備等が命じられていることから、実際には通らなかったものの、会津から上野沼田へ向かう可能性があったことを指摘している。[45]

おわりに

会津における仕置の様相を振り返ってきたところで、なぜ秀吉が会津の地を選んだのか、あらためて考えてみたい。

直接的な理由としては、会津は政宗が攻め取った地であったことがあげられる。黒川の城では、政宗はこの年の年頭の参賀を受け、小田原へ出陣する際にも領内の諸城よりも厳重に留守居を置いており、米沢に代わる新たな本拠に位置づけていたと推測される。その城に秀吉が自ら足を踏み入れることには、政宗が城を明け渡して従属を表明したことを内外に誇示する意図があったと考えられる。一方で政宗は、黒川の秀吉へ拝謁した形跡はなく、急ぎ北へ向かう仕置軍に合流している。周囲では、政宗に対して会津への参候が促されていたが、それを実行しなかったのは、最後に見せた政宗のプライドか意地のようなものであったのかもしれない。

しかし会津が仕置の地に選ばれた理由は、それだけではないだろう。滞在中に秀吉は、全国に適用される豊臣政権の支配の原則、検地や刀狩、村における犯罪の処罰等について、奥羽の領主や百姓に向けて発令していた。会津は陸奥国の一部、その南端ではあるものの、ひとつ峠を越えれば米沢のある長井郡すなわち出羽国に通じる場所に位置していた。秀吉文書を通覧すると、奥羽両国を指す用語として、秀吉周辺では「出羽・陸奥」あるいは「出羽・奥州」が使われることが多い。豊臣政権と出羽国との結びつきの強さは、あらためていうまでもないが、陸奥の地にありながら出羽へ向けて号令できる数少ない地として会津は選ばれたのではないだろうか。出羽と接する陸奥会津の地から、北へ顔を向けて、日本の果てまで届くように指令を発する、秀吉の頭の中には、そのようなイメージがあったのではなかろうか。

この後、政宗と義光の先導のもとに、浅野・石田、上杉・大谷など諸将の率いる大軍勢が実際に北へ進み、秀吉の指令に従って仕置を実施することになったのである。

注

（1）名古屋市博物館編『豊臣秀吉文書集四　天正十七年〜天正十八年』（吉川弘文館、二〇一八年）。※以下、秀吉と略記し、文書番号を記載。

（2）小林清治『奥羽仕置と豊臣政権』（吉川弘文館、二〇〇三年）一〇九頁。※以下、小林著書と略記し、頁数を記載。

（3）「新編会津風土記」巻三所収山内滝口文書『新編会津風土記』第一巻（歴史春秋社、二〇〇〇年）。※以下、刊本については『新編』一と略記。

（4）「白河風土記」（『白河郷土叢書（下巻）』歴史図書社、一九七六年）。小林清治「奥羽仕置と近世奥州街道」（同編『福島の研究　第3巻　近世篇』清文堂出版株式会社、一九八六年）。

（5）「会津四家合考」「白河義親没落の事」（『会津四家合考』歴史図書社、一九八〇年）他。

（6）鈴木功「小峰城」「白川城」（飯村均・室野秀文編『東北の名城を歩く　南東北編　宮城・福島・山形』吉川弘文館、二〇一七年）一五八—一六五頁。

（7）「白河風土記」（『白河郷土叢書（下巻）』歴史図書社、一九七六年）。内野豊大氏の御教示による。

（8）東京大学史料編纂所編『大日本古文書　家わけ三ノ二　伊達家文書』（東京大学出版会、一九〇八年）。※以下、伊達と略記し、文書番号を記載。

（9）山田邦明『戦国のコミュニケーション——情報と通信』（吉川弘文館、二〇〇二年）第九話「殿下の御意——和久宗是より伊達政宗への通信」。

（10）東京大学史料編纂所編『大日本古文書　家わけ二　浅野家文書』（東京大学出版会、一九〇六年）。※以下、浅野と略記し、文書番号を記載。

（11）（年未詳）十一月廿一日付け町野長門守伝符状　樂美術館所蔵文書　福島県立博物館・茶道資料館編『千少庵と蒲生氏郷』（福島県立博物館、二〇一〇年）一二一頁。福島県文化財調査報告書第一三八集『「歴史の道」調査報告書——白河街道若松—白河』（福島県教育委員会、一九八四年）。

（12）垣内和孝「長沼城」（飯村均・室野秀文編『続・東北の名城を歩く　南東北編　宮城・福島・山形』吉川弘文館、二〇二一年）一四四—一四七頁。

（13）「政宗記」巻七（小林清治校注『第二期戦国史料叢書10　伊達史料集（上）』人物往来社、一九六七年）。

（14）「白河関物譚」「秀吉公道々城主を追出し玉ふ事」（『白河郷土叢書（下巻）』歴史図書社、一九七六年）、「会津四家合考」巻五。

（15）「氏郷記」巻下「氏郷朝臣会津拝領事」（『改定史籍集覧』十四、臨川書店、一九八四年）六八九頁。

（16）高橋充「南奥羽の蒲生領の支城配置」（藤木久志・伊藤喜良編『奥羽から中世をみる』吉川弘文館、二〇〇九年）。

（17）「大里城の攻囲戦」（『岩瀬村史』第1巻　通史編、岩瀬村、二〇〇三年）三八七—三九三頁。

（18）仙台市史編さん委員会編『仙台市史　資料編10　伊達政宗文書1』（仙台市、一九九四年）。※以下、政宗と略記し、文書番号を記載。

（19）藤木久志「奥羽刀狩事情——付、廃刀令からの視点」（羽下徳彦編『北日本中世史の研究』吉川弘文館、一九九〇年）九七—一一七頁。

（20）「中畠系図」相楽文書（『矢吹町史　第二巻資料編Ⅰ　原始・古代・中世・近世資料』矢吹町、一九七七年）一三三頁。

（21）「勢至堂村古来ゟ之由緒書」（『長沼町史　第3巻資料編Ⅱ』

長沼町、一九九七年）六四一頁。

（22）「新編会津風土記」巻九八　陸奥国安積郡福良組　福良村・寺院及び古蹟（『新編』五）。

（23）「新編会津風土記」巻九八　陸奥国安積郡福良組　中地村・古蹟（『新編』五）。中地の可能性については、江田郁夫・青木文彦両氏の御教示による。

（24）栗林文夫「『廻国通道日記』について」（『黎明館調査研究報告』二六、二〇一四年）。

（25）「新編会津風土記」巻三三　陸奥国会津郡南青木組　院内村・山川（『新編』一）。

（26）近藤真佐夫「黒川城」（飯村均・室野秀文編『東北の名城を歩く　南東北編　宮城・福島・山形』吉川弘文館、二〇一七年）八六―九一頁。

（27）「会津旧事雑考」巻八（『会津資料叢書　下巻』歴史図書社、一九七三年）、以下刊本については略記。

（28）「新編会津風土記」巻一三　陸奥国若松　本三之丁　寺院・興徳寺の項（『新編』一）。

（29）藤木前掲書　小林著書一六二頁。

（30）高橋充「戦国・織豊期の会津の漆と蝋燭」（『米沢史学』二六、山形県立米沢女子短期大学・米沢史学会、二〇一〇年）。

（31）南会津で起きた検地をめぐる騒動（松川騒動）について、佐藤義正「松川騒動と太閤検地」（『南奥中世史への挑戦』福島県中世史研究会、二〇一八年）では、天正十八年の秀次による検地後の出来事と判断している。

（32）中野等『太閤検地　秀吉が目指した国のかたち』（中公新書、二〇一九年）一五八頁。

（33）川戸貴史「奥羽仕置と会津領の知行基準――「永楽銭」基準高の特質をめぐって」（『史学雑誌』一二三―四、二〇一四年）。

（34）「会津旧事雑考」巻八。

（35）「寛政重修諸家譜」巻五三三（高柳光寿他編『新訂寛政重修諸家譜　第9』続群書類従完成会、一九六五年）一一六頁。

（36）「寛政重修諸家譜」巻三三五（高柳光寿他編『新訂寛政重修諸家譜　第6』続群書類従完成会、一九六四年）八五頁。

（37）「九戸出陣陣立書」福島県立博物館蔵（福島県立博物館・茶道資料館編『千少庵と蒲生氏郷』福島県立博物館、二〇一〇年）。

（38）結城神社文書34・35（村井章介・戸谷穂高編『新訂白河結城家文書集成』高志書院、二〇二二年）。

（39）「新編会津風土記」巻四三　陸奥国会津郡古町組　古町村・人物の項（『新編』二）。

（40）渡辺信夫「天正十八年の奥羽仕置令について」（小林清治編『東北大名の研究』吉川弘文館、一九八四年）。

（41）「会津旧事雑考」巻八、「会津鑑」巻五、「新編会津風土記」巻三二　陸奥国会津郡南青木組　天寧村・寺院の項（『新編』二）。

（42）「新編会津風土記」巻二六　陸奥国会津郡滝沢組　滝沢村・山川の項（『新編』二）、『会津鑑』巻五。

（43）「会津旧事雑考」巻八。

（44）「伊達天正日記」巻十二　天正十八年四月十二日・十五日条（小林清治校注『伊達史料集（下）』人物往来社、一九六七年）四〇三・四頁。福島県文化財調査報告書一四〇集『「歴史の道」調査報告書　下野街道（南山通り）若松―山王峠』（福島県教育委員会、一九八四年）。

（45）竹井英文「真田と上杉を結んだ道――戦国・織豊期の沼田と会津」（谷口央編『関ケ原合戦の深層』高志書院、二〇一四年）一九五頁。

◎コラム◎

奥羽仕置と白河

内野豊大

うちの・とよひろ――白河市歴史民俗資料館副館長（文化財課課長補佐・文化学芸係長兼任）。専門は日本近世史。主な業績に「越前松平家・加賀前田家の家格と陪臣叙爵について」『中央史学』第二七号（二〇〇四年）、「越後騒動」（福田千鶴編『新選御家騒動上』新人物往来社、二〇〇七年）、『白河市史』第二巻、第二編第一章（丹羽家時代）第一～二節（白河市、二〇〇六年）などがある。

はじめに

本稿では、宇都宮・会津仕置（以下、奥羽仕置）における白河[1]の状況を紹介する。

陸奥国白河の地は、古くから交通の要衝であり、陸奥と下野との国境、すなわち関東と奥州の境界であることから、奈良時代から平安時代には通過する人や物資を監視する「白河関」が設けられた[2]。この境界という地勢は、現在も白河市が栃木県と境を接する街であることに続いている。

天正十八年（一五九〇）の奥羽仕置は、源頼朝の奥州合戦以来、天下人が陸奥国に足を踏み入れ、奥州合戦の功で白河を与えられた結城氏一族の支配を終わらせたという、衝撃的な出来事を現出した。

令和二年（二〇二〇）、栃木県・福島県の博物館施設が連携し、奥羽仕置から四百三十年を記念して各館で関連展示を行った。筆者が管理運営している小峰城歴史館においても「奥羽仕置と白河結城家」というテーマで展示を開催した。本稿では展示で詳しく触れられなかった部分も含め、奥羽仕置前後の白河の様子を紹介していく。

一、白河結城氏の概要
――成立から衰退まで

白河結城氏は、下総国結城を本拠とした下総結城氏から分かれた家である（**系図1**）。下総結城氏自体が小山氏の分流であり、鎌倉幕府初代将軍となった源頼朝の乳母の一人が下総結城氏の祖、結城朝光の母（小山政光室、寒河尼）であった[3]。

このような出自もあって朝光は頼朝に近侍し、奥州藤原氏攻め（奥州合戦）で戦功をあげた。その恩賞として与えられたのが白河荘であった[4]。

その後、一族が白河周辺の領地を分与

系図1　白河結城氏略系図
（『白河市史』第一巻（二〇〇四年）・市村高男「白河結城文書の形成と分散過程」（村井章介編『中世東国武家文書の研究』（高志書院、二〇〇八年所収）・村井章介・戸谷穂高「総説 白河結城家とその文書」（村井章介・戸谷穂高編『新訂白河結城家文書集成』（高志書院、二〇二二年所収）等より作成）

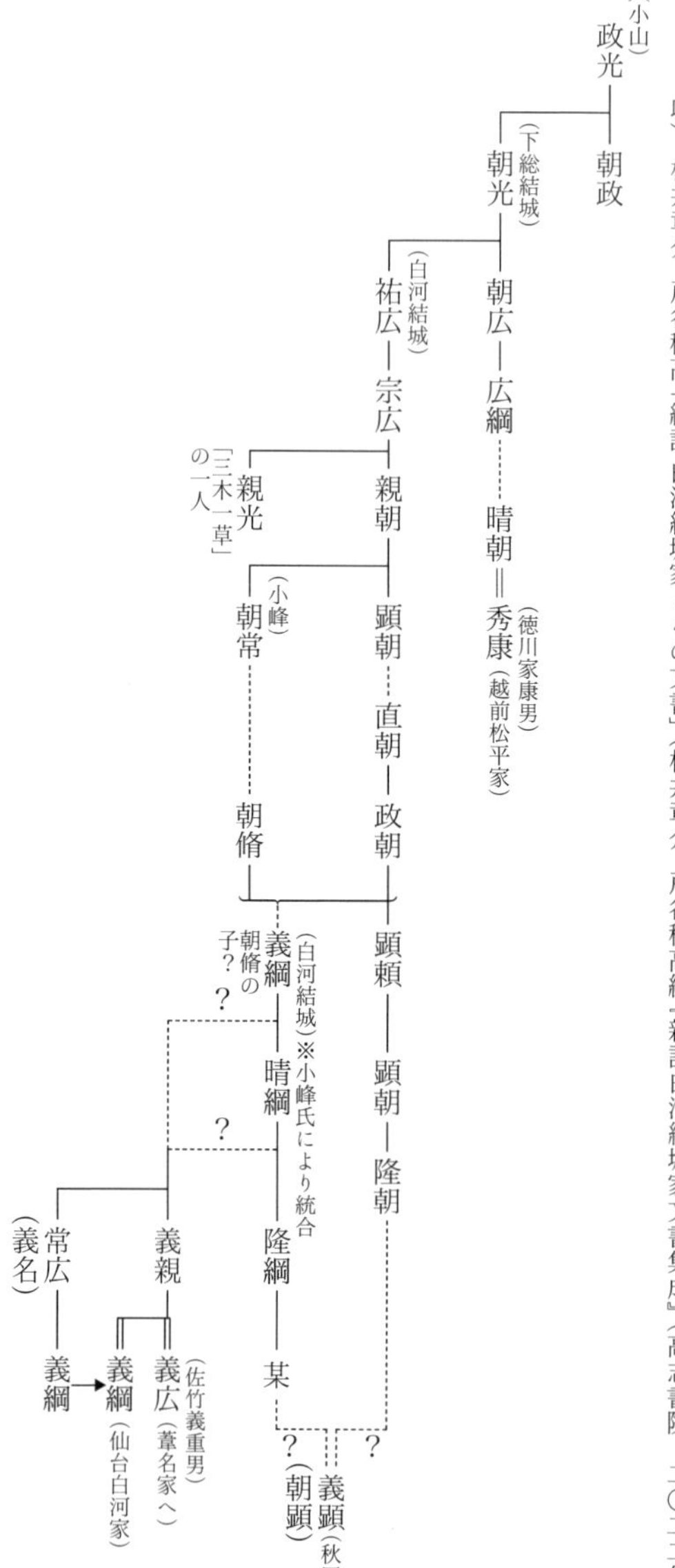

されて下向し、成立したのが「白河結城氏」（以下白川氏で統一）であり、(5)白河を本拠に勢力を伸ばしていく。

鎌倉時代末期には、当主宗広は北条得宗家の信頼を得、南奥州の要人として活動して惣領の下総結城氏を凌ぐ存在となり、(6)さらに鎌倉幕府滅亡時には宗広と子息が後醍醐天皇らの呼びかけに従い各地で活躍し、天皇の信頼を得た。これにより宗広は天皇から結城氏惣領を命じられ、また陸奥将軍府の式評定衆として数少ない在地武士の構成員の一人となり、白川氏は南奥の中心勢力となった。天皇から足利尊氏が離反した後も宗広は天皇を支えるべく活動したが、子の親朝は天皇方の勢力の退潮を受けて、家や所領の存続のため足利方に付くことを選択した。(7)

親朝は所領を嫡男顕朝とその弟朝常に分与し、朝常は小峰氏の祖となった。小峰氏は白川氏宗家と肩を並べる家として、両家で協調して活動していく。これは家を断絶させないための当時の対応であろうと推測されている(8)。この協調体制が功を奏し、十五世紀半ばの当主直朝の時代には全盛期を迎え、南奥から北関東にかけて大きな影響力を持った(9)。

しかし永正七年（一五一〇）、当主政朝とその子息が小峰朝脩に追放された（永正の変）。これまでは、朝脩が政朝に謀殺されたと伝えられてきたが、近年の研究により逆に小峰氏が白川氏宗家を追放し、両家を統合して小峰氏の系譜の新たな白川氏を成立させた出来事と理解されるようになった(10)。

以降、当主は義綱―晴綱―隆綱―義親と継承される。白川氏は統合されたものの、追放された政朝系統の白河復帰の動きもあって周辺への影響力は衰え、その間に常陸の佐竹氏が陸奥進出を開始するなど、周辺諸勢力の圧迫を受け、所領を徐々に失っていった。

その後も政朝系統の一族の会津への再退去、天正二年（一五七四）に起きた当主義親の弟常広の蜂起（天正の変）など、一族の争いは佐竹氏の侵略を助長し、ついには本拠に攻め込まれて、佐竹氏の従属下に置かれた。しかし義親は同氏に奪われた所領の回復を目指して後ろ盾に伊達氏を選択し(11)、翌天正十八年の奥羽仕置を迎える。

二、白河と奥羽仕置

奥羽仕置時に白川氏の当主であった義親の出自は、現在も確定していない(12)。従来は晴綱の叔父で、晴綱死後家督を継いだ幼い義顕の後見をしていたが、義顕を追放し実権を握った、という説が主流であった(13)。

しかし現在では、晴綱の後継に隆綱という人物の存在が明らかとなり、隆綱を義親と同一人物とみる説や別人とみる説が提起されている(14)。

ともあれ、永禄年間後期以降、義親が当主とみなしうる活動をしていくが(15)、天正二年の弟常広の蜂起を契機に白河領を制圧した常陸の佐竹氏に従属した格好となり、義親は佐竹氏から養子（喝食丸）を迎えた。しかし喝食丸は、会津の葦名氏の養子となって白川氏との養子が解消されたために、義親は当主として復帰し、佐竹氏から一定の自立性を取り戻した。

だが、この佐竹・葦名の協調に伊達政宗が反発し、伊達氏と佐竹氏が対立を深めていく。伊達氏が天正十七年に葦名氏を滅亡させたことで佐竹氏に従う南奥諸勢力は動揺し、義親も同年七月、伊達政宗側に属した。自立してはいるが、伊達氏への服属に近い形であった(16)。

こうした状況下で天正十八年が明けるが、義親は前年末から対佐竹のため政宗の出陣を要請していた。政宗は年明けの出陣を予定したものの、積雪等を理由に出馬を再三引き延ばした(17)。小林清治氏は、この出馬引き延ばしはあいつぐ京都の情報を考慮したものと推測している(18)。そして五月九日、政宗は小田原に向かうため会津黒川を発った(19)。一方の佐竹義宣も五月二十七日に小田原に参陣、豊臣秀吉に拝謁して武蔵忍攻めを命じられたことから[20]、白川氏にとって佐竹氏の脅威は弱まったとみられる。

四月五日に小田原城の包囲を開始していた秀吉は七月五日に北条氏を降伏させたのち小田原を発ち、二十六日から八月四日まで宇都宮で過ごし、同六日の白河を経て九日に会津黒川に到着、数日滞在し仕置を行った。その後、十四日に宇都宮に戻っている[21]。

この間の義親は六月後半、政宗から離反した箭（矢）田野氏が籠もる大里城（岩瀬郡天栄村）を攻めており[22]、翌七月に秀吉のもとに向かったと考えられる。それは次の八月二日付義親宛ての秀吉朱印状から推測される。

史料一[23]

中途迄雖相越、／伊達奥口へ依相動／罷帰之由、可然候、仍／馬鹿毛駮一疋到来、／被悦思食候、尚／浅野左京大夫(幸長)可申候也、

八月二日（朱印）

白川七郎(義親)とのへ

（史料中の／は改行を示す。以下同じ）

文頭の「中途まで相越すといえども」は義親が秀吉に拝謁するために途中まで出向いたことを意味するとされ、文書日付から七月末には宇都宮に向かっていたと思われる。引き返した理由は「伊達奥口へ依相動」、つまり政宗による前述の大里城攻めに向かうためとみられ[24]、政宗が七月二十八日に宇都宮に着き[25]、小田原に次いで秀吉に二度目の拝謁をした一方で、義親は秀吉に拝謁せず引き返したのである。

その後、義親は後述の**史料二**、八月八日付政宗書状で米沢十一日発を伝えられ、日程をあわせて出陣したとみられる。

なお、**史料一**にあるように、義親は秀吉に鹿毛駮の馬を献上しているが、実は刀も献上しようとしていたという。しかし政宗に秀吉への出頭を止められ、その刀の献上を政宗に託したとする。義親と同日付で政宗に与えられた秀吉朱印状には、刀と鞍を受け取った旨が記載されており、伊達家の家譜である『伊達治家記録』はこの刀は義親の刀であり、政宗が自らのものとして献上した訳ではないと記すが、政宗宛の朱印状に刀と鞍が触れられ、義親宛の朱印状では馬しか触れられていない点に義親のものとして献上したのか疑問があると小林清治氏は指摘する[26]。

結果的に、政宗に秀吉への参上を阻止され、宇都宮で秀吉への拝謁が叶わなかったため、義親は改易されたと考えられている[27]。

ここで、義親改易の詳細を確認する。まず、八月八日付の義親宛て政宗書状写がある。

史料二[28]

御懇書委令披見候、仍闇(関カ)窓斎帰着、御朱印迄被／出候事、於政宗心安満足迄

候、次犬今度被指越候、一段令／自愛
候、扨々奥陣之義、直々如申理候、爰
元之事ハ十一日ニ／必々相立候、其御
心得ニ而出張可有之候、尤人衆之事不
可有／油断候、萬吉期来信候、恐々謹
言、

八月八日　　政宗御書判

白川殿

「御朱印」（**史料一**の朱印状とみられる）が出て安心したと述べ、「奥陣」の出陣日を知らせ、その心得で出陣すべきことが記されるのみである。しかし十二日の政宗書状で事態が一変したことが分かる。

史料二(29)（傍線筆者）

御来章誠以大慶ニ候、今般之仕合更々
覚外候、併天下之／御事ニ候間、不及
是非候、御心中令察候、一代之迷惑ニ
候、只々此上／も上意次第ニ御心得可
然候、全政宗ニおゐて非女（如）在候、乍去
／御進退御苦労之上、何之申事も無之
候、明日ハ此方宮ニ弾正殿（浅野長吉）／御留候間、
其心得尤ニ候、恐々謹言、（追而書略）

八月十二日戊（戌）刻　　政宗御書判

白川殿

八月十二日の戌刻（午後八時〜十時頃）に認められた書状で、「今般之仕合」云々から、政宗はこれ以前のどこかの時点で義親の改易情報を知ったのであり、八日に義親宛の書状を発して以降、十二日までの間に義親の改易処分が明らかとなったと思われる。

当時は、義親も**史料二**にある政宗の十一日出馬にあわせて出陣していたとみられるため、改易を知ったのは白河ではない場所と考えられる(30)。また十三日は浅野長吉が宮(31)に留まることを政宗が伝えるのは、義親が浅野のもとに一、二日で赴くことが可能な場所にいたためと考えられ、白河にいなかったのはほぼ確実と思われる(32)。

その後も白河を離れていたとみられる義親には、白河周辺の検地を任された宇喜多秀家から「御身上之事、会津可有御在城之旨、先度於爰許被　仰出候条」とある八月十九日付書状が出されている(33)。義親の会津在城が先度（＝先頃）「爰許」で秀吉から命じられたとあり、秀家はその役割からこのとき白河にいたと考えられるため、秀家がいう「爰許」は白河を指すと思われるが、命じた秀吉の白河滞在が八月六日であるので、義親への会津在城指示と改易処分の通告は別日ということになる(34)。

つまり、**史料一**で秀吉のもとに参上する途中で引き返したことに「可然候」と理解が示されていたにも関わらず、十二日までの間に対応が急変し改易された、という経過があり、その間に六日の白河で秀吉が命じたと考えられる「会津在城」の指令がある。しかし、義親が白河で秀吉に会い、直接伝えられた形跡がうかがえない。義親が白河だけでなく、その前後に秀吉に拝謁したかを判断できる

ような記録や伝承が、現時点では確認できないためである。

　義親が白河にいなかったとみる場合、理由として考えられるのは、引き返した要因とされる大里城攻めのため、その付近に留まっていた可能性である。しかし、そうだとしても、秀吉が滞在したのは大里城から半径十数キロ前後の圏内に位置する白河や長沼であった。にも関わらず、宇都宮で叶わなかった拝謁を実行しようとした様子もうかがえず、秀吉と会う機会をことごとく逃したように思われる。

　宇都宮で拝謁しなかった段階で、もはや秀吉のもとに参上することが許されなかったかも知れず、「会津在城」の命も、改易は宇都宮で内定しており、それを前提としたものとも推測されているが、秀吉の会津滞在中に駆けつけ、命令に早速従ったことを示していたならば、事態は少なからず変わっていた可能性もあったように思われる。

　だが実際は、秀吉が会津黒川に着いた九日、義親は会津におらず、十一日に米沢を出陣する政宗とどこかで合流するために北上中であったと考えられる。

　天下人たる秀吉が八月六日に命じたことを果たそうとする様子が見えないばかりか、政宗の指示で動いていたこと、この選択が何らかの影響を及ぼし、事態急変に見える動きの結末、改易の最終決定へとつながったのではないだろうか。

　この選択の背後にいるのは当然政宗であろう。政宗の卓越した政治力や駆け引きを評価するだけで済ませるのでなく、義親がどういった判断で政宗の指示を選択したのか、あるいは秀吉の命に従うことができない状況に置かれていたのか、史料の制約があり簡単なことではないが、このことを考えていく必要があろう。

　領主の身分を失って白河に戻った義親は、ようやく秀吉の命である会津に向かおうとしたようである。しかし九月三日付の義親宛蒲生氏郷書状では、福良（郡山市）までお越しになった由だが面会できず残念、身上は秀吉が命じたので少しも隔てがないこと、また義親の煩いを心配し、養生が肝心と述べる。[35] 義親は体調不良のため会津に向かうことができず、この時点でも「会津在城」に至っていなかった。

　十二月十三日には蒲生氏郷の重臣で小峰城代の関豊盛（一政）が義親に書状を出している。[36] 義親が「無二ニ御覚悟、京都へ御奉公アリ度」と決意し、小峰城まで出てきたことに対し、豊盛は「此旨猶京都も御取成を在之様ニと申入候事」、つまり京都から取りなすよう申し入れてきたと記す。

　同十八日の義親宛豊盛書状にも「被対参　京都、無二可被抽御忠勤之渕底被相究候」とあり、義親は京都に行き忠勤することを示したとみられ、[37] 豊盛側では秀吉の耳に入れようとしたようで、義親はまず秀吉に直接拝謁するため動いていたと考えられる。しかし翌年二月には、宇喜多秀家の重臣花房秀成に「御上洛候而御訴訟候共、別儀不可在之」「御上洛之儀者御無用にて候」と上洛し訴えても特別なことはなく、上洛は無用と強調され、氏郷や豊盛との協力が肝心と告げられた。(38)

写真　馬尾滝（筆者撮影）

系図2　**中畠系図（抜粋）**
（『矢吹町史』第二巻（矢吹町、一九七七年）より）

（白河結城）
晴綱 ── 晴常（上野介　中畠城を領す）
晴常 ── 晴辰（上野介　三城目城築城）＝晴時（秀吉東征時、会津路馬尾滝にて秀吉を狙撃するも当たらず逃走、姓を隈井と改め蒲生家に仕える）
晴常 ── 晴時（大学）

これ以降数年、義親の動向は不明だが、文禄二年（一五九三）に上洛し、秀吉への拝謁が叶ったことが同五年の義親宛浅野長吉書状から分かる。(39) なお拝謁の翌年には、先の見通しが立ったと考えたものか、会津で旧臣への対応がうかがえる文書が遺されている。(40)

慶長二年（一五九七）には惣領にあたる下総結城氏の先代晴朝を頼ったとみられ、晴朝が徳川家康(41)に根回しをすることを承知したと記す書状が確認されている。(42)

しかし義親の大名への復帰は叶わず、慶長六年に伊達氏に仕官したという。(43) こうして白川氏は数百年領した白河の地から離され、仙台藩の家臣として江戸時代を送ることとなった。

おわりに

最後に、秀吉と白河をめぐる逸話や伝承を紹介してまとめに代えたい。

一つは、秀吉の白河滞在中、八月六日の出来事である。詳細は前節で高橋充氏が紹介しているが、秀吉が伊達政宗の行動が原因で激怒した、というもので、(44) 秀吉側近の和久宗是が政宗に「くさき物にふたをし候やうなる御才覚（安易な一時しのぎの才覚）(45)」はあってはならず、とにかく秀吉次第にすれば身上も上手くいくと政宗に釘を刺したのであった。

二つ目は、秀吉の白河に対する認識がうかがえる文書を紹介したい。近年発見された天正十八年八月十六日付の秀吉朱印状(46)である。これには「於其国者白川鹿目所候条」とある。白河が「鹿目」であるため五千石の米が入る蔵を小峰城内に作ることを命じた部分であるが、「其国」

（＝陸奥国）において白河は「鹿目《かのめ》」、つまり「要」であると秀吉は考えていた[47]。天下人の言葉が端的に、白河の地の重要性を改めて示しているといえよう。

三つ目は、江戸時代後期に白河藩儒者が編纂した「白河風土記」にある伝承である。大村の鹿嶋神社は「当城下ノ鎮守」であり、「天正十八年太閤秀吉公会津エ下向ノ時従軍此社前エ陳所ヲ列シケルニ乱妨ノ為ニ古記古宝ノ類尽ク紛失」[48]という。この「古宝」には、文明十三年（一四八一）に鹿嶋神社の社前で行われた連歌興行、いわゆる「白河万句」のものもあったようだが、現在は連歌発句の百韻と作者百名の名を記す写が残されるのみで「この懐紙、社頭にひめ置きたりしに、天正の頃おひ、豊臣太閤秀吉公会津に下向有て、陣所近かりしことまぎれにや、古き文どもみなちりうせ、神庫むなしくなりければ」と記す写本も存在する[49]。このように秀吉の白河滞在に関わる記憶が伝えられた[50]。

四つ目は白川氏一族中畠家の系図[51]にみえる（**系図2**）。この系図は水戸結城氏や須賀川の相楽氏の祖を白川晴綱の長男[52]晴常とし、その二男晴時は「豊臣秀吉東征」の際、義親が小峰城を棄て遁れたため晴時も行動を共にし「馬尾滝」（現天栄村か）で秀吉を狙撃したが、失敗したという。

以上のようなことが今伝わっている白河に関わる奥羽仕置の痕跡である。

奥羽仕置は白河という地にとって、領主白川氏の大名存続の道が閉ざされたことが大きな出来事であったが、一方で多くの他地域と同様に秀吉による急激かつ大きな変転が、新たな時代の幕開けをもたらしたのであった。

注

（1）地名「しらかわ」表記については江戸時代まで「白河」「白川」どちらも使用されているが、本稿では文書原本以外では「白河」で統一し、白河結城氏は「白川氏」と略す。

（2）『白河市史』第一巻（白河市、二〇〇四年）、一八三―一八五頁。以下、『白河』一、〇頁などと表記する。

（3）『白河』一、三一六―三一八頁。

（4）『白河』一、三一五―三一六頁。

（5）市村高男「白河結城文書の形成と分散過程」（村井章介編『中世東国武家文書の研究――白河結城家文書の成立と伝来』高志書院、二〇〇八年、以下『村井論集』と略す）、二〇―二一頁。

（6）注5論文、二一頁。

（7）駒見敬祐「結城宗広・親朝・親光――信任厚い南奥の名門」（亀田俊和・生駒孝臣編『南北朝武将列伝』戎光祥出版、二〇二一年）、七二―七五頁、八〇―八三頁。なお、足利方に降る条件である本領安堵は反古にされ、全てが安堵されたのは八年後のことであった（『白河』一、四二九頁）。

（8）山田邦明「白河結城氏と小峰氏」（『村井論集』）、二四七頁。

（9）『白河』一、四七五頁。

（10）注5論文、三三―三六頁。

（11）村井章介・戸谷穂高「総説 白河結城家とその文書」（村井章介・戸谷穂高編『新訂白河結城家文書集成』高志書院、二〇二二年、以下『白河集成』と略

す)、五五八—五六六頁および戸谷穂高「白河義親——南陸奥の和平を司るコーディネーター」(遠藤ゆり子・竹井英文編『戦国武将列伝』1(戎光祥出版、二〇二三年)。

(12)『白河集成』、五六〇—五六一頁。

(13) 結城錦一『結城宗広』(結城宗広事績顕彰会、一九四一年)、二六三頁。

(14) 同一人物説は今泉徹氏(「白川天正の変再考」『戦国史研究』四一号、二〇〇一年)・佐川庄司氏(「白河義親の家督継承をめぐって」小林清治編『中世南奥の地域権力と社会』岩田書院、二〇〇一年所収)・垣内和孝氏(「白河氏・小峰氏と「永正の変」」および「白川氏「天正の変」の再検討」同氏『室町期 南奥の政治秩序と抗争』岩田書院、二〇〇六年)・菅野郁雄氏(同氏『戦国期の奥州白川氏』岩田書院、二〇一一年)が、別人説は市村高男氏(注5論文)・戸谷穂高氏(注11「総説 白河結城家とその文書」)が提起している。

(15) 注11論文、五五九頁。

(16) 小林清治『奥羽仕置の構造——破城・刀狩・検地』(吉川弘文館、二〇〇三年)、二八一—二八二頁。

(17)『仙台市史』資料編10伊達政宗文書(仙台市、一九九四年。以下『仙台』と略す)。五八七号(天正十七年極月二十七日、東光院宛て)では「来春出馬之義」と述べながら、六〇四号(天正十八年正月十九日、河東田上総守宛て)では「併到当春深雪不及是非、依之遅々」、六一三号(二月十三日、白川義親宛て)では「近日者風雪、不及是非候、併来二日ニ者、出馬儀定候」、六四〇号(三月五日、河東田上総守宛て)では「出馬延引ニ付而」、六五九号(三月二十九日、宛先未詳)では「四日ニハ無嫌夜中、白へ人衆等可被相越候」とあり、正月の予定が三月末になっても実現しなかった。

(18) 小林清治『奥羽仕置と豊臣政権』(吉川弘文館、二〇〇三年)、六二—六三頁。以下『豊臣政権』と略す。

(19)『豊臣政権』六四頁。

(20)『豊臣政権』八六・九三頁。

(21) 名古屋市博物館編『豊臣秀吉文書集』四(吉川弘文館、二〇一八年)、巻末年表および本書江田郁夫氏論考図1。

(22)『仙台』七一五号。

(23)『白河集成』二五—三九号。

(24)『豊臣政権』一四七頁。

(25)『豊臣政権』一一七頁。

(26)『豊臣政権』一四七—一四八頁。

(27)『豊臣政権』一三二頁、「すでに小田原に出仕した衆は別として、宇都宮に参候するか否かが、関東・奥羽衆の処置を決定する基準とされたことを示す」とある。

(28)『白河集成』四一—一号。本史料と次の【史料三】(注29)は編纂資料に収録される文書写であり、文書題名と編纂時の所有者等が記載されているが、それは省略し文書部分のみを掲載した。

(29)『白河集成』四一—二号。この一点のみを見ると政宗の驚きや困惑などがうかがえるように思えるが、和賀氏・稗貫氏の改易の際に政宗が発したとみられる(天正十八年ヵ)八月三日付書状(『仙台』七四九号)でも、同じような「今度之御仕合、御覚悟之外」「御一代之御迷惑」「心中令察候」「併天下之御事、無是非」「身体御苦労之上、何事被仰事もなく候」などの文言が並ぶ。一定のフォーマットが存在し、政宗が事務的に文字を認めているような感がある。

しかし、この点について検討できるだけの知見を持ち合わせていないため、ここでは同じような文言を用い、改易された領主へ宛てて文書を出していることを指摘するにとどめる。

(30) 領主と家臣を離した状態で処分を告げ、籠城など領主と家臣がまとまっての反抗などを未然に防ぐ意図があったものか。このようなことは、江戸時代においても本多正純改易などで見られるという（山本博文『徳川秀忠』吉川弘文館、二〇二〇年、一七四頁）。なお、秀吉が白河に至った八月六日の前後に、義親が滞在していた場所は判明していない。

(31)『白河集成』では宇都宮（栃木県か）に比定しているが、浅野長吉は八月十一日に桑折（福島県桑折町）、十四日に岩沼（宮城県岩沼市）に滞在しているので（藤井譲治編『織豊期主要人物居所集成』思文閣出版、二〇一一年、三一九頁）、この宮は宮城県白石市北東に位置する宮（『仙台』資料編10、四七六頁の地図Ⅰ）と思われる。

(32) 前田慶次が慶長六年（一六〇一）十月から十一月にかけて伏見から米沢に向かった際の記録では、白河から（白河より南の下野国芦野から出発し白河を通過）大森（現福島市）まで三日を要している（『前田慶次道中日記』（米沢市教育委員会、二〇〇一年）付図「前田慶次道中行程図」）。したがって、**史料三**の八月十二日に義親が白河にいた場合、翌日書状を受け取ることはできず、当然浅野が宮にいる間に赴くのも不可能と考えられるため、義親は白河よりかなり北に位置する場所に滞在していたといえる。

(33)『白河集成』二二五―三二四号。

(34) 小林清治氏も**史料一**と**史料三**の改易情報の大きな変化を指摘し、「白川義親改易のことはおそらく宇都宮においてきまり、白川において会津在城のことが命じられ、黒川において義親あてに正式に令達されたと考えるべきであろう」（『豊臣政権』一四八―一四九頁）と述べるが、改易内定から令達まで間があき、途中に会津在城だけの命が出たのはなぜなのかは示されていない。

(35)『白河集成』二二五―三三五号。

(36)『白河集成』三三一―一八八号。

(37)『白河集成』九―六五号。

(38)『白河集成』二二五―三三八号。

(39)『白河集成』二二五―三三六号。

(40) 佐川庄司「会津在城期の白川義親」（令和二年三月二十六日　福島県中世史研究会報告資料）。旧臣芳賀氏に会津領内南山沼尾（現南会津町）の地の「用所」を命じている文書二通が紹介されている。

(41) 当時、家康の子秀康が晴朝の養子に入り当主となっており、同族である晴朝から有力者の家康のルートを頼ったものとみられる。

(42)『白河集成』一三一―一三三号。

(43)『白河集成』参考①「白河系譜」四五五頁。

(44)『大日本古文書　家わけ　三ノ二伊達家文書之二』（東京帝国大学、一九〇八年）五二六号。

(45)『日本国語大辞典』（小学館、一九七四年）。

(46) 注21『豊臣秀吉文書集』四、三三八五号。

(47) 山本博文『続　日曜日の歴史学』（東京堂出版、二〇一三年）、二〇八頁。

(48)「白川風土記」巻之八、国立公文書館蔵。

(49)『白河』一、七〇九頁。

(50) このほか、「白川風土記」巻之三（国立公文書館蔵）では、白河から一つ手前、陸奥に入って初めての宿場「白坂宿」は芦野（下野国最後の宿場）から白河までの距離が長いが宿場が存在せず、秀吉が奥羽仕置の際に設置を命じたと伝える。

(51)「中畠系図」（『矢吹町史』第二巻、一九七七年）。

(52) 他の系図では「妾腹」とし、そのため分家になったと考えられる（『白河集成』参考①「白河系譜」など）。

宇都宮・会津仕置における岩付

青木文彦

豊臣秀吉は宇都宮・会津仕置の帰途、岩付で萩を目にし、長陣を終えて京に凱旋する感慨を歌に詠んだ。『大かうさまくんきのうち』の伝える逸話である。これは関東侵攻から宇都宮動座の過程で浮上した岩付の位置を踏まえ、秀吉自らの仕置に区切りをつける舞台として岩付が選ばれ、周到に準備されたパフォーマンスであった可能性を考えた。

あおき・ふみひこ――専門は日本中世史。主な著書・論文に「武蔵の奥大道」（柳原敏昭・江田郁夫編『奥大道――中世の関東と陸奥を結んだ道』高志書院、二〇二一年）、『真土2号遺跡ほか5遺跡発掘調査報告』（さいたま市遺跡調査会報告書　第一二五集）（共著、さいたま市遺跡調査会、二〇二一年）などがある。

はじめに

豊臣秀吉の伝記の中で史料としての価値が高いとされる『大かうさまくんきのうち』に次のような一節がある。

史料1　太田牛一自筆本『大かうさまくんきのうち』[1]

さるほとに、御かいちんのとき、むさしのいわつきにて、なにしおふはきを御一らんありて、くわんはくひてよしこう、とうざをあそはしける。

なこりをは　はきかえたにや　のこすらん　はなのさかりをすつるみやこぢ

とはんへりさふらひし。御いそきなさるゝほとに、天正十八年かのへとら九月一日　せいとじゆらくにいたつて御きらく。ちんちよう〱。

（引用にあたり句読点を補った。）

〈漢字混じりに変換〉

さる程に、御凱陣の時、武蔵の岩付にて、名にし負ふ萩を御いちらんありて、関白秀吉公、当座を遊ばしける。

名残をば　萩が枝にや　残すらん　花の盛りを　捨つ

る都路
と侍り候ひし。御急ぎなさるる程に、天正十八年庚寅九月一日聖都聚楽に至って御帰洛。珍重珍重。

これは会津での仕置を終えた秀吉が京への帰途、武蔵国岩付城に宿泊した際の小さなエピソードである。城内、想像をたくましくすれば、秀吉のために設えられた御座所において、その庭に咲き誇る萩を見た秀吉がその座で即興の歌（当座）を詠んだ、というもの。春に都を出陣し、名実ともに天下統一を成し遂げたと自負しつつ進む凱旋の途上目にした萩の花。秋を代表する花に季節の移ろいを感じ、半年にわたって在陣した東国を後にする感慨が込められている、ひとまずそのように読み取ることができる。

だが、そこには小さな疑問を抱かせる記述がある。「なにしおふはき」である。万葉人以来、萩は都人にとって秋の訪れを感じさせる身近な山野草であった。戦国期においても山野の随所に自生しており、秀吉にとっても、そこに情趣を感じたかどうかは別にして、親しみのある秋の花であったと考えてよかろう。そのような萩が、岩付において「名にし負う」ほどのものであったことは、他に所見がない。岩付が属する武蔵国、そして和歌の世界における「武蔵野」においても、萩が「名にし負う」秋の花であったとはいえない。

天正十八年の関東侵攻から宇都宮・会津仕置における岩付は、仕置の場である小田原・宇都宮・会津黒川の三都市間の秀吉動座の一通過点に過ぎなかった。その岩付における、来由定かでない「名にし負う」萩の歌である。なぜ、岩付において萩なのか。

本稿は、このささやかな疑問へのアプローチを通じて、奥羽再仕置の前提としての宇都宮・会津仕置の一断面を垣間見ようとする試みである。

なお、以下では、豊臣秀吉の発給文書の出典については、『豊臣秀吉文書集』の文書番号を（秀吉〇〇〇〇）のように本文中に掲げ、それ以外は注において示すことにする。

一、『大かうさまくんきのうち』における岩付

（1）エピソードの記録

岩付における秀吉の萩の詠歌は、宇都宮・会津仕置の秀吉帰途におけるささやかなエピソードと考えられてきた。東国からの凱旋後時をおかずに、秀吉が大村由己に編述させた『小田原御陣』(2)はもとより、小瀬甫庵『太閤記（甫庵太閤記）』等の流布した「太閤記」にはこのエピソードは採録されていない。もっとも、『小田原御陣』は小田原落城と北条氏政の切腹で筆を措いているから、その後の出来事である岩付で

の詠歌が記されていないのは当然である。『太閤記（甫庵太閤記）』は『大かうさまくんきのうち』を参照して編述されているが、このエピソードは採録しなかった。小瀬甫庵は大きな歴史の節目の終盤における、東国の片隅での情趣に類した挿話は採録に価しないと考えたのかもしれない。最も流布した『川角太閤記』においても同様である。

このエピソードは、『大かうさまくんきのうち』を含めおもに六種の史料群に収められている。そこに掲出された詠歌を併せて掲げておこう（句間にスペースを空け、適宜仮名を漢字に置き換ぇ、濁点を補った釈文を〈　〉で括って左傍に掲げる）。

①『大かうさまくんきのうち』(3)

なこりをはきかえたにやのこすらん　はなのさかりをすつるみやこぢ

〈名残をば萩が枝にや残すらん　花の盛りを捨つる都路〉

②『天正事録』(4)

余時ナ萩カ枝ニヤ残スラン　花ノ盛リヲスツル都路

〈余時を萩が枝にや残すらん　花の盛りを捨つる都路〉

③『太田牛一筆記』(5)

名残ナハ萩カ枝ニヤ残スラン　花ノ盛ヲ捨ル都路

〈名残をば萩が枝にや残すらん　花の盛りを捨つる都路〉

④『天止記（九巻本）(6)』

よわゐおはおきがゐたにや残すらん　花のさかりをすつる都路

〈齢おば荻が枝にや残すらん　花の盛りを捨つる都路〉

⑤『関八州古戦録(7)』

ヨハヒヲハ萩カ枝ニヤ残スラン　花ノ盛リヲ捨シ都路

〈齢をば萩が枝にや残すらん　花の盛りを捨てし都路〉

⑥岩付城主高力氏の系譜類

詠歌は掲出せず、九月に秀吉が岩付城に逗留した際、城主の高力清長が饗応し、庭前の萩の歌を秀吉から賜わったとする

①は信長・秀吉に仕え『信長公記』の著者としても名高い太田牛一が編述した。著者太田牛一（和泉守）の自筆本が慶應義塾大学図書館に伝えられており、依拠すべき本文を確定することができる。

②③は、『大かうさまくんきのうち』を後人が抄出・追補したものと捉えるのが一般的だが、『大かうさまくんきのうち』を「天道恐ろしき事」をキーワードに読み解いた小林千草氏は、自筆本『大かうさまくんきのうち』成立過程における太田牛一の作品とする。小林氏は具体的な論拠を示していないが、『天正事録』→『太田牛一筆記』→自筆本『大かうさまくんきのうち』という変遷を提示している。(8)

これに対して、④は、前掲の『小田原御陣』を含む大村由己の秀吉軍記集である『天正記』（六巻本）に太田牛一の①『大かうさまくんきのうち』を巻七（一部）・八・九として合綴したもので、杜撰な形で編録したものとされる。江戸前期に数回版行されており、初版は元和年間（一六一五〜二四）頃と考えられている。[9]

⑤は、江戸中期の国学者槙島昭武が撰述した軍記物で、享保十一年（一七二六）の成立。脚色等を伴いながらも、諸記録を丹念に調べ実証的な筆録に徹しているとされる。

⑥は北条氏旧領国に入封した徳川家康が岩付城主とした高力清長の系譜類である。『寛永諸家系図伝』（平氏北条流「高力」）収載系図の段階で既にこのエピソードが採録されているが、秀吉の詠歌は掲載されていない。同書は寛永二十年（一六四三）に全体が完成した。

詠歌の内容は、①③と④⑤の二組が各々共通し、②が孤立している。異同は主に初句に見られる。漢字・平仮名・濁点を補って掲げると、①③の「名残をば」、④⑤の「齢をば」、②の「余時を」の三群となる。②では、①③〜⑤にみられる係助詞「は（ば）」を欠くことに加えて、他に用例のない「余時」の語が用いられている。

「余時」に類似した語に「余波」と「余思」がある。「余波」は和訓「なごり」であり（『日本国語大辞典』）、係助詞「は（ば）」の有無の違いはあるものの、①③と共通することになる。もう一つの「余思」（よし）の語義は「諸種の思ひ。又尽きない思ひ」である（『大漢和辞典』）。惜別の場面での「余思」はまさに名残であり、意味の上では①③に通じる。これらのいずれか、あるいはそれらとも異なる語意なのか、それを決することはできないが、①③に親縁であるとみてよかろう。

これに対して④⑤の「齢」では、この歌を理解することが困難である。だが、右の②を介すると、「余時」を「よわい」と解した可能性も想定される。①〜④の本文を比較してみると、③における前半部（冒頭から豊臣秀次粛清のくだり）を欠くこと、④が疎漏で恣意的な改変の手が加わっていることをひとまず捨象して大きくみれば、②→④→③の順で①との近似度が増している。④は総体としては③に近いが、漢文調の文章を十分に読み解けずに読み下したと思われる箇所があることや、③が①と同じく「天道恐ろしき事」との評言をもって結ぶくだりが「天道」云々の評言で締めくくられていない箇所があることなどは、②との親縁さを窺わせる。④は、③への改訂が進みながらも、②の要素を色濃く残した本文を基に作成されたと考えることができる。この点で、④『天正記

（九巻本）』の編述者が手にした本文では、萩の歌の第一句に「余時」を含んでいたことが想定されるところである。[10]

このことは、②がいわば「原大かうさまくんきのうち」に近く、従って、作者牛一が当初手にしていた秀吉「当座」のテキストでは、第一句は「余時ヲ」となっていた可能性を生じさせる。とりもなおさず、そこから③へと推敲を重ねる過程で、「名残ヲバ」と牛一が改変した可能性をも生じさせる。だが、牛一が自ら書き留めた記録に忠実な叙述に強い自負を抱いていたことを踏まえると、秀吉の詠歌の文言をその手で改変したとは考えにくい。むしろ、牛一が当初入手したテキストには「余時ヲ」とあったが、③への改訂の過程で入手したテキストには「名残ヲバ」とあったことを想定してみる必要があろう。

⑤は④の系統の版本から再録されたものであろう。

残る⑥には、秀吉の詠歌の場面は具体的に記されているが、秀吉動座における在番のあり方（後述）からみて、高力清長による秀吉饗応は想定し難い。恐らくは、これも既に版行されていた④を基として、高力家において創作された記事であろう。

（2）『大かうさまくんきのうち』

ここであらためて『大かうさまくんきのうち』を概観しておく。本書は、太田牛一が記した豊臣秀吉伝記である。谷森淳子氏の先駆的研究から近年の小林千草氏の逐条的解析まで検討が積み重ねられ、その特異な構成とその背景が浮き彫りにされつつある。[11] また、著者太田牛一は『信長公記』の作者として知られるが、『信長公記』研究の著しい進展に伴い、牛一についても実像の解明が進んでいる。[12] 牛一は、織田信長、丹羽氏を経て秀吉に仕え、検地奉行などを務め、天正末から文禄・慶長期には秀吉側室の京極殿（松の丸殿）にも親縁な実務吏僚層に属していた。秀吉の没後は秀頼に仕え、関ケ原合戦からいくばくかを経て退隠した。

この間、みずからが仕えた信長、秀吉という傑出した指導者、目の当たりにした秀次の不条理、豊臣政権の斜陽と徳川家康の覇権を記録化する一連の行いを進めた。慶長十二年（一六〇七）には彼ら五代の天下人の伝記が一応の完成をみていたようだ。[13]『大かうさまくんきのうち』は、秀吉、そして秀次の伝記に当る可能性がある。こうして述作された牛一の作品群は「覚えとして書き残した手控」に基づいて記述が構成されており、「きわめて良質な記録」と評価されている。[14] また、牛一の著作は自筆本が多く残されており、推敲や改稿の繰り返し、さらには編述方法まで多角的な分析が進んでいる。

但し、信長の実録としての性格が強い『信長公記』に比して、『大かうさまくんきのうち』には、物語としての操作が顕著である。そこでは、「天道」への背馳／合致をモチーフに豊臣秀次の没落の必然と秀吉の栄耀の様を描いており、事実の書き換えがみられるとされる。

もっとも、そうした牛一の操作は、「唐入り」敗退をはじめとする不都合な事実の不記載、日付や時系列の改変が主なものであり、主題に即した話素の配置や演出といった、物語としての加工の範疇で捉えることができる。また、豊臣秀次没落を決定づけた悪行の数々が書き連ねられたくだりでは、そこに列記された秀次の行いは、秀次を追い詰め、あるいは苛烈な粛清の前後に秀次断罪を正当化する根拠として発出された情報を執拗に拾い上げた結果と考えられる。『大かうさまくんきのうち』においても、存在しない出来事の創作にまで及んではいないと考えてよかろう。

『大かうさまくんきのうち』は大きくは三部で構成されている。はじめに序章として、正親町天皇の治世と秀吉の執政を寿ぐ。第1部は「天道」に背いた豊臣秀次の没落を描く。その前半（第1部1）では、秀次の「天道」への背馳とその悲惨な末路を、後半（第1部2）では、「天道」に背いた報いを受けた者七例を掲げ、最後（第1部3）に奥州平定から聚楽への凱旋を記して、「ちんちよう〳〵（珍重珍重）」と締めくくる。第二部は、一転して、「天道」に合致した秀吉の治世と栄耀を描き、最後に醍醐の花見の盛儀を記し、「ちんちやう〳〵（珍重珍重）」と締めくくる。こうした全体構成を**表1**に、そこから天正十八年宇都宮・会津仕置に関わる部分を抽出し細目を加えたものを**表2**に掲げる。これらの表によりながら、『大かうさまくんきのうち』における岩付での萩の「当座」の位置づけを考えてみよう。

(3)『大かうさまくんきのうち』における萩の「当座」

秀次の末路を描いた第1部1は「天道恐ろしき事」（原文の仮名を漢字に改める。以下同じ）と結ばれ、第1部2は、「一、天道恐ろしき次第」との事書を掲げた上で、「天道」に背いた者が迎えた末路を一つ書きで始まる七項として掲げ、いずれの項も「天道恐ろしき事」で結ばれている。既に指摘されているように、この七項は、秀次の末路が恣意によるものではなく、「天道」に背いた報いであることの例証として掲げられている。

その一方で、この七項は、概ね編年順に掲げられており、そこで取り上げられた人物は、それぞれの段階における政治状況を象徴する人物と捉えることができる。

三好実休　…前史としての三好政権

表1 『大かうさまくんきのうち』の構成

<table>
<tr><th>項目（『太閤史料集』による）</th><th>大構成</th><th>中構成</th><th>小構成</th><th>政治的段階</th></tr>
<tr><td>後陽成天皇の御聖徳</td><td rowspan="2">序章</td><td rowspan="2">序章</td><td rowspan="2">序章</td><td rowspan="2">序章</td></tr>
<tr><td>日本の黄金時代</td></tr>
<tr><td>豊臣秀次の出世</td><td rowspan="28">第1部　秀次のこと</td><td rowspan="11">1　秀次の悲劇</td><td rowspan="11">第一部1</td><td rowspan="11">秀次事件</td></tr>
<tr><td>関白秀次の乱行</td></tr>
<tr><td>木村常陸守のこと</td></tr>
<tr><td>秀次謀反のこと</td></tr>
<tr><td>秀次を高野山に追放のこと</td></tr>
<tr><td>秀吉と秀次の関係</td></tr>
<tr><td>秀次一党成敗のこと</td></tr>
<tr><td>秀次及び側近衆の切腹</td></tr>
<tr><td>秀次暴虐の次第</td></tr>
<tr><td>秀次の妻妾処刑のこと</td></tr>
<tr><td>秀次妻妾の最期</td></tr>
<tr><td>三好実休生害のこと</td><td rowspan="14">2　天道の報いを受けた者たち</td><td>(1)</td><td rowspan="11">織田政権から豊臣政権へ</td></tr>
<tr><td>松永久秀の最期</td><td>(2)</td></tr>
<tr><td>斎藤道三の出世</td><td rowspan="4">(3)</td></tr>
<tr><td>道三と義竜の死闘</td></tr>
<tr><td>信長と斎藤義竜との合戦</td></tr>
<tr><td>義竜父子病死のこと</td></tr>
<tr><td>織田信長の最期</td><td rowspan="3">(4)</td></tr>
<tr><td>羽柴秀吉毛利と和談のこと</td></tr>
<tr><td>明智光秀の滅亡</td></tr>
<tr><td>柴田勝家の最期</td><td>(5)</td></tr>
<tr><td>神戸信孝の死</td><td>(6)</td></tr>
<tr><td>秀吉と小田原北条氏とのこと</td><td rowspan="3">(7)</td><td rowspan="6">天下統一</td></tr>
<tr><td>秀吉、小田原出馬</td></tr>
<tr><td>小田原北条氏の滅亡</td></tr>
<tr><td>関東奥羽の平定</td><td rowspan="3">3　天下統一</td><td>(1)</td></tr>
<tr><td>知行割のこと</td><td>(2)</td></tr>
<tr><td>秀吉の天下統一</td><td>(3)</td></tr>
<tr><td>秀吉、尾張へ鷹狩のこと</td><td rowspan="15">第2部　秀吉の威光と栄耀</td><td rowspan="15">秀吉の威光と栄耀</td><td>(1)</td><td rowspan="15">豊臣の天下</td></tr>
<tr><td>秀次関白となる</td><td rowspan="3">(2)</td></tr>
<tr><td>聚楽第再度行幸のこと</td></tr>
<tr><td>秀吉、詠歌のこと</td></tr>
<tr><td>秀吉、入唐の計画</td><td rowspan="8">(3)</td></tr>
<tr><td>朝鮮へ出兵の人数のこと</td></tr>
<tr><td>朝鮮出兵の軍令</td></tr>
<tr><td>秀吉入唐人数の次第</td></tr>
<tr><td>吉祥寺縁起を献上のこと</td></tr>
<tr><td>秀吉京都を出馬のこと</td></tr>
<tr><td>秀吉の威光ありがたきこと</td></tr>
<tr><td>秀吉肥前名護屋にいたる</td></tr>
<tr><td>大政所逝去のこと</td><td>(4)</td></tr>
<tr><td>おひろい誕生のこと</td><td>(5)</td></tr>
<tr><td>醍醐の花見</td><td>(6)</td></tr>
</table>

表2　「小田原合戦」から宇都宮・会津仕置の記述

構成		構　　成	
番号	主題		(細目)
第1部2-7	「天道」に背いて滅んだ例証 7　北条氏政	(1)	秀吉と小田原北条氏とのこと
			①北条氏政への慈悲
			②北条氏政の傲慢
			③氏政討伐へ
		(2)	秀吉、小田原出馬
			①秀吉出陣の壮麗
			②奥州・日の本まで
			③北の方・佐々木京極さま同陣
			④両所供奉之衆・御物奉行
		(3)	小田原北条氏の滅亡
			①山中城攻略
			②小田原城包囲と石取山の本営
			③万全な補給体制
			④氏政らの切腹
			⑤天道おそろしき事
第1部3	「天道」に合致した世の創出	(1)	関東奥羽の平定
			①会津への道造り奉行
			②江戸・岩付・忍・八王子を攻め落として会津黒川へ
			③三大将による奥州・津軽・日の本までの掌握
		(2)	知行割のこと
			①奥州のうち
			②尾張
			③家康旧領
			④家康分
		(3)	秀吉の天下統一
			①関東警固として家康を江戸城に置く
			②岩付での萩の当座
			③聚楽への凱陣
			④珍重珍重

松永久秀　…三好政権から織田政権への推移
美濃齋藤氏…織田政権の成立史
明智光秀　…織田政権の崩壊と秀吉の台頭
柴田勝家　…織田家中筆頭者の没落による秀吉の権力掌握
神戸信孝　…織田氏による政権継承の断絶と豊臣政権の成立
北条氏政　…豊臣政権の天下統一

神戸信孝までの例示により、豊臣政権の成立史が跡付けられ、「天道」に背馳した者と「天道」に適う秀吉との対比の構図のもと、秀吉が政権を樹立したことの正統性が示されている。最後の北条氏政は、こうして成立した豊臣政権になおまつろわず「天道」に背く行いを続ける人物として登場し、その氏政を亡ぼすことで、「天道」に背く者を平らげた秀吉の天下統一の完成が示されている。

第1部2では、秀次が「天道」に背いて滅んだ例証を幾重にも畳みかける中で、次第に秀吉が存在感を増し、いつしか物語の主座は秀次から秀吉へと移り変わっているわけだが、続く末尾の第1部3では、会津黒川までの動座、奥羽・関東への仕置実施による国土統一という偉業の達成が示され、秀吉の聚楽凱陣をもって「珍重珍重」とそれを寿いでいる。そこでの国土統一は、「奥州・津軽・日の本」までの検地、尾張から奥羽にまで至る東国全体の知行体制施行をもって示されている。日本国の東堺、奥羽の全域に迄及ぶ仕置の貫徹が高らかに謳われているわけだ。第1部3は、秀次一統の凄惨な粛清を正当化する「天道」の因果応報から、「天道」に適う秀吉の栄耀への物語の転換、そして「天道」に背く者が続出した戦国の騒乱から秀吉による「天道」に適う治政への移行を示す役割を果たしていることがわかる。

岩付での萩の「当座」の挿話は、この第1部3の末尾、偉業を成し遂げた秀吉の聚楽への凱陣の途上のことである。今みた構成の中でこの挿話をあらためて見直してみると、新たな段階への移行、物語の大きな転換が印象付けられている。萩は、秋への季節の移ろいと長陣への感慨を秀吉に呼び覚まさせただけではなかろう。冒頭に述べたように、萩は岩付でも武蔵でも、その名を世に知られる花ではなかったが、翻って萩は、歌枕「宮城野」と定型化された「みちのく」の「名にし負う」歌材であった。この点で、ここでの萩は奥州、ひいては、奥羽にまで及ぶ偉業達成の長陣の場となった東国全体を表しているとみてよかろう。そして、名残を残しながらもその「花の盛りを捨」てて都路を急ぐ心象を示すこの歌は、偉業達成の感慨に区切りをつけ、旅路の先の聚楽での新たな治政の始まりを予告しているわけだ。

この挿話、そして萩の「当座」を第一部の末尾に織り込むことによって、牛一は血塗られた因果応報から、秀吉の華やかな栄耀の物語への転換を効果的に演出した。恐らくほかにも手元にあったであろう、都路のさまざまな情報の中からこの挿話を選択し配した点で、そこに牛一の操作が働いていることは間違いない。けれども、この挿話そのものが牛一の創作だとすることもできない。一種情感を漂わせながら物語の転換を象徴する、巧まざる出来事として、牛一はこの挿話をここに織り込んだのであろう。

冒頭に掲げた疑問の一半は解くことができた。秀吉は、岩付とのゆかりによってではなく、奥州そして東国を象徴するものとして、萩に感興を催し、この歌を詠んだのである。

だが、これで疑問が氷解したわけではない。会津からの帰途、見事に咲き誇り、あるいは露をたたえる和歌の世界さながらの萩を秀吉は幾度も目にしたことであろう。区切りをなす場としては、会津と並ぶ仕置の場となった宇都宮、三か月に亙って在陣した小田原、あるいは東国の伝統的秩序の残影である古河もある。にもかかわらず、なぜ岩付なのか。

岩付に逗留したその時、たまたま目にした萩が、秀吉の胸中に感慨を催させ、当座を発した、この可能性は否定できない。しかし、相手は秀吉である。「豊臣プロパガンダ」ともいえる情報操作を縦横に駆使した秀吉である。即興であるはずの「当座」を読む場が周到に練られていたことも、疑わずにはおられない。

払拭できないこの疑念はひとまず胸にしまって、関東・奥羽仕置における岩付の位置を考えてみよう。

二、「小田原合戦」における岩付

(1) 戦国期の岩付

萩の「当座」の舞台岩付は武蔵国東辺の埼西郡渋江郷内に位置し、鎌倉期の幹線道・奥大道の荒川渡河点にあたっていた。岩付城は関東における戦国時代の幕開けとなる享徳の乱の過程で築城され、十六世紀前半に岩付城主となった岩付太田氏は、前城主渋江氏の領域の接収、滅亡した主家扇谷上杉氏の領国の分割継承等により、武蔵国崎西郡中南部から足立郡を中心に、入間郡北東部、比企郡南東部、太田荘南部、下河辺荘西部にわたる岩付領を形成した。岩付太田氏は十六世紀中葉に北条氏に服属し、他国衆として位置づけられたが、太田氏嫡系が断絶すると、北条氏支城及び支城領岩付領として再編された。

小田原合戦期の城主は、北条氏政の四男北条十郎氏房であった。豊臣政権との緊張が高まった天正十五年（一五八七）、北条領国の総動員体制構築のもと、氏房は岩付城の大改修を行った。当時の岩付城は、大宮台地東縁から東方の荒川（近世初頭の瀬替えにより元荒川）に向って突出した舌状台地に城域を占めていたとみられるが、その南北に並列する舌状台地に曲輪を造成し、城郭を大拡張すると共に、城郭西側の街道筋に形成された町場の移転・再編を伴いつつ、その外延を取り囲む惣構（大構）を構築した（図1）。

上野国名胡桃城奪取事件により北条氏と豊臣政権との事切が確定すると、氏房は北条宗家の指令に従い、領内に出陣令を発し、天正十八年早春、岩付衆主力を率いて小田原城に入った。岩付城は重臣の伊達房実らが防備を固めた。城内には、小田原城に供奉した家臣の妻子は勿論のこと、領内の有力寺社の住持等も参集していた（後述）。

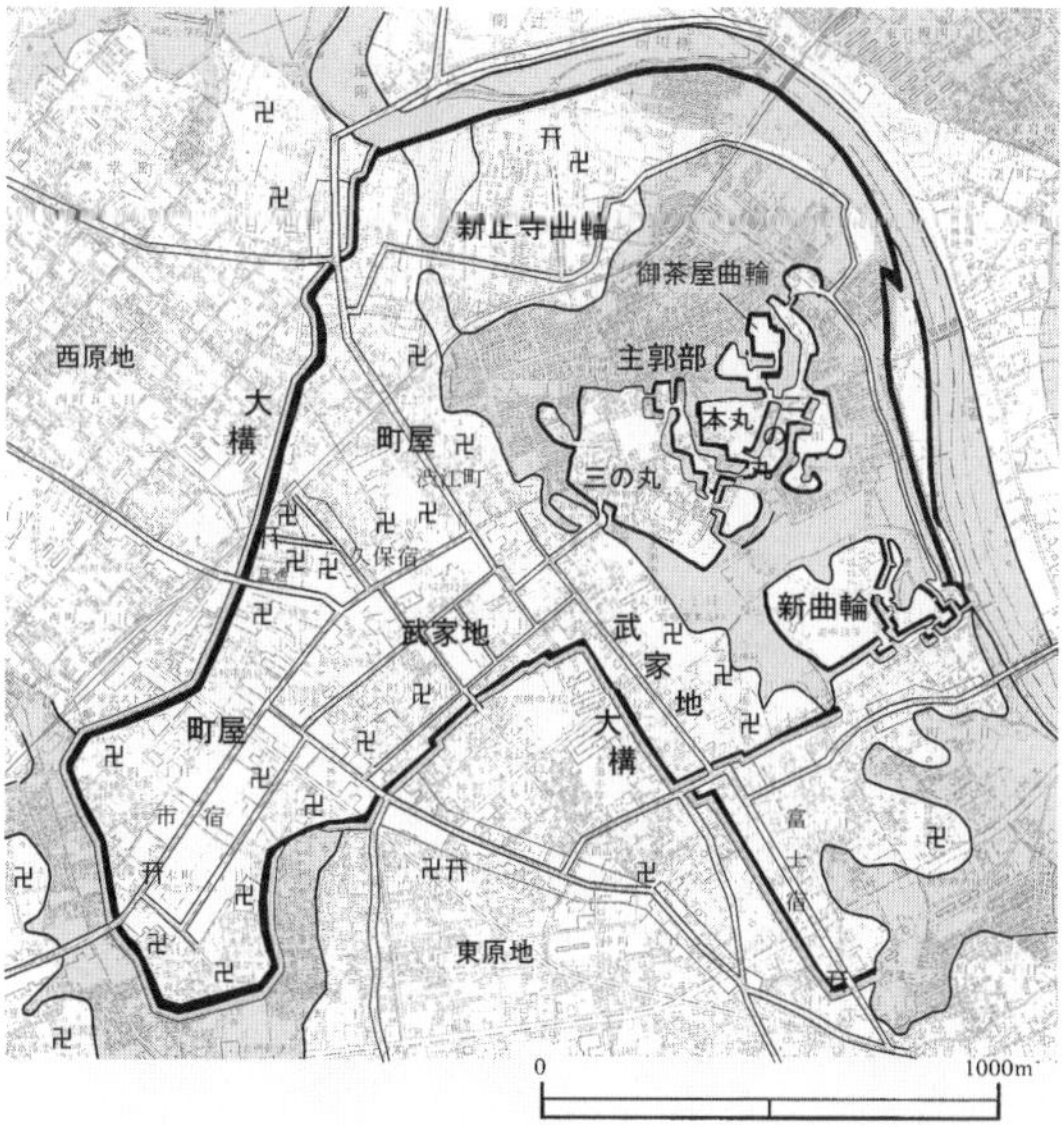

図1　近世岩付城の概要
（青木「岩槻（岩付）城跡」（埼玉県立歴史資料館編『戦国の城』高志書院、2005年）掲載図を加工・改変）

（2）豊臣軍南関東別働隊の動向と岩付城攻略

一方、秀吉は東海道筋、北国筋、そして海路の三方から東国へと軍勢を進めた（図2）。秀吉は天正十八年三月一日に京を出陣し、東海道筋を進んだ。そして北条領国の西の防衛線を三月二十九日に突破し、四月六日頃には小田原城の攻囲陣の配置を概ね終え、本営として石垣山城の築城を開始した。こうして長期戦に備えた小田原城攻囲体制を整えると、秀吉は四月二十六日、浅野長吉・木村常陸介を主将とし、徳川家中の本多・鳥居・平岩らを加えた二万余の部隊を編成・分遣し、相模東部・武蔵方面の制圧を進めた（以下、便宜上、この部隊を「南関東別働隊」と呼ぶ）。

南関東別働隊は、出陣した二十六日に玉縄城（神奈川県鎌倉市）、翌日には江戸城（東京都千代田区）を接収した。この報告を受けた秀吉は、前田利家・上杉景勝ら北国勢と河越城（埼玉県川越市）で合流するよう指示した（秀吉三〇四二）。北国勢は、信濃・上野国境の碓氷峠より北条領国に侵攻し、北条氏の防衛拠点の松井田城（群馬県安中市）を四月二十日開

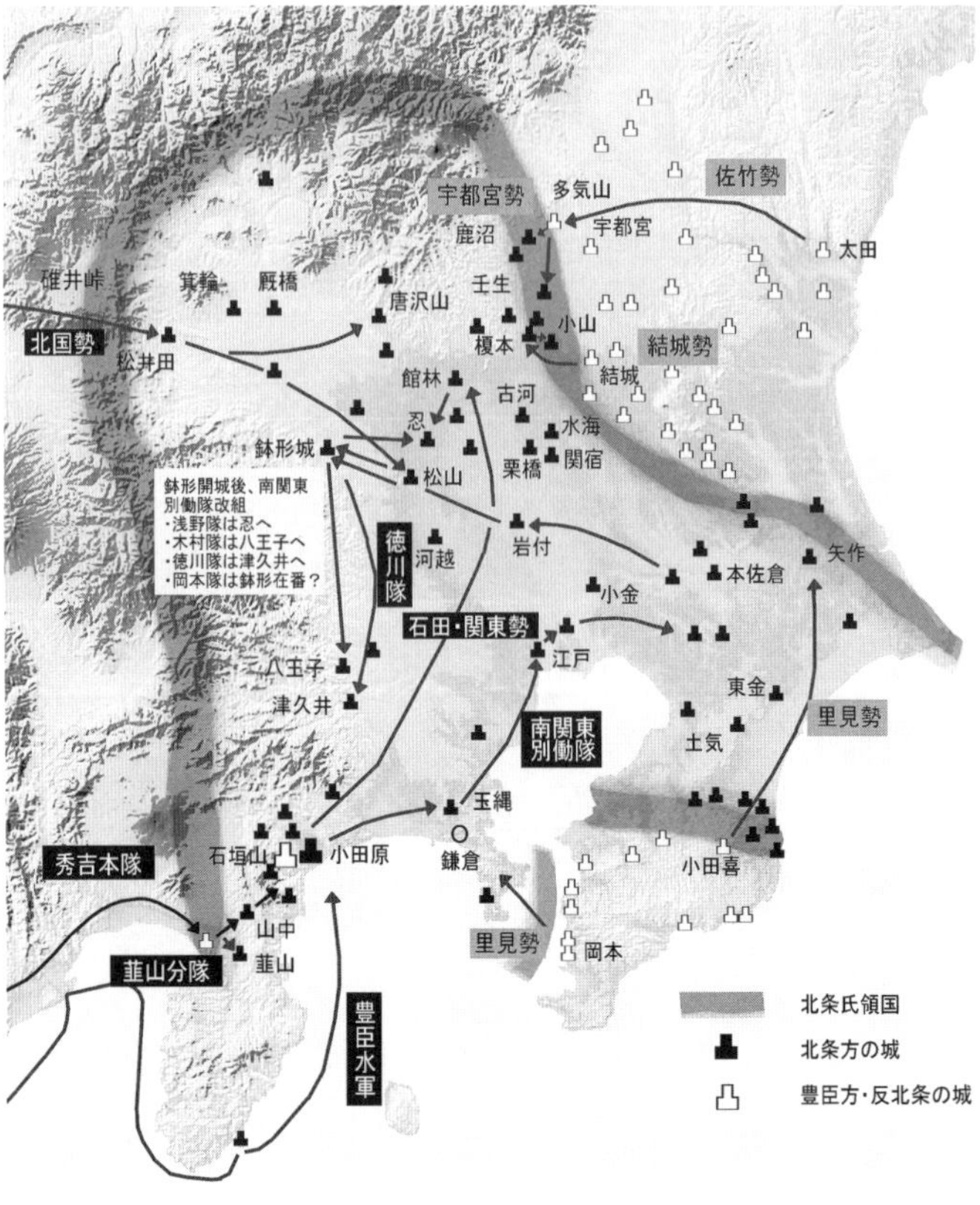

図2　豊臣政権と関東反北条勢力の北条領国侵攻
（『徳川御殿＠府中〈ブックレット19〉』（府中市郷土の森博物館、2018年）掲載図を参考に作成した。城郭の表示は、「北条家人数覚書」「関東八州諸城覚書」（『戦国遺文　下野編』1924・1925号）所載のものを中心に表示した。ベース図は国土地理院「地理院地図」の「色別標高図」を加工した。）

城させたが、これに伴い松井田城将の大道寺政繁の本拠の河越城もまもなく開城した。北国勢の主将前田利家は、降人となった大道寺政繁と、折から彼のもとに参着した奥羽伊達氏の使節を連れて、四月二十二日に小田原の秀吉の元へと出立するので、その途上、河越城を開城・接収したであろう。北国勢は武蔵国中央部にまで一気に進出したわけだ。

しかし、北国勢の主力は上野国から下野国南西部に展開しており、上野国と河越城との間には、鉢形城（埼玉県大里郡寄居町）、松山城（同比企郡吉見町）等の堅城がなお健在であった。河越城は北条氏有力支城領の中で孤立していた。秀吉は、北国勢の兵力分散を抑え、北武蔵の諸城攻略に当らせるため、武蔵国南部を制圧した南関東別働隊に河越城の戦後処理を引き継がせようとしたのであろう。江戸城と河越城との間は直線距離にしておよそ三六キロ、一日の行程だが、四月末当時の北国勢の本営松井田城との間はおよそ六九キロ、二日の行程である。

河越城、江戸城の相次ぐ開城は、西と南でそれらの城領と接する岩付城にもすぐさま伝わったことであろう。この段階の城内の様子を窺わせる史料は伝わらないが、岩付領の足立郡浦和の町衆はこれを承けて、すぐさま江戸に赴き、四月二十九日、浅野長吉から安全を保障する秀吉制札の取次と、制札到着までの間の南関東別働隊による保障を証する長吉書下の交付を受けている。[15]近世後期の浦和宿には、これを機に浦和宿住人が浅野勢の案内役を務め、この後の岩付城攻めにおいて、忍者活劇さながらに水門より城内に忍び入り、浅野勢を勝利に導いたとの逸話が誇りをもって伝えられている。[16]

次いで五月三日、秀吉は浅野・木村に対して、江戸城内の掃除等の管理と御座所造営、及び玉縄城と江戸城への秀吉馬廻衆在番を指示すると共に、その差配が済み次第、河越城を北国勢から引き継ぎ、城内の兵粮・武具等の調査を済ませた上で、鉢形城攻撃に赴くよう命じた（秀吉三一九二）。秀吉は氏政の弟氏邦が籠城する鉢形城の攻略を急いでいたようだ。

ところが、浅野らはこの軍令に背いた。江戸城から東へと進んで下総・上総両国の北条方諸城を接収し、度重なる秀吉からの督励にも容易に従おうとしなかった。秀吉は激怒した。二万余もの大軍を引き連れて、抗戦もしない木っ端城ばかりを接収してまわるとは何事か、と。浅野や木村のことは洟垂れ小僧の頃からの知己だからこそ、繰り返し懇切に戦略を説いてきたのに、それを一顧だにせず、小部隊を派遣して接収処理すべき城々に全軍で赴くとは…怒りの矛先は一軍の将としての資質にまで向けられ、収まるところを知らなかった（秀吉三二一三）。これには、直臣による目ざましい戦績を構想する目算の狂いと、鉢形城攻撃を指示した北国勢もなかなか指示通りに動かないことへのいら立ちもその背景にあったと思われる。

一方、浅野と木村には、前線に身を置くが故の情勢判断もあったのではなかろうか。下総国には、北条氏政の五男直重が入嗣した千葉氏の佐倉城（千葉県印旛郡酒々井町）をはじめ、北条氏方の拠点城郭が群在していた。また、安房国から上総国に勢力を築いた里見義康は、関東の伝統的権威である古河公方家から分派した旧小弓公方家の末流・足利頼淳を戴いて独自の動きを見せていた。南関東別働隊が玉縄城を接収する直前には、「鎌倉御再興」を掲げて江戸湾を渡海して三浦半島に進出する一方、北条氏方の国分氏の居城・下総国矢作城を攻略するなど、下総国にも軍勢を進めていた。浅野らの東関東行軍は、こうした里見氏への牽制も意図していたのではないか。関東諸将の中ではいち早く秀吉のもとに参陣したと思われる里見義康は、ちょうどこの時期、秀吉から上総国の里見領は没収、安房一国のみの安堵との厳しい裁定が下されている。[17]

また、この間に、浅野はもう一つ重要な折衝を開始していた。下総国北西部の古河公方家周辺との折衝である。下総国水海城（茨城県古河市）の簗田晴助と浅野長吉との間で、水海城の開城と破城の措置が申し合わされ、五月十三日には晴助の居住保障を伝える長吉書状が発給されている[18]。簗田氏は古河公方家最有力の重臣であったが、晴助は越後長尾氏の関東進出に呼応して、北条氏により擁立された公方義氏から離反した。その後、関宿城（千葉県野田市）に拠って北条氏に抵抗したが、天正二年（一五七四）北条氏の猛攻を受けて降伏、助命されて関宿城を退去して水海城に移り、以後、北条氏照配下の国衆と位置付けられていた。

天正十八年当時、晴助は隠居しており、後継者の助利が小田原に籠城し、助利の指示で一族の有力者と思われる下野守（実名不詳）が実城（本城）に入ったようだ[19]。水海城には隠居の晴助の手兵をはじめ相応の軍勢が残置されていた。この地域の中核をなす古河公方領は、既に事実上軍事力を解体され、北条氏照の保護下に置かれていた。栗橋城・小山城・榎本城が氏照の拠点であったが、氏照の小田原籠城とこの方面に配置していた部隊の本拠八王子城（東京都八王子市）防衛への配置替えもあって[20]、兵力の不足は歴然としていた。関宿城は北条氏政の管下に置かれ、江戸衆らが交代で在番する状態であった。

そうした状態での簗田氏の南関東別働隊への帰順である。折から北隣の旧小山領には結城氏の攻勢が始まっていた（後述）。北と南からの圧力を受けた上での、近接する簗田氏の投降と、簗田氏に対する長吉の穏やかな措置は、わずかな兵力しかない北西下総の北条諸城、そして古河公方家の選択を決定づけたであろう。水海城の破城やその他の開城した諸城接収には南関東分遣隊から小部隊が発遣されたと考えられるが、二万有余の部隊を進駐させることなくこの結果を得たことには、下総国から上総国にわたる大軍の行軍の効果もあったであろう。佐竹氏に届いた秀吉の指令や情報をまとめた「小田原征討文書　二」（後述）には、「関宿・栗橋・古河・小山諸城いずれも浅野弾正少弼・木村常陸介仕置をなされ候事」とあり、南関東別働隊によるこの地域諸城の接収をうかがわせる。

しかし、秀吉の戦略は違っていた。下総・上総方面は戦局を左右するとは考えておらず、北武蔵の北条方有力諸城の攻略と、奥州動座の進軍路確保を作戦目標としていた。その二つがリンクする北関東では、いわば外様部隊である前田・上杉らの北国勢と、そこから分派した佐野天徳寺宝衍ら、そして関東最大の反北条勢力である佐竹氏連合が北条方諸城の攻略を進めており、それらを秀吉直臣主力部隊であり、かつ徳川家康家中を属僚として従える南関東分遣隊が緩やかに指揮する体制の構築が、最優先の戦術目標であった。また、北条一門の重鎮・北条氏邦が籠る要衝鉢形城の攻略がその後の戦局を決定づけ、さらに戦績の発信においても絶大な効果をもたらすはずであった。浅野らに怒りを爆発させる八日前の五月十二日付の朱印状（秀吉三二〇五）で秀吉が浅野長吉と木村一に懇々と説いている戦略である。

秀吉のいら立ちとそれが次第に怒りへと遷移するさまは、文書を送達する使節の口上や、南関東分遣隊に添えられていた山崎堅家・岡本良勝らを介して伝えられていたであろう。浅野らは、自らが失地に陥っていることを悟ったに違いない。河越城の引継ぎと鉢形城攻撃への参戦以前に、秀吉の意に適う戦績を挙げなければ失地は挽回できない、浅野らは追い込まれていた。その恰好のターゲットが岩付城であった。あるいは浅野らは、東関東の制圧を踏まえて岩付城を攻囲し、開城させる方針だったのかもしれないが、最早長期の攻囲陣を敷いて開城を迫る猶予は残されていなかった。

（３）岩付城の攻略と戦後処理

秀吉が浅野らへの怒りを爆発させた朱印状を発給した丁度その日、南関東別働隊は岩付城への総攻撃を開始した。二万有余の大軍に三方から攻めかかられ、その長大な防衛線を維持する兵力を欠いた岩付城大構は、瞬く間に突破され、夕刻には本城のみを辛うじて持ちこたえていた。

この日の攻防で岩付城側が多くの将兵を失ったことはいうまでもないが、攻城側にも大きな損害が生じた。南方の新曲輪方面を攻めた徳川家中鳥居・平岩部隊では、平岩親吉の弟の康長が戦死し、大手筋の浅野・本多部隊でも、本多忠勝嫡男の忠政が銃創を負ったのをはじめ、多数の死傷者が生じた。翌二十一日は休戦し、二十二日、降伏・開城した。

秀吉は、抗戦した籠城衆の成敗を命じていたが、浅野らは生き残った将兵を含め籠城衆全員を助命した上で、城郭の接収にとりかかった。まずは城内に避難していた町衆や寺院住侶らの非戦闘員を退城させた。岩付領の足立郡芝郷の臨済の名刹・長徳寺（埼玉県川口市）の住持の龍派禅珠（寒松）は、落城の日の五月二十二日に、法友の平林寺（さいたま市岩槻区）泰翁、養竹院（埼玉県川島町）天麟、知楽庵（さいたま市岩槻区）東叔らとともにただ一笠のみで城内から退去したという[21]。また、二十四日には、浅野長吉が岩付領足立郡中尾郷（さいたま市緑区）の玉林院に対して屋敷居住を保障しており[22]、足立郡南半分にあたる下足立の年行事職である本山派修験の有力寺院玉林院も岩付城内に退避していたことがうかがわれる。

将兵と城内に参集していた岩付衆妻子らの処遇については、五月二十七日に小田原城攻囲軍の長岡（細川）忠興らが秀吉の意を受けて北条氏直に送った連署状[23]によりながら見ておこう。まず、妻子らは本城外延部の「端城」に拘禁したが、「名もある者」の縁者である故、「恥辱を与えざる様」処遇するよう、秀吉から指示があったという。そのうちの「おやこの女房衆」すなわち氏房の妻や氏政妹（岩付太田氏嫡流最後の当主太田氏資の妻）とその娘（氏房兄で太田氏を継ぎ夭折した源五郎の妻）らについては、小田原城内から使節を派遣すれば引渡し、岩付から送り届ける旨を申し入れた。将兵らも同じく端城に拘禁したが、主君氏房とともに腹を切りたい旨の懇望があったことから、主だった者たちを小田原城に入城させることとした。この時点では、岩付から小田原に向けて彼らを護送中であった。併せて、城攻めの際に討ち取った城兵の頸の引渡しについても、申し入れている。

小田原城開城後の七月十四日、江戸城へと出立する直前の徳川家康が黒田孝高と滝川勝利に宛てて、岩付衆重臣の太田備中守・伊達房実・野本将監の妻子の身の振り方を意に任せるよう指示している。これは、北条家対応の責任者である両名に対して、関東の新領主となった家康が小田原城内から退出した者たちの処遇を指示したものと考えられる。近世に成立した戦記類では、岩付城に籠城していた岩付衆妻子は小田原に送られ、見せしめとして磔に処された等とされる[24]が、北条氏房の妻らに加えて重臣の妻子も、長岡忠興らが申し入れた通り、小田原城内に送り届けられていたと考えてよかろう[25]。また、六月一日には浅野長吉が岩付領足立郡鴻巣郷の土豪五名に対して、在所に還住し勧農を行う立場を保障しており、小田原に送られた重臣以外の将兵の拘禁が解かれたことがわかる[26]。恐らく浅野らは、この頃までには城内の兵粮・武具等の調査・確保と、死骸の片付けをはじめとする岩付城内の「掃除」を終え、虜囚の拘禁も解いた上で小部隊の番衆を残して、次なる攻撃目標の鉢形城へと進軍したのであろう。

（４）岩付城攻略の効果と情宣活用

南関東別働隊が岩付城攻撃を開始した五月二十日、古河公方家家臣の下総国幸手城（埼玉県幸手市）の一色義直が浅野長吉に使僧を遣わし、次いで翌日には岩付城を「素城」にしたことに祝意を伝え、古河公方家への差配は自分が承る旨を申し入れている[27]。なお情勢を観望していた者も、ここに至って我先にと勝者に自らを売り込み始めた。

北関東で北条氏と熾烈な攻防を繰り広げていた佐竹・宇都宮・結城の諸氏は、四月半ばには下野国の北条方諸城への攻撃を開始し、佐竹・宇都宮両氏は四月下旬には北条氏の宇都宮領侵攻の最前線ともなっていた壬生氏の本拠である鹿沼城（栃木県鹿沼市）・壬生城（同下都賀郡壬生町）を攻略した。結城氏も、北条氏照旗下の小山領方面の榎本・小山両城を五月十五日までに攻略した。こうして結城氏らが小田原に向かううえでの後顧の憂いは解消したが、そのまま南下するには、沿線の堅城・岩付城が北条氏方としてなお健在であり、即座の進軍開始というわけにはいかなかったようだ。しかし、五月二十日に南関東別働隊の岩付城総攻撃が始まると、結城勢は佐竹・宇都宮氏と歩調を合わせることなく小田原に向けて出立し、五月二十四日、一足先に小田原に参陣した[28]。北関東諸将の中で小田原参陣一番乗りであった。佐竹・宇都宮氏らはそれより遅れて出立し、五月二十五日には小田原の北東二〇キロの相模国平塚（神奈川県平塚市）まで進んだ。岩付城の攻略は、小田原から宇都宮までの道を一気に開くこととなった。

さらに、岩付城の攻略は、秀吉の情報戦略においても劇的な効果をもたらした。秀吉は様々な回路を通じて、京や西国への戦績発信を続けていたが、四月下旬以降、具体的な戦果を発信できずにいた。**表3**は、小田原在陣中に秀吉が九州に在国する加藤清正に発した朱印状の一覧である。ここでは内容を細かく紹介することはできないが、関東侵攻直後の山中城攻略と即座の小田原城攻囲の速報のあとは、同内容に文飾を加えつつ反復していたものが、南関東別働隊が力攻めで岩付城を攻略するや、その経過を具体的に書き上げた、長大な戦績誇示への変化が著しい。しかもそこでは、先にも触れたように、五月二十七日付の北条氏直宛長岡忠興ら書状がそうであったように、秀吉が指示して岩付城を攻撃目標に決定したと、ここに至る経緯が大きく書き換えられている。

北条一門が城主で要害堅固な岩付城の攻略、それも秀吉直臣部隊による力攻めによる攻略は、アピールする戦果を渇望していた秀吉にとって、待ちに待った絶好の素材であった。秀吉の意識において、岩付城が強く印象付けられたことであろう。

三、宇都宮・会津動座における岩付

（1）秀吉の会津動座計画

秀吉の会津動座は、関東侵攻の早い段階から構想されていた。その構想から実施に至る過程は、既に小林清治氏[29]、竹井英文氏により詳細に跡付けられている[30]。両氏の成果に学びながら、動座実施までの間の岩付の位置づけを確認しておこう。

小田原城攻囲完了からほどない四月二十日には会津までの動座が決定され、その三日後に秀吉は九州の島津氏に書面を

表3　加藤清正への戦績発信

秀吉文書	月	日	伝来	契機	内　容
2996	3	29	正本	速報	・山中城攻略 ・小田原への進軍予定
3005	4	朔	写	飛脚での模様伺への返書	・山中城の大戦果 ・敗走勢を追撃して小田原まで進軍 ・小田原城攻囲陣構築を開始 ・韮山城も攻囲
3022	4	8	写	飛脚での模様伺への返書	四月朔日付と同内容
3028	4	12	写	在陣見舞いへの返書	・四月朔日と同内容 ・鳥の道もないほどの包囲と城内の動揺 ・小田原一城で関東制圧成就 ・小田原城干殺しの上での出羽・奥州、日の本の果てまでの仕置貫徹
3206	5	13	写	端午節句の祝儀への返書	・関東諸城の攻略・開城進捗 ・出羽・奥州まで一気に平定する勢い ・小田原城を厳重に攻囲し、城中からは鳥も通れないほどにして、干殺しに
3214	5	20	正本	去月26日書状への返書	・北条一類からの助命懇望を拒否 ・刎首ほどないとの見通し
3265	6	7	写	去月6日書状への返書	【小田原城】小田原城内は干殺を待つばかり／上野国の和田信業が城内から逃出 【関東諸城】未開城の岩付・鉢形・八王子・忍・津久井城について北条氏邦が助命を嘆願 【岩付城】八州の中でも要害堅固の武州岩付城は北条氏房の持城／岩付城を真っ先に攻め滅ぼすよう命令／木村・浅野らに家康家中の本多・鳥居・平岩らの二万余の軍勢が岩付城を攻撃／即座に外構を攻め破り、本城一の門まで進撃／主だった者は皆討死し、城内には町人・百姓と将兵の妻子ばかりに／城内より助命懇請を受け、城を接収／氏房の妻子をはじめとする城内の者共を拘禁／この旨を小田原城内伝達、動揺深まる 【鉢形城】上杉・前田・浅野・木村らの五万の軍勢を派遣 【忍城】石田三成に佐竹・宇都宮・結城らの関東勢を差添えた二万余の軍勢で攻囲／岩付城同様命を助けるので開城するよう勧告 【韮山城】ほどなく落城する情勢 【奥羽】奥羽両国の者たちも悉く参陣／伊達政宗に対しては、占領地返上を承服したため対面
3276	6	28	正本	見舞いの使者・品々への返書	【鉢形城】鉢形城は北条氏邦の居城／撃滅のため攻囲／氏邦が出家して助命を懇願／去る14日城を接収 【八王子城】要害堅固で、錚々たるものたちが多数籠城／上杉・前田父子・木村・山崎らが去る23日に即日攻略した／大将クラスの者十人をはじめ城兵二千余人討取／城内の妻子らも成敗 【忍城】浅野・石田に佐竹・結城・宇都宮等に命じて水攻／降伏は許容せず 【津久井城】家康家中の本多・鳥居・平岩が攻囲 【韮山城】城主の北条氏規が降伏を申出／氏規は助命、剃髪 【小田原城】落城寸前／降伏等の動きあるも、干殺しに 【奥羽】奥羽の伊達・山形・最上らも参陣／小田原での処分後会津にて両国仕置【その他】高麗人来着次第の推参を小西行長に指示
3310	7	12	写	速報	・昨日北条氏政・氏照斬首、即座に京進 ・氏直は家康の縁者であるため助命 ・奥州・出羽の仕置のため、来る17日に会津に向けて出立 ・ほどなく帰洛、その節は参上せよ
3316	7	16	正本	見舞いへの返書	・先に書き送ったように、北条氏政と氏照の頸を京進 ・出羽・奥州の仕置のため、明日17日に会津に出立 ・すぐに片付けて帰陣 ・その方も上洛せよ

№3311の7月12日付朱印状写は複数の文書を合成した内容であるため、省略した。

送り、来月朔日に鎌倉見物に赴き、玉縄城に入る計画であることを伝えていた(秀吉三〇三七)。次いで二十六日、小田原城を攻囲する秀吉本隊から浅野長吉らの南関東別働隊が分派され、相模東部・武蔵方面の制圧が進められるが、そこでは北条方城郭の攻略・接収、城内武具・兵粮の確保とともに、「奥州迄道筋明」くことが重要な任務の一つであった(秀吉三二〇五)。そこで具体的に指示されているのは、早くから秀吉に臣従していた佐竹氏からの城の請取であるが、恐らくこれは、佐竹氏と連携した結城氏・宇都宮氏などの、下総北西部から下野国の反北条氏勢が攻略した北条方城郭を指すのであろう。

南関東別働隊が玉縄城、次いで江戸城を接収すると、秀吉は五月三日付朱印状で御座所の整備と、玉縄城と江戸城に秀吉馬廻を在番させることを伝えている(秀吉三一九二)。関東侵攻初期の段階で、秀吉の会津動座は、鎌倉・玉縄城、そして江戸城を経る形で計画されていたと考えてよかろう。

但し、五月前半までの時点では、江戸城から下総・上総方面に進軍した浅野らに対して、河越城の請取と前田・上杉らの北国勢と連携、そして鉢形・松山・忍城の攻略を急ぐよう指示しており(秀吉三二〇五)、秀吉の指令に岩付城は登場しない。この段階で秀吉は、岩付城を重視していなかったか、もしくは江戸城から河越城を経由するルートを構想していたようにもみえるが、詳細は不明である[31]。

(2) 動座発令

その後、秀吉の発駕が幾度か取り沙汰されるが、いずれも沙汰止みとなった。しかし、伊達政宗が小田原に参陣し会津領没収の方針を受諾したことで、奥羽南半部の仕置の見通しが定まるとともに、六月中下旬の北条氏政の兄弟の本城である鉢形・八王子・韮山三城の陥落をもって、動座実施の条件が整ったと判断したようだ。こうして七月二日、会津に向けて七月十五日頃の小田原出陣を発令したという[32]。

この発令がこれまでの動座計画表明と異なっていたのは、それが公式決定され具体的な措置が伴っていたことである。主なものには、①小田原城攻囲体制の強化、②供奉陣容を発令、③小田原より会津までの道及び御座所(休泊所)の整備、④沿道の御座所在番体制を構築、などがある。

①②は一連のものである。小田原城がなお籠城を続ける中での動座であるため、八王子・韮山両城の戦後処理にあたっていた軍勢の集結を含めた大規模な陣替えを行い、動座中の小田原城攻囲陣の強化と、動座への供奉により攻囲から抜ける陣への補強を行った。最大の軍勢を擁する徳川家康も特に江戸までの随伴が令せられており、陣替えを大規模にした。

陣替えは七月四日に行われた。[33] 大軍の参集と大規模な陣替えは、小田原城中に対して強い圧力となったであろう。豊臣勢による総攻撃間近、もしくは秀吉動座後の降伏であれば族滅以外に途はない——小田原城中には戦慄が走ったことであろう。北条氏当主の氏直が弟の岩付城主北条氏房とともに小田原城を出て降伏を申し入れたのは、その翌日である。既に水面下で降伏交渉が始まっていたから、この陣替えは秀吉が北条氏に降伏決断を迫る一大パフォーマンスだったのかもしれない。ただ、本格的な冬季の到来前に奥羽全域にまで仕置を執行させるには、ぎりぎりのタイミングであったから、降伏のいかんにかかわらず、七月中旬には発駕するつもりであったと考えられる。

③④も一連のものだが、実施には時間差があった。④については次項で述べる。まずは七月三日に発令された、会津進軍路の整備令（秀吉三二八九）に即してみておこう。その指令伝達のために秀吉の使番衆五名が奉行として発遣された。その五名は、西川八右衛門・垣見弥五郎・杉山源兵衛・水原亀介・友松次右衛門、いずれも秀吉の馬廻・使番衆である。この進軍路整備令の本文は伊達氏と佐竹氏のもとに届いたものが伝来している。[34] その内容については、既に小林清治氏・江田郁夫氏により分析が行われている。[35] 具体的内容は、ア小田原より会津まで幅三間の道を整備、イ道普請には百姓徴発を認めるが、恣意的な賦課や私成敗は厳禁、ウ船渡・架橋が必要な個所を報告の上、架橋のための材木調達を差配（架橋は別途奉行を発遣）、エ御座所整備を城主と在番衆に指示、オ道奉行に対する兵粮・馬飼料・送夫の供給、である。

ここでの道幅三間の道整備は、新規の道路築造ではなく、既存の幹線道を活かしたうえで、幅三間に満たないところの拡幅を主な内容としていたであろうことは、既に江田氏が指摘している。屈曲の著しいところを直道化するなどの工事は想定してもよかろうが、直接的には、城郭間を結んで整備された戦国期の幹線道をリフォームしたのであろう。

渡河点では、原則幅三間の架橋が予定されたようだが、五名の道奉行は、架橋の必要箇所の調査と架橋のための材木の調達の差配までが任務で、架橋工事は別に奉行人が差し遣わされることになっていた。忍城攻略にあたっていた木村一・山﨑堅家は、某所の船橋架橋命令が一旦伝えられたが、秀吉本隊より先行して宇都宮に向かう途中の増田長盛が七月十二日に来訪し、船橋架橋は山﨑のみとする変更指令が伝えられた。[36] これは架橋奉行人任命の実例であろう。このように、実務を分業することで、より迅速な路線築造が図られたと考えてよかろう。

五人の奉行はそれぞれ一通ずつ、上記の朱印状を交付され、携行していたという。[37]彼らは一人一人が独立して任務を遂行する権限を与えられていたわけだ。とすると、彼らは必ずしも常時は同行せずに、分担して任務を遂行したと考えてよかろう。この後にみるように、江戸より先の秀吉動座路線は、東国の事情に通じた佐野天徳寺宝衍の進覧した絵図をもとに二通りの候補が挙げられていた。各路線とも、御座所や御茶屋（休息所）設営の候補地は決まっていたが、この時点ではいずれの路線を採るかは未定であった。当然のことながら、道奉行五人は、最低限、二手に分かれて任務にあたったと考えられる。その上で、いわば工区を分担して、道普請等の指令を施行したのではなかろうか。

また、御座所及び途中の休息所である御茶屋の整備は、沿道の城の城主や各城在番衆の任務とされた。下野国方面の御座所等整備は、天徳寺宝衍を介して佐竹氏・宇都宮氏が命ぜられ、陸奥国白河から会津までは伊達政宗が道普請と御座所の整備に当たったという。但し、在番衆が御座所の普請の差配を指示された陸奥国長地（中地）城の例（後述）をみると、白河・会津間の御座所整備が政宗に一任されたわけではないようだ。[38]

彼らの発遣は『大かうさまくんきのうち』にもその名を挙げて特記されており、秀吉側近である使番を特派しての動座路線整備は、牛一にとってその著『信長公記』において特筆した信長の道作りに比肩する偉業であった。[39]

（3）ルート確定と在番体制

七月六日に秀吉側近の増田長盛が天徳寺宝衍に宛てた書状では、この時点では、江戸―宇都宮間の動座ルートは「東とおり」と「西とおり」の二筋が想定されていた。[40]「西とおり」が下野国佐野（栃木県佐野市）を経由すること以外、ルートを明示した史料を欠くが、これを、江戸―宇都宮間の主要道二筋の選択の問題と単純に解するには、いささか注意を要する。

この時期の秀吉とその周辺の発言をみると、忍城への立ち寄りを秀吉が計画していたことが窺われる（**表4**）。二筋の道について増田長盛が天徳寺に伝えたのと同じ七月六日、秀吉は岩付を経て忍に赴くと述べている。これらを併せ考えると、「西とおり」とは、岩付から忍・佐野を経由して宇都宮に至るルートであったことがわかる。江戸から岩付まで進んだのちに、忍に赴くために迂回するルートということであろう。[41]しかし、忍城の攻略はならず、水攻めも失敗した挙句、七月十四日に開城したことから、秀吉の忍城行きは取り止めとなり、岩付から北上する「東とおり」が動座ルートとなった。

そこでの在番体制については、既に小林清治氏がその後の

表4　七月初旬の秀吉の予定

発言日	秀吉の予定	発給者	受給者	出典
7月1日	15日時分にこちらを発って会津に動座	増田長盛	伊達政宗	伊達家文書（福島99-302）
7月4日	15日に会津に向けて動座	某	浅野長吉か	浅野家文書（浅野54）
7月4日	15・6日頃忍へ（それから会津へ）	一柳可遊	浅野長吉	浅野家文書（浅野43）
7月5日	上様会津動座の際に浅野に面会したい	森　勝也	浅野長吉	浅野家文書（浅野42）
7月6日	江戸から東とおりか西とおりへ 西とおりは佐野に通じる	増田長盛	天徳寺宝衍	秋田藩家蔵文書・岡本元朝家蔵文書（福島8-152）
7月6日	14・5日頃岩付、それから忍の堤見物に	豊臣秀吉	上杉景勝／ 前田利長／ 木村　一／ 山崎堅家	秀吉3297
7月7日	20日頃当地へ　※玉縄	生駒忠清	浅野長吉	浅野家文書（浅野41）

表5　在番注文

国	城名	『佐竹家譜』	「小田原征討文書　一」	「小田原征討文書　二」	『奥羽永慶軍記』史籍集覧本	『奥羽永慶軍記』国立公文書館蔵本
武蔵	岩槻	明石左近	明石左近	明石左近	明石掃部（イ右近）	明石右近
下総	関宿	曽根侍従	曽根侍従	曽根侍従	曽根侍従	曽根侍従
	栗橋	池田備中	池田備中	池田備中	池田備中守	池田備中守
	古河	寺内	寺西	寺内	寺内	寺内
		田中和泉守	田中和泉守		高田豊後守	
下野	小山	石川備後守	石川備後守	田中和泉守	田中和泉守	田中和泉守
		高田豊後守	高田豊後守	石川備後守	石川備後守	石川備後守
下総	結城	牧村	牧村	高田豊後守	竹中伊豆守	高田豊後守
		竹中	竹中	牧村	牧村	竹中伊豆守
				竹中		牧村
下野	宇都宮	増田右衛門	増田右衛門	増田右衛門	増田右衛門大夫	増田右衛門太夫
		金森法印	金森法印	金森法印	金森法印	金森法印
		大溝侍従	大溝侍従	大溝侍従	大溝侍従	大溝侍従
	佐久山	戸田武蔵守	戸田武蔵守	戸田武蔵守	戸田武蔵守	戸田武蔵守
	大田原	谷野出羽守	谷野出羽守	谷野出羽守	谷出羽守	谷出羽守
	芦野	小出信濃守	小出信濃守	小出信濃守	小出信濃守	小出信濃守
陸奥	白川	伊藤長門守	伊藤長門守	伊藤長門守	伊藤長門守	伊藤長門守
		青木紀伊守	青木紀伊守	青木紀伊守	青木紀伊守	青木紀伊守
	長沼	小貫	小貫	小貫	小貫	小貫
	中地	両遠藤	両遠藤	両遠藤	両遠藤	両遠藤
		佐藤六左衛門	佐藤六左衛門	佐藤六左衛門	佐藤六郎左衛門	佐藤六郎左衛門

※『奥羽永慶軍記』は会津も挙げ、蒲生宰相忠三郎氏郷と木村伊勢守を在番衆としているが、ここでは掲出しない。
『奥羽永慶軍記』史籍集覧本の岩槻の欄の「イ右近」は、底本以外の異本に明石掃部ではなく、明石右近とある旨の校訂注。

仕置執行との連続性にも注意を払いながら分析している。小林氏は、『佐竹家譜』「佐竹第二十一世　義宣」天正十八年七月十日条に依拠しているが、その典拠と考えられるのが、先に言及した「小田原征討文書」である。同種のものは、小林氏が在番衆記載に異同があることを注意している『奥羽永慶軍記』巻二十にもある。それらの記載を整理したのが表5である。『奥羽永慶軍記』については、二本の記載を掲げた。(42)

岩付の在番衆には、明石左近・明石掃部・明石右近の三種の伝えがあることになるが、一次史料により近いと考えられる「小田原征討文書」の記載、及び明石掃部・右近はともに宇喜多秀家家中であることから、(43)秀吉直臣の明石左近（元知）が岩付在番衆であろう。

さて、これらのうち、中地（福島県郡山市）については、注文に登載された遠藤胤基・同慶隆・佐藤秀政に対して、七月十一日付で「長地城」の「留守居」として派遣すること、御座所の普請と掃除を入念に行うことが指令されている（秀吉三二九九）。また、同日付で豊臣政権の奉行衆である寺西正勝が忍城攻城中の浅野長吉に送った書状では、正勝は栗橋の留守居を命じられたという。(44)栗橋は北条氏照の持ち城であった下総国栗橋城、在番注文では三番目に登載され、在番者は池田備中（長吉）とされていて、寺西正勝ではない。但し、「小田原征討文書　一」では古河城の在番衆に寺西がみえる。この人物は『佐竹家譜』と『奥羽永慶軍記』では寺内とされ、各在番衆の人物比定を行った小林清治氏は該当人物不明としていたが、この寺西正勝に当たる可能性がある。とすると、在番注文と実際の在番勤務者との間には若干の相違が生じることもあったことになる。ただし、その裏付けを得ることはできない。今は「小田原征討文書　一」の記載を基本とした上で、史料本文としてやや不安定である可能性と、実際の発令との間には若干の出入りが生じていた可能性の双方を想定するに留めておきたい。(45)

宇都宮の在番衆とされた増田長盛は、前述のように七月十二日に忍を訪れているが、小田原から忍は三日、急げば二日の行程である。増田は秀吉の施策立案に参与し、宇都宮における仕置設えの責任者とみられるから、他の在番衆と同列には論じられない面があるものの、七月十一日までには小田原を出立したとみられる。そしてその彼が、既に木村一と山崎堅家の担当とされていた舟橋架橋を山崎のみとする変更を伝えていた。七月六日に増田が天徳寺宝衍に秀吉動座の準備を指示した際には、ここ一両日中に正式の使者（謎之使者）が来着することを予告していた。この正式の使者は、先の道作令を伝える使番たちであろう。この時天徳寺は、佐竹・宇都

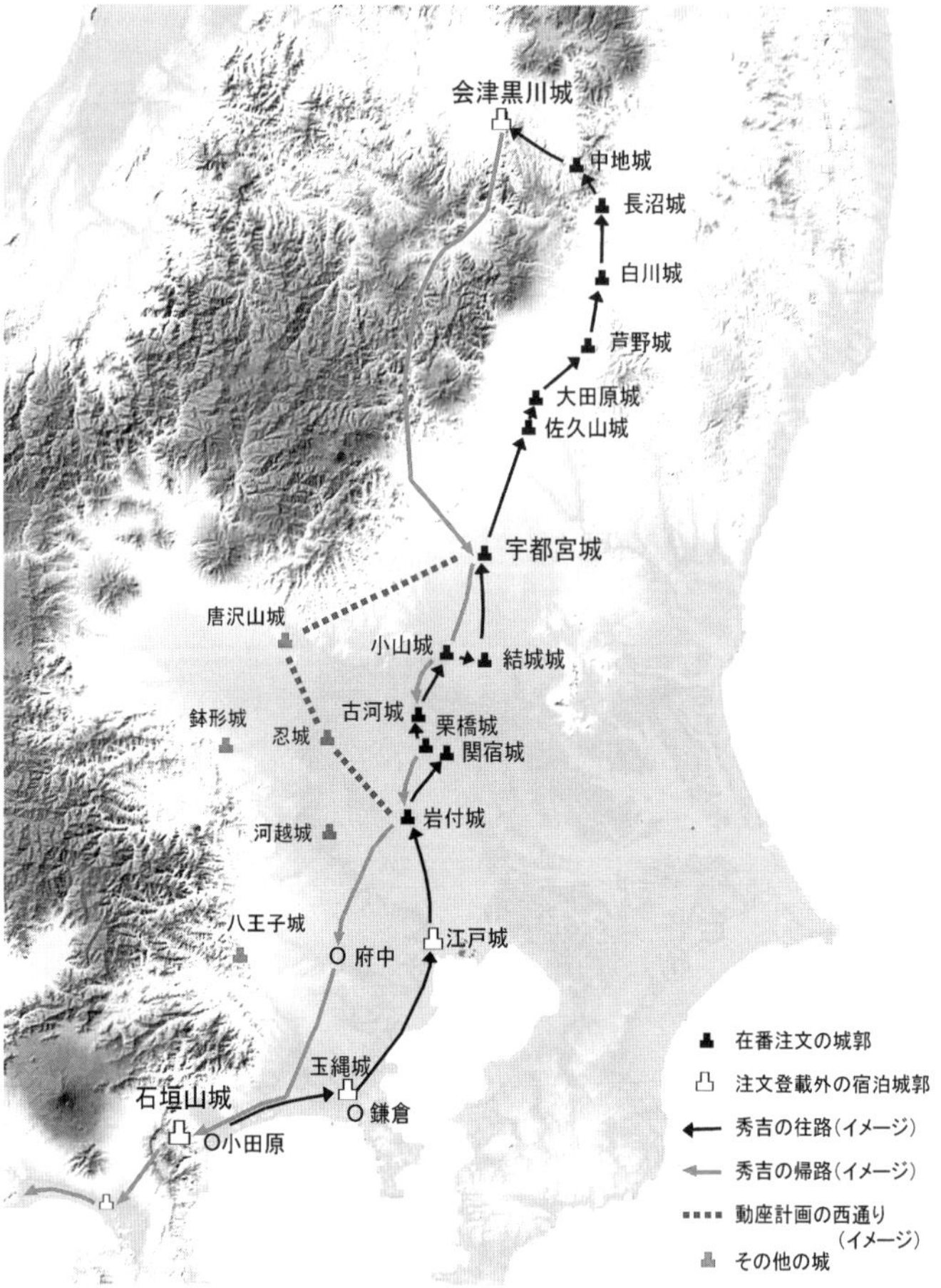

図3　在番注文の城（ベース図は国土地理院「地理院地図」の「色別標高図」を加工）

宮、そして木村・山崎らと忍城攻囲の最中であった。木村と山崎が舟橋架橋を指示されたのも、その折と考えられる。しかし、その数日後の十二日には山崎一名の担当に変更されたわけだ。これは、使番たちの忍での指令から増田の小田原出立までの間に、舟橋架橋箇所数が縮減されたこと、即ち、東西両ルートともに利根川筋の渡河点に舟橋架橋が計画されていた段階から、「東とおり」のみの架橋へと、動座ルートの確定を意味していると思われる。

　ともあれ、黒川城着座以前の最終宿営地である中地も、はるかに小田原に近い栗橋も、同じ七月十一日に在番衆が発令され、宇都宮の増田長盛も同様とみられる。在番衆の発令がこの日、一斉に行われたのである。その前日、それまで切腹に抵抗していた北条氏政が小田原城より退城し、翌十一日、弟氏照らと切腹して果てた。小田原仕置の確定により、包囲体制の解除と次の段階への軍勢再配置が急速に進む。もはや忍城には、秀吉が足を運ぶ意義はなくなった。動座ルートは、十日か十一日に確定し、それを踏まえた在番衆発令が行われたのであろう。

　彼らは順次各城に進駐し、各城を領有していた勢力あるいは接収した軍勢の駐留部隊から城の引き渡しを受けた上で、職務にあたったのであろう。この場合、古河城の古河氏姫が近傍の鴻巣御所（茨城県古河市）に移転したのは、古河公方家の改易確定後とされているが、[46] 他城と等し並の措置が講じられたとすれば、氏姫らの古河城退去もこの時であった可能性がある。

（4）往路における岩付

動座の準備を整え、北条氏の処断と小田原城の接収を終えた秀吉は、動座発令時の予定より二日遅れの十七日に小田原を発駕した。以下、前掲江田郁夫・高橋充氏論考のスタイルに合わせて、結城までの秀吉の動静を日ごとにトレースしながら、宇都宮・会津動座における岩付の位置を考える。

①七月十七日　小田原～鎌倉・玉縄

この日、秀吉は恐らく玉縄城の御座所に宿泊したと思われるが、十七日を含めて数日の間、秀吉の動向を明記した信頼性のある史料を欠いている。以下、蓋然性の高い事項を摘記しておく。なお、鎌倉・玉縄城は小田原から直線距離でおよそ三五キロ、一日の行程である。

ア　鎌倉にて

秀吉は鎌倉に立ち寄った。鎌倉に立ち寄った秀吉は、武家の都の護持者であることを印象付けるパフォーマンスを繰り広げた。

先にもみたように、会津仕置に至る今回の東征において、鎌倉訪問を当初から予定していたことがうかがわれる。戦国時代を迎えるまで、中世東国の首府であった鎌倉は、関東の統一を進めていた北条氏にとって、支配の正統性の可視化に不可欠であった。秀吉にとっても、関東、そして奥羽に仕置を実施し、東国全土を施政下に組み込む上で、「武家の都」の掌握は、なお意義あることであったわけだ。さらにいえば、ことは東国に限られるわけではなく、全国統一を果たした初の武家の棟梁として伝説化された源頼朝に並び、否寧ろ頼朝を凌駕する存在であることを示すのに、鎌倉は唯一無二の地であった。そしてそれを可視化する、さまざまな「しかけ」を鎌倉を舞台に展開した。

・**鶴岡八幡宮社殿造営方針**　十七日、秀吉側近の奉行人の早川長政・片桐直倫（且元）が会津からの帰陣後に鶴岡八幡宮造営を行う秀吉の意向を伝え、それに先立つ「かりふき（仮葺）」を三浦・小机・鎌倉地下人中に命じた。[47] 鎌倉の象徴ともいえる鶴岡八幡宮社殿の造営は、鎌倉の再興を秀吉が担うことを宣言し、そして鎌倉の主が誰かを可視化する令達であった。

・**鎌倉寺社領の安堵方針**　その六日後の二十三日の奉行人連

署状(48)では、秀吉が鶴岡八幡宮・建長寺・円覚寺・東慶寺の知行安堵の方針を鎌倉で発令した、と述べられており、これも七月十七日のことと考えてよかろう。その後の経過をみると、正式の安堵状が発給されたのは会津から帰洛途中の八月二十二日のこと（後述）であるが、鎌倉に逗留しているその時、その場で知行安堵方針を発令することによって、鎌倉における枢要な四寺社の動揺を抑えつつ、鎌倉の主が秀吉であることを宣言したのである。

興味深いのは、この指令を承けて作成されたと思われる、同日付鶴岡八幡宮知行指出(49)があり、さらに円覚寺諸塔頭等の敷地の書立(50)も同日付で右の奉行人の一人片桐直倫に宛てて提出されていることである。豊臣政権による玉縄城接収、北条氏の滅亡等を踏まえ、所領維持の深刻な危機に直面していた鎌倉中寺社は安堵方針発令後即座に注文を作成し、担当奉行人に提出したようにもみえる。しかし、豊臣勢の鎌倉への進駐は玉縄城の接収と相前後していたであろうから、鎌倉中寺社を存続させること、従って寺社領の安堵も既定方針であったはずだ。鎌倉中の寺社は、当知行安堵申請に向けた準備を整えていたがゆえに、安堵方針発令後即座に安堵対象の所領注文を提出できたのであろう。鎌倉中寺社側も織り込み済みの、しかし秀吉の来訪による恩典を強く印象付ける演出が、この寺社領安堵方針発令であった。

とはいうものの、鎌倉において発令された安堵方針の対象は鶴岡八幡宮等の四寺社に限られていた。その他の寺社領は、鎌倉を含む北条領国の新領主となる徳川氏の下で個々に手当されていくことになる。また、ここで対象とされた四寺社の寺社領安堵も、北条氏旧領におけるいわゆる太閤検地の施行を委任された徳川氏による検地の施行後に、この段階の当知行相当地を割り付けられることとされた（秀吉三三九二他）。鎌倉訪問時における寺社領安堵方針発令は、鎌倉を掌握した秀吉を印象付ける政治パフォーマンスであるとともに、北条氏旧領への徳川氏移封と徳川氏への検地施行の委任を踏まえた、実効的な施策でもあったわけだ。

・**鎌倉巡見、源頼朝との対面**　一次史料には記されていないが、秀吉が鎌倉「見物」に赴き、鶴岡若宮において源頼朝木造と対面した逸話が『川角太閤記』等にみられる。天下人として頼朝と肩を並べた秀吉の感興はさておき、歴史上のカリスマ・源頼朝にも勝る自らを強く印象付けるパフォーマンスとしての効果は絶大であっただろう。実否の確認は困難ながらも、いかにも「さもありなん」と思わせる筋立てである。

・**「小弓公方」足利頼淳との交渉**　鎌倉における秀吉の治績の中で、もう一つ見逃せないことがある。それは、この十七日、足利頼淳から届いた北条氏討伐成就の祝儀に対して、「鎌倉左兵衛督」を宛所として礼状を認めていることだ（秀吉三三一二）。そこでは、書留は「あなかしこ」、「秀吉」実名を記したうえでの朱印、「殿」書きの宛所であり、武家宛てとしては厚礼の書札礼である(51)。そして、左兵衛督は鎌倉公方が歴代官途としたもの。「鎌倉」も鎌倉公方が冠せられる呼称である。鎌倉に全く基盤を有していないどころか、公方の実質も有していない足利頼淳に対して、「鎌倉」を名字として礼状を発したことの意味は大きい。

　頼淳は、二代古河公方足利政氏と三代公方高基との対立の過程で、反高基の立場に立って下総国小弓に拠って自立した高基弟の義明の末裔である。安房里見氏の支援で反北条氏の立場をとっていたが、前述のとおり、頼淳は小田原合戦に乗じた里見氏の独自の権力基盤構築構想に担がれていた。里見氏が四月に小田原に参陣しながら、安房国以外の所領没収の憂き目をみた大きな理由もそこにあったわけで、頼淳の政治生命は事実上、絶たれたも同然であった。

　ところが、ここで秀吉は関東足利家（鎌倉公方＝古河公方）の正式の後継者として、頼淳を遇したわけだ。もちろんこれは、公方としての関東に対する統治権や権威を認めたものではなく、関東における公方家のイエの問題に限ってのことであるが、公方家の末流である頼淳には、秀吉にとってなお利用価値があったということであろう。このとき、鎌倉公方の正統な後継者とみなされていた古河公方家は、男子を欠き存亡の危機に瀕しながらも、最後の公方義氏の娘の氏姫と側近の漣判衆によってイエを存続させていたのだが、この先の宇都宮仕置における古河公方家の処遇の方向性は、既にこの時点で固まっていたと考えてよかろう。そしてまた、秀吉は鎌倉においてそうした処遇を明確に示したわけで、関東における最高の伝統的権威である古河公方家の継嗣の決定権が秀吉の掌中にあることを、ほかならぬ足利頼淳に対して明確に示したのである。

イ　玉縄城

　鎌倉を訪れた秀吉の宿泊場所は、実はよくわかっていない。鎌倉の寺社のいずれかに泊まった可能性も皆無ではない。しかし、小田原攻囲以降の秀吉の言動を振り返ると、鎌倉近傍の玉縄城に宿泊したと考えるのが穏当であろう。

　玉縄城（鎌倉市城廻）は、鎌倉の北西約四キロにある。先に見たように、玉縄城開城二日後の朱印状で秀吉は、鎌倉「見物」と玉縄城入りをセットで考えていた。また、浅野長吉・木村一に宛てた五月三日の朱印状では、新たに接収した江戸城に御座所を設えることを指示した上で、玉縄城と江戸城に秀吉馬廻を在番させることを伝えていた。そこでは玉縄城については御座所のことは述べられていないが、玉縄城の接収が江戸城に先行していたことを併せ考えると、四月二十三日の玉縄城入り計画の時点で、既に同城には御座所設営の準備が始められていたと考えてよかろう。その際に玉縄城の在番衆として指名されたのは、瀬田掃部助（正忠）と生駒主殿正（忠清）の両名であったが、このうちの生駒忠清は、七月七日、浅野長吉に小田原城の様子を報じつつ、秀吉が「当地」に来ることになったため、内々準備を進めている旨を伝えている。[52]忠清は小田原城の模様を把握できつつも、そこからは離れた場所にいることになる。その場所は玉縄城と考えるのが適当であろう。これらのことから、鎌倉を訪れた秀吉がその日に宿泊したのは、玉縄城と考えてよかろう。

②七月十九日　玉縄城〜江戸城

鎌倉での政治ショーを終えた秀吉の次なる目的地は、江戸であった。とはいうものの、実のところ、秀吉の江戸到着日は定かではない。鎌倉・玉縄と江戸との間はおよそ四二キロ。一日の行程ではあるが、出立時間によっては、途中一泊しても不自然ではない。むしろ、鎌倉でのパフォーマンスを織り込むと、玉縄城で二泊したとみるのが穏当ではないか。玉縄城出立は十九日、そして同日、江戸に到着したとひとまず考えておく。

前述のように、接収直後から江戸城には御座所の設置が進められていたから、秀吉が宿泊したのも、城内に設えられたその御座所であろう。前述来の五月三日の朱印状で江戸城の在番衆に指名されたのは、松下石見守（之綱）と古田織部（重然）であった。このうち古田は、六月前半頃、秀吉本営に近侍する千宗易（利休）に「むさしあふミ」を織り込んだ歌を添えた音信を送り、これに対して宗易は「すみた川・つくは山・むさし野・同ほりかね井（隅田川・筑波山・武蔵野・同掘兼井）」等の名だたる歌枕を間近にできることをうらやむ返書を認めている。[53]古田はそれらを観望し得る地にいたわけだ。彼が実際に江戸城の在番に赴任していたことの証左である。松下と古田は江戸城の警衛とともに、秀吉来駕に備えて御座所の設営を進めたはずである。

後の徳川氏系の歴史叙述では、当時の江戸城には秀吉を迎えるのにしかるべき殿舎がなかったことから、北曲輪平川口の法恩寺が宿泊所の用に供されたと記されているが、[54]これは何等かの誤伝、ないしは家康の入部以前の江戸を過度に貶める徳川史観の投影によるものであろう。あるいは、江戸城は秀吉一行が占有し、城主予定者の家康が宿所としたのが法恩寺で、それが秀吉の宿所へといつの間にか話が変わってしまったことも想定してみることも可能かもしれないが、これはもはや想像の域である。

さて、江戸における秀吉の治績は、確かな史料では伝えられるところはない。徳川系の歴史叙述では、秀吉は存分に城内を検分し、名将太田道灌の縄張りに感じ入ったと記すものもある。その底流には、家康を敵視しその新たな本拠をくまなく把握し尽くしておこうしたとする、底意のある秀吉像がある。

さりながら、そうした徳川史観から離れてみれば、秀吉にとって江戸における最重要事は、ほかならぬ家康との対面であろう。秀吉にとっては、北条氏の処断よりも大きな仕置とさえいえる家康の関東移封。そして、政権の東国統治構想における要の地として秀吉自ら指定した江戸城において、そこを委ねた家康と対面することで、秀吉政権が接収した北条領を秀吉自らの手で家康に引き渡し、さらに今後の東国統治方針についての意見交換なども行われたのではないか。宇都宮での仕置に先立つ大きな政治が江戸において実質的に行われた可能性は想定してよかろう。

なお、家康家臣の松平家忠は、秀吉が江戸を出立した翌二十日、移封のために三河に戻るよう指示されている(『家忠日記』同日条)。秀吉の江戸逗留にあわせて家康家臣が江戸に招集されたことがうかがわれる。

③七月二十日　江戸城~岩付城

『家忠日記』によれば、秀吉が江戸を出立したのは二十日のこと。小田原発駕の折とは違って、二十日には家忠は終日江戸にいたから、秀吉の江戸出立を実際に見送ったことは確かであろう。その日の宿泊地は、在番注文どおりに岩付城と考えてよかろう。

秀吉勢の侵攻に徹底抗戦した岩付城は、先述のように五月二十日、浅野長吉率いる豊臣・徳川連合軍の総攻撃を受け、二日後の二十二日に落城した。攻城側にも大きな損害を生じさせた激戦であり、城内の建造物にも相当の被害が生じていたであろう。秀吉の来訪に備えた御座所の整備は、殿舎の新築に近いものだったかもしれない。

岩付城での事績は確実なものが一点と、慎重に判断すべきものが一点、知られている。前者は、京から陣中見舞いに訪れた公家との対面である。後者は、随従して来た大名への帰国指示である。

京の吉田社の社家吉田兼見は秀吉の陣中見舞いに嫡男兼治を遣わした。兼治は広橋兼雄・飛鳥井雅継らの公家と同道して七月八日に京を出立したが、秀吉の小田原発駕には間に合わず、「岩築」で秀吉に対面し、陣中見舞いの品を献上した。

「岩築」は、岩付である。三人は秀吉からの返礼として銀十枚ずつを下賜されたという。(55)小田原落城が近づいた七月前半には、京の公家が相次いで陣中見舞いに東下していた。吉田兼見の行いもその一例であったわけだが、そうやっておしかける公家たちとの対面も、動座中の秀吉の政務の一環であったわけだ。

ところが、岩付城逗留までに来着した公家たちは秀吉との対面を果たし、辛うじて面目を施せたが、それに遅れた者は対面はおろか、随従も許されなかった。吉田兼治らに遅れること八日、七月十六日に京を出立した万里小路充房は、岩付まで赴いたところで、番衆に制止され、その先には進めず、秀吉には会えず仕舞いで京に引き返したという。(56)「奥へ御下向」中の陣中見舞いは断ることとなったのだという。岩付より先が「奥へ御下向」中とされたことは注意を惹く。岩付までとそれ以北とで、行軍の姿勢が転換しているのである。

次に、後者、随従して来た大名への帰国指示は、筑後国柳川（福岡県柳川市）の国衆立花宗茂に対するものである。秀吉の陣中見舞いに関東を訪れた立花宗茂は秀吉の宇都宮・会津動座にも供奉したが、岩付において、帰国して朝鮮出兵の準備を進めるよう指示されたという。(57)宗茂は秀吉の命にはよらず、自身を独立大名に取り立てた秀吉への献身、自発的奉仕として供奉を許されたものの、それは岩付までであった。この逸話の実否は不明だが、公家衆に対する対応とも通じる、岩付までを一つの区切りとする仕置体制を見て取ることができる。

④七月二十一日〜二十四日　岩付城出立〜小山城

七月二十一日、秀吉は岩付城を出立したと思われる。その後の経路は、先にみた在番注文の城を経たとみられるが、七月二十五日に下総国結城城（茨城県結城市）に入るまでの間、発着日は不明である。その間の宿泊地は、在番注文の順に、二十一日：関宿、二十二日：栗橋、二十三日：古河、二十四日：小山、と考えておく。

この間の治績では、先に栗橋城在番を命じられた寺西正勝が七月二十二日、出羽国への出陣を命じられたことが知られる。(58)七月二十二日は、秀吉の栗橋城到着日と推測されるから、正勝は秀吉を出迎えた上で、この指令を受けたと考えられる。正勝の軍勢は小田原出陣時の陣立書（秀吉二九〇八）によれば三四〇人。単独での出羽進駐は想定し難いので、出羽仕置勢への編成が指令されたのであろう。この指令を受けた正勝は、近傍の忍城の戦後処理に当たっていた浅野長吉に兵粮の借用を無心しており、他の在番衆との連携は窺えない。帰途においてみる玉縄・江戸在番衆の動向も踏まえると、通過した城における在番体制は、恐らく帰途において通過しない城についての再編が進められ、異動させる在番衆に対して、次なる任務が個別に指示されたものと思われる。

岩付から結城の間は小田原から岩付の間とくらべて御座所間の距離が短い。一日あたりの移動距離は平均で一一・八キロ、岩付までの三五・七キロ（三日平均。二日間逗留分を含めて四日平均では二六・八キロ）には遠く及ばない。この区間は有数の大河集中地帯であることから、軍勢の通行には時間を要したともいえるが[59]、それにしても、両区間の間の隔たりは大きい。かなりゆとりのある行程である。

この間は、北条一門の最有力者・北条氏照の支配領と前当主北条氏政の直接支配領であり、そこに古河公方領が包摂されていた。関宿城と栗橋城は古河公方家重臣の居城、小山城（祇園城）は平安末期以来の下野南部の有力武士小山氏の本拠であったが、いずれも北条氏が奪い、関宿城は北条氏政の直轄下に置かれて江戸衆等が在番、栗橋城・小山（祇園）城は北条氏照を先鋒とする北下総・下野南部進出の拠点であった。先に述べたように、関宿・栗橋両城も水海城に続いて開城し、南関東別働隊に引き渡されたのではなかろうか。小山城は下総結城氏により攻略された。

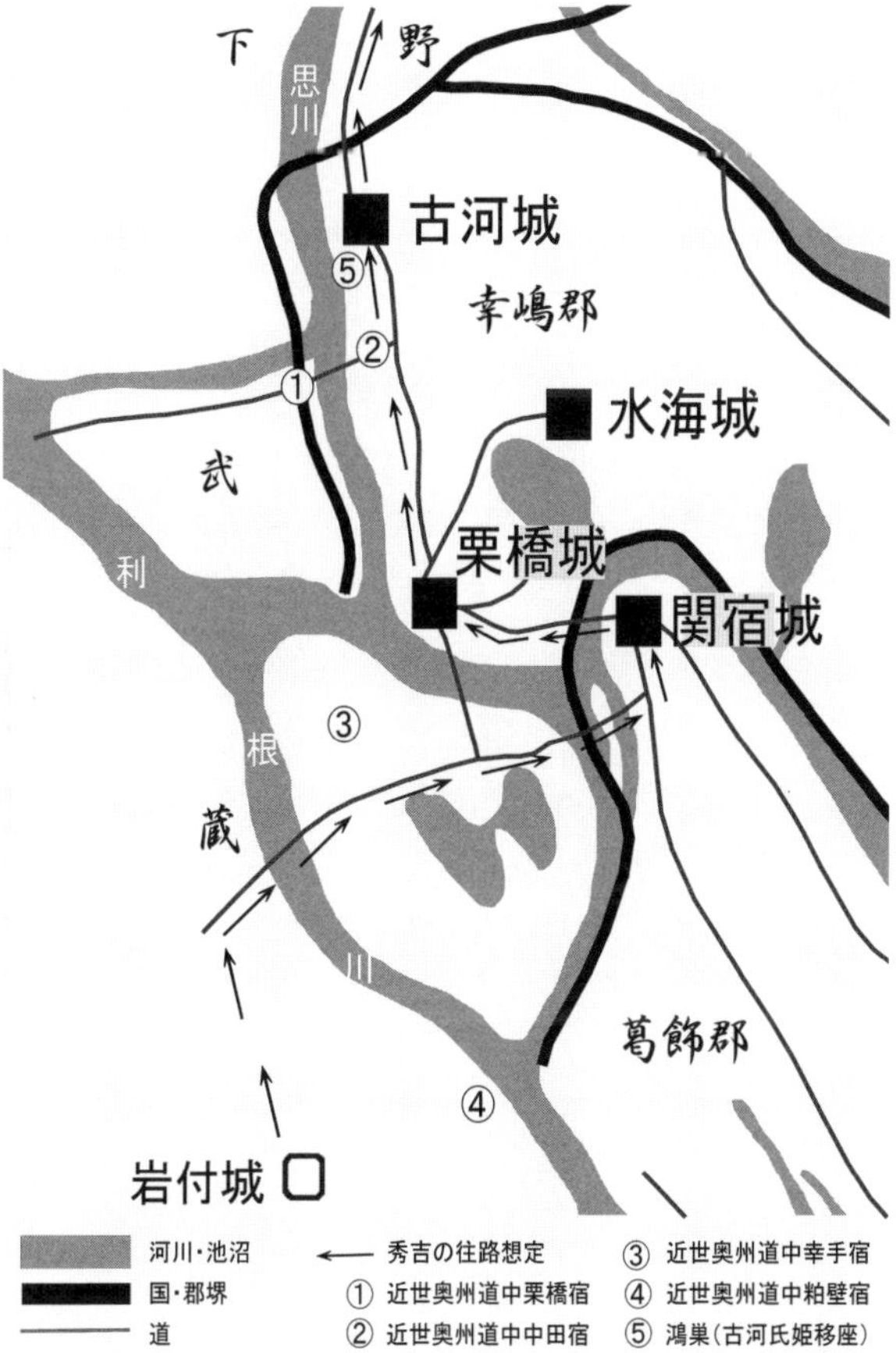

図4　関宿・栗橋・古河
（『幸手市史通史編Ⅰ』（幸手市教育委員会、2002年）掲載の船橋市西図書館所蔵「下総之国図」トレース図を基に作成。同図には近世の海道整備・利根川改修以前の道と河川が描かれている。）

古河城は古河公方家の本拠で、北条氏照の保護・監督下で、最後の公方足利義氏の遺児氏姫が義氏遺臣の連判衆に支えられて辛うじて命脈を保っていた。軍役を務めるべき後継者を欠き、秀吉のもとに参陣もしなかった古河公方家の改易は必至であった。また、事実上断絶寸前の一領主に過ぎなくなっていた古河公方家の処遇は、秀吉の関東・奥羽仕置の構想においては一些事に過ぎなかったであろう。

だが、関東足利家の正統という伝統的権威とその正嫡を継ぐ古河公方家の取扱いについては、秀吉は慎重にことを運ぼうとしていたようだ。古河公方家処遇の発令は帰途に行うこととし、往路においては、ゆるゆると進んで壮麗な大軍、関白の威儀をこの地域に示すことにねらいがあったのではなかろうか。具体的な施策の発令を伴わない形で、宇都宮仕置はこの区間から始められていたのである。

⑤七月二十五日　小山城〜結城城

結城城は小山城の東七キロ。指呼の間ではあるが、仕置の地宇都宮に向かうには、大きく迂回することになる。また、文治五年（一一八九）奥州合戦の際の源頼朝の進軍日程の再現を意図していた秀吉は、本来、頼朝の宇都宮入御の日である七月二十五日の宇都宮入りを目論んでいたはずだが[60]、それを曲げてまでして結城城に赴き、結城晴朝と対面したという。

もっとも、四〇一年前のこの日、宇都宮の宿館に入った頼朝に、結城氏の家祖朝光の父小山政光が駄餉を献じ、その座には朝光も伺候していたから、場所は宇都宮と結城で異にしていささか画竜点睛を欠くうらみはあるものの、結城氏との対面は頼朝の故事に適うことである。しかも晴朝は、秀吉の縁者を自らの嗣子としてもらい受けたい旨を願い出、秀吉から養子の秀康を遣わすことが即座に申し渡されたという[61]。

結城氏に自らの門葉を入嗣させることは、豊臣仕法に通じた家臣をも結城家中に送り込み、関東大名家を豊臣大名化する、効率的な方法といえる。また、秀康は徳川家康の実子である。秀康に鎌倉以来の名門結城氏を継がせることは、家康に対する恩典ともなる。秀吉にとって、晴朝の申し出は渡りに船、仕置後の東国統治の安定化に大きな効果が期待できる措置を講じるきっかけとなった。わざわざ遠回りして、頼朝に自らをなぞらえるパフォーマンスに画竜点睛を欠かせてまでして、結城に足を運んだ甲斐があった、ようにもみえる。

だが、これは余りに出来過ぎた話ではある。晴朝は盟友の宇都宮国綱の実弟朝勝を養子として迎え、既に家督も譲っていたようだが、それを全て反故にして、秀康を嗣子として迎えることとしたのである。南と西の二方から北条氏の侵攻にさらされていた晴朝は、佐竹・宇都宮氏との共闘により、北条氏の攻勢を凌いでいたが、朝勝の廃嫡は佐竹氏らとの盟約の解消を意味した。もっとも、晴朝は榎本・小山両城を攻略したあと、壬生氏領の攻略を進めていた佐竹・宇都宮勢を待つことなく、単独で小田原に参陣していた。この時点で、佐竹氏らとの盟約解消は既定路線だったのかもしれない。想像を重ねれば、養子朝勝を切り捨て、秀吉門葉を嗣子に迎えることは、小田原での秀吉との対面の座で既にやり取りされていたのではないか。このように考えれば、秀吉が不自然ともいえる行程を設定し、結城城に逗留したことにも納得がいく。

周知のように、結城氏は秀郷流藤原氏小山氏の一門だが、伝説のカリスマ・源頼朝の血筋を引くことを主張していた。晴朝はかねてより源姓を称し、のちに結城晴朝が高野山に奉納した結城家過去帳でも、清和天皇に始まり、頼朝の子朝光を家祖として歴代を書き連ねていた。[62] その結城氏を秀吉の係累が継承することは、秀吉が創出して来た統治権の正統性とは別に、武家としての豊臣氏の正統性観念にも少なからぬ効果が期待されたのであろう。

秀吉の結城訪問は、既に水面下で決定されていた秀康の結城氏継承を公的な場で宣明するしかけ、すなわち、結城城で秀吉に対面した晴朝が秀吉縁者を養子として迎えることを乞い、秀吉がそれを許すというパフォーマンスが繰り広げられたのではないか。秀吉は頼朝末裔からの乞いによってその門葉に連なることを演出したのである。秀吉一流のプロパガンダ戦略を念頭におくと、このような想像もあながち穿ち過ぎとはいえまい。

結城での政治ショーを終えた秀吉は、翌二十六日結城を発ち、仕置地宇都宮に入った。

(5) 仕置地との境界・岩付

推測も交えてたどってきた秀吉の宇都宮動座の行程では、その初日の鎌倉と最終日の結城において、パフォーマンスが繰り広げられた。その間の秀吉の言動は、江戸においてを含めて、定かではない。ただその中で、岩付までとそれ以北との間では、行軍姿勢に違いが見出された。岩付までは、陣中見舞いに京から参着した公家たちとの対面も果たしていたが、その先では、対面はおろか随従さえも許されなかった。秀吉が出立した後に岩付に到着した公家が追い返されたことは、岩付在番衆が交通規制を敷いていたことを物語っている。

岩付より北は、古河公方家領をはじめ、これからの仕置対象地が広がっていた。小田原における仕置地と、その先の仕置対象地との境界、それが岩付であった。いささか大仰な言い様になるが、宇都宮・会津仕置は、岩付の先から始まったのである。

四、都路における岩付

（1）帰路の計画

宇都宮で仕置を行った秀吉は、八月四日、次なる仕置地会津に向けて宇都宮を出立した。会津には八月九日に到着、黒川城において奥羽の仕置を行い、同十二日に会津を発ち、京への帰途に就いた。帰路では、会津—宇都宮間、宇都宮—岩付間、岩付—小田原間で、往路とはことなる道筋を通行したと考えられるが、往路における在番注文のような経路の全体を示した史料は残されていない。宇都宮—岩付間は、往路で大きく迂回して立ち寄った関宿・結城を外し、宇都宮・古河・岩付を直線的に進んだとみられるから、新たな御座所の整備は必要なかった。しかし、会津—宇都宮間と岩付—小田原間は、往路とは全く異なる道筋を通ったから、別途御座所の整備が必要であった。

会津—宇都宮間は、後の会津西街道筋を進み、岩付—小田原間では、武蔵国府中（東京都府中市）を経由したことが、既に明らかにされている。[63] このうち、岩付—小田原間では、宇都宮仕置中の七月二十八日、この区間への御座所整備を秀吉が命じている（史料2）。

史料2　豊臣秀吉朱印状（秀吉三三三二）

なおもって御座所普請衆、明石左近・瀬田掃部・古田織部・岡本下総守この分割付くべく候。

岩付より小田原迄の間、道中ニ御座所仕るべく候旨、忍・河越・岩付番衆に仰せ出だされ候。河越城破却候間、その道具にて仕るべく候。両三人奉行として仕り、中付くべく候。次に御座所近所に、二間五間ばかりの小屋、五六十間割苻(付)けしめ申付くべく候。太田小源五は、八王子の俵子ども御座所へ持ち付け、すなわち御番仕り相待つべく候。普請の儀は仕るべからず候。

七月廿八日　（朱印）

伏屋十内とのへ
滝川彦次郎とのへ
大屋弥八郎とのへ

ここでは、岩付と小田原の間への御座所整備を忍・河越・岩付三城の番衆に命じたことについて、その施行細則を定めている。①整備する御座所建物の部材は、破却することとした河越城の建物を解体して転用すること、②伏屋らの三名が奉行として全体を差配した上で、③個々の普請は明石左近・瀬田掃部・古田織部・岡本下総守に分担させること、④太田小源五には八王子城の兵粮を御座所に移送させた上で、御座所の番衆として秀吉到着を待たせること、以上が命じられている。ここで新たに整備された御座所は、武蔵国府中であり、このルートの意義についても、既に竹井英文氏により明らかにされているが[64]、往路における宇都宮到着の二日後に帰路の準備が発令されていること、帰路においても岩付を経由することが決定されていること、さらに往路における在番体制の再編が開始されていることを確認しておきたい。

在番体制の再編は、御座所普請の担当者として指名された明石左近ら四名の動向から窺うことができる。これまで見てきたように、これら四名のうちの明石左近は在番注文において岩付城の在番衆とされ、瀬田と古田は南関東別働隊の江戸城接収後にそれぞれ玉縄城、江戸城の在番に当っていた。岡本は南関東別働隊に添えられ岩付城攻略に加わったのち、引き続き南関東別働隊に帯同して鉢形城攻囲に当ったとみられる。鉢形城開城後、南関東別働隊は再編され、木村常陸介は北国勢とともに八王子城攻略に向かい、浅野長吉は忍城攻略の援軍に、徳川勢は任を解かれ、小田原への帰陣途上の相模国津久井城（神奈川県相模原市緑区）を攻略した。こうした中、岡本良勝は鉢形城の在番にあたったようだ[65]。

恐らく秀吉の江戸城発駕後には、玉縄・江戸両城は家康に引き渡され、瀬田と古田は在番を解かれ、別の任務に従事していたのであろう。この直前の七月二十六日には、家康による武蔵北部への知行宛行が開始されており[66]、この前後に順次、豊臣在番衆から新領主家康への接収地引渡しが進んでいたようだ。忍・河越・岩付三城の在番衆による御座所整備も、豊臣直轄軍による占領体制から家康領国への移管の流れの中で行われた、在番衆の撤収と表裏をなす措置と捉えることができる。

但し、新たに整備された府中においても太田小源五が在番衆[67]として配置されているように、秀吉が宿泊する岩付の在番体制は継続したと考えられる。岩付の在番衆明石左近の軍勢は五〇〇人。在番を継続しつつ新たな御座所整備に人員を割くことは十分可能であったろう（瀬田掃部：一二〇人、古田織部：一〇〇人、岡本下総守：三〇〇人）。

（2）帰路における岩付

往路におけるのと同じく、日ごとに秀吉の動静をトレースしておこう。

①八月十四日・十五日　宇都宮城・古河城

秀吉は八月十四日宇都宮城、翌十五日には古河城まで進んだ。この両日の治績については、本書の江田郁夫氏論考に譲るが、安房国一国の大名としての存続を認めた里見義康の拝謁を許して仕置を確定させるとともに、旧小弓公方家の頼淳・国朝父子を関東足利家の正嫡と正式決定した上で、古河公方家を改易した。そして秀吉は、ほかならぬ古河において国朝の「礼」を受けた。これにより秀吉は、関東足利家の処遇、ひいては関東における伝統的権威の存廃を秀吉が裁断し、それを足利家も受容したことを、関東足利氏本流の地において効果的に演出したのである。

なお、この時期、往路の在番注文において古河城在番衆とされた田中和泉守が古河城周辺の検地を行っている。これは、古河氏姫への堪忍分給与地を確定させるためのものであった。

②八月十六日　古河城～岩付城

古河において自らの裁断としての関東・奥羽に対する仕置を完結させた秀吉は、八月十六日、岩付城に入った。秀吉が小田原からの往路・帰路ともに宿城としたのは、宇都宮・古河・岩付の三城である。

会津に向かう途中の八月七日、陸奥国長沼城において秀吉は、礼を申し上げたいとの井伊直政からの書信での申出に対して、会津まで出向かずとも、帰途、「岩付へなりとも、その近辺の御泊所」へ参向すればよい、との返書を認めた（秀吉三三七四）。その結末はわからないが、岩付において井伊直政と面謁した可能性がある。

岩付における秀吉の確かな治績としては、本稿の起点でもある萩の「当座」と、もう一点、白川への兵粮倉整備の指示がある。萩の「当座」については、既に述べてあるので、ここでは後者についてみておこう。

史料3　豊臣秀吉朱印状（秀吉三三八五）

きっと仰せ遣わされ候。

一、そこ元検地・刀駈等、いか程申付け候や。よくよく念を入れ、油断なく相改むべき事。

一、これより先の国出羽・奥州に至る迄、一揆を限らず、相届かざる族これ在るにおいては、きっと御人数これを遣わせらるべく候の条、江州・濃州・三州・遠州・駿州・武州・下野国迄、その所々よき所に蔵をつくらせられ、彼の人数に御兵粮くだされ候の間、人夫召連れず、早速にさし下され、御成敗あるべきために候。由断あるまじく候。

一、その国においては白川、鹿目の所に候条、その城に米五千石程入り候倉、その方逗留中に、古家をなりともはか行きに壊し候いて、城内用心しかるべき所に作らせ尤もに候。さ様候えば、兵粮の儀、羽柴松坂少将（蒲生氏郷）に仰せ付けられ候也。

八月十六日　（朱印）

（宛所摺消）

これは、岩付到着日に発給したと思われる秀吉朱印状である。宛所は擦り消されているが、当人は白川(福島県白河市)に逗留し検地を担当していることから、会津仕置において白川とその近辺の検地奉行を命じられた宇喜多秀家と考えられる[68]。ここで秀吉は、兵糧米五千石ほどを収納できる倉を白川に急ぎ整備するよう命じている。これは、今後奥羽に豊臣軍を派遣する際の機動性を高めるために、兵站補給用の備蓄庫を陸奥の要地に配置するのだという。

この指令が岩付において発せられたこと自体には、意味があるわけではあるまい。白川等と同時に検地奉行が任じられたとみられる会津領では、八月九日付で検地条目が発給されているから、宇喜多が検地奉行に任じられたのも同日であろう。その七日後、会津出立からでは四日後のこの日、秀吉は最重要任務である検地施行が進捗した頃合いを見計らって、次の段階の重要任務を新たに指令したのであろう。

但し、岩付と兵糧倉とが全く無関係であったわけでもない。先の朱印状では、同様の倉は既に江州から下野国に至る間に整備済みであるとされているが、その実例を岩付にみることができる。

史料4　たきかわひこ二郎宛豊臣秀吉請取状[69](秀吉三三九一)

請取る金子の事

合わせて四枚てえり　但し一まいに付きてゐいらく拾八貫文ずつ、

合わせて永楽七拾弐貫文也。

右いわつきの蔵にこれある永楽の内也。

天正十八年八月廿一日　(朱印)

たきかわひこ二郎

宛所は先に岩付―小田原間の御座所整備を命じられた滝川彦次(二)郎忠征、秀吉の使番衆である。滝川は、御座所整備後、恐らく秀吉帰途のどこかで合流し、指令を受けて、岩付の倉に納めてある永楽銭のうち、合計七十二貫文を払い出し、秀吉のもとに届けたのである。岩付城には豊臣政権が出納する倉が設置されており、そこには永楽銭が七十二貫文以上備蓄されていたわけだ。

その原資はあるいは開城した岩付城内から接収したものであったかもしれない。また、七十二貫文もの銭を払い出しても、倉にはなお相当量の銭が備蓄されていたのであろう。定めた備蓄額を超える分を回収した可能性も想定されるところであるが、詳細は不明である。さらに、永楽銭を備蓄していた倉が、兵糧米用の倉と同一棟であったかどうかも不明である。とはいえ、兵糧米と同じく、緊急時の兵站用の倉であることは間違いない。白川では、五〇〇〇石の米は、会津の領主となった蒲生氏郷が調達し、倉に納めることとされていた。まずは最優先の兵糧米について措置され、その後に銭等を収める倉が整備されたのかもしれない。

　ともあれ、岩付城には豊臣政権の緊急時の補給体制を支える兵糧米・銭等が備蓄され、そのための倉が配置されていた。奥羽に至る要所に設けられた兵站基地機能をもつ城郭の一つとされていたのである。

図5　府中御座所跡想定地
（東京都府中市。古代の武蔵国司館跡と重複して、近世の徳川氏鷹狩御殿跡が検出された。秀吉の府中御座所が徳川氏に継承されたと考えられる。写真中央は、国司館ジオラマ。）

③八月十七日　岩付城～府中

　岩付城を発った秀吉は、続いて武蔵国府中に新たに整備された御座所に入った。既存の城郭ではないところに設けられた御座所である。殿舎や陣小屋等に加えて、それらを囲繞する一定の防御施設も設けられていたことであろう。さらに、八王子城から運ばせた兵糧米を備蓄する倉、岩付城と同様に永楽銭等を備蓄する倉も整備されていたであろう。

　府中での治績も不明だが、秀吉が岩付からの永楽銭回収を滝川忠征に命じたのは府中においてであった可能性を考えておこう。秀吉は十八日に府中を発駕し、小田原を経由して二十日に駿府に到着した。秀吉は岩付発駕後四日で駿府に到着したことになる。秀吉のもとに銭七十二貫文が届いたのは、駿府逗留二日目であった。使番の滝川とはいえ、一騎で七十二貫文の銭（およそ二七〇キロ）を運ぶのは無理であろう。複数騎で分担するにしても、疾駆は困難であろうから、駄馬あるいは車両を用いたのであろう。とすれば、秀吉の行軍と同程度の速度での移動、所要日数も同じく四日であったろうから、滝川の岩付発は恐らく十八日のことである。推測に推測を重ねることになるが、恐らく滝川は、御座所を整備した府中で秀吉の帰還を出迎え、岩付の倉からの永楽銭回収を指示されたのであろう。

府中の御座所、そしてそこに併設された兵糧倉等は、豊臣政権の東国支配中継拠点として整備された。府中は、京から下野までの間における拠点整備の掉尾となり、かつ東海道筋と奥州筋とを最短で結ぶバイパス上における新規取立地であった。下野より先の整備は岩付において発令し、府中において秀吉は、下野までの区間における整備完了を実見したのである。

④八月十八日　府中〜小田原・石垣山城

府中を出立した十八日、秀吉は小田原に入った（秀吉三三八七）。御座所は石垣山城と考えてよかろう。石垣山城では、翌天正十九年に修築が行われており、豊臣の城として健在であった。小田原から府中、岩付を経て奥州へと進むルートとその要所に配置された兵站補給拠点。その西側、箱根の山塊より京側の東海道筋は、家康の移封、そして家康旧領への移封を拒んだ織田信雄からの没収により、尾張・伊勢の豊臣秀次を筆頭に、大名に取り立てた秀吉直臣領が連坦していた。

いわば豊臣直轄地帯の最前線が石垣山城であった。岩付から府中を経由して小田原石垣山城に帰着したその行程は、そのルートと拠点を完成させ、そしてそれを実地検分する行程でもあった。

なお、小田原城開城後、家康の江戸移封が公表された際、小田原城の破城が決定されたというが[70]、その一方で、家康重臣大久保忠世は秀吉から直々に小田原城在城を指示されたという[71]。小田原の地への城郭配置を欠くことは、徳川氏の関東領国統治の上であり得ないことである。かといって、豊臣の城石垣山城を家康に与え、その家臣の居城とすることもあり得ない。誅伐した北条氏の本城小田原城は一旦破城として北条領国に対する仕置を完結させたうえで、井伊直政・榊原康政・本多忠勝らの場合と同様に、秀吉の東国統治構想における戦略的要地でもある小田原城への家康重臣配置を秀吉が指示した、と考えてよかろう。

⑤八月十九日〜九月一日　小田原・石垣山城〜京・聚楽第

八月二十日、秀吉は駿河国駿府城に到着した[72]。小田原と駿府の間は直線距離でおよそ七八キロ、二日の行程である。十九日には小田原を出立し、途中一泊して駿府に入ったと考えられるが、十九日の逗留地は不明である。

駿府では二泊し二十二日の発駕を予定していたようだが、

当日は雨天により出立を延期し、翌二十三日に遠江国掛川まで進んだ。以後の行程は、確実な史料に徴する限り、三十日に佐保山（佐和山か。滋賀県彦根市）が知られるに留まり、翌九月一日、山城国山科を経て京の聚楽第に凱旋した。

この間の治績としては、①富士山からの大仏建立用材回漕の督励（二十日）、②家康旧領における寺社領の当知行安堵（二十日・二十二日）、③鎌倉寺社領の当知行安堵及び鶴岡八幡宮寺の社殿造営の令達（二十二日）、④古河奉公中への屋敷分の手当指示（同）、⑤改易した織田信雄被官等の処遇（同）、⑥遠江国蔵入地代官任命、⑦尾張国熱田・清州両町への掟下付（二十七日）、⑧清州神明への田地・神饌交付指示（二十八日）、⑨唐入準備（二十一日頃）、などがある。[73] これらは、A京大仏建立事業に関わるもの（①）、B東海諸国の知行替えに伴う措置（②⑤～⑧）、C関東に関わる措置（③④）、D唐入準備（⑨）に大別される。

このうちAは、天正十六年から本格化していた京大仏建立用材伐り出しのため、小田原の海上封鎖に当っていた船手衆を富士山麓に派遣したことに関わるもので、恐らくこの国一の霊峰の木材を大仏殿等に用いることで、秀吉の「天下統一」の下での安寧を可視化しようとしたのであろう。Bは家康の移封と織田信雄の改易によって、一気に知行替えが行われた東海諸国の安定化と蔵入地管理体制構築等を目指したものである。大幅加増の上、東海諸国に封じた直臣武将や信雄旧領に入封する秀次への支援措置でもあったと考えられる。Dは、九州仕置後の混乱の収拾と朝鮮との交渉にあたっていた小西行長と毛利吉成が秀吉のもとに参向し、来春の唐入に向けた準備を具体的に指示されたようだ。秀吉の治績が関東・奥羽に対する仕置から次なる諸施策へと大きく遷移していることがわかる。

その中で、八月二十二日駿府において、C関東に関わる措置が集中的に行われていることは注意を惹く。仕置中から仕置後にかけて秀吉のもとでその意を受けて現地とのやりとりを行った山中長俊、宇都宮仕置において関東におけるその施行の奉行となった増田長盛、さらに仕置における旧小弓公方家、これらの動向を丹念に跡付けた斉藤司氏は、上記に加えて古河城の破却もこの日に令せられたとして、この八月二十二日を「関東の戦後処理における一つの画期」と位置付けている。[74] 従うべき見解ではある。

但し、先述のように、古河城破却は古河での指令と考えられる。また、③は東海諸国寺社領安堵等と一連の措置であること、④は古河における古河氏姫への堪忍分給与への報謝の使節と駿府にて対面したことを契機とする措置であり、そこでの主題は、これまで明示されていなかった氏姫側近の連判衆などの奉公中に対する処遇であった[75]。恐らく、氏姫の使節は、秀吉側近の山中長俊への根回しなども行いつつ、秀吉と対面した折に、彼らへの所領給与＝秀吉臣下への取立をも懇望したのであろう。しかし、秀吉の出した答えは、破却した古河城から退去した者たちへの居屋敷保証に留まった。また、③についても、明証を欠くものの、秀吉側の発意によるものではなく、鎌倉寺社が駿府へと参向し、当知行安堵状や鶴岡八幡宮社殿建立の保証状の発給を申請したことを契機とする可能性がある。駿府に複数日逗留したことによって、それまでの裁断の施行等に係る懇望や申請が集中し、それらへの対処を、一括して処理したのであろう。

秀吉の京への凱旋は京の公家衆には八月二十八日と触れられていたが、当日になって延引となり、結局九月一日の入洛となった。その前日、佐和山（滋賀県彦根市）まで進んだ秀吉は、明日の出迎えを公家衆に布達した[76]。「摂家・門跡」をはじめとする公家衆は山科まで出迎えに参上した。彼らが一所に居並ぶ中、秀吉は馬上にて彼らの礼を受けた。「御くたびれ候」というのが事前に布達された表向きの理由であった[77]。

こうして秀吉は、出迎えに参集した公家衆をも引き連れ、聚楽第へと凱旋した。『大かうさまくんきのうち』はそれを「ちんちやう〳〵（珍重珍重）」としめくくり、それに先行するテキストと考えられる『天正事録』『太田牛一筆記』では「千秋万歳、珍重珍重」と寿いでいる。壮麗な隊列をもって、まごうかたなき「天下統一」の完了を京中に示した、はずであった。

（3）仕置から統一国家統治体制への転換点・岩付

古河において仕置を完結させた秀吉は、岩付―府中―小田原のルートを走破した。奥羽に通じる最短ルートとして整備した基幹道の実地検分に主眼があったのであろう。奥羽の地では、仕置を執行する軍勢が陸奥の海道筋・仙道筋、そして出羽を北上しており、城割・検地・「刀狩り」による豊臣仕様の現地への強制が順次執行される最中であったが、秀吉は自らの仕置の完結と配下による仕置執行の完遂を前提として、統一なった国土統治を支えるインフラ整備に施策を移行させていたわけだ。

もっとも、これは上方・東海方面から進んだ軍勢が小田原から最短で奥羽方面へと進むルートであり、そのような場合には、江戸に置いた家康もまた、軍勢を奥羽へ向かわせることが予定されていたであろう。小田原から府中を経由するバイパスと、江戸からのルート、その両者の結節点が岩付であった。

そして、その基幹道に実効性をもたせる兵粮倉整備を奥羽の入口である白川に対して発したのは、岩付においてであった。これは第一義的には、最優先の仕置執行である検地の進捗を踏まえての措置ではあったが、往路において仕置地との境界と位置付けられた岩付においてこの指令が発せられたのは、仕置後への施策の転換を象徴している。

小田原以西では、駿府において関東仕置の戦後処理の画期とも評される措置が集中的に発せられていたが、それは仕置の執行が進む中での当事者からの個別の懇願等への対応であった。

九月一日の聚楽凱旋では、山科まで出迎えに参集させた公家衆らのあいさつを馬上のまま受け、そして彼らを引き連れて凱旋する、というパフォーマンスを繰り広げたが、ここに至るまでの間は、往路とはうって変わって、目立ったパフォーマンスは伝えられていない。唯一記録されているのが、岩付における萩の「当座」であった。

おわりに

萩の「当座」のテキストを検討する中で、太田牛一は、二つのテキストを手にした可能性を想定した。当初入手したのは「余時ヲ」で始まるもの、その後「名残ヲバ」で始まるものを入手した可能性である。秀吉の詠歌の改変や訛伝は想定しづらいことから、ここから浮かび上がるのは、秀吉が詠歌の推敲を行っていたことである。秀吉は岩付城における「当座」のための準備を入念に行っていたのではないか。

加えて、事前に萩の「当座」を用意しておいたとしても、その場に萩がなければ「当座」の体をなさない。とするならば、秀吉が感慨を覚える機縁となる萩自体、周到に用意されていたのではないか。往路での御座所逗留に加えて帰路における再度の逗留が早期に決まっていた岩付、しかも、北条領国でも有数の激戦が戦われた岩付である。さらに、仕置地の境界とされた岩付である。宇都宮・会津仕置による天下統一の達成に区切りをつけ、新たな施策展開への転換を示す場として、岩付は恰好の場所であった。それを効果的に演出する「しかけ」、秀吉に感慨を催させる設えとして、岩付城の御座所の庭に見事に咲き誇る萩が植え込まれたのではなかろうか。

仕組まれた「当座」、周到に準備された「しかけ」。太田牛一は、秀吉の作為に見事にからめとられ、『大かうさまくんきのうち』に至る秀吉伝記において、大きな転換点の象徴として一貫してこの逸話を取上げ続けたのである。

だが、だれもが作為にからめとられる訳ではない。秀吉の偉大さを仰ぎ見るばかりでもない。秀吉が「名残」を萩の枝に残して立ち去った奥羽では、仕置施行が進むにつれ紛争が続発した。出羽国一揆、葛西・大崎一揆へと事態は拡大し、伊達・蒲生の紛争というおまけまでついて、奥羽仕置体制は崩壊の危機に瀕した。翌春に予定した「唐入り」は延期を余儀なくされ、奥羽再仕置に至る。伝説のカリスマへの擬えも、趣向を凝らしたパフォーマンスも、強大な力を背景にして一方的に現状変更を強制される人々には、空疎な狂騒でしかなかった。

その一方で、仕置後の統治安定に備えた秀吉の施策は、予想外に早く実効性を発揮した。天正十八年十二月二十七日、秀吉は豊臣秀次と徳川家康自身の奥州への出陣を命じた。これをうけて家康は明くる正月五日、江戸を出陣し、しばらく岩付に逗留した。奥州鎮定の総大将として下向して来る秀次と岩付で合流し、対応策を協議しようとしたのであろう。しかし、秀次の到着が遅れたため、同十一日、古河まで陣を進めることにしたが、事態鎮静化の報せを受け進軍を取りやめ、二日後の十三日、岩付より江戸に帰陣した。翌十四日、府中まで進軍した秀次と会談し、秀次は帰陣、家康も江戸に戻った。[78] この経過からは、府中の御座所はもちろんのこと、秀吉自らが通ることで豊臣仕様の基幹道として整備した二つの道の結節点、そしてその道を通って進む豊臣政権軍の駐留・集結地としての岩付が機能していることがうかがわれるのである。

萩の「当座」を詠む舞台として設えられた岩付では、この逸話はもとより、秀吉の二度にわたる逗留さえも、記憶として継承されなかった。体制変革の直後、しかもその後の徳川被官の居城としての経過の中で、秀吉来訪の記憶は家康来訪が上書きされ、消えていったのであろう。萩の「当座」自体も、動座に供奉し、あるいは秀吉の動静にアンテナを立てる者たちにとっては、一定の感銘を与えたのであろうが、そうした閉じた世界の外に対しては、やはり効果を発揮しなかったのであろう。

ただ、江戸時代の岩付城には、御茶屋曲輪と呼ばれる曲輪があった。台地の東縁から広大な沖積地へと迫り出した小舌状台地全域に城地を占める岩付城の、その最先端部に位置する曲輪である。本丸の北東隅のみから通じる、幾重にも屈曲を繰り返す隘路の先にあるこの曲輪は、本丸側にも防備を固めており、岩付城の「詰め」の曲輪であった。この曲輪名のいわれは伝わらない。ただ、家康の年忌法要を期して家康の後継者たちが日光東照宮に参向する際、往復の宿城となった岩付城において、家康の末裔たる将軍はこの御茶屋曲輪を巡見するのを例としていた(79)。古態を留めた縄張りのこの曲輪の巡見は、家康の聖蹟としてのそれであった可能性はある。だが、この曲輪と家康との関わりもまた、何ら語られることはない。推測に憶測をちりばめた本稿の結びにさらに憶測を重ねることになるが、御茶屋曲輪との曲輪名は秀吉御座所の記憶の残片なのかもしれない。

注

(1) 大沼晴暉の翻刻(慶應義塾大学付属研究所斯道文庫編『大かうさまくんきのうち〈斯道文庫古典叢刊之三〉翻字篇』汲古書院、一九七七年)を同書影印版及び慶應義塾大学メディアセンターデジタルコレクション(Keio D Collections)により校訂した。なお、同書の翻刻は、右書と桑田忠親校注『太閤史料集』(人物往来社、一九六五年)がある(後者は、本自筆本の東京大学史料編纂所架蔵の写本の翻刻)。両者ともに、萩の歌の第二句を「つきる枝にや」と翻字しているが、本稿では右記作業により本文のように翻字した。伝本については、注3で述べる。

(2) 以下関説する作品のうち『小田原御陣』『川角太閤記』は桑田忠親校注『太閤史料集』(注1)、『甫庵太閤記』は檜谷昭彦・江本裕校注『太閤記(新日本古典文学大系六〇)』(岩波書店、一九九六年)によった。

(3) 伝本は前述の慶應義塾大学図書館所蔵自筆本、同本からの謄写本である東京大学史料編纂所所蔵本、東北大学図書館所蔵本がある。謄写本の内、前者は注1桑田忠親校注刊本での確認に留まり、後者は写本原本にて確認した。なお、前者には萩の「当座」のくだりの末尾の「ちんちよう〱」を欠くが、後者にはある。

(4) 東京大学総合図書館所蔵本(南葵文庫本)、神宮文庫本(旧林崎文庫本、天明四年(一七八四)奉納)、『続群書類従』巻第八百七十四所収本がある。東京大学総合図書館所蔵本は未見、神宮文庫本は写本原本を、続群書類従本は国立公文書館所蔵本(同館デジタルアーカイブ)及び続群書類従完成会刊本により確認した。同会刊本は「東京大学史料編纂掛本」との校合本であるという。貫達人「〈雑216〉天正事録 てんしょうじろく」(同会編『群書解題 第八巻 雑部』同会、一九六一年)も参照。

(5) 『太田牛一雑記』の内。彰考館本と東京大学史料編纂所本がある。前者は、国立国文学研究資料館架蔵マイクロフィルム、後者は同所「所蔵史料目録データベース(Hi-CAT)」にて画像により確認した。なお、後者には「太田牛一真跡」を書写した旨の奥書がある。

(6) 各所に版本がある。国立公文書館所蔵無刊記本を同書デジタルアーカイブにて確認。なお、同本には一部乱丁がある。

(7) 巻之二十「尾藤左衛門尉杉山主水正事」。角田文衛・五来重編『新訂増補史籍集覧 第十九冊(武家部戦記編(七))』(臨川書店、一九六七年)による。

(8) 小林千草『『大かうさまぐんき』を読む——太田牛一の深層心理と文章構造』(東海大学出版部、二〇一七年)。

(9) 桑田忠親『太閤記の研究』(徳間書店、一九六五年。初出は一九四〇年)第五章。

(10) ①~④間の異同を詳細に述べるゆとりはないため、ここでは概括的に記すに留めた。また、ここでの①～④の関係についての記述は、それぞれの伝本全ての調査を経た上でのものではない。注2～5で示したように、①～③にはそれぞれ複数の伝本があるが、現時点で筆者が原本等を確認できたものは一部に留まっている。それらの調査を経た上で、①～④の関係や牛一の天道観確立過程などについて、あらためて考えたい。

（11）谷森淳子「太田牛一とその著書――特に「大かうさまくんきのうち」に就いて」（『史学雑誌』第三八編第六号、史学会、一九二七年）、桑田忠親「太閤軍記とその伝本――太閤記研究の一節」（『歴史地理』第六九巻第四号、一九三七年）、高柳光寿「近世初期に於ける史学の展開」（史学会編『本邦史学史論叢　下巻』冨山房、一九三九年）、前掲注9桑田著書、前掲注1同校注書「解説」、同大沼晴暉翻刻書「解題」、小沢栄一『近世史学思想史研究』（吉川弘文館、一九七四年）、磯部佳宗「『大かうさまくんきのうち』の構成と太田牛一の履歴」（長谷川端編著『論集　太平記の時代（新典社研究叢書一五八）』新典社、二〇〇四年）、阿部一彦「大かうさまくんきのうち（たいこうさまぐんきのうち）」（古典遺産の会『戦国軍記事典　天下統一篇（和泉事典シリーズ27）』和泉書院、二〇一一年）、磯部佳宗「『大かうさまくんきのうち』と『太田牛一旧記』――主に明智光秀の滅亡に関する記事の比較を通じて」（『中京大学文学部紀要』第四六巻第一号、二〇一一年）、矢部健太郎「『大かうさまくんきのうち』の執筆目的と秀次事件」（金子拓編『『信長記』と信長・秀吉の時代』勉誠出版、二〇一二年）、小林千草『『大かうさまぐんき』を読む――太田牛一の深層心理と文章構造』（前掲注8）、竹内洪介「天正二十年聚楽行幸考」（『國學院雑誌』第一二一巻第九号、二〇二〇年）をはじめ、枚挙にいとまがない。

（12）前注掲載の諸論考のほか、岩澤愿彦「『信長公記』の作者太田牛一の世界」（『史叢』第三二号、一九六七年）、谷口克広「太田牛一　おおたぎゅういち」（同著『織田信長家臣人名辞典』吉川弘文館、一九九五年）、藤本正行『信長の戦争――『信長公記』に見る戦国軍事学（講談社学術文庫）』（講談社、二〇〇三年）、堀新編著『信長公記を読む』（吉川弘文館、二〇〇九年）、金子拓『織田信長という歴史――『信長記』の彼方へ』（勉誠出版、二〇〇九年）、金子拓編『『信長記』と信長・秀吉の時代』（勉誠出版、二〇一二年）、和田裕弘『信長公記――戦国覇者の一級史料（中公新書）』（中央公論新社、二〇一八年）等。

（13）名古屋市蓬左文庫所蔵『関ケ原御合戦双帋』奥書。なお、前注大沼晴暉「解題」八一頁。

（14）岩澤愿彦「おおたぎゅういち　太田牛一」（国史大辞典編集委員会編『国史大辞典　第2巻（う～お）』吉川弘文館、一九八〇年）。

（15）四月二十九日浅野長政書下（浦和宿本陣文書、『新編埼玉県史資料編6中世2』一五三三号。以下では同書を『埼』と略す）。なお、従来この文書をもって、浅野勢がこの日浦和迄進軍したとされる場合が多い（たとば曽根勇二「禁制と浅野長吉らの書状」、横浜市歴史博物館『特別展　秀吉襲来――近世関東の幕開け』同館、一九九九年）が、浅野らは二十九日にはなお江戸城に在城していた可能性が高いことや、制札は受給者側からの申請によって発給されることなどから、浦和住人自らが江戸まで赴いたと考えるべきであろう。この点については、以前筆者が在籍していたさいたま市教育委員会文化財保護課がコロナ禍における市民の学びと文化財保護の持続の一助を意図して発信したコンテンツ「岩槻城跡を探る」の「調査レポート①

武州浦和の郷あて（天正18年）卯月廿九日「浅野長吉判物」を読む」（PDF版）において述べたことがある。
(16)「覚書」（「星野英一家文書」、『浦和市史第二巻　古代中世資料編Ⅰ』五五四頁）。
(17) 五月十二日西門院宛逸見信時書状（「西門院文書」『千葉県の歴史資料編　中世5』三六七頁）。
(18) 同日付（簗田）洗心斎宛浅野長吉書状（「簗田家文書」、『野田市史資料編　古代・中世1』二一二号）。
(19)（天正十八年）三月十四日付下野守宛梁田助利書状写（『下総旧事』三、水海村小池藤八蔵、前注18、二〇六号）。
(20) 氏照の重臣で下野国榎本城城将であった近藤綱秀は八王子城に籠城し討死している（加藤哲「八王子城の戦いの家臣たち」、八王子市史編集委員会編『新修八王子市史通史編2中世』八王子市、二〇一六年）。
(21)『寒松稿』草稿四―三三号（『川口市史近世資料編Ⅲ』川口市、一九八二年）。
(22) 同日付徳林院宛浅野長吉書下写（『武州文書』十二足立郡、埼一五五二号）。
(23) 同日付北条氏直宛長岡（細川）忠興・池田輝政・長谷川秀一連署書状写（『加能越古文書』所収、『埼』一五五四号）。
(24) 例えば『異本小田原記』「岩付城落つる事」（黒川眞道編『国史叢書　室町殿物語・足利知乱記・異本小田原記』国史研究会、一九一四年）など。
(25) なお、『甫庵太閤記』には、氏房妻小少将が夫に宛てて認めた六月二十五日付書状が収められている（巻十二「岩付落城之事」、檜谷昭彦他校注『太閤記（新日本古典文学大系60）』、岩波書店、一九九六年）。そこでは、落城後に三の丸に召し籠められた境遇を伝えた上で、籠城をやめ秀吉に降伏するよう説いている。先行して小田原城内に送り届けられた重臣たちに託してかかる音信が届けられた可能性は十分あるものの、落城後一月を経ての音信としては不自然である。『甫庵太閤記』は岩付落城を六月二十三日のこととしており、これであれば整合性はとれるものの、そもそもその日付自体が誤りである。異同を伴う六月二十四日付の写が『秋田藩家蔵文書』三十一にも収められており（『埼玉県史料叢書第一二巻　中世新出重要史料二』九三四号。なお、以下では同書を『埼史叢』と略称する）、籠城衆の意気阻喪や攻城側への情宣のために利用された書状の存在は想定し得るものの、甫庵一流の創作の可能性も否定し切れない。
(26) 同日付大島大炊助他宛浅野長吉書状（「大島家文書」、『埼』一五七四号）。
(27) 同日付浅野長吉宛一色義直書状（『賜蘆文庫文書』十三、『埼史叢』九二三号）。
(28)『家忠日記』（『続史料大成 第一九巻』臨川書店、一九八一年）天正十八年五月二十四日条。
(29) 小林清治『奥羽仕置と豊臣政権』『奥羽仕置の構造』（ともに吉川弘文館、二〇〇三年）。
(30) 竹井英文「徳川家康江戸入部の歴史的背景」（『日本史研究』六二八号、二〇一四年）。
(31) 北条領国制圧上、岩付城よりも重要な戦略目標と思われる八王子城についても、秀吉は言及していない。言及の有無のみでその軽重をはかるには慎重を要する。
(32) 後欠氏名未詳書状（「浅野家文書」『大日本古文書　浅野家文書』五四号）。なお、以下では、同書収載文書は『浅野』五四のように略称する。
(33) 七月四日付浅野長吉宛一柳可遊書状（『浅野』四三）。

(34) 伊達氏のものは、仙台市立博物館所蔵「伊達家文書」(秀吉三一八九)、佐竹氏のものは『佐竹家旧記　八』所収「小田原征討文書　一」及び「同　二」(東京大学史料編纂所所蔵謄写本　請求記号：二〇七五―一一五〇、同所「所蔵史料目録データベース(Hi-CAT)」により画像を閲覧)。『佐竹家旧記』所収「小田原征討文書」二本は、「安士氏書」(一)、「生雲軒書」(二)にあたるとみられ、後者は佐竹小場家組下大舘給人の安士氏に伝来し、家譜編纂のために佐竹家に提出されたものとみられる。両本の間には記事の出入りがあり、現時点で筆者は前者に記事を追補したのが後者であると考えている。なお、両本とも、道作令は七月十一日付である。これは三日の誤写の可能性がある。以上の佐竹氏の史料については、泉田邦彦氏より御教示いただいた。記して感謝申し上げる。

(35) 小林前注29『奥羽仕置と豊臣政権』第二章二、江田「中世東国の大道」(同『中世東国の街道と武士団』岩田書店、二〇一〇年、初出は二〇〇七年)。

(36) 七月十四日滝川忠征宛木村一書状(「滝川文書」『行田市史資料編　古代中世』三七二号)。

(37) 七月三日付伊達政宗宛和久宗是書状(「伊達家文書」『福島県史第七巻　資料編2古代・中世資料』九九―三〇四号。以下では同書を『福島』と略称)。

(38) とはいえ、政宗に対しては種々の配慮がなされており、既に七月一日の時点で、増田長盛から御座所等の整備令が伝達されており、先にも言及した和久宗是の書状も、政宗に道造り令の写しを送達した上で、五人の奉行への心配りを助言している。政宗に対しては、五人の奉行の到達の遥か以前、それどころか正式の発令以前、秀吉側近たちから事実上の指令伝達がなされていた。

(39) 巻八、「御分国道作り仰せ付けられし事」(桑田忠親校注『改訂信長公記』新人物往来社、一九七九年(第五刷)による)。

(40) 七月六日付天徳寺宝衍宛増田長盛書状写(『福島』八―一五二号)。

(41) 徳川家康の関東入封に伴い忍城代に任じられた松平家忠は、忍と江戸の往反の際に、当初は岩付経由の道を通行し、その後、浦和経由へとルートを変更している(**次表**参照)。江戸から岩付を経由して忍に向かう道が現実に機能していたことが窺われる。

(42) 『史籍集覧』収載本(陸中磐井郡小野寺氏蔵本。三十九巻本)と、国立公文書館蔵本(紅葉山文庫本。四十巻本。同館デジタルアーカイブによる)。

(43) 阿部猛・西村圭子編『戦国人名辞典　コンパクト版』(新人物往来社、一九九〇年。初刊は一九八七年)。

(44) 『浅野』二八。

(45) 「小田原征討文書」の記載状態を見ると、在番衆が複数の場合、在番地の下に割書きで在番衆名を並べるのを原則としているが、前後の在番地との間隔が著しく狭くなっている。転写を重ねる間に、在番地と在番衆の対応関係がずれる可能性も想定されるところである。実際、佐竹氏に届けられた同一の在番注文をもとに転写されたとみられる「小田原征討文書　一」と「同　二」の間で、古河・小山・結城における在番者にズレがみられる。これは書写の過程で一人分を次城分に誤写してしまったことによろう。これと同様のことが既に「小田原征討文書　一」の編述の段階で生じていたとすれば、寺西も誤写により次行にずれ込んでしまったことも想定可能である。本来、栗橋の在番衆は池田備中と寺西であったことになるわけだ。そう

表　松平家忠の江戸・忍往復

年	月	日	出発地	宿泊地	目的地
天正18年 1590	9	28～29	江戸	岩付近在	忍
	12	4～5	忍	野田	江戸
		7～8	江戸	？	忍
天正19年 1591	1	24～25	忍	大門	江戸
		26～27	江戸	浦和	忍
	3	25（日駆け）	忍	—	江戸
		27～28	江戸	浦和	忍
	6	15（日駆け）	忍	—	江戸
		17（日駆け）	江戸	—	忍
	10	29～30	忍	浦和	江戸
	11	2～3	江戸	大門	忍
	12	19～20	江戸	浦和	忍
		28～29	忍	浦和	江戸
天正20年 文禄1年 1592	1	3～4	江戸	浦和	忍
		15～16	忍	浦和	江戸
	2	3（日駆け）	江戸	—	忍

※野田はさいたま市緑区上野田・中野田・下野田、大門はさいたま市緑区大門、ともに後の日光御成道筋の岩付・江戸間に位置する。

すれば、寺西正勝の栗橋在番の実例と整合することになる。但し、その明証もないことから、今は本文のように二通りの可能性を併記するに留めておく。なお、小林清治氏が指摘した『佐竹家譜』と『奥羽永慶軍記』との間で田中和泉守と高田豊後守の在番地が入れ替わっていることについては、表に掲げた他の伝本では入れ替りはない（但しズレはある）こと、また在番記載を二段書きにしてある同書では、割書きの誤写が段間にまたがって生じやすいことなどから、誤写によるものと考えてよかろう。

(46)『古河市史　通史編』（古河市、一九八八年）ほか。

(47)『改訂新編相州文書』一三〇号（「鶴岡八幡宮文書」）。

(48)『改訂新編相州文書』一一〇二号（「帰源院文書」）。なお、この文書の宛所の一人高力清長は、この文書とそれに添えられた「指出」を携えて江戸に赴き、家康に報告したという（七月二十六日付高力清長書状、同一一〇三号）。検地実施による確定までの間の暫定的措置として、「指出」が機能していたことがわかる。次注49、50等はその実例（提出者側の控え）である。

(49)『埼』一六八七号（「後藤俊太郎氏所蔵文書」）。

(50)『改訂新編相州文書』一五四一号（「瑞泉寺文書」）。

(51) 渡邊浩貴「〈史料紹介〉『足利頼淳宛豊臣秀吉朱印状』の紹介——豊臣政権と関東足利氏の再興の視点から」（『史学』第八八巻第三・四号、二〇二〇年）。

(52) 同日付生駒忠清書状（『浅野』四一）。

(53) 六月二十日付千宗易書状（東京国立博物館所蔵文書、『小田原市史史料編　原始古代中世Ⅰ』八六九号）。

(54)『東照宮実紀　巻四』など。

(55)『兼見卿記』（橋本政宣他校訂『兼見卿記　第四』（史料纂集古記録編））天正十八年八月九日条及び八月十日条。

(56) 同右八月二十日条。

(57)『続本朝通鑑』巻第二百十八（『本朝通鑑　第十五』、国書刊行会、一九一九年）。同様のことは立花氏の系図（『寛政重修諸家譜』など）にも見える。

(58) 七月二十二日寺西正勝書状（『浅野』三九）。

(59) 小林清治氏は、栗橋での渡河待ちの可能性を示唆している（注29『奥羽仕置の構造』第一章二―1）が、これはこの栗橋（近世以降の元栗橋）を近世に対岸上流に移転させた近世栗橋宿の地と誤認していることによると思われる。

(60) 江田郁夫「豊臣秀吉が宇都宮で過ごした十一日間」（『戦国大名宇都宮氏と家中』岩田書院、二〇一四年、初出は二〇〇五年)。

(61)(天正十九年)閏正月二十五日結城晴朝書状(「高野山清浄心院文書」『結城市史第一巻　古代中世史料編』一六─三号)。

(62)慶長十二年十一月二十八日結城家歴代書上写(高野山清浄心院所蔵「結城家過去帳」所収、『結城市史第一巻　古代中世史料編』)。

(63)会津─宇都宮間については、注59江田氏論考、岩付─小田原間については、注30竹井氏論考及び同「豊臣政権と武蔵府中──府中御殿の再検討」(『府中市郷土の森博物館紀要』第二六号、二〇一三年)。

(64)前注竹井氏論考。

(65)岡本良勝は七月に鉢形領秩父郡あくま(阿熊)郷に詳細な条目を発出しており(天正十八年七月日付岡本良勝条目写、『武州文書』十八秩父郡、阿熊村秀三郎所蔵十通之内『埼』一六九四号)、これは城領の戦後処理にあたる鉢形城在番衆の頭人としての治績と捉えられる。

(66)天正十八年七月二十六日付徳川家康判物写(「諏訪文書」、『埼』一六九〇号)。

(67)太田小源五は秀吉より北国勢の八王子城攻めに添えられていた。八王子城攻略後、その在番は北国勢の上杉景勝勢が担当したようだが、彼も駐留していたのであろう。(竹井英文「小田原合戦後の八王子城」(八王子市市史編集委員会編『八王子市史研究』第二号、八王子市、二〇一二年)。

(68)(天正十八年)豊臣秀吉朱印状(豊臣三三八三)。なお、この文書を紹介した山本博文氏は、消された宛所の残画から、浅野弾正少弼すなわち浅野長吉と推測している(山本博文・堀新・曽根勇二編『豊臣秀吉の古文書』柏書房株式会社、二〇一五年)が、所蔵者がホームページで公開しておられる画像(『二木家古文書館』「豊臣秀吉朱印状」https://shojiniki.yumenogotoshi.com/hideyosi.html)を観察する限りでは、一文字目は「羽」、三文字目は人偏の文字とみる余地がある。とすると、この時期、羽柴備前宰相と称された宇喜多秀家と矛盾しない。

(69)この文書が古書肆の売立目録に写真付きで登載された際、菅野正道氏よりその情報を御教示いただき、その後、新井浩文氏より同様式の秀吉請取の事例を御教示いただいた。検討を深められないまま十余年を閲したが、お二人の御厚意に感謝申し上げる。

(70)注34「小田原征討文書　一」及び「二」。

(71)例えば『武徳編年集成』巻三十九、天正十八年七月十三日条。

(72)これ以降の秀吉の旅程は、藤井譲治「豊臣秀吉の居所と行動(天正十年六月以降)」(同編著『織豊期主要人物居所集成〔第2版〕』思文閣出版、二〇一六年)。

(73)①は秀吉三三八八・三三八九、②は同三三九〇・三三九八他、③は同三三九二・三三九三・三三九五及び三三九四、④は同三四〇二、⑤は同三三九七、⑥は同三四〇七、⑦は同三四〇八・三四〇九、⑧は同三四一〇・三四一一。⑨は八月二十二日付増田長盛宛山中長俊書状(「喜連川文書」、『茨城県史料　中世編VI』喜連川文書二三号)。

(74)斉藤司「豊臣期における喜連川氏の動向」(滝川恒昭編『房総里見氏』(シリーズ・中世関東武士の研究　第一三巻)、戎光祥出版株式会社、二〇一四年。初出は一九八五年)。山中長俊については「豊臣期、関東における山中長俊の動向」(『立正史学』第六〇号、立正史学会、一九八六年)、増田長盛については「豊臣期関東における増田長盛の動向」(『関東近世史研究』第一七号、関東近世史研究会、一九八四年)。

(75) 古河連判衆からの書状を受けた九月九日付の浅野長吉の返書（『茨城県史料　中世編Ⅵ』喜連川文書五一号）では、秀吉からは彼ら奉公中に対する所領給与、即ち秀吉直臣への取立の沙汰がなかった以上、家康父子を頼って新たな仕官先を見つけるよう、助言している。当時長吉は現在の宮城県域に在陣していたとみられ、古河からの使者到着には十日程度を要する。連判衆からの使節発遣は、八月下旬のことであろう。一方、上掲の八月二十二日付増田長盛宛山中長俊書状は、駿府から帰還する古河氏姫の使節に託したというから、同使節が古河に帰着したのは、八月二十七日頃である。つまり、古河連判衆は、氏姫からの秀吉への使節派遣によって所領給与を願っていたものの、期待外れに終わったため、善後策を長吉に相談したと考えられる。

(76)『晴豊記』天正十八年八月三十日条（続史料大成第九巻『晴右記・晴豊記』臨川書店、一九六七年）。なお、同記では、秀吉の到着地を「佐保山」としているが、今次東征における在番・逓送体制の在り方から、これは「佐和山」の誤記と考えられる。

(77)『兼見卿記』九月一日条。

(78) ここでの家康の動向は『家忠日記』天正十九年正月五日・八日・十一日・十二日・十四日条による。

(79)『徳川実紀』安永五年（一七七六）四月二十日条・天保十四年（一八四三）四月二十日条（『岩槻市史近世史料編Ⅲ　藩政史料（下）』岩槻市、一八九一年）。

葛西・大崎一揆と葛西晴信

泉田邦彦

いずみた・くにひこ――石巻市博物館学芸員、東北大学大学院文学研究科専門研究員。専門は北関東・南奥羽を中心とする室町・戦国期の領主権力研究。主な論文に「岩城左京大夫常隆の発給文書と花押――南奥領主の〝ウチ〟と〝ソト〟」（『歴史』一四〇輯、二〇二三年）、「室町時代の相馬氏と海道地域」（『相馬市史』第一巻通史編Ⅰ「原始・古代・中世」、相馬市、二〇二三年）、「被災した地域の歴史と震災の記憶の継承を考える――福島県復興祈念公園と大字誌編纂から」（『歴史学研究』一〇四五、二〇二四年）などがある。

伊達政宗書状を主軸に据え、葛西・大崎一揆の経過と葛西晴信の動向を考察した。晴信や一族の葛西流斎は、旧臣たちが蜂起した一揆には加わらず、政宗の要請を受け、一揆鎮圧にも協力した。牡鹿郡は葛西氏惣領の直轄領的性格を有し、一揆発生後、晴信は牡鹿郡に留まっていたものと推察される。

はじめに

天正十八年七月、小田原北条氏を滅ぼした豊臣秀吉は、翌八月には会津黒川に下向し、奥羽両国の領主たちの本領安堵あるいは没収を決定し、破城・刀狩・検地を強硬に推し進めた。いわゆる奥羽仕置である。天正十八年八月に奥羽仕置が実施されると、奥羽では豊臣政権の強行に反発する一揆が各地で蜂起した。しかし、豊臣政権やその意を受けた伊達政宗により一揆は鎮圧され、天正十九年秋までに破城・検地をやり直す奥羽再仕置がなされた。天正十八～翌十九年に至る奥羽仕置（再仕置を含む）を経て、豊臣政権は全国支配を実現し、天正二十年～文禄二年（一五九三）の「唐入り」には各地の大名が動員されるようになる。奥羽仕置の研究は、その経過や構造を実証的に検討した小林清治氏の成果があり、いまなお到達点に位置づけられる[1]。

奥羽仕置のうち、豊臣政権から領地を没収された葛西氏・大崎氏の旧領において、旧臣らが蜂起した一揆が「葛西・大崎一揆」である。とりわけ葛西氏とその旧臣に関しては、一揆発生時の動向やその後の仙台藩における行く末について研究が蓄積されてきた。例えば、『石巻の歴史』第一・六巻において、大石直正氏は葛西・大崎一揆における葛西氏と旧臣の動向を概観し、入間田宣夫氏・石田悦夫氏は中世の村落における存在形態を復元した。[2] 中川学氏は安永年間の仙台藩で作成された「代数有之御百姓書上」を分析し、各郡における葛西・大崎両氏の旧臣の土着状況を明らかにしたほか、近世に作成された「古人書出（古人帳）」を分析し、牡鹿郡や磐井郡の旧臣らの由緒作成と近世村落における位置づけについて言及している。[3] また、戦国時代の葛西氏についても、『石巻の歴史』第一・六巻における石田悦夫氏の成果に加えて、近年は葛西晴信の人生を通史的に扱った竹井英文氏の成果もみられ、晴信の家督継承前後から葛西・大崎一揆のその後までを、最新の学術成果を踏まえて把握できるようになった。[4]

本稿では、葛西・大崎一揆の経過について、一揆鎮圧にあたった伊達政宗の書状を主軸にしながら、葛西晴信（及び一族葛西流斎・重臣を含む）の動向を検討していく。先行研究では、葛西・大崎一揆が発生した後、当主晴信は牡鹿郡周辺に留まっていたと指摘されていることから、一揆が発生した背景に加え、晴信と牡鹿郡との関係について考察してみたい。

一、一揆の経過と伊達氏・葛西氏

(1) 奥羽仕置以前の葛西氏

豊臣秀吉による小田原攻めには、伊達政宗が天正十八年六月五日に参陣したのに対し、葛西晴信は不参であった。七月上旬に米沢城へ戻った政宗は、七月二十三日に秀吉を出迎えるべく宇都宮へ出立する。[5] その前日、七月二十二日付で葛西晴信、その一族で桃生郡山崎館主（石巻市相野谷）の葛西流斎（重俊）、栗原郡三迫の冨沢日向守（葛西一門）に宛てた三通の政宗書状があり、晴信は使者を遣わしていたことが判明する。[6] 政宗は晴信・流斎へ、奥羽の仕置は政宗に仰せつけられたことを伝え、晴信には「此等之様躰、各々郡主へ申届候キ、尤於其口ハ、啐啄候ハんや、自然兎角も候者、於　天下も如何可被思召候歟、不可過御塩味」と、この旨を各地の郡主へ申し届けているので、その口においてはよく理解すべきであろう、何かあった場合は天下＝秀吉がどのように思われるだろうか、状況を考慮すべきである、と述べた。それに対し、流斎には「弥晴信当方へ一統之御刷、畢竟旁前ニ可有之候」と、いよいよ晴信が伊達氏へ「一統」に属するよう働きかけることを求めた。

冨沢日向守は早くから伊達氏にも通じ、伊達・葛西に両属する存在であったし、[7] 流斎は天正十六年頃から政宗やその家臣らと贈答を通じて関係を深めていた。赤井備中守景綱、大窪紀伊守、下折壁下野守、男沢壱岐守、大窪主計ら葛西氏重臣も伊達氏との間をつなぐ使者の役割を担っている。[8] 奥羽仕置以前の段階で、流斎・富沢日向守・赤井備中守ら葛西氏の一族・重臣は、伊達氏と気脈を通じていた。後述するように、この関係が彼らの奥羽仕置以後の去就にも影響したものと推察される。

（2）木村吉清の入部と一揆の蜂起

さて、天正十八年（一五九〇）七月下旬の宇都宮仕置において、葛西・大崎・和賀・稗貫氏の知行召上は決定した。小林清治氏はこれを奥羽仕置の第一段階として位置づけ、その焦点が右四氏の所領接収と仕置にあったことを指摘する。[9] 同年八月から十月にかけて、北上川中下流域を中心とする葛西領（牡鹿・桃生・本吉・登米・磐井・江刺・胆沢・気仙郡）では、豊臣政権による破城・刀狩・検地が進められた。浅野長吉・石田三成が主体となった検地・刀狩を経て、葛西・大崎旧領は木村伊勢守吉清・弥市右衛門吉久父子の手にわたり、父吉清は登米郡登米城（登米市登米町）へ、子息吉久は志田郡古川城（大崎市古川）へ入城した。葛西・大崎旧臣たちは従来の居城と武士身分を剥奪され、農村には年貢のほか伝馬役や人足が課せられたのである。

十月五日付木村吉清書状によれば、加美郡米泉（加美町米泉）では伝馬の負担を不満とする大崎旧臣や百姓らが隠し持っていた刀を取り出し、上方勢と「けんくわ《（喧嘩）》」に及び、捕えられた三十人余りが中新田（加美町中新田）で磔にされたという。[10]「貞山公治家記録」は、葛西・大崎旧臣が「譜代ノ住所」を離れ難く、「土民ノ躰」になりながらも留まり困窮していたこと、各地の城主は上方から召し連れた「方々ノ聚リ者」に置き換わり、年貢や妻子・下女・下人等を奪い取る等の「無道ノ仕形」であったことを記す。上方勢に反発した旧臣等による一揆は、胆沢郡柏山（岩手県金ヶ崎町）を皮切りに、気仙郡、磐井郡東山、玉造郡岩手沢（大崎市岩手山）で立て続けに蜂起し、近隣各地へ波及したという。[11] 一揆勢は、十月十六日には佐沼城（登米市迫町佐沼）において木村吉清・吉久父子を包囲することに成功するなど勢いを強めていく。

（3）葛西晴信の動向

注目すべきは、一揆蜂起直後に出された、宛所を欠く十月二十三日付の伊達政宗書状（葛西晴信家臣宛と推定される）において、「大崎在々所々一統ニ手替ノ儀、無是非次第ニ候、依之、当方惣人衆早打申付候、於時宜ハ晴信ニ申届候、如何様ニ候ても、伊勢守之助之義、念願迄ニ候」と、政宗が木村吉清を助けるべく、一揆鎮圧の助力を葛西晴信に依頼したこ

宛先	対象	本文	出典
（宛所欠）	牡鹿郡真野	まの山崎てさく、御おんにさしおかれ候也、後日之ため、かくのことく、御一ひつくたさるゝものなり、仍如件、	『石巻の歴史』8-307（仙台葛西文書）
中沢左近丞殿・遠藤右近丞殿	遠島小寺浜	牡鹿郡遠嶋之内小寺、網就取立候、先々何方江茂諸役相証候事、可有御免許之由、被仰候、為後日之証文、仍執達如件、	『石巻の歴史』8-358（牡鹿郡十八成組給分浜風土記）
平塚越前守殿	牡鹿郡石巻	石巻之内、谷地所望之由、申上候、丹後屋敷被差添、被下置候、知行相違有間敷候、御奉公之事者、随時に相応之儀、可被仰付候、為後日仍如件、	『石巻の歴史』8-363（石巻平塚文書）
沼田藤八郎殿	遠島狐崎浜	今般依走廻、遠嶋之内、狐崎浜ニ、網〈一重〉出置候、後日為証文仍如件、なお契約者、似合之所領可宛行者也、	『石巻の歴史』8-376（花泉町千葉文書）
石森かもさへもん	遠島小渕浜	此度ほうこうの義ニついて、こふちたちまあとめ（小渕但馬跡目）おんしやうとして、いたしおき候、そのためせうもん（証文）さしくたし候、為後日之如件、	『石巻の歴史』8-383（石巻市博物館蔵毛利コレクション）
勝間田主計助殿	牡鹿郡真野・沼津	真野之内、作場田五百苅、沼津之内、牧司屋鋪、為恩賞出置候、奉公恩之事ハ、彼地其相応可申者也、	『石巻の歴史』8-440（仙台葛西文書）
石森かもさへもん	（遠島ヵ）	かしかつのあミ一ちやう被下候、此あミのやくのうち、あふら四うと、しほたいやく、肴代三やく、その身てまへのあミよりのやく、御まおい、御あふらの代おそうめん、三やくさしそへ被下候、為後日如件候、	『石巻の歴史』8-441（仙台市齋藤報恩会所蔵文書）
都沢豊前守殿	牡鹿郡高木	彦四郎此度就武士候ニ、高木在家之内、恩賞出置候、奉公之義ハ、可為相当候、依如件、	『石巻の歴史』8-455（仙台葛西文書）

とである[12]。政宗は、流斎から到来した書状に対し、霜月十五日付で返書を送り、「近日可及調義支度候」と一揆鎮圧の助力を求めている[13]。

一方、十一月十五日付で蒲生氏郷が政宗に宛てた書状の一つ書きには「葛西身上事」がみえ[14]、政宗と晴信が連絡を取り合う関係にあり、上方勢は一揆鎮圧に絡む晴信の「身上事」を政宗に伝えていたことも確認できる。この箇条を、小林清治氏は、晴信が一揆鎮圧に励むなら所領安堵等を秀吉に取り次ぐの意であるる可能性を示し、竹井英文氏も政宗が晴信の処遇に積極的に関与していたことを指摘する[15]。

晴信が発給した宛行文書を一覧にした**表1**を参照されたい。一揆発生後の天正十九年二月以降、家臣の「奉公」に対する「恩賞」として宛行っている（**表1**—6・8）。晴信が実際に一揆鎮圧のために動いていたこと、政宗の下での所領回復を目指していたことを推測させる。

当該期の晴信発給文書については、後述するように政宗が申し開きのために上京した天

表1　葛西晴信発給文書

No.	文書名	年月日	西暦
1	葛西晴信黒印状写	天正10.12	1582
2	葛西晴信判物写	天正17.2.2	1589
3	葛西晴信黒印状	天正17.4.29	1589
4	葛西晴信黒印状	天正17.12.1	1589
5	葛西晴信黒印状	天正18.6.16	1590
6	葛西晴信黒印状写	天正19.2.29	159
7	葛西晴信黒印状	天正19.3.3	159
8	葛西晴信黒印状写	天正19.6.晦日	159

正十九年二月から、奥羽再仕置が始まった六月までのものであることから、晴信の牡鹿郡支配は政宗の庇護の下でなされたものだとする見解がある[16]。確かにその通りであるが、**表1**を通覧すれば、史料の残存という制約はあるものの、晴信の宛行行為は奥羽仕置以前から牡鹿郡及び遠島に限られたものであることに気がつく。先行研究では、牡鹿・桃生両郡で一揆が起きた形跡がなく、天正十九年の宛行文書が存在することから、奥羽仕置以後も晴信が牡鹿郡にいたものと推定する[17]。

奥羽仕置後の晴信が牡鹿郡に留まった理由を考えるには、葛西氏が牡鹿郡をどのように位置づけていたのかを踏まえる必要があろう。この点については後ほど見解を述べたい。

（4）政宗と蒲生氏郷の不和

十一月十日、江戸では一揆蜂起を受け、徳川家康と浅野長吉がその対応を協議し、「関東衆」の下向も取り沙汰された[18]。十一月二十日までに名生城（大崎市古川）に入った蒲生氏郷は、須田伯耆の密告を受け、政宗と一揆の関係を疑い、病を理由に一揆鎮圧戦には参加しなかった。政宗は宮沢城・中目城・師山城（大崎市古川）、高清水城（栗原市東舘）を攻撃、十一月二十四日には佐沼城へ軍勢を進め、木村父子を救出する。この後、木村から政宗へ登米・佐沼両城を渡すこと、「葛西大崎之儀」を政宗へ預けられるよう秀吉に取り成すこと等が氏郷から浅野六右衛門と政宗に伝えられ、政宗も氏郷に対し起請文を提出した[19]。

しかし、氏郷から浅野長吉へ「政宗心替」の報が入り、それが京都へもたらされた[20]。これを受け、二本松にいた長吉と政宗の会談が行われ、政宗の覚書には「一葛西大崎牢人衆、富沢日向守・一迫刑部太輔・宮野式部、此外一両輩、于今抱置申事、付葛西方之事」も相談したことがみえる[21]。これに対し、翌天正十九年の正月九日付で政宗に長吉の書状が出され、「富沢・一迫其外何も其方ニ被拘置候者、足弱子共、早々給候へと申候へ共、于今一途無之候」とあることから[22]、政宗が富沢以下の葛西・大崎旧臣を抱えていながらも、未だ彼らの妻子を人質として豊臣政権側へ差し出していなかったことが窺える。こういった状況も、政宗と一揆が密な関係にあると疑われた要因であろう。

ところで、天正十八年十二月七日付朱印状をもって、秀吉は上洛した大崎義隆に「本知分内検地之上三分壱」を与えることを約束している[23]。これは一揆蜂起による木村吉清の失脚に伴い、葛西・大崎旧領の召し上げが確実になったためと考えられるが、翌年二月にはそれが政宗に与えられることになり、結局義隆が旧領を回復することはなかった。

(5) 政宗の上洛

その後、浅野長吉の勧めもあり、政宗は天正十九年一月三十日に米沢を立ち、閏一月を挟んで二月四日に京へ上洛する。上洛に際し、葛西晴信は政宗に書状を送り、その返書が閏一月朔日付で政宗から出された[24]。その書状には、一月十九日に秀吉からもたらされた朱印状により、一揆の鎮圧を中止し上洛することを命じられたこと、朱印状の内容については安心してよい、(晴信の問いに対する)残りのことは京都から申し述べることが伝えられており、依然として政宗と晴信の密接な関係が窺える。

上洛後の政宗は、二月六日に秀吉に参礼した後、同月十二日には「公家成」し侍従に補任、羽柴姓の名乗りを許されたほか、屋敷を与えられ、茶会や蹴鞠会に参加するなど、秀吉や公家衆とも交際した[25]。二月九日付浅野長吉宛政宗書状は、国元から「一揆大将」(佐沼城主。のちの佐沼城主彦九郎の父)を岩沼(宮城県岩沼市)において捕縛したことが伝えられ、それを報告したものであるが、この時点で葛西・大崎旧領を政宗に与え、会津周辺の五郡(田村・塩松・信夫・小野・小手)を秀吉へ進上することが命じられている[26]。

一揆の鎮圧を命じられた政宗は、五月二十日頃に米沢へ帰国し、六月十四日に葛西・大崎旧領へ出馬することを家臣に報じた。五月八日付で政宗が「とよま通」に宛てて発給した過所は、「千厩の藤左衛門尉」が俵物百駄を「もかミより、おくへ下候」ことを許可したものであり、すでに葛西・大崎旧領の公権力として一定の権限を行使している[27]。

(6) 葛西・大崎合戦

出馬直後、六月十九日付で政宗が流斎に宛てた書状がある。それには、流斎から何度か書状が送られてきていたこと、大崎衆は過半が政宗の下に出仕してきたこと等が判明するほか、「明日廿日黒川へ打越候、彼口早々来儀候者、可及直談候」と、流斎との面会も示唆される[28]。

葛西・大崎一揆と伊達方との宮崎・佐沼両城における合戦は、政宗が秀吉家臣の木下吉隆・山中長俊、徳法軒道茂、施薬院遊慶に宛てた書状に詳しい[29]。それらによれば、六月二十一日に政宗が「大崎境目」へ到着すると「大崎中過半城々逃明候」という状況であったが、一揆が籠る宮崎城（加美町宮崎）は維持されたため、二十四日に伊達方が取り囲み、翌日に攻め落とし「数百人及撫薙切」んだという。また、佐沼城に関しては、二月に討ち取った「一揆大将」＝城主の子息彦九郎を「大崎・葛西残党等」が支援し抵抗を続けたが、七月二日に伊達方が城を取り囲み、翌三日には落城した。佐沼城主の兄弟を始め、

主な旧臣ら五〇〇余人が討ち取られたほか、二〇〇〇余人の首が刎ねられ、女・童に至るまで悉く撫切りにされてしまい、「葛西之残党等」は退散したのである。

右の書状から、一揆勢のうち宮崎城を拠点としたのは大崎旧臣ら、佐沼城を拠点としたのは葛西旧臣らが主であり、「大崎郡」や「大崎洞」と呼ばれた前者は政宗の出馬に伴い過半が降り、佐沼・宮崎落城に際しほぼ討たれたもの[30]の、後者はより強硬に抵抗を続けたことが窺える。この後、政宗は登米城へ入城し、対一揆勢の合戦は葛西残党を中心としたものになっていく。

（7）深谷の役から葛西残党狩りへ

七月十四日頃には磐井郡東山も伊達方が押さえたようで、一揆の鎮圧は進んでいた。この頃、葛西・大崎一揆及び南部領の九戸一揆を討滅すべく、秀吉は豊臣秀次・徳川家康を中心とする大軍を奥州へ指し向けた。「貞山公治家記録」が伝えるところによれば、宮崎・佐沼両城を落とされた一揆勢は、政宗に降参を申し入れたという。政宗は仕置軍の主将豊臣秀次への助命を取り次ぐことを約束し、桃生郡深谷に彼らを移した。ところが、秀次からは一揆勢の首を刎ねるように指示が出され、政宗は「一揆ノ武頭二十余人」を討ち、その首を京都に送ったという[31]。この事件が石巻市須江糠塚の「殿入沢」に伝承される、いわゆる「深谷の役」である。

この事件は史実であり、八月十四日付長谷川宗仁宛の政宗書状では、中納言＝秀次から皆の首を刎ねるよう命じられたことが述べられ、八月十六日付白石宗実以下三名宛の政宗書状においても「葛西之面々、□（中）納言様為御下知、各切腹候、真実以拙者非指図候」と弁明している[32]。宮崎・佐沼における撫で切りにせよ、深谷の役にせよ、奥羽仕置を強行に進める豊臣政権の命令に従い、政宗が実行したものだった。

深谷の役以降の葛西残党狩りの様子は、小林清治氏が紹介した「村岡六右衛門高名之覚」に詳しい[33]。覚書を記した村岡は、天正十八年十月以降、木村吉清に奉公し佐沼城の防戦に従事、十一月には吉清に従い蒲生氏郷とともに名生城に三十日籠城し、天正十九年六月の佐沼攻めには伊達方の泉田重

光の手に属し戦った人物である。この後、村岡は十月十日に「葛西之侍うちはたすへき」とて屋代景頼・泉田重光に従い、葛西旧臣の「西郡」や「主膳」の首を獲り、続いて登米郡狼河原で首級を上げ、桃生郡糠塚の城へ馳せ入り、葛西旧臣の下折壁遠江を討ったという。糠塚には、この時に交戦して討ち死にした葛西旧臣の西郡新右衛門（登米郡西郡村湖水館主。天正十七年に比定される七月廿日付上沼平五郎ほか一九名宛葛西晴信書状にも名がみえる）[34]と長江月鑑斎家中の木村上野重景の塚が残る（本書泉田コラム参照）。以降、史料上目立った合戦は確認できず、葛西・大崎一揆は鎮圧されたようだ。

二、一揆の背景と影響を探る

(1) 奥羽再仕置を経て

佐沼城の一揆勢が鎮圧された後、八月下旬から九月下旬にかけて葛西・大崎旧領の城館の破却と普請が豊臣政権の手でなされた。小林清治氏の整理によれば、葛西旧領は胆沢郡柏山城を上杉景勝、江刺郡江刺城・胆沢郡水沢城を大谷吉継、磐井郡大原城・気仙郡気仙城を石田三成が普請し、大崎旧領は玉造郡岩手沢城・栗原郡佐沼城を徳川家康が普請した後、政宗に渡されたという。[35]

その上で天正十九年秋から冬にかけて、伊達氏は重臣を本領から切り離す大規模な知行替えを実行する。葛西・大崎旧領には、江刺郡岩谷堂城に桑折政長、胆沢郡水沢城に白石宗実、磐井郡大原城に粟野国顕、同郡黄海城に留守政景、栗原郡真坂城に富塚近江、同郡築館城に遠藤宗信、同郡佐沼城に湯目景康、遠田郡涌谷城に亘理重宗、志田郡松山城に石田宗朝が移された。天正十九年七月七日付国分盛重・伊達宗清宛政宗書状は、伊達領に組み込まれた深谷保小野城主の長江月鑑斎（勝景、または晴清）と黒川郡黒川城の黒川月舟斎（晴氏）に対し、横目を付けるよう指示したものである。それは彼らが国替を命じた場合、必ず居残ろうとするだろうから、重ねて引き越すように知行のことを交渉すべきで、それを拒否するようならば切腹を命じるより外なし、と述べた事実が示すように、麾下領主の知行替えは容易ではなかったのである。[36]伊達家中の親類衆になっていた亘理重宗の場合も、代々の本領を離れ、涌谷城へ移転することには応じ難かったようで、亘理郡の知行高の差出はなかなか実現されなかった。[37]

ところで、秋保定重の下に預け置かれていた長江月鑑斎は、十二月七日付で政宗から定重に「始末」するよう命が出され、同月十三日には「生害」したことが定重から政宗に報告された。[38]翌十四日、政宗は湯村右近衛に対し、山川・浜・荒野の管理、人足や科人の成敗に至る「深谷一宇惣成敗」を認めており、深谷保も政宗の支配下に組み込まれた[39]。月鑑斎を「生害」したとき、政宗は定重に「又月寒妻子者、葛西晴信之姉ニ候間、是へ返し候へく候」と、月鑑斎の妻子を弟の晴信の下へ返すことを指示している。大石直正氏は「貞山公治家記録引証記」巻十六に従い、月鑑斎の妻子は政宗の下へ送られたとするが、「三分一所氏系図」は政宗の命で妻子は葛西家に送られたと伝え、月鑑斎の由緒を記した「夷塚文書」においても妻子は「登米（登米殿と呼ばれた葛西晴信を指す）へ御立除」と伝えており[40]、天正十九年十二月時点での晴信はなお牡鹿郡周辺で存命していた可能性がある。

ただし、この段階の晴信の立場は厳しいものであった。天正十九年｜二月九日付で政宗が家臣に与えた知行配分日記では、葛西・大崎旧領である登米郡米谷・西郡、本吉郡鱒渕等が石母田景頼へ、志田郡坂本・蟻ヶ袋、磐井郡東山、桃生郡寺崎、牡鹿郡真野・鹿妻等が大条宗直へ与えられた[41]。これまで葛西晴信のみが牡鹿郡（葛西旧領）に対する宛行行為を行えたことを踏まえれば、天正十九年冬までには、政宗は葛西・大崎旧領を完全に手中に収め、晴信は旧領に対する領主権を失ったものとみられる。

(2) その後の葛西氏

葛西晴信の行く末については、大石直正氏や竹井英文氏が整理したように、①「葛西真記録」が伝える前田利家に預けられて慶長二年（一五九七）加賀で死去、②「貞山公治家記録」にある大崎義隆とともに上京して上杉景勝に属した等の説があるが、いまのところ②が有力視されている[42]。晴信の子である葛西長三郎清高に比定される人物が、慶長五年（一六〇〇）七月の白石城における上杉氏と伊達氏との合戦（いわゆる「北の関ケ原」）の際、家中富沢吉内・黒沢豊前・高野佐渡守らとともに伊達氏に降っていること、上杉氏から伊達氏に渡された刈田郡内の知行目録中に、二〇〇〇石を有する「かさい」「とみさわ」が確認されるからである。

一方、いち早く伊達氏に仕官した者たちもいた。天正十九年冬には、葛西流斎は宮城郡幡谷村・竹谷村に一〇〇貫文の所領を得て幡谷村に居住し、晴信の重臣だった赤井景綱も幡谷村を与えられ、伊達氏の家臣となり、近世には仙台藩士として存続した[43]。特に、流斎の系統は、二男の葛西俊信が文禄六年（一五九七）桃生郡飯野川に一一三貫文の所領を得た後、寛永四年（一六二七）政宗に「先祖旧領之地」を望んだところ、桃生郡相野谷村・成田村を拝領したといい、近世には「準一家」飯野川葛西氏として在郷支配を行っていく。なお、流斎の長男葛西重信は、宇和島藩伊達氏に仕え、宇和島藩士になっている。

ほかにも晴信の子葛西勝兵衛延景は、慶長三年（一五九八）盛岡藩南部氏の客分となり、慶長六年に南部利直より和賀郡毒沢村・浮田村七〇〇石を与えられ、嫡流の系統ならではの「盛岡浜田文書」と呼ばれる室町〜戦国期の家伝文書を伝えている。(44) 盛岡藩には、江刺・柏山氏ら江刺・胆沢郡を治めた葛西一族、そして彼らの一族らが出仕しており、葛西領北部の領主層の独立性も垣間みえる。

（3）一揆の目的

そもそも一揆とは、揆（はかりごと、道、方法）を一つにすることの意で、一味神水など特定の作法や儀礼を経て、共通の目的を達成するために結ばれた集団及び行動である。広範囲に及んだ葛西・大崎一揆の場合も、共通の目的を掲げて一揆が結ばれたはずである。

一揆の共通目的を考えるにあたり、まずはその主たる構成員を確認しておきたい。江刺郡の曹洞宗正法寺に伝わる「正法年譜住山記」には、天正十八年条に「関東八州奥州出羽迄尽ク検地、江刺城ニ、九左衛門ト云者移、同九月十七日一騎起テ落城、本ノ侍皈ル也」と記録がある。(45) 一揆蜂起の日付に疑問は残るものの、江刺城の場合、「九左衛門」という上方勢が新たな城主に置き換わり、九月十七日に蜂起した一揆が江刺城を落城させて元の侍が城に復したという。

史料上、一揆の主たる構成員は「大崎・葛西残党等」「葛西も城々抱候ほとの主」等と確認できるほか、一揆とは距離を置いて政宗に扶持されていた氏家典膳や、富沢日向守・一迫刑部太輔・宮部式部ら「葛西・大崎牢人衆」も確認できる。(46) つまり、一揆の主たる構成員は、葛西晴信・大崎義隆の所領が没収され、自身も居館を追われた旧臣たちであった。奥羽仕置後、豊臣政権による刀狩・検地が行われ、上方勢が新たな城主に置き換わったことを機に、葛西・大崎旧臣らによる一揆が蜂起したが、彼らは上方勢を追い出し、元の居城に復帰するなど、新体制を否定し、元の秩序を回復させることを目指したのである。

この一揆は、葛西・大崎旧臣らが中心であったが、撫で切りの噂を聞いた政宗が「侍以下人迄も働天候而、城ヲ拵、館ヲ築、可有其儀候哉」と想定したように、侍以下の凡下や百姓ら地域住民を巻き込むものであった。(47) 続けて、政宗は「以下者勿論、侍も忠節ノ人ハ聊無異義相立へく趣、各以相談、葛・大へ唱候而可然候」と、一揆に与した「以下者」は言うまでもなく、「侍」であっても忠節を尽くすようであれば、家臣に取り立てることを葛西・大崎旧臣らに伝えることを指示している。「貞山公治家記録」には、天正十九年八月に二本松へ到着した豊臣秀次に対し、政宗が一揆の助命を進言した際、「一揆共城々多ク相抱へ、百姓等マテ譜代ノ者タルニ依テ、御退治モ御六箇敷義ナリ」と述べたことを記すように[48]、葛西・大崎両氏の扶持を受けてきた、代々の武士・百姓等が一揆に加わり、抵抗を続けたのであった。

一方で、葛西晴信や流斎は、奥羽仕置前後から政宗と連絡を取り合い、一揆蜂起直後にはその鎮圧への協力を依頼されていた。このことを踏まえるならば、一揆の結成は必ずしも葛西・大崎両氏を盟主として推戴するものではなかったように思われる。「京儀を嫌う」という心理を奥羽の侍・地下人は持っており[49]、奥羽仕置後の上方勢による年貢・伝馬役の賦課、妻子・下女・下人等の略奪等の横暴は耐え難いものであったと推察される。地域における「侍」と「譜代」の強固な結びつきを前提に結成された一揆は、自分たちの地域の本来あるべき姿を取り戻そうと蜂起したのである。

おわりに――葛西晴信の支配領域と牡鹿郡

奥羽仕置後の葛西晴信が牡鹿郡にいた可能性が高いことは、前述した通りである。葛西七郡ないし葛西八郡と呼ばれる広域な支配領域を有しながら、なぜ晴信は牡鹿郡に身を寄せたのか。本稿を擱筆するにあたり、葛西氏の支配領域における牡鹿郡の位置づけを踏まえつつ、私見を提示してみたい。

そもそも葛西氏と牡鹿郡とのつながりは、文治五年（一一八九）奥州合戦後、葛西清重が源頼朝から恩賞として陸奥国五郡二保を賜ったことに始まる。奥州藤原氏の遺領である平泉周辺に加え、飛び地として北上川河口の牡鹿郡を獲得した背景には、牡鹿湊（石巻・湊・伊原津の三地区が複合的に機能した湊）による流通の存在が指摘されている[50]。

葛西氏惣領は、興国三年（一三四二）前後、牡鹿郡に下向し、天文年間に登米郡寺池城へ移転するまで、牡鹿湊を拠点としていた。それは、湊地区の曹洞宗多福院（当時は葛西氏菩提寺の天台宗日輪寺）に興国四年銘の葛西良清（法名蓮阿）、応永八年（一四〇一）・永享四年（一四三二）銘の葛西満良（法名蓮昇）、伊原津地区の曹洞宗法山寺には文明十九年（一四八七）銘の葛西満重（法名照蓮）の供養板碑があることから裏付けられる。また、「千勝寺殿」と呼ばれた葛西良清が保護した葛西家菩提寺と推定される時宗専称廃寺跡は伊原津地区にある[51]。さらに、桃生郡では中野にあった曹洞宗龍源寺（葛西氏とともに登米郡に移転）は文明十五年（一四八三）に葛西満重が再興したこと、尾崎の海蔵庵も葛西氏と深い関係があったことが指摘されている[52]。

十四世紀半ば以降、葛西氏の支配領域の重要な基盤にあったのが牡鹿郡であり、十六世紀初め以降は山内首藤氏を滅ぼして獲得した桃生郡が加わった。前掲の、葛西晴信の宛行行為をまとめた**表1**は、その対象が牡鹿郡及び遠島に限られており、亀山与十郎の恩賞として知行宛行と諸役賦課を確認した永禄八年極月吉日付松川太郎右衛門尉宛葛西晴胤（晴信の父）判物は、伝来から桃生郡三輪田村に関する可能性がある(53)。

天文年間以降、葛西氏の本拠地は登米郡寺池城に移転するわけだが、その支配領域では薄衣氏と浜田安房守の合戦、一族江刺氏の「再乱」、元吉氏の「再乱」、遠野孫次郎と鱒沢氏との対立、磐井郡東山での内乱等が相次ぎ、麾下領主たちを統制できているわけではなかった(54)。室町中期以降、江刺郡や胆沢郡は葛西一族の江刺氏・柏山氏が葛西氏惣領を頂点とする家格秩序に位置づけられながら、それぞれが拠点とする郡内では頂点に立ち、その下に郡内の領主が編成されていたことを、高橋和孝氏が明らかにしている(55)。すなわち、戦国期の葛西氏の支配領域は、葛西氏惣領を頂点とする秩序が存在しながらも、江刺郡は江刺氏、胆沢郡は柏山氏、本吉郡は元吉氏、気仙郡は北の浜田氏と南の熊谷氏といった、「郡主」と呼びうるような葛西氏の一族・重臣がそれぞれ支配を展開していたものと推察される（磐井郡は、東部に薄衣氏、東山の大原氏、黄海の藤沢氏、西部に小野寺氏らがおり、南部の流は三迫の富沢氏の勢力が及んでいたものと考えられている）。

葛西氏の支配領域のうち、葛西氏惣領自らが家臣らに対し、宛行行為を行った牡鹿・桃生両郡と遠島、天文年間以降の本拠であった登米郡はその歴史的経過からも、さしあたり惣領家の直轄領として位置づけられようか(56)。とりわけ葛西流斎が拠点とした山崎館があった桃生郡に対し(57)、牡鹿郡には「郡主」と呼びうる有力領主が存在しなかったのも、葛西氏惣領による支配が展開していた可能性を想起させる。

奥羽仕置後、登米郡は木村吉清の手にわたり、葛西晴信は登米郡を離れざるをえなくなり、晴信は直轄領たる牡鹿郡に身を寄せることになった。当該地域では大規模な一揆が発生しなかったことが指摘されているが、それは晴信が一揆に与しない選択をしたため、牡鹿郡の旧臣らは一揆に合流しなかった、と捉えておきたい。

注

（1） 小林清治『奥羽仕置と豊臣政権』（吉川弘文館、二〇〇三年a）、同『奥羽仕置の構造』（吉川弘文館、二〇〇三年b）。

（2） 大石直正「第四章第一節　奥羽仕置」「第四章第二節　一揆」「第四章第三節　奥羽再仕置」（『石巻の歴史』第六巻、石巻市、一九九二年）、同「中世の終幕」（『石巻の歴史』第一巻、石巻市、一九九六年）。石田悦夫「戦国の動乱」（『石巻の歴史』第一巻、一九九六年）。入間田宣夫「中世の民衆生活」（『石巻

の歴史』第一巻、石巻市、一九九六年)。ほかに大石氏には、葛西・大崎一揆の大崎義隆を取り上げた、大石直正「大崎義隆の時代」(大崎シンポジウム実行委員会編『奥州探題大崎氏』高志書院、二〇〇三年)もある。

(3) 中川学「「一揆/仕置」と地域社会」(『歴史』七六、一九九一年)、同「移住と土着」(『石巻の歴史』第六巻、一九九二年)、同「葛西旧臣の由緒と地域社会——磐井郡における百姓由緒書上の作成過程から」(『企画展示図録 葛西氏の興亡』一関市博物館、二〇一五年)。

(4) 石田悦夫「戦国時代」(『石巻の歴史』第六巻、一九九二年)、前掲注2石田一九九六年。竹井英文「葛西晴信」(遠藤ゆり子・竹井英文編『戦国武将列伝1 東北編』戎光祥出版、二〇二三年)。

(5) 江田郁夫「伊達政宗、二度目の遅参」(『日本歴史』八三三、二〇一七年)。

(6) 『仙台市史資料編一〇伊達政宗文書』は『伊達政宗文書』(以下、『仙台市史資料編一〇~一三伊達政宗文書』と表記)一―七三一・七三二・七三三(『引証記』十三)。

(7) 前掲注2大石一九九二年。

(8) 前掲注4竹井二〇二三年。

(9) 以下、葛西・大崎一揆の経過は、前掲注1小林二〇〇三年aによる。

(10) 『石巻の歴史』八―中世編年三九五(浅野家文書)。

(11) 『石巻の歴史』八―中世編塩三九八(「貞山公治家記録」巻十五)。

(12) 『石巻の歴史』八―中世編年三九七(『政宗君治家記録引証記』巻十四)。

(13) 『石巻の歴史』八―中世編年四〇七(伊達家文書)。

(14) 『石巻の歴史』八―中世編年四〇五(伊達家文書)。

(15) 前掲注1小林二〇〇三年a、前掲注4竹井二〇二三年。

(16) 前掲注2大石直正一九九六年。

(17) 前掲注1小林二〇〇三年a、前掲注2大石一九九六年、前掲注4竹井二〇二三年。

(18) 高橋充「大崎・葛西一揆に関する一考察——新出の蒲生氏郷書状を手がかりに」(谷徹也編『蒲生氏郷』戎光祥出版、二〇二一年。初出一九九七年)。

(19) 『石巻の歴史』八―中世編年四一四(「貞山公治家記録」巻十五)・四一五(伊達家文書)。

(20) 前掲注1小林二〇〇三年a。

(21) 『石巻の歴史』八―中世編年四二〇(伊達家文書)。

(22) 『石巻の歴史』八―中世編年四三三(伊達家文書)。

(23) 「宝翰類聚」。前掲注1小林二〇〇三年a、前掲注2大石一九九二年。

(24) 『石巻の歴史』八―中世編年四三七(『政宗君治家記録引証記』巻十五)。

(25) 前掲注1小林二〇〇三年a。

(26) 『石巻の歴史』八―中世編年四三八(伊達家文書)。

(27) 『伊達政宗文書』一―八三〇(永沢家文書)。

(28) 『伊達政宗文書』一―八四一(『引証記』十五)。

(29) 『伊達政宗文書』一―八四三(『豊臣記』)・八五四(伊達家文書)・八五五(『引証記』十五)。

(30) 『伊達政宗文書』四―三六〇三(渥美輝雄氏所蔵文書)・八五五(『引証記』十五)。

(31) 『石巻の歴史』八―中世編年四六四(「貞山公治家記録」巻十七)。

(32) 『伊達政宗文書』一―八五八(『伝記史料』所収文書)、『伊

達政宗文書』補遺三七一（田手正洋氏所蔵文書。『市史せんだい』三〇、二〇二三年。なお『伊達政宗文書』四―三六〇四の原本である）。

(33) 前掲注1小林二〇〇三年a、『大日本史料』一二―五〇。

(34) 『石巻の歴史』八―三七〇（千厩町金野文書）。

(35) 前掲注1小林二〇〇三年a・b。

(36) 『伊達政宗文書』一―八四六（仙台市博物館所蔵文書）。

(37) 前掲注1小林二〇〇三年a。

(38) 『伊達政宗文書』一―八六六・八六九（『引証記』十六）。

(39) 『伊達政宗文書』一―八七〇（『引証記』十六）。

(40) 前掲注2大石一九九六年、『石巻の歴史』一―中世補遺二八（三分一所文書）、竹井英文「《史料紹介》夷塚文書（長江月鑑斎由緒書）」（『東北学院大学東北文化研究所紀要』五四、二〇二二年）。

(41) 『伊達政宗文書』一―八六七（桑折文書）、四―三六〇八（東北歴史博物館蔵大條家文書）。

(42) 前掲注2大石一九九六年、前掲注4竹井二〇二三年。旧領を失った大崎義隆は、蒲生氏郷の客分を経て、会津の上杉氏へ仕え、その後は山形の最上氏を頼って慶長十九年までに没したという（遠藤ゆり子「大崎義隆」『戦国武将列伝1　東北編』）。

(43) 竹井英文「中近世移行期松島高城地域史の研究」（『東北学大学東北文化研究所紀要』五二、二〇二〇年）。

(44) 今野慶信「近世葛西氏の中世伝承」（同『中世の豊島・葛西・江戸氏』岩田書院、二〇二一年。初出は二〇〇五年）。

(45) 『石巻の歴史』八―中世記録四九二「正法年譜住山記」。

(46) 『伊達政宗文書』一―七七八（『引証記』十四）・七九六（仙台市博物館所蔵伊達家文書）。

(47) 『伊達政宗文書』一―八二四（『引証記』十五）。

(48) 『石巻の歴史』八―八四六（「貞山治家記録」巻十七）。

(49) 前掲注1小林二〇〇三年a。

(50) 大石直正「北上川の中世のはじまり」（『石巻の歴史』一、一九九六年）、菊地大樹「中世東国文化伝播論再考――東北からの照射」（菊地大樹・近藤祐介編『寺社と社会の接点』高志書院、二〇二一年）。

(51) 前掲注2入間田一九九六年。

(52) 勝倉元吉郎「中世編（板碑）」（『北上川下流域のいしぶみ』宮城県桃生郡河北地区教育委員会、一九九四年）、前掲注50菊地二〇二一年。

(53) 『石巻の歴史』八―二九八（仙台葛西文書）仙台葛西文言の「葛西家記録」によれば、受給者の松川太郎右衛門の子であり、所持者中里屋敷治三郎の先祖である伊賀（延宝三年［一六七五］没）の墓は三輪田村にあるという。ただし、奥羽仕置によって旧臣らは①中世と同じ地域で帰農したケース、②在所を離れて移住したケースが考えられることから、桃生郡三輪田村に関係するものかは断定することはできない。

(54) 前掲注4竹井二〇二三年。

(55) 高橋和孝「柏山氏と江刺氏の基礎的考察――葛西一族内の秩序に関する試論」（『歴史』一四〇、二〇二三年）。

(56) 石田悦夫氏も牡鹿郡を南北朝期以来の葛西氏直轄領と捉えている（前掲注4石田一九九二年）。

(57) 前掲注2石田一九九六年。「桃生郡北方相野谷村風土記御用書出」（『宮城県史』二六）は、山崎館の城主伝承として、天正年間まで流斎が居住していたことを記す。

附記　本稿は、JSPS科研費（22K13194）による研究成果である。

◎コラム◎

伊達政宗と奥羽再仕置

佐々木徹

ささき・とおる――仙台市博物館学芸員。専門は日本中世史・近世史。主な著書・論文に『慶長遣欧使節――伊達政宗が夢見た国際外交』（吉川弘文館、二〇二一年）、「特別展『伊達政宗――生誕四五〇年記念』ができるまで」（南奥羽戦国史研究会編『伊達政宗――戦国から近世へ』（岩田書院、二〇二〇年）、「伊達稙宗」（遠藤ゆり子・竹井英文編『戦国武将列伝一　東北編』戎光祥出版、二〇二三年）がある。

一、対峙する政宗と秀吉

天正十七年（一五八九）六月五日、伊達政宗（一五六七〜一六三六）の軍勢は、奥州会津の戦国大名蘆名義広の軍勢を磐梯山麓の摺上原《すりあげはら》（福島県猪苗代町・磐梯町）で撃破し、九日には蘆名氏の居城であった会津黒川城（福島県会津若松市）へと入城を果たした。これによって政宗は、蘆名氏を滅亡へと追い込む劇的な勝利を手にし、この勝利をきっかけに南東北の大半を手中に収め、伊達氏の歴史上、最大の勢力を築くことに成功した。

戦国時代以前から南東北の有力大名であった伊達氏は、政宗の曽祖父・稙宗《たねむね》が室町幕府から過去に例のない陸奥国守護に任命され、祖父・晴宗《はるむね》がそれまで奥州探題であった戦国大名大崎氏に代わって同探題に任命されており、この頃には東北を代表する戦国大名になっていた。こうした状況下、政宗は摺上原合戦を契機に南東北の覇者となり、名実ともに東北一の戦国大名へと大きく成長を遂げるに至ったのである。このとき政宗は二十三歳。家督を継いでから五年後の出来事であった。

しかし、摺上原合戦による政宗の勝利が、関白豊臣秀吉の逆鱗に触れた。この合戦が、豊臣政権が掲げる「惣無事《そうぶじ》」の方針に反することでもあったからである。ここでいう「惣無事」の方針とは、広く大名・領主らの私戦を停止し、彼らを上洛・臣従させて豊臣政権下へ一元的に編制しようとする政策であった。政宗が蘆名氏を討滅させたことは、完全にこの方針に背く行為であり、秀吉への挑戦と受け止められたのである。

秀吉は、政宗の会津乱入の報を上杉景勝から伝えられ、上杉景勝・佐竹義重・伊達政宗それぞれに宛てて直書《じきしょ》を送った。政宗には、無断で蘆名氏への遺恨を晴らしたのは身勝手で過失であり、命令に背

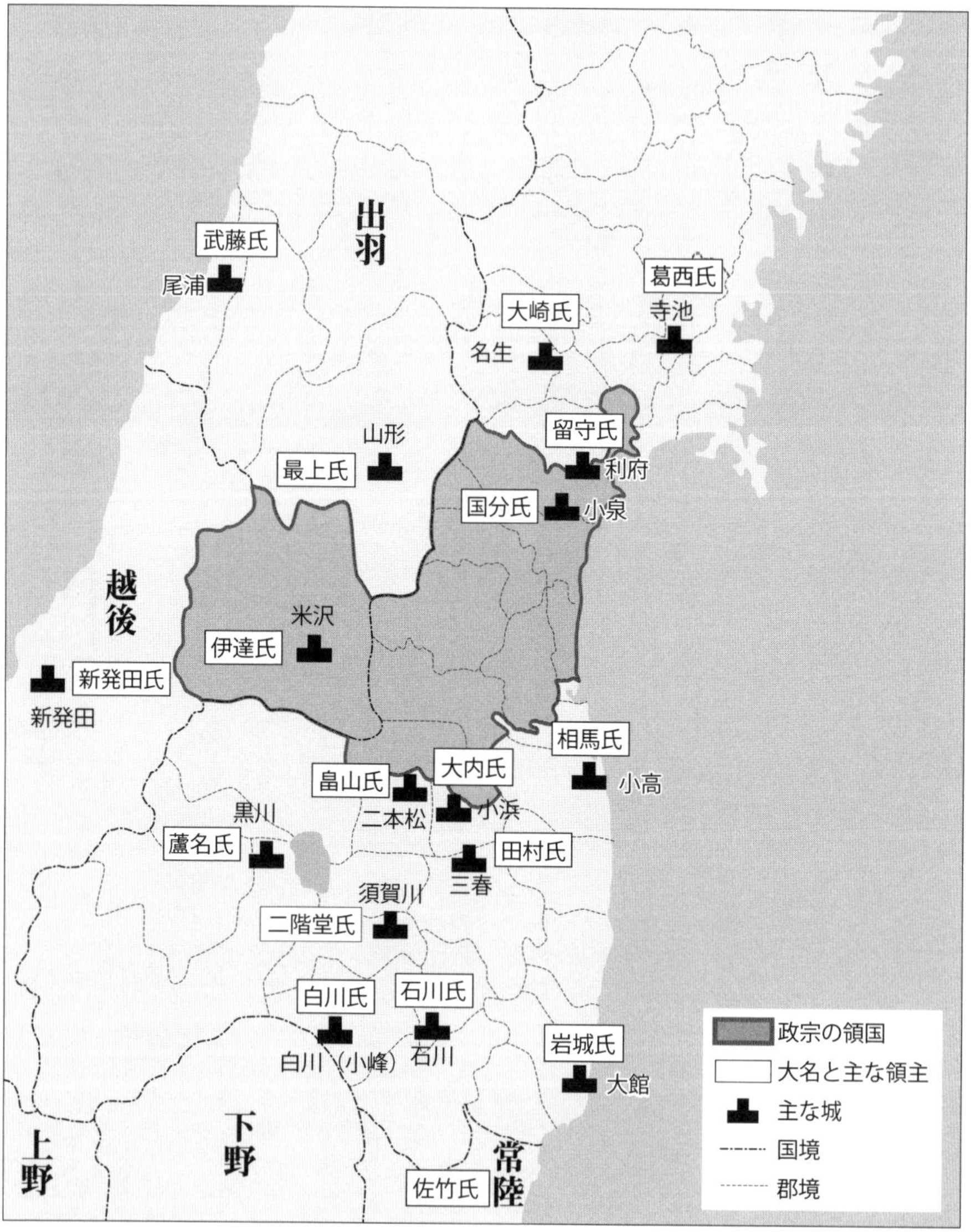

図1　南東北の戦国大名と主な領主（仙台市博物館編2017所収の図をもとに作成）
※伊達政宗が家督を継いだ天正12年（1584）頃

くならば上杉氏をはじめ征討軍を指し遣わすこと、以前から上意次第と言いながらこの行動ではうそ偽りというほかなく、詳しく子細を言上せよと厳しい口調で弁明を迫った。これに対して景勝と義重には、伊達氏への軍勢の派遣を必要次第に行い、相互に相談して蘆名氏が会津を領有できるよう助勢すべきことを命じた。

　豊臣方からはすでに天正十五年秋頃から上洛（服属）の催促が来ていたが、その傍らで政宗は南東北における種々の合戦を推し進めていた。秀吉がまだ摺上原合戦を知らない段階では、両者にはなお融和的な雰囲気も流れていたが、蘆名氏の滅亡を知ってその態度を一変させ、軍勢の派遣を口にしながら政宗への圧迫をますます強めるようになったのである。八月頃、事態の急変を知った政宗も、弁明の使者として家臣を数名上洛させた。

二、小田原参陣と奥羽仕置

　天正十七年十一月下旬、秀吉は関東の北条氏を討伐すると宣言した。伊達氏と北条氏は早くから友好関係を結び、お互い佐竹氏を挟撃する意志を結んでいた。政宗はこの段階においてもなお佐竹攻めを模索していたようだが、家臣（使者）による京都での交渉や前田利家・浅野長《なが》吉《よし》（のち長政）・木村清久らの取りなしもあり、政宗自身が上洛すれば厳しい処分を免れ得る可能性が生じ、天正十八年正月にいたって佐竹攻めは延期された。

　さらに、北条氏の居城である小田原城（神奈川県小田原市）への秀吉の出陣が三月と決まり、それに合わせて政宗が速やかに秀吉のもとへ参候するよう促す書状が豊臣方の諸士から相次いだ。こうして同年三月、会津黒川城にあって状況を見極めようとしていた政宗も、ついに小田原参陣の決意を固めるに至ったのである。

　天正十八年五月九日、政宗は百騎の手勢を従えて会津黒川城を出発した。片倉景綱・高野親兼ら譜代の家臣を同行させ、政宗の一歳下の従弟にあたる伊達成実《しげざね》が留守居《るすい》となった。六月五日、小田原に参着した政宗は、底倉（神奈川県箱根町）の地に五日間も留め置かれ、この間に浅野長吉・施薬院全宗《やくいんぜんそう》らの使者によって秀吉の問責を受け、その後徳川家康に伴われ、ようやく秀吉のもとへ出仕が許された。政宗は秀吉から茶の湯に誘われ、名物の茶器などを見せられたというが、結局、会津領は召し上げられることとなった。六月十四日、会津黒川へ戻るため政宗は小田原を出立し、北条氏は七月五日に至って降伏した。関白秀吉が標的とした伊達氏と北条氏がようやく屈服したのである。

　そこで秀吉は、天下一統の総仕上げとして、宇都宮（栃木県宇都宮市）から会津へと動座しながら、東北の諸大名らに対して様々な政治的処置を敢行した。いわゆる奥羽仕置である。伊達・最上・南部・佐竹らにも改めて参集が命じられ、国分《くにわ》け（諸大名の知行割《ちぎょうわり》）、大名妻子の在京、検地と刀狩（ただし伊達・最上・南部領では検地が実施されず自分仕置とされた）、領内諸城の破却、家臣妻子の大名城下集住といった基本施策が示された。とりわけ国分けでは、葛西氏・大崎氏の所領没収と同領の木村清久への宛行《あてがい》（清久はこのとき吉清へ改名）、摺上原合戦などで伊達領となっていた会津および近隣諸郡（石川・岩瀬・安積《あさか》・二本松）の蒲生氏郷《がもううじさと》への宛行が決定された。

　これらの施策を実行に移すため、東北各地には軍勢が派遣された。奥州で中心的な役割を担った浅野長吉は、陸奥国海道諸郡の仕置を担当していた石田三成と合流し、葛西・大崎旧領の仕置に当たった。蒲生領となる会津地方は豊臣秀次、石川・岩瀬・安積の諸郡は青木一矩《かずのり》、白河郡は宇喜多秀家が仕置を担当した。政宗もこの間、摺上原合戦以前の居城であった米沢城（山形県米沢市）から宇都宮や会津へと参向し、さらに浅野長吉による現地での仕置に同行するなどしている。十月初め頃までには仕置は一段落つき、諸将・軍勢も各々帰還した。この頃には伊達領と蒲生領の郡分け《ぐんわ》（境目）が実地検分などに基づいて確定したようである。

三、葛西・大崎一揆の勃発と「政宗別心」

　しかしその直後、木村吉清の統治に反発した葛西氏・大崎氏の旧臣らが旧領内の各地で次々と蜂起した。葛西・大崎一揆である。旧大崎領の古川城（宮城県大崎市）を居城とする吉清の子は、その急報に接して対応を協議するため、旧葛西領の登米《とよま》城（寺地城、宮城県登米《とめ》市）を居城とする父のもとを訪れたが、帰路において佐沼城（宮城県登米市）での籠城を余儀なくされ、駆けつけた吉清も一緒に城中へ閉じ込められてしまった。

　こうした緊急事態に対応するため、十月下旬に政宗が、十一月上旬に氏郷が出陣したが、氏郷は旧大崎領の名生《みょう》城（宮城県大崎市）を攻め取った後、ここに立て籠もってしまう。それは、政宗が一揆に同心し、氏郷を討とうとしているとの疑いが持ち上がったからだという。政宗は佐沼城などを攻めて開城させ、木村父子を救出したが、彼らも氏郷のいる名生城に一緒に籠城してしまった。政宗と氏郷は、起請文《きしょうもん》（誓約書）を交換するなど、やりとりを重ねながら和解し、天正十九年正月一日、氏郷は政宗の重臣を人質とすることでようやく名生城を出て、会津へと帰還した。

　その一方で政宗には、一揆同心の噂などに対する弁明のため急ぎ上洛するよう、浅野長吉や前田利家、徳川家康らから督促の書状が送られていた。政宗は一揆鎮定を後回しにして同月末に米沢を出発し、閏《うるう》正月二十七日に清須（愛知県清須市）で秀吉に面謁したのち、二月四日に千余の人数で京都に入った。清須では、この度の「雑説」は事実でないと秀吉が述べたといい、京都では羽柴姓を許され、侍《じ》従《じゅう》にも補任《ぶにん》されたことから、ひとまず許されたことが知られる。しかし、それと同時に政宗には、会津近辺の五郡を召し上げ、葛西・大崎旧領を与える上意も伝えられた。つまり、大幅な知行替が命じられたのである。

　さて、こうした一連の動きの中でよく知られたエピソードに次のようなものがある。政宗に逆心のあることを示す証文（政宗書状）が、政宗家臣の須田伯耆《ほうき》らによって氏郷の陣へ持ち込まれ、その弁明のために上洛した政宗は、金箔を押した磔柱《はりつけばしら》を馬の前に持たせ、死装束で秀吉の前に現れた、というものである。また、秀吉がその証文を政宗の眼前に示した際、自らがすえる鶺鴒《せきれい》の花押には全て目（穴）があるが、この証文にはそれがないので偽文書であると弁明し、秀吉の疑いを解いたなどの話もある。

　これらはいずれも江戸時代の軍記物に登場するものであるが、実際の政宗文書に目（穴）のある鶺鴒の花押を用いた例がないことから、これ以外のエピソードについても検証が必要な内容と言わざるを得ないであろう。

四、伊達氏にとっての奥羽再仕置の意義

　四月末、政宗は京都を立ち、六月から再び一揆鎮定に向かった。亘理《わたり》元宗・亘理重宗・留守《るす》政景・伊達成実・片倉景綱・鬼庭《もにわ》綱元・原田宗時・浜田景隆・後藤信康・高野親兼・中島宗求《むねもと》といった重臣らが出陣し、伊達家中の錚々《そうそう》たる顔ぶれを揃えた陣容であった。留守居は一族の伊達盛重・伊達宗清であった。宮崎城（宮城県加美町）攻めでは、浜田景隆をはじめ多くの将兵が討死する壮絶な戦いが繰り広げられたが、最終的には失火が引き金となり陥落したとされる。佐沼城、登米城などの城々も次々と陥落・降伏し、八月十日頃までには葛西・大崎一揆は鎮定された。

　政宗が再度一揆鎮定に向かう頃、秀吉は奥羽再仕置のため再び軍勢を派遣する決定を下した。総大将の豊臣秀次に徳川家康を同道させ、浅野長吉・石田三成・大谷吉継を奉行とし、奥州では伊達・蒲生・佐竹・宇都宮・上杉が前線を担う布陣とされた。さらに、知行替に伴って政宗に与えられる具体的な諸郡の構成については、一揆鎮定とともに行う諸城の普請《ふしん》と破却を進めるなかで決定するとも命じられた。

　葛西・大崎一揆の勃発に前後して奥羽各所でも仕置に反発する一揆が続発していたが、九月初旬にはすべての一揆が鎮定され、九月末頃までには、東北各地の諸城の再整備や検地も完了した。奥羽再仕置は終わりを迎えるに至ったのである。

　最終的に政宗には、葛西・大崎旧領である江刺《えさし》・胆沢《いさわ》・気仙《けせん》・磐井《いわい》（以上、岩手県）・本吉《もとよし》・登米・牡鹿《おしか》・桃生《ものう》・加《か》美《み》・玉造《たまつくり》・栗原・遠田《とおだ》・志田《しだ》（以上、宮城県）の諸郡が与えられ、変動のなかった黒川・宮城・名取《なとり》・柴田・伊具《いぐ》・亘理（以上、宮城県）・宇多《うだ》（福島県）などを加

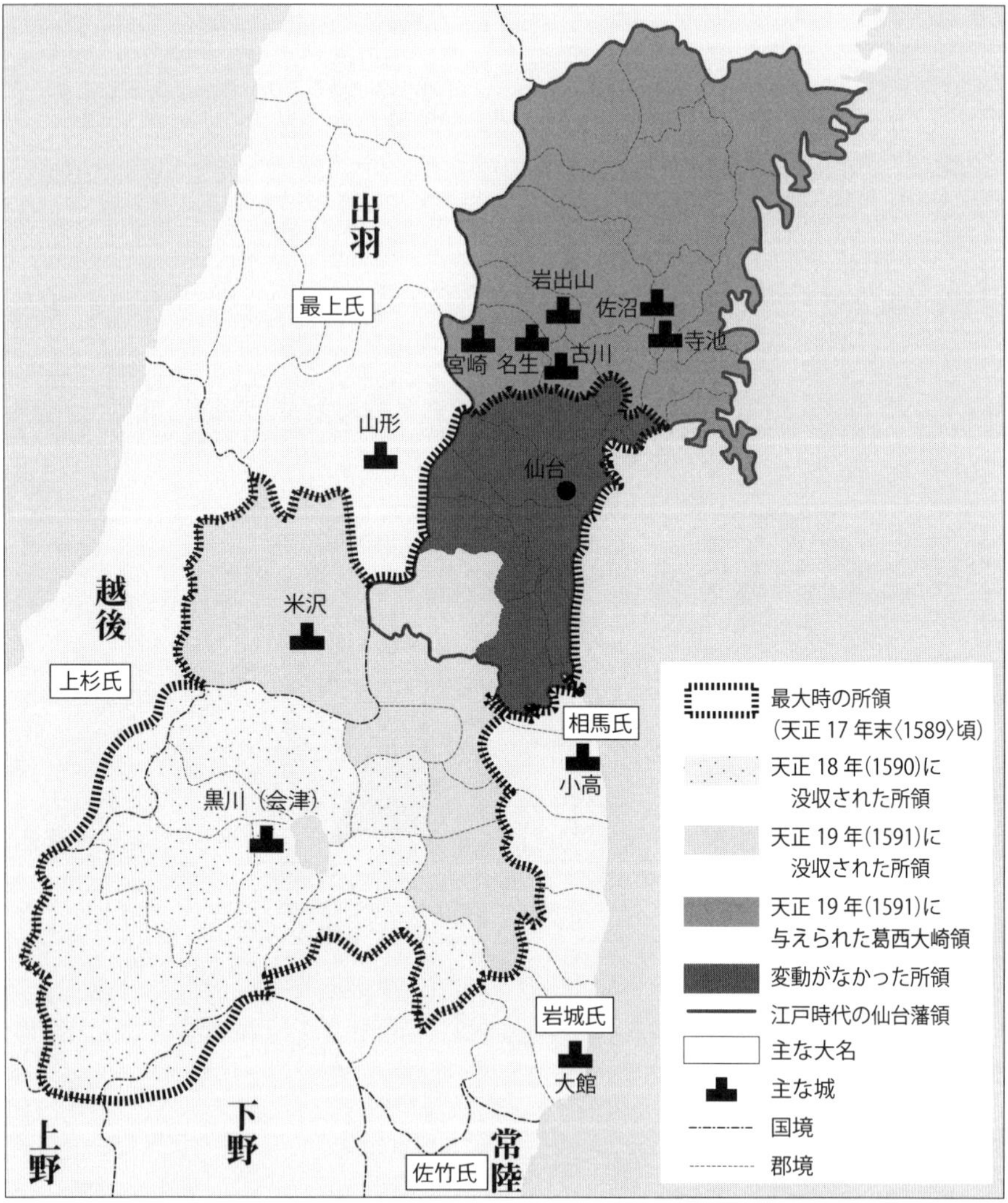

図2　伊達政宗の所領の変化（仙台市博物館編2017所収の図をもとに作成）

えた二十郡を領地とするよう定められた。その一方で、長井（山形県）・伊達・信夫《しのぶ》・塩松《しおのまつ》・田村（以上、福島県）・刈田《かった》（宮城県）といった本領は没収され、それらの所領は氏郷へと与えられた。さらに政宗は、岩出山《いわでやま》城（宮城県大崎市、当時の史料上の表記は「岩手山」）への本拠の移転を命じられ、九月二十三日には米沢から岩出山へと居城を移すこととなった。

豊臣政権が実施した奥羽における二度の仕置、とりわけ奥羽再仕置における処遇は、政宗にとって必ずしも本意ではなかったであろう。なぜなら葛西・大崎領への知行替の代償として、名字の地である伊達郡をはじめ、信夫・長井・刈田といった父祖伝来の地を手放す結果となったからである。さらに、岩出山への居城の移転は、政宗が幼少期を過ごした米沢の地と別れを告げることでもあった。

豊臣政権への参入（秀吉への臣従）は、並み居る諸大名や秀吉の側近たち、京都の公家らと交流を深めるきっかけともなり、政宗を東北の大名から全国区の大名へと転身させる側面をもっていたが、一方で不本意な処遇を強いられる結果も伴った。後者には、政宗による政治判断の不手際という一面もあろうが、いずれにおいても政宗に大きな転機をもたらした。

しかも、この時に秀吉によって定められた新たな領地は、のちに徳川の世（江戸時代）を迎え、幕末まで続く仙台藩の所領の基礎となった。慶長五年（一六〇〇）九月の関ケ原合戦の翌年、政宗は戦功により家康から刈田郡を給されたが、同郡を加えた計二十一郡が、仙台藩六十二万石のうちの奥州六十万石の部分に当たるのである（残りは江戸時代に与えられた飛び地の常陸《ひたち》一万石と近江《おうみ》一万石。慶長五年十二月には仙台城普請の縄張《なわばり》始めを開始し、仙台への居城移転も図っていく）。

つまり、伊達氏にとっての奥羽再仕置とは、のちの仙台藩、さらには現在の仙台・宮城の基礎を形づくる大きな意義を有していたのである。

主要参考文献

小林清治『奥羽仕置と豊臣政権』（吉川弘文館、二〇〇三年）

小林清治『奥羽仕置の構造――破城・刀狩・検地』（吉川弘文館、二〇〇三年）

菅野正道「伊達政宗の転封と奥羽」（入間田宣夫監修、安達宏昭・河西晃祐編『講座東北の歴史 第一巻 争いと人の移動』清文堂出版、二〇一二年）

高橋充「奥羽仕置」（同編『東北の中世史五 東北近世の胎動』（吉川弘文館、二〇一六年）

仙台市博物館編『特別展図録 伊達政宗――生誕四五〇年記念』（仙台市博物館、二〇一七年）

◎コラム◎

石巻市須江糠塚に残る葛西・大崎一揆の史跡・伝承

――いわゆる「深谷の役」について

泉田邦彦

一、深谷の役をめぐる問題の所在

豊臣政権による奥羽仕置を経て、武士身分を剥奪された葛西・大崎旧臣らが一揆を結び、天正十八年十月から翌十九年冬頃まで各地で蜂起したことを「葛西・大崎一揆」と呼ぶ。葛西・大崎一揆に関する伝承は、一揆が最後まで抵抗を続けた栗原郡佐沼城（宮城県登米市迫町）周辺にいくつかある。例えば、天正十九年七月の佐沼落城後、一揆に与した五〇〇余人の武士に加え、撫で斬りにされた女童を含む百姓ら二〇〇〇余人の首級を埋葬した「首壇《くびだん》」、一揆勢を鎮圧した伊達政宗が陣場を構えた「伝御陣場」等が挙げられる。地域社会に大きな衝撃を与えた葛西・大崎一揆は、年月を経てもなお伝承され続けている。

宮城県石巻市須江糠塚にも、葛西・大崎一揆に関する史跡・伝承が現在に伝わっている。これらは、安永五年（一七七四）に成立した仙台藩領桃生郡深谷須江村の「風土記御用書出」に記載がある。すなわち、葛西御一家生害の地「殿入沢」、葛西浪人西郡新右衛門と木村上野重景が交戦した「軍陣橋」、交戦の結果落命した木村の墓所「細田塚」、同じく西郡の墓所「新右衛門塚」が挙げられる。

糠塚の史跡・伝承は、豊臣秀次の命により、降参した「一揆ノ武頭二十余人」が桃生郡深谷に集められて切腹したという「深谷の役」に関わるものとして捉えられてきた。しかし、「深谷の役」に関する伝承は、一次史料が限られることもあり、それぞれの伝承や史跡は必ずしも整合的に理解されていない。この事件については、浅野鉄雄氏が近世の伝承や近代に建立された石碑の情報を丹念に拾い上げながら執筆した「深谷の役考証」があるが、二次史料中心の分析であることに加え、葛西晴信の偽文書を分析に用いているため、導き出された結論は信憑性に欠ける。[1] また、『石巻の歴史』で葛西・大崎一揆の執筆を担当した大石直正氏は、深谷の役について以下のように記しており、自治体史編纂においても関連史跡・伝承は疑問視されてきた。[2]

一揆の武頭たちが首をきられたのはどこだったのだろうか。河南町須江の殿入沢がその場所だったと伝える説がある。（中略）葛西氏の滅亡にあたって、この辺りで大きな合戦があったというのも、考えにくいことで、この伝えはそれを直接、信用することはできない。ただ、この辺りにはほかにも葛西氏の滅亡にからむ戦いの伝承がある。同じ須江の軍陣橋（中略）、その軍陣橋の上の新右衛門塚は西郡新右衛門の墓だと伝えている。また近くの細田塚というのは、木村重景の墓（中略）、天正十九年秋といえば、一揆の武頭の首が

写真1　殿入沢跡に建つ大槻但馬守平泰常殞命地碑

写真2　細田塚（木村上野重景の墓）に建つ細田山碑

刎ねられたときにあたる。その記憶がこのような伝えを生んだのであろうか、あるいは又、実際にこのような戦いがあったのであろうか。

本稿では、糠塚の史跡・伝承について、近世の伝承を確認し、近代における史跡の石碑建立を整理する。その上で、中世の同時代史料から「深谷の役」を再検討してみたい。

二、近世の伝承から

須江村の「風土記御用書出」には、「旧跡」として軍陣橋、殿入澤、「古塚」として細田塚、新右衛門塚が挙げられる(3)。それぞれの説明を要約したものを以下に掲げる。

【軍陣橋】細田にある。葛西御浪人登米郡西郡沼館御住居西郡新右衛門と、貞山様（政宗）より彼を討ち取るよう仰せつけられた木村上野とが合戦した場所。

【殿入沢】細田にある。葛西氏の敗北の際、葛西氏の御一家の人々はこの沢へ入り御生害なされたと伝わる。または葛西氏と対陣し、大崎家が敗北した際、大崎氏の御一家の人々が御生害されたとも伝わる。この辺りは古戦場であり「糠塚御陣」と申すのはこの辺りの戦を指す。畑の中からは鏃あるいは古甲之金物等が掘り出されるとのことである。

【細田塚】細田にある。高さ四尺、廻り八間。深谷小野城主長江月鑑斎勝景の一門木村上野重景の墓。貞山様より葛西一揆残党である登米郡西郡沼館御主西郡新右衛門を討ち取るよう命を受けた、重景及び月鑑斎弟である渡辺讃岐家景（三分一所左衛門大夫）は、「細田殿入」で戦い、重景が新右衛門を討ち取った。しかし、新右衛門の鑓持が主人の仇討ちとして、重景を鑓で突き深手を負わせて落馬させ、重景を家景が介抱したものの絶命してしまった。これは文禄三年秋とも天正十九年秋とも伝わる。

【新右衛門塚】軍陣橋上にある。高さ一尺五寸、廻り弐間。西郡新右衛門塚と伝わり、周りには七尺ほどの松が塚の上にある。

桃生郡深谷の糠塚における木村重景と西郡新右衛門との交戦は、重景の孫である木村助之丞が延宝五年（一六七七）に仙台藩へ提出した書上にも同様の記述がある(4)。より古い記述としては、寛永年間の成立とされる「成実記」があり、佐沼落城後の「葛西衆御成敗御代官」は屋代勘解由兵衛・山岸修理・支倉飛騨・支倉六右衛門以下数百人であったこと、西新右衛門は長江月鑑斎家中「志賀上野《（ママ）》」と交戦し討たれたこと、屋代勘解由と戦った「有壁遠江」が討死したことを記す(5)。

いずれも糠塚における西郡新右衛門と木村重景の交戦及び両者の落命を伝える

が、天正十九年秋の「一揆ノ武頭二十余人」の切腹とは別の伝承である。

三、近代における石碑の建立

現在、糠塚の地には近代に建てられた二基の石碑がある。一つは、明治十八年（一八八五）に桃生郡北村で寺子屋を営んだ木村景直とその長男である木村敏が細田塚に建立した「細田山碑」である。これは木村父子の先祖である木村重景を顕彰するために建てられたもので、豊臣秀吉に葛西・大崎旧領を与えられた木村吉清の入部に伴い、「土民」の反発があったこと、吉清がそれを制御できなかったため秀吉が激怒し、政宗に鎮圧が命じられ「深谷之役」が起こったこと、長江氏の一族である木村重景は葛西旧臣の西郡新右衛門と「細田」において戦ったこと等を記す。

もう一つは、大正三年（一九一四）に国語学者大槻文彦（仙台藩儒学者大槻磐渓の三男）が糠塚殿入沢で落命した先祖大槻泰常を慰霊・顕彰するために建立した「大槻但馬守平泰常殞命地」である。大槻は、明治三十二年（一八九九）八月三日に須江村糠塚を訪問し、「風土記」に記載がある新右衛門塚、糠塚、殿入澤について地元住民から聞き取りを行い、「葛西ノ歴々ノ二十余人モ自殺シタルチナレバ、塚位ニ築キテ置クベキモノヲトモ思ヒ」、殿入澤において塚の有無等を確認している(6)。

大槻は、大正三年十二月に石碑を建立するため、須江村糠塚を再訪した時のことを「宮城岩手建碑行」として日記に記した(7)。それによれば、大槻は先祖名字の地である磐井郡金澤村大槻（岩手県一関市花泉町金沢大槻）と戦死地である桃生郡須江村糠塚殿入沢に石碑を建てることが「多年の志」であり、大正三年七月下旬に両地へ赴き、各地主に相談し、警察署へも建碑の届け出をして許可を得た。殿入澤の地名については「葛西氏の将領二十余人入りて居たるに因て、殿入澤の名あるなむ。殿とは農民より身分ある侍を称せし語なり」と見解を示す。建立した石碑には、葛西遺臣とともに散った先祖大槻泰常の命日を天正十九年八月十四日と記す。

木村・大槻が石碑を建立したのは、いずれも先祖の慰霊・顕彰が目的であったこと、彼らが対象とした糠塚の史跡は、同時期の事件として語られていたわけではなかったことが確認できた。しかし、それらはやがて「深谷の役」として一括されるようになり、浅野鉄雄氏が深谷の役の考証を試みた段階では事件の発生に天正十八年八月十四日説と天正十九年八月十四日説とが生じ、史跡・伝承をめぐる混乱をまねいていた。

四、史料による再検討

すでに本書「葛西・大崎一揆と葛西晴信」で検討したとおり、葛西・大崎一揆の「武頭二十余人」が豊臣秀次の命により切腹させられたのは、二通の伊達政宗書状が伝えるように、天正十九年八月十四日の出来事である。[8] その後の経過は「村岡六郎衛門高名之覚」が詳しい。[9] 葛西残党の討滅が進むなか、天正十九年十月十日に「葛西之侍うちはたすへき」という命に従い、村岡は政宗家臣であり代官の屋代勘解由・泉田安芸とともに合戦に参加した。この時、村岡は、「西郡とたち首切り落し申候（太刀を組、切落申候）、主膳と申者くひを取申候」という成果を挙げ、続いて登米郡狼河原で交戦した後、「ぬかつかと申城（桃生郡須江村糠塚）江はせ入、散々戦ニ候ヲ、下おりかへ遠江覚之者、我等鉄砲にて七八間（塀七八間）打たをし、則へいヲこひ頸取申候」とある。

　ここにみえる「ぬかつかと申城」は、須江村にある糠塚城（城主伝承は葛西氏家臣の須藤勘解由左衛門）に比定でき、「一揆ノ武頭二十余人」が討たれた後、ここに立て籠った葛西残党を伊達方が攻めたこと、下折壁遠江という葛西旧臣が討たれたことが判明する。前述のとおり「成実記」には、天正十九年に屋代勘解由が「有壁遠江」を討ったことが記され、「高名之覚」とも一致する。

　すなわち、糠塚では、天正十九年八月十四日に一揆に与した大槻泰常を含む二十余人の切腹事件があった。その二ヶ月後、十月十日前後に糠塚城周辺で葛西残党と伊達方との合戦があり、葛西旧臣の下折壁遠江守や西郡新右衛門、西郡と交戦した木村重景が命を落とした、と理解すべきであろう。とすれば、「風土記御用書出」の「殿入沢」に記される「糠塚御陣」は、後者の合戦にかかる伊達方の陣屋を指すものなのかもしれない。

注

（1）浅野鉄雄「深谷の役考証」（『河南町誌』下巻、一九七一年）。
（2）大石直正「中世の終幕」（『石巻の歴史』第一巻、石巻市、一九九六年）。
（3）『宮城県史』第二六巻（宮城県史刊行会、一九五八年）。
（4）『仙台藩家臣録』第五巻。
（5）「成実記」（『仙台叢書』第三巻、仙台叢書刊行会、一九二三年）。
（6）桑島正「葛西氏遺臣殉命地の調査」（『吉野朝史蹟調査会報』三、一九四〇年）。
（7）大槻文彦『復軒旅日記』（冨山房、一九三八年）。
（8）『仙台市史資料編一〇伊達政宗文書』一—八五八（『伝記史料』所収文書）、『伊達政宗文書』補遺三七一（田手正洋氏所蔵文書。『市史せんだい』三〇、二〇二二年）。
（9）小林清治『奥羽仕置と豊臣政権』（吉川弘文館、二〇〇三年）。『大日本史料』一一—一五〇。

附記　本稿は、JSPS科研費（22K13194）の研究成果である。

奥羽再仕置と葛西一族
——江刺重恒と江刺「郡」の動向から

高橋和孝

たかはし・かずたか——奥州市教育委員会主任学芸員・国立歴史民俗博物館共同研究員。専門は日本中世史。主な論文に「南北朝末期から室町期における和賀一族の動向——鬼柳氏を中心として」（『岩手史学研究』98、二〇一七年）、「柏山氏と江刺氏の基礎的考察——葛西一族内の秩序に関する試論」（『歴史』140、二〇二三年）、「鬼柳文書」（『国史談話会雑誌』64、二〇二三年）がある。

奥羽仕置及びそれに続く奥羽再仕置によって、葛西氏は所領を失ったが、その前後における領内の状況はどのようなものであったのだろうか。ここでは、江刺郡の江刺氏を中心に、郡内の領主達の動向を範疇に入れつつ考察を進め、仕置によって地域社会がどのような影響を被ったのか、改めて確認していく。

はじめに

本稿では、主として葛西領の陸奥国江刺郡に所領を持つ領主達に焦点を当て、奥羽仕置及び奥羽再仕置前後の彼らの動静を探っていく。当該期における江刺郡の状況に関しては、及川儀右衛門氏の研究がある。(1) 氏は、江刺氏を検討の中心に据えて論を進め、戦国期の郡内江刺「臣族」を城館単位で紹介、そして仕置後の郡内旧領主達は南部氏（後に盛岡藩）へ仕えた人物が多かった一方、中には地域に残った人物も存在すると指摘した。

氏の説のうち、別稿にて江刺氏の研究については再検討の必要があると述べた。(2) また氏の説では、家臣団の構成や仕置後の動向についても、概説的な説明に留まっており、その具体相の研究は途上と言える。(3)

なお、当該期の江刺郡に関しては、葛西氏研究の中でも検討がなされている。大石直正氏は、葛西領北部地域の胆沢郡柏山氏・江刺郡江刺氏及びその家臣の多くが南部氏に仕官している（後に盛岡藩士）事実を示した上で、その要因を戦国期における南部氏と柏山・江刺両氏の接触に求めた。一方で氏は、一部の家臣が両氏に従わず伊達氏に仕官した（後に仙台藩士）のは、両氏の統制力の弱さに起因すると論じている。[4]また、中川学氏は安永期（一七七二～一七八〇）に調えられた「代数有之御百姓書上」の記載から、仙台藩領に土着・移住した葛西旧臣の特徴を描き出し、葛西・大崎一揆を契機として本貫地を離れて移住、土着した葛西旧臣が存在すると指摘した。[5]

大石・中川両氏の説は、江刺氏のみを対象とした説ではないものの、江刺氏やその家臣の行方を考える上では示唆に富む点が多い。しかし、仕置後の領主達の行方に主眼を置いた説であるため、従前の地域秩序との関係については、深く追究されていない。地域によって状況は異なってくるとみられるが、江刺郡においても、仕置前後の領主達の動向を具体的に検討していくべき段階にあると言えよう。

よって本稿では、江刺郡を主な対象として仕置前後における領主達の動静を検討していく。江刺郡の中心となるのは江刺氏であるため、まずは仕置時点の当主江刺重恒について、その動向を再確認する。その上で、江刺氏の下に従った領主達の特徴を明らかにし、それが仕置後にどのように遷移するのか、素描していくこととしたい。

一、江刺重恒

（1）江刺氏

始めに江刺氏に関して、別稿に基づきながら重恒の登場までの概要を紹介する。[6]

江刺氏は葛西一族で、その初見は康永元年（一三四二）である。その初代とみられるのが江刺（葛西）清泰である。清泰は葛西清重の官途に由来する壱岐守の官途を使用しているが、当時の江刺郡には他にも壱岐守の官途を使用して活動する葛西一族が存在しており、江刺氏の郡内での優位が固まっていた訳では無かった。そのため、江刺氏は奥州管領斯波氏と結び、かつ郡内各地に江刺一族を派遣して、他の葛西一族を圧倒していった。

応永六年（一三九九）には清泰は没しており、その跡を壱岐守満家が継いでいた。その後期間が空き、永享八年（一四三六）に「江刺之面々」が登場する。この「面々」は江刺一族を中心とした一揆的な状況を示す表現とみられ、南北朝期に郡内各地に江刺一族が送り込まれた結果として、郡内各地に江刺一族が分立し、彼らが連携することによって成立したものと推定される。

次いで、文明元年（一四六九）に大崎・葛西領内に跨る戦乱が発生した際、「江刺弾正之大弼」（少弼カ）と「江刺三河守」が登場する。戦国期には、永正九年（一五一二）の「江刺播磨」、永正～大永年間（一五〇四～一五二七）の「江刺平重治」、天文五年（一五三六）の「江刺左衛門督」、天文二十年（一五五一）の「江刺三州」が史料上に現れる。

　このように、室町期以降の江刺氏の系譜は必ずしも明確にし得ないが、室町幕府の「官途秩序」(7)からみると、文明年間以降には秩序上での「上位官途」を使用する家（弾正少弼・播磨守・左衛門督）と、「上位官途」に含まれない「通常官途」の三河守を代々使用する家が並立しており、「上位官途」を使用する家の方が江刺惣領家であったと判断される。惣領家は、南北朝期から室町初期には葛西一族に由緒を持つ壱岐守の官途を使用するが、室町中期以降には「上位官途」を使用するようになり、郡内における一揆の中心となりつつ、郡内国人の頂点に立つ存在となっていた。ただし、江刺氏の使用する「上位官途」は、原則として葛西惣領の使用する「上位官途」を超えることは無いため、この点からみると江刺氏はあくまで葛西一族の秩序の中で江刺郡の頂点に立つ存在であったと言える。

　そして、これに引き続いて登場するのが江刺重恒である。

（2）江刺重恒

江刺重恒が史上に登場して以降の江刺氏関係の人名をまとめたのが、**表1**である。ここでは、**表1**に基づいて、重恒の活動を確認していきたい。

　重恒の初見は、永禄二年の光明寺仏像再興銘である（**表1**—1）。光明寺は江刺氏の菩提寺とされ、重恒が再興した本尊の地蔵菩薩坐像は、室町初期に江刺満家を大旦那として造立された像であった(8)。この江刺氏菩提寺の本尊再興事業の存在により、重恒が永禄二年の時点で江刺氏を継いでいたことが判明する。

　江刺氏当主となった重恒の系譜関係を示す同時代史料は存在しないが、後世の史料には「江刺参州重胤」の孫とする史料がある(9)。先にみたように、江刺氏には室町中期以降に三河守の官途を代々使用する家が存在しており、「江刺参州重胤」が実在していても不自然ではない。同時代史料による確証は得られないが、或いは重恒は三河守系統の江刺氏から、江刺惣領家を継いだ人物であったのかもしれない。

　永禄十年、重恒は胆沢郡の柏山氏と争って勝利し、敗れた柏山氏は栗原郡三迫に逃れた（**表1**—2）。この合戦と関連するかは不明ながら、葛西氏当主の晴胤が「柏山伊勢守」と葛西「六郎」の討伐を江刺氏や遠野氏に依頼していたこ

表1　江刺重恒及び江刺惣領家一族一覧

番号	年代	西暦	人名	史料名	出所	史料集
1	永禄2.6.1	1559	平重恒	光明寺仏像再興銘	—	石巻286
2	永禄10.3.20	1567	江刺	正法年譜住山記	—	石巻492
3	元亀2.5.28	1571	武庫重恒	正法年譜住山記	—	石巻492
4	元亀3.2.11	1572	江瀬（刺）兵庫 平朝臣重矩（恒）	長国寺棟札写	—	金石志佚文12
5	元亀3	1572	江刺	正法年譜住山記	—	石巻492
6	（戦国期）2.3	—	江刺兵庫頭	葛西晴信書状	石川甚兵衛氏 所蔵文書	石巻312
7	（戦国期）6.晦日	—	江刺	葛西晴胤書状写	『阿曽沼興廃記』 所収文書	石巻284
8	（戦国期）7.9	—	江刺彦三郎	葛西晴胤書状	江刺菊池文書	石巻285
9	天正11.6.晦日	1583	江刺	正法年譜住山記	—	石巻492
10	（天正17カ）1.28	1589	江三（江刺三河守）	葛西晴信書状	江刺菊池文書	石巻357
11	（天正17）7.13	1589	江刺三河守	伊達政宗書状写	宝翰類聚	石巻369
12	（天正18）10.24	1590	江刺	南部信直書状写	宝翰類聚	石巻399
13	（天正19）6.17	1591	江刺	浅野長吉書状	伊達家文書	石巻451
14	（天正19）7.19	1591	江刺	浅野次吉書状写	和賀稗貫両家記録	北上334
15	（天正19）9.25	1591	江刺兵庫頭	南部信直判物写	宝翰類聚	石巻472
16	天正19	1591	江刺	正法年譜住山記	—	石巻492
17	天正19	1591	三郎	正法年譜住山記	—	石巻492
18	天正20.6.11	1592	江刺兵庫	諸城破却御書上	聞老遺事	北上355
19	（文禄1）7.21	1592	兵庫助	浅野長吉書状写	宝翰類聚	石巻476
20	（文禄1）7.21	1592	江刺四郎	浅野長吉書状写	宝翰類聚	石巻476
21	（文禄2）10.9	1593	江刺	南部利正書状写	宝翰類聚	石巻479
22	（統一政権期）10.8	—	江刺	南部信直書状写	宝翰類聚	石巻482

※刊本略称
石巻：『石巻の歴史』第八巻　資料編二　古代・中世編（石巻市、1992年）中世編
北上：『新編　北上市史』資料編　古代・中世（北上市、2022年）中世
金石志：岩手県教育委員会編『岩手県金石志』（国書刊行会、1985年。初出は1961年）
※注2拙稿掲載表2から重恒関係のみを抜粋の上、増補

とを記す書状（表1―7）や、同じく晴胤が「江刺彦三郎」に「殊更伊沢其郡之仕合、是又暫可ㇾ被二停止一候」と伝えた書状（表1―8）が存在する。永禄十年の合戦にどちらの晴胤書状が結びつくのか不明なものの、この江刺氏と柏山氏の戦闘は、晴胤も絡むものであった可能性が高い。

なお、「江刺彦三郎」に関しては、該当する文書の時期がはっきりしないため人物比定が難しいが、官途を名乗る前の重恒、或いは後述のように天正十九年に自害した「江刺殿養子三郎」と同一人物で重恒の養子の可能性が考えられる。しかしながら、重恒が「彦三郎」の輩行名を名乗ったとする史料は管見に触れないため、重恒の養子と判断すべきであろう。

元亀二年には、「江刺大守武庫重恒」として胆沢郡黒石地域所在の正

法寺に「七宝瑠璃三脚」を寄進している（表1―3）。翌元亀三年に、気仙郡猪川地域に所在する長国寺の棟札に「江刺兵庫平朝臣重恒」として登場しており（表1―4）、気仙郡にも権益を保持していたことが判明する。また、同年には正法寺の江湖会が「江刺殿振舞」にて開催されている（表1―5）。これらからみると、重恒は永禄年間後半から、江刺郡を基点に胆沢郡や気仙郡にも勢力を拡大していたと言えよう。

しかし、天正十一年に今度は重恒が柏山氏に攻められる（表1―9）。この時は、重恒が柏山氏を撃退したが、翌天正十二年（一五八四）には、「江刺四月無事成、同六月八日再乱」となった[10]。この郡内の争いの具体的な原因や、経過は不明である。他方で、重恒は葛西晴信（晴胤の子）から「浜田安房守」・「横沢信濃」・「今泉」が「談合」して「岩付之地」を押領したことについて連絡を受けており（表1―6）、その勢力は依然として維持されていたと思しい。

これらの重恒の動きとは別に、江刺三河守は晴信と対立する気仙郡浜田氏を通じて伊達政宗と連絡を始めている（表1―11）。三河守は晴信から「かんとう」（勘当）されている（表1―10）が、或いは晴信と敵対する浜田氏と通じていたためかもしれない。このように、三河守の動静からは晴信が江刺領内に影響力を行使していたことが分かる。

ここまで、重恒を中心に戦国中期以降における江刺氏の動向を確認してきたが、この後、重恒は奥羽仕置に直面することとなる。仕置以後の重恒の動向を論ずる前に、重恒周辺の領主達について、その特徴をみておきたい。

（3）江刺「郡」

重恒周辺の領主達の特徴について示唆する史料が、次の葛西晴信書状である。

史料一　葛西晴信書状（表1―10）

先立及二音問一候処ニ、精心服申達候、偏本望迄候、将
亦従二伊達一太崎へ出張儀、必定ニ相見得候、依レ之、其
表内々意趣相廻取静、其郡中人数めしつれ、於下被二半
登一候上者、可レ為二満足一候、次ニ江三かんとう相免候事、
迷惑之由、申レ之候、尤候条、任二其意一候間、毛頭床敷
是有間布候、諸余世左所より可二相断一候、恐々謹言、
（奥上追書）
追啓、其口為レ可二取静一、押付為二使者一、可二相下一候間、
任二其断一取静、人数めしつれ、可レ被二半登一候、江三事、
千万ニ一赦免事候共、其身談合、無事有間敷候間、少も
無二心元一有間敷候、
太簇廿八日　晴信（黒印）
口内出羽守殿

角懸右近丞殿

史料一は、晴信が「口内出羽守」と「角懸右近丞」に宛てて発給した書状である。発給年は、内容面から大崎合戦のあった天正十六年（一五八八）とする説と、晴信の印判の位置から翌十七年とする説がある。[11] 年代については確証を得られないが、その内容からは、伊達氏と大崎氏の戦闘時に、晴信が江刺郡からの軍勢動員を画策していたことと、晴信による三河守の「かんとう」（勘当）をめぐって、赦免しないように出羽守と右近丞が晴信に求めていたことが分かる。宛所の口内氏と角懸氏は、後述のように江刺郡内の領主に比定される。

本史料について石田悦夫氏は、三河守を江刺氏の当主とした上で、天正十六年に晴信と三河守が不和となり、同年暮れには晴信が三河守を勘当して家主権を剥奪し、江刺氏の家政は「宿老」の口内・角懸両氏が執ることとなったと論じている。[12] しかし、本稿でもみてきたように、当時の江刺氏当主は「兵庫頭」重恒であり、「三河守」の官途を名乗る人物ではない。よって、三河守が晴信から勘当されていても、口内・角懸両氏が江刺氏の家政を執るようになったとは考えにくい。

ただし、当時の晴信と重恒の関係は「彼仁・予不和之体」と晴信が述べる[13]ほどに悪化していた。かかる関係を惹起した要因は、晴信による三河守の勘当であった可能性もある。史料一では、三河守を赦免しないように出羽守と右近丞が求めており、その逆の動き、すなわち赦免を求める動きがあったことが示されている。この赦免を求める動きは、或いは重恒が主張していたのかもしれない。だからこそ、晴信は重恒でなく、その下にあって三河守赦免に反対していた出羽守と右近丞に連絡を取り、「其郡」の動員を図ったのである。

このようにみてくると、天正十六・十七年頃には、三河守の処遇をめぐる晴信と重恒の不和によって、晴信が画策していた江刺郡からの軍勢動員が進んでいなかったことが判明する。そこで、晴信は重恒ではなく出羽守と右近丞の両名を通じて、「其郡」の軍勢を動員しようとしたのである。つまり、ここで「其郡」（江刺「郡」）と呼ばれた存在は、重恒を通さずとも、口内氏や角懸氏といった江刺郡内の人物との交渉によって動かせる余地があると晴信は認識していたと言える。かかる「郡」への認識は晴信に限ったものではなく、晴胤も書状で「伊沢其郡之仕合」（**表1―8**）と「其郡」という文言を使用しており、「郡」という単位の存在を認識している。口内・角懸両氏にしても、重恒とは別に晴信と交渉していることから、独自の活動基盤を有していたと判断され、単なる江刺氏の被官とも考えられない。次に、かかる江刺「郡」について、その実相をみていこう。

二、江刺「郡」の世界

(1)「郡」をめぐって

この江刺「郡」なる存在を、いかにして把握すべきであろうか。菅野文夫氏は、戦国期の糠部郡に存在する「郡中」について、南北朝末期から続く糠部郡内の領主及びその周辺地域の領主による一揆的結合であったと論じている。(14) 泉田邦彦氏は、十五世紀後半から十六世紀初頭にかけて、奥羽国人の支配領域が拡大・再編され、名字を冠した「〇〇郡」と呼称されるようになったとする。(15) 熊谷隆次氏も、戦国期の北奥羽において、「独立した領主(領域権力)の支配地は一般的に郡と呼称され」ていたと指摘している。(16)

このように戦国期奥羽の史料でみられる「郡中」ないし「郡」は、一揆的結合を指すとする説と、特定の支配領域を指すとする説が存在する。江刺「郡」の例で考えれば、この呼称は晴胤や晴信という葛西氏当主発給の文書にみえる呼称であり、江刺氏の支配領域に対する呼称と判断するのは、江刺郡が葛西領を構成する地域であることを考慮すると、躊躇せざるを得ない。先述のように、江刺氏は戦国期になっても葛西氏当主の「上位官途」を超える官途を使用しておらず、この点は重恒も同様で、葛西氏当主の下に江刺氏が位置するという関係は統一政権期まで不変であった。(17) となると、ここでの「郡」は菅野氏が明らかにした「郡中」、すなわち一揆的結合に対する呼称の可能性が考えられるのではなかろうか。以下では、この観点に基づき、更に江刺「郡」の内部構造を検討していくこととしたい。

(2)戦国期の江刺「郡」

江刺「郡」の内部構造を考察するにあたり、以下の史料を基準としてみたい。

史料二　『桃生山内首藤氏系譜』抜粋(18)

(前略)一番戌時江刺播摩、此陣者、口内・腹体・浅井・人首・高屋・角懸・菊池・及河等、凡五百余人(攻略)

史料二は、江戸期成立の『桃生山内首藤氏系譜』にみえる、永正九年に行われた葛西氏と山内首藤氏の合戦記事に登場する江刺氏関係の記載である。該当の合戦記事は、天文二年(一五三三)に記された江田清通の手記が基となっているため、比較的信頼性が高い。(19) ここで一軍を率いていた「江刺播摩」は先述したように江刺氏当主であり、その下に「口内」以下の領主達が属していた様子が見て取れる。

この時、江刺氏の陣にあった領主達は、なぜ江刺氏に従っていたのであろうか。この点は、同じ記事中で江刺播磨守と同様に一軍を率いていた「柏山伊予」と「赤一揆旗頭大原飛騨」の立場によって明確に示される。すなわち、「大原飛騨」は「赤一揆旗頭」としてその旗下にあった一揆から成る軍を率いており、「柏山伊予」も別の史料にて「黄一揆」の中心人物とされていることから分かるように、[20]「大原飛騨」と同じく旗下の一揆から成る軍を率いていたと推断できる。江刺氏周辺についても室町期に「江刺之面々」という一揆的状況が存在したことから、播磨守も柏山・大原両氏と同じく一揆の中心で、その播磨守に率いられている**史料二**の人々は、江刺氏を中心とする一揆を構成する領主達であったと見做せよう。

この観点から、**史料二**に登場する領主達の本拠地を名字などから推定し、近世の村単位でまとめたのが、**表2**Aである。この内、江刺氏の本拠地とされる片岡村を本拠地とする他の領主はおらず、また、菊池氏や及川氏の本拠地は不明となっている。しかしながら、江刺氏の指揮下にあった領主の分布をみると、江刺郡北部の口内氏や東部の人首・高屋両氏、南部の腹体氏、といった具合に、郡内の広範囲に分布していることが分かる。

彼らの出自はより詳細に検討する必要があるが、口内氏は江刺一族とみられる[21]一方、菊池氏や及川氏は葛西一族ではない。先に触れた室町期の「江刺之面々」なる一揆的結合は、南北朝期に分立した江刺一族を中心としたものであったと推定されるが、そこには元々郡内の他氏族も参加していた、もしくは時代が経つにつれ郡内の他氏族にも参加者が広がっていったと言えよう。いずれにせよ、江刺氏当主の江刺播磨守を中心とした郡内の領主が一揆的結合を示す江刺「郡」は、江刺郡内全域に及ぶものであったと判断できる。

では、この**表2**Aの一揆的結合は、以降の時期にどのように展開するのであろうか。これを確認するため、永正期（一五〇四～一五二〇）から文禄期（一五九二～一五九五）までの同時代史料にみえる江刺「郡」を構成していたとみられる人物を抽出し、**表2**Aと同じく本拠地の村単位でまとめたのが**表2**Bである。これによれば、浅井・角懸・口内・菊池・及川各氏は活動を続けており、後の史料（**表2**C・D）から江刺氏の影響下にあったことが分かる江刺郡内の領主として大田代氏が新たに登場する。[22]右の**表2**A・Bの検討結果からみると、江刺「郡」は郡内全域を範疇とする、広範囲の一揆的結合であったと考えるべきである。

そして、**表2**Bで注目されるのが、胆沢郡の長坂氏と三ヶ尻氏が江刺「郡」に属している事実であろう。これは、何を意味するのであろうか。

（3）拡大する「郡」

長坂氏は、胆沢郡長坂地域の領主で[23]、「天文頃ヨリ江刺ニ従フ」と伝わっている[24]。実際、文禄二年（一五九三）に南部利直が「長坂備中守」の「江刺殿へ就ニ忠切ニ」を賞しており（表1―21）、長坂氏が重恒の影響下にあったことは明らかである。三ヶ尻氏も同じく胆沢郡三ヶ尻地域の領主であるが、彼らが江刺氏の影響下に入った時期は不明である。しかし、「三ヶ尻加賀」は重恒が南部信直に仕える際に尽力したとされており[25]、長坂氏と同じく江刺氏の影響下にあったことは疑いない。

このように両氏は胆沢郡内に所領を持つ領主であったが、彼らはなぜ江刺氏の影響下に入ったのであろうか。その理由を示す直接的な史料はないが、江刺氏による胆沢郡への勢力拡大がその要因として考えられる。先に見たように、永禄十年に重恒は胆沢郡に侵攻し、柏山氏を破っている。また、重恒前代の「江刺殿」も天文二十一年に胆沢郡黒石地域の「黒石之城」を攻め落としている（『正法年譜住山記』天文二十一年条）。かかる江刺氏の胆沢郡への進出こそが、長坂・三ヶ尻両氏が江刺氏の影響下に入った理由であろう。

そして、江刺氏に従った胆沢郡の領主達もまた、江刺「郡」を構成する一揆的結合に参加していったのではなかろうか。後述するように、江刺氏の胆沢郡側への勢力伸張はこの両氏の所領のみではなく、もう少し広い範囲に及んでいる。このような状況下で晴胤や晴信は「其郡」という表現を使用しており、元は江刺郡内で完結していた一揆的結合が、新たに江刺氏の影響下に入った胆沢郡の領主達が加わっても、依然として存在し続けていたことを示している。

以上のように、表2Aにみえる江刺「郡」の実態は、江刺氏当主を中心として江刺郡内の領主達が結んだ一揆的結合であったと言えよう。それが、胆沢郡に江刺氏が進出したことで範囲が拡大し、その構成員を増加させていった。かかる江刺「郡」の存在を晴胤や晴信は認識し、葛西氏と江刺氏が不和となった場合などには江刺氏を通さずに葛西氏が江刺「郡」を動かそうと試みていた。江刺「郡」は江刺氏が中心ではあるが、江刺氏と構成領主との間には主従関係は無く、交渉によっては葛西氏が直接江刺「郡」を動かす余地があったことを示している。

ただし、江刺「郡」は葛西氏内部での呼称であり、この「郡」は独自領域ではなく、葛西領内部に存在する一揆的結合を葛西氏内部で呼ぶ場合に使用された呼称に過ぎない。つまり、江刺「郡」は葛西氏から独立した領域ではなく、あくまで江刺氏を中心とした一揆的結合が本質だったのである。

	C	D
	慶長18年	奥南落穂集
典拠	地名	人名
	岩家堂	
	太子	
	二子町	
石巻492		太田代宮内清也
		小田代肥前氏基
石巻233		
石巻246		
		高屋四郎左衛門恒延
	伊手	
	岩城	
		人首平十郎盛恒
石巻357		
		鴨沢左馬助恒典
	光照	
		羽黒堂彦市茂道
石巻246		口内帯刀隆朝
石巻357		
石巻445		
石巻474		
石巻478		
	小池	
	下偵岳	
	偵岳寺	
石巻492		菊池半左衛門武長
石巻286		
		鈴木刑部広重
		千田茂兵衛元忠
	八幡	
		下河原玄蕃恒忠
		鶯沢杢恒之
	山内	
	上麻生	
石巻394		三ケ尻加賀恒逢
石巻475		
石巻479		長坂備中信胤
石巻481		
		城彦次郎重能
		猪川式部知宗
		栃内匂当慶都
		松田検校印都吉高

・村名と所在郡は、「角川日本地名大辞典」編纂委員会・竹内理三編『角川日本地名大辞典』三　岩手県（角川書店、1985年）に拠り、各領主の本拠地は同辞典のほか、『系胤譜考』（もりおか歴史文化館所蔵）や同時代史料を勘案して比定した。
・稲瀬地域は、現在奥州市と北上市に分かれているため、双方の自治体に存在する。
・A～Dの典拠は以下の通り。
A　『山内首藤氏系図』（「塩釜首藤文書」、『石巻の歴史』第八巻　資料編二　古代・中世編（石巻市、1992年）中世編515号）
B　石巻：『石巻の歴史』第八巻　資料編二　古代・中世編（石巻市、1992年）中世編
C　「高野円満院古代より檀那之事」（個人蔵、『岩手県史』第四巻　近世篇一（杜陵印刷、1963年）pp.380-382）
D　『奥南落穂集』所収「江刺兵庫頭重恒ノ事」（『青森県史デジタルアーカイブス』掲載、ID : Chus4-1902-000-j）

表2　江刺「郡」関係者一覧

旧郡	現行自治体			江戸期	A	B	
					永正9年	永正～文禄期人名	
所在郡	市町村	地域		村名	人名	人名	年代
江刺	奥州市	江刺	岩谷堂	片岡村			
			愛宕	二子町村			
			田原	原体村	腹体		
				太田代村		太田代	大永5
				小田代村			
			藤里	浅井村	浅井	片岡平重朝	永正8.2.吉日
						浅井　中務少輔重朝　平道蓮	永正～大永
			伊手	伊手村	高屋		
			米里	人首村	人首		
			玉里	角掛村	角懸	角懸右近丞	天正17カ.1.28
			梁川				
			広瀬	鴨沢村			
			稲瀬	三照村			
		水沢	羽田	羽黒堂村			
	北上市		口内	上口内村	口内	口内　下総守重員	永正～大永
						口内出羽守	天正17カ.1.28
						口内	天正19.3.10
						江刺口内	天正19.12
						口内	文禄2.閏9.3
				小池村			
			稲瀬	下門岡村			
	不明			不明	菊池	菊池藤左衛門	元亀3
				不明	及河	及河尾張守	永禄2.6.1
				不明			
				不明			
胆沢	奥州市	水沢	佐倉河	八幡村			
				下河原村			
			羽田	鶯沢村			
			黒石	黒石村			
		前沢	白山	上麻生村			
	金ケ崎町		金ケ崎	三ケ尻村		三ケ尻加賀	天正18.9.29
						三ケ尻加賀	天正19.12.5
	不明			不明		長坂備中守	文禄2.10.9
						長坂備中	文禄2.12.7
				不明			
気仙	大船渡市		猪川	猪川村			
遠野	遠野市			栃内村			
				奥友村			

このような江刺「郡」の領主達と共に、重恒は奥羽仕置を迎える。

三、奥羽仕置と江刺「郡」の行方

(1) 奥羽仕置と重恒

天正十八年、豊臣秀吉によって奥羽仕置が行われ、晴信が改易された。葛西領を構成する江刺郡も改易の対象となり、重恒も所領を失った。重恒の改易後の動向は明らかでないが、同年の葛西・大崎一揆の蜂起直後に、信直と重恒が書状をやり取りしている。

史料三　南部信直書状写（表1―12）

竪紙

昨日者、委御返事大慶候、岩屋戸陳取レ之、江刺一辺被レ仕候共、おくゐ有間布候間、早々御音信候而、一揆先々引除候様ニ可レ然候、伊達天下へ逆心被レ申候者、不レ及二是非一候、無二左様一候て、伊達自二会津一人数打走候を、即時葛西・大崎可レ被レ出候、一揆起候事者、従二大崎一来候と申候間、江刺之旁余くハたち不レ被レ申、御意見候て、普代衆郡ニ被二差置一可レ然候、岩屋戸押切被レ申共、世間相詰候者、悉根元切可レ被レ申候、其上者、宿も有間敷候間、其元被二及聞一、御さくはへ可レ然候、某も明日和加へ罷下候、和萆一揆共相静候、自二関東一御人数立可レ申候、其以前ニ、江刺・伊沢相静候て置二申度一候、某宿中候家風中一揆にて候へハ、無二御存知一候共、世間之つもりハ、左様ニ有間敷候、則御迷惑に成候間、爰元急度江刺へ御意見可レ然候、自二在所一人数罷越候ハ、、伊沢口へ向候て一働可レ仕候覚悟事ニ（候カ）、恐々謹言、

拾月廿四日　　南部信直（花押影）

江刺殿

史料三では、信直が「岩屋戸」（＝岩谷堂城）に陣を構えるために、その準備として城を占拠していた一揆を「引除」かせるべく、一揆に対して「御音信」を送るよう信直が重恒に求めている。信直は、豊臣軍が到着する前に「和萆一揆」及び「江刺・伊沢」を鎮定しておきたいと述べていることから、重恒を通じて江刺郡の一揆を鎮めるとともに、「岩屋戸」を拠点に「伊沢口」の鎮定を行う計画であったとみられる。

この時の岩谷堂城の状況について、『正法年譜住山記』には「江刺城ニ、九左衛門ト云者移、同九月十七日一騎起テ落城、本ノ侍皈ル也」（『正法年譜住山記』天正十八年条）とある。「江刺城」は岩谷堂城のことを指すとみられ、「九左衛門」は新たに葛西・大崎旧領を与えられた木村吉清の家臣で岩谷堂

城に入った「佐瀬伯耆」・「粟野九左衛門」[26]のうち、粟野九左衛門を指している。なお、『正法年譜住山記』の記載では、一揆の蜂起が九月となっているが、史料三などの他史料との整合性を勘案すれば十月の誤りであろう。

このように、江刺氏の本拠であった岩谷堂城は、一揆を起こした「侍」によって占領されていた。しかしながら、史料三にあるようにこの一揆には重恒は加わっておらず、むしろ信直から鎮定するように求められている。よって、既に岩谷堂城から重恒は退去していたとみられるが、何処にて信直と連絡を取っていたのかは不明である。重恒が一揆の鎮定を求められていることを考慮すれば、江刺郡の近隣であったことは想像に難くないが、詳しい場所までは判然としない。

葛西・大崎一揆における重恒の動静は以降不明となるが、次いで浅野長吉や浅野次吉から九戸一揆への参陣を求められている（表1―13・14）。重恒が実際に九戸一揆に参陣したことを示す同時代史料は管見に触れないが[27]、和賀郡の和賀信親や稗貫郡の稗貫輝家[28]と共に、現地での軍事動員が可能な存在として、豊臣政権から認知されていたと言えようか。

（2）重恒の死

九戸一揆鎮圧後の天正十九年九月、重恒は南部氏へ仕官し、信直から和賀・稗貫両郡内に知行地を与えられて稗貫郡の新堀城を居所とした（表1―15・16・18・22）。重恒の南部氏への仕官については、三ヶ尻加賀の仲介によるものとされている[29]。他方、江刺「郡」を構成していた「三ヶ尻加賀」や「江刺口内」氏は個別に信直に仕官している[30]。このような三ヶ尻氏や口内氏の仕置後の動向によっても、江刺「郡」が江刺氏との主従関係による結合ではなく、個々の領主が江刺氏を中心に一揆的に結合した存在であったことが分かる。江刺氏も含め、江刺「郡」はあくまで個々の領主の一揆的結合によって成立していた存在だったのである。

同年、「江刺殿養子三郎殿関処ニテ生害」という出来事が起こる（表1―16・17）。この時自害したのは、先に見た「江刺彦三郎」であったとみられる（表1―8）。近世の江刺氏系図には、重恒の長男として「重俊　江刺彦三郎　天正十九年卒」と記されており[31]、右の記載と状況が一致している。彦三郎が自害した理由は不明なものの、南部氏への仕官と前後して重恒は養子を失っていたのである。

そして、重恒自身も翌文禄元年に自害している。

史料四　浅野長吉書状写（表1―19・20）

兵庫助被二相果一由、不便ニ候、然者、跡之儀、無二相違一様にと、南部殿へ書状遣候間、其御理尤候、恐々謹言、

浅野弾正

七月廿一日　　　　　長吉判

江刺四郎殿　御宿所

史料四は、「兵庫助」自害の報に接した長吉が、「江刺四郎」がその跡を継げるよう、信直に書状を送ったことを四郎に伝えた文書である。重恒の子には、彦三郎の他に「重隆江刺兵庫　始彦四郎」がおり、[32]彼が「江刺四郎」にあたるとみられる。となると、やはり重隆が継ぐ「跡」とは重恒の跡と考える他なく、「兵庫助」は兵庫頭の誤記であったと判断される。重恒が自害した理由もまた不明と言わざるを得ないが、江刺氏は彦三郎に続いて重恒も失ったのである。なお、江刺氏はこの後重隆が相続し、盛岡藩士として続くこととなる。

（3）江刺「郡」の行方

最後に、江刺「郡」の奥羽仕置後の状況について見ておきたい。この点を検討する上で、まず紹介したいのは「高野円満院古代より檀那之事」と題されてまとめられた三点の史料の控である。[33]一点目は、高野山の窪之坊にかつて重恒（「前々兵庫頭」）が回答した通り、江刺領であった「江刺郡之内并十八里」に居住する人々は窪之坊を宿坊とする「旦那」であることを慶長十七年（一六一二）に「江刺長作」が再確認した際の文書、二点目は、一点目を受けて慶長十八年（一六一三）に作成された「江刺中古人之衆」の名簿、三点目も、一点目を受けて同年に作成された「伊沢中古人之衆」の名簿である。[34]当時の盛岡藩士江刺氏の当主「江刺長作」（隆直）は重恒の孫（重隆の子）にあたる。[35]その隆直は、一点目の文書で「江刺普代之老中たる者共、中伝候」ことを基に回答したと記している。

このように「高野円満院古代より檀那之事」は、江戸初期に伝わっていた戦国末期の江刺氏勢力圏の情報を伝える史料であり、江刺「郡」の範囲を知る上でも有用と言える。その観点から、二点目・三点目の文書にある「檀那」に付されている地名を抜き出し、**表2**A・Bと同じく近世の村単位にまとめたのが**表2**Cである。地名が付されている人物が限られているため、断片的な情報からの判断にはなるが、江刺郡の旦那は郡内の広範囲に分布しており、胆沢郡も同郡東部の北上川沿いに旦那が分布していることが分かる。この結果は、先に検討した**表2**A・Bの検討結果とも矛盾せず、戦国末期の江刺「郡」の範囲が江刺郡の全域と、胆沢郡の東部に広がっていたという事実をより鮮明にしている。

かかる**表2**Cの「檀那」中には「上総」や「和泉」と言った官途を通称とする人物もおり、彼らは奥羽仕置後には江刺氏と行動を共にせず、在地に残った元領主達とみられる。一方で、江刺氏と同じく盛岡藩士となった人々も存在する。その概要と検討するため、『奥南落穂集』所収「江刺兵庫頭重恒ノ事」に記される江刺氏の勢力下にあったとする由緒を持つ盛岡藩士一覧から、藩士初代に位置付けられている人物を抜き出し、その故地とされる場所を近世の村単位でまとめたのが**表2**Dである。この内、先述の三ヶ尻加賀や長坂備中、羽黒堂彦市[36]の実在は確認できるが、他の人物の実在は必ずしも確定はできない。しかしながら、江刺「郡」の行方を考える上での参考として、その概要を確認してみたい。

江刺郡の領主については、北部の口内氏、東部の人首・高屋両氏、南部の大田代・小田代・羽黒堂各氏が確認されており、西部の江刺氏を加えれば、郡内の全域に本拠地の分布が及んでいることが分かる。中でも、**表2**Aに登場した口内・人首・高屋・菊池各氏は江刺氏と同じく盛岡藩に仕官しており、かつて江刺「郡」として共に行動していた影響が見て取れる。胆沢郡についても、**表2**C「八幡」に隣接する下河原村の下河原氏、江刺郡に隣接する北上川東岸の鴬沢氏が確認され、長坂氏と三ヶ尻氏を加えると、やはり郡の一部に江刺「郡」の構成員が存在していたことは疑うべくもない[37]。

他方、注意を要するのは、江刺氏の勢力下にありながらも、気仙郡や遠野保に由緒を持つ一族が存在する点である。彼らの所領は江刺郡からは距離があり、江刺「郡」として一揆的結合に含まれているのか否か、判断し難い。しかしながら、気仙郡猪川村の長国寺には重恒の名を記す棟札がある（**表1**―4）ため、同村に江刺氏の飛び地が存在していた可能性が高い。このことは、先に触れた三河守と気仙郡浜田氏の繋がりからも推測できる。遠野保についても、飛び地が存在していたのかもしれない。この点は、胆沢郡のように江刺「郡」が隣郡に拡大していたことを示しているとも評価できるが、更なる検討が必要であるため、本稿では判断を保留せざるを得ない。

以上のように、**表2**C・Dからは、江刺「郡」が江刺郡内から胆沢郡の一部に広がっていた様相が明らかとなる。そして、奥羽仕置後に江刺「郡」を構成する一族は、在地に残った一族もいれば、江刺氏のように盛岡藩に仕官した一族もいるなど、一揆的結合から分裂することとなった。江刺「郡」はあくまで個別領主の一揆的結合であるため、対応が領主毎に異なるのは自然な結果と言えよう。よって、奥羽仕置・奥羽再仕置を契機として江刺「郡」は解体したと結論付けられる。

おわりに

以上、奥羽仕置・奥羽再仕置時点の江刺氏当主重恒の動向と、その活動基盤となっていた江刺「郡」の実相を検討してきた。江刺氏は、元々江刺郡内の領主達による一揆的結合「江刺「郡」」の中心であったが、重恒が当主となる直前の時期から胆沢郡への侵攻を始め、その影響で江刺「郡」を構成する領主が胆沢郡側まで拡大した。重恒は奥羽仕置によって所領を失い、葛西・大崎一揆を経て南部氏に仕官することを選ぶが、仕官直後に自害した。江刺「郡」も仕置によって分裂し、仙台藩支配下で在地に残ることを選んだ人々や、旧領から離れ盛岡藩に仕えることを選んだ人々がおり、藩を跨いで分散することとなった。

このように重恒と江刺「郡」の奥羽仕置・奥羽再仕置前後の動向からは、一揆的結合が葛西氏の改易という形で強制的に解体させられたことが読み取れる。葛西領内においては、仕置によってそれまでの地域社会が大きく変化したことは言うまでもなく、この時点が中世の終焉であったとも言えようか。

本稿では、江刺郡における一揆的結合を江刺「郡」と定義してその特徴を確認してきた。しかし、その大枠を示すに留まっており、その成立やより詳しい構成氏族の検討は行えなかった。また、行論の中で盛岡藩士となった一族については言及したが、仙台藩士となった一族の捜索はできなかった。これらの点に関しては、今後の課題である。

注

(1) 及川儀右衛門「葛西分領としての江刺」（江刺市史編纂委員会編『えさしの歴史』所収、江刺市、一九九八年）。
(2) 拙稿「柏山氏と江刺氏の基礎的考察——葛西一族内の秩序に関する試論」（『歴史』一四〇、二〇二三年）三四・三五頁。
(3) この他、森ノブ氏の中世江刺郡に関する研究がある（同氏「中世後期」（『江刺市史』第一巻 通史篇 原始・古代・中世所収、江刺市、一九八三年））。しかし、氏の研究に関しては別稿にて述べたように再検討の必要があり（前掲注2拙稿 二五・二六・四六・四七頁）、そのほかの部分も概説的な論調となっているため、具体的な領主の動向は明らかとなっていない。
(4) 大石直正「奥羽再仕置」（『石巻の歴史』第六巻 特別史編所収、石巻市、一九九二年）二四〇—二四三頁。
(5) 中川学「移住と土着」（前掲注4書籍所収）二四六—二五三頁。
(6) 前掲注2拙稿。
(7) 木下聡「室町幕府の官途秩序」（同氏著『中世武家官位の研究』所収、吉川弘文館、二〇一一年）。
(8) 佐嶋與四右衛門『光明寺小伝』（宗教法人光明寺、一九八二年）四・五頁。

(9)『吾妻むかし物語』下巻所収「江刺兵庫頭波岩和尚へ返書の事」(『江刺市史』第五巻　資料篇　古代・中世（江刺市、一九八二年）中世八―（二）号)。

(10)『正法年譜住山記』天正十二年条（『石巻の歴史』第八巻　資料編二　古代・中世編（石巻市、一九九二年）中世編四九二号。以下、同書中世編からの史料引用は『石巻』と省略）。以下、『正法年譜住山記』は同書からの引用。

(11)『石巻』三五七号史料解説。

(12)石田悦夫「戦国大名」（前掲注4書籍所収）一三一頁。

(13)（天正十六年カ）八月五日付葛西晴信書状（「盛岡南部家文書」、『石巻』三四五号）。

(14)菅野文夫「三戸南部氏と糠部「郡中」」（『岩手大学文化論叢』三、一九九五年）。

(15)泉田邦彦「奥羽と京・鎌倉――国人一揆を中心に」（東北大学日本史研究室編『東北史講義』【古代・中世篇】所収、筑摩書房、二〇二三年）一三六―一三九頁。

(16)熊谷隆次「北奥羽の戦国世界」（前掲注15書籍所収）一七五頁。

(17)前掲注2拙稿　四〇―四三頁。

(18)「塩釜首藤文書」（『石巻』五一五号）。

(19)前掲注18史料解説。

(20)（文明元年）十二月十三日付「薄衣状」（『石巻』五〇五号）。

(21)前掲注2拙稿　三三―三四頁。

(22)室町幕府の「官途秩序」（前掲注7木下論文）からみると、**表2**Bには重恒（兵庫頭）と同格の「上位官途」を使用する「浅井　中務少輔重朝　平道蓮」及び「及河尾張守」が登場している。しかし、別稿にて指摘したように、重朝の「上位官途」使用への対抗策からか、天文五年に重恒先代当主とみられる人物が「左衛門督」という「上位官途」でも最上位の官途を使用している（前掲注2拙稿　四八・四九頁）。重恒の代にもその影響がまだ残っており、「及河尾張守」の「上位官途」使用も前代当主時代の秩序動揺の名残と判断できよう。

(23)拙稿「正法寺開山をめぐる政治情勢」（えさし郷土文化館編『雅静の美――正法寺の至宝を巡る』展示図録所収、えさし郷土文化館、二〇二一年）三七頁。なお、同論文で筆者は胆沢郡「長坂」地域を近世胆沢郡の永沢村内の地名に比定したが、正法寺との距離を勘案すれば、近世磐井郡の長坂村の方が適しているのかもしれない。その場合、中世の長坂村は胆沢郡域に含まれていたことになる。この点に関しては、別途再検討することとしたい。

(24)『奥南落穂集』所収「江刺兵庫頭重恒ノ事」（『青森県史デジタルアーカイブス』掲載、ID : Chus4-1902-000-j）。

同書は、盛岡藩近隣地域において奥羽仕置などで滅亡した家の遺臣の内、盛岡藩士となった人々の来歴を記した史料で、元禄年間の初めに原形が成立し、その後加筆されて、享保年間に現在の形になった（斉藤利男「奥南落穂集解題」『青森県史デジタルアーカイブス』掲載、ID : Chus4-2-4-1-2-0-a）。

(25)前掲注24史料。

(26)安永三年（一七七四）二月付「江刺郡片岡村増沢村餅田村之内風土記村扱ニ無之分書出」（『宮城県史』三二　資料篇九、宮城県史刊行会、一九七〇年）。

(27)『広隆寺旧記』（『新編　北上市史』資料編　古代・中世（北上市、二〇二二年）中世三五一号）に、九戸一揆に「江刺勘解由」が参陣し、手柄を立てたと記されている。ただし、後年の史料であるため、実際に重恒ないし江刺氏の一族が九戸一揆に参戦したか否かは不明である。

（28）拙稿「和賀信親・稗貫輝家――奥羽仕置に反発した一揆の首魁という虚実」（遠藤ゆり子・竹井英文編『戦国武将列伝』一 東北編所収、戎光祥出版、二〇二三年）。
（29）前掲注27史料など。
（30）天正十九年十二月日付南部信直判物（「口内文書」、『石巻』四七四号）・天正十九年十二月五日付南部信直判物（「盛岡三ケ尻文書」、『石巻』四七五号）。
（31）『系胤譜考』三〇所収「江刺脇之助隆存」家系図（もりおか歴史文化館所蔵、資料番号：史二九―一―〇六九―三〇）
（32）前掲注31史料。
（33）個人蔵（『岩手県史』第四巻　近世篇一（杜陵印刷、一九六三年）三八〇―三八二頁）。
（34）前掲注27書籍古代五―七号史料解説。
（35）前掲注31史料。
（36）慶長十五年（一六一〇）十月二日付南部利直知行宛行状（「花巻松川文書」、『岩手県史』第三巻　中世篇下（杜陵印刷、一九六一年）一四九頁）。
（37）なお、**表2**には現在の奥州市江刺梁川地域における江刺「郡」の参加者が存在していないが、これは史料の残存状況によるもので、江刺「郡」から同地域が外れていたことを意味しない。実際、同地域には南北朝期に江刺一族である「須合」氏（近世の菅生村が本拠地）がおり（前掲注2拙稿　三二―三六頁）、江刺氏と無関係な地域ではない。

◎コラム◎

高野長英の先祖高野佐渡守

――ある葛西旧臣をめぐって

高橋和孝

はじめに――高野長英の先祖

高野長英は、文化元年（一八〇四）に仙台藩水沢伊達家中の後藤家に生まれ、後に同家中の高野家の養子となった。長英は二十三才の時に長崎へ留学し、鳴滝塾で蘭学を修めたが、幕府の攘夷政策を批判したために蛮社の獄で投獄される。しかし、後に牢屋敷の火災に乗じて逃亡し、協力者の援助を受けながら各地を転々とする。最終的には江戸で捕吏に見つかり、嘉永三年（一八五〇）にその生涯を閉じた。

右の通り長英は維新を迎えることなく死去したが、明治期以降には子孫や郷里水沢の人々によって復権活動が行われ、その業績が広く知られるようになった。その活動の中、長英の子孫である高野長運が著した『高野長英伝』に、次の記載がある(1)。

> 嚢祖高野佐渡守勝氏は、上杉輝虎入道謙信に仕へて、驍悍を以て知られ屡軍功を樹てた、今我が家に左の感状の写が残存してゐる。

この記載によると、高野家の祖「高野佐渡守勝氏」は上杉謙信の家臣であり、その「感状の写」が高野家に伝来しているのだという。しかしながら、なぜ高野家に伝来したのが原文書ではなく、「感状の写」であったのだろうか。この点について、本稿で改めて確認し、高野佐渡守について考察を加えてみたい。

一、上杉謙信の感状

(1)高野佐渡守宛上杉謙信感状

まず、高野家に伝来した上杉謙信「感状の写」を紹介しよう。

史料一　伝上杉謙信感状写(2)

今度於㆓信州伊奈㆒武田与相戦候処、

其方備之立様を以武田勢退陳、殊ニ
先年於二河中嶋一軍功数度之手柄無二比
類一候、依レ之、高田之内五千苅、小
田之内千五百苅、平柳屋敷ニ而五百苅、
為二忠賞一永代宛行者也、仍如レ件、
永禄五年四月二日　輝虎判
高野佐渡守殿

史料一には、武田勢との戦いで「高野佐渡守」が活躍し、永禄五年（一五六二）に謙信から所領を与えられたと記されている。この文書については、既に「本文書は検討の余地がある」として疑問が呈されている(3)。しかし、**史料一**は写であるので、原本も確認する必要があろう。そのため、次に原本を検討する。

史料二　伝上杉謙信感状(4)

今度於二信州伊奈一武田与相戦候処、
其方備之立様を以武田勢退陳、殊ニ
先年於二河中嶋一軍功数度之手柄無二比
類一候、依レ之、高田之内五千苅、小
田之内千五百苅、平柳屋敷ニ而五百苅、
為二忠賞一永代宛行者也、仍如レ件、
永禄五年四月二日　輝虎（黒印）
高野佐渡守殿

史料二は、現在中尊寺の所蔵となっている。記載内容は**史料一**と同じであるが、差出書に花押ではなく、黒印が捺されている。これは花押が書かれた同内容の別文書が存在する訳ではなく、恐らく**史料一**を作成する際に、黒印の部分を「判」と省略したのであろう。よって、**史料一**の原本は**史料二**と判断される。

さて、**史料二**に捺された印を写真版で確認すると、鼎もしくは香炉型の印で、印文は「輝虎」と読める。この印と同じものを上杉謙信が文書で使用しているか否かを確認したが(5)、管見の限り同型の印は確認できなかった。そのため、印章の面からは、**史料二**が真正の文書とは確定できない。

では、記載内容の面からはどのように判断されるのであろうか。ここで留意しなければならないのは、**史料二**が所在する仙台藩領北部地域は、葛西氏関係偽文書の分布範囲に入っているという点である。石田悦夫氏は、葛西氏関係偽文書にみられる筆跡は、他氏族に関係する偽文書にもみられると指摘している(6)。確かに**史料二**の筆跡は、石田氏が葛西氏関係偽文書の「丙類」の筆跡として例示した文書と近似しているようにもみえる。

また、文言の面でも、葛西氏関係偽文書との共通点がみられる。石田氏は、葛西氏関係偽文書に登場する文言の特徴を十項目挙げている(7)。石田氏の挙げた文言の特徴と一致する**史料二**の文言を適示すると、文頭が「今度」で始まる、「手柄無二比類一候」の使用、「為二忠賞一」の使用が確認できる。また、石田氏の挙げた文言として、「其方武勇を以って」の文言と意味が近い「其方備之立様を以」てとある。このようにみると、葛西氏関係偽文書と、**史料二**は文言の面で共通する特徴を有していると評価できる。
　更に、石田氏は葛西氏関係偽文書には「感状」と「宛行状」を折中したような様式が多い」と指摘している。(8) **史料二**は、前半部分が武田氏との合戦に関する感状の部分で、後半部分が知行宛行状の部分となっており、石田氏の述べた感状と宛行状を折中した様式となっている。文書様式の面からも、葛西氏関係偽文書と**史料二**は共通の特徴を有していると言わざるを得ない。

　以上のように、**史料二**には葛西氏関係偽文書と共通する特徴が多く見出される。そして、印章の問題も考慮して考えれば、**史料二**及びその写である**史料一**を真正の文書と判断するのは難しい。原本調査を欠いた推論にはなるが、本稿ではこのように結論を付けたい。

　しかし、なぜ**史料二**が高野家ではなく中尊寺の所蔵となっているのであろうか。本来、家の由緒に関係する文書であれば、家の相伝文書として所蔵するのが普通であろう。次に、この問題について考えてみたい。

(2) 伝上杉謙信感状の伝来

史料二が中尊寺に渡った経緯について、寺崎清慶が葛西氏関係の系図・文書等を集め一書にまとめた『葛西氏考拠雑記』(明和四年（一七六七）奥書)(9) 所収の写しに、以下の記載がみえる。

史料三　『葛西氏考拠雑記』所収上杉謙信感状写

今度於二信州伊奈一武田と相戦候処、其方備之立様を以武田勢退陣、殊先年於二河川嶋一軍功数度之手柄無二比類一候、依レ之、高田之内五千苅、小田之内千五百苅、平柳屋敷ニ而五百苅、為二忠賞一永代宛行者也、仍如レ件、

　永禄五年四月二日　輝虎　御墨印

　　高野佐渡守殿

（宛所上部）
唯今ノ米沢ノ上杉家之御先祖也、東谷坊求レ之也、出所右同断、

史料三は、『葛西氏考拠雑記』中の「葛西家御黒卯（印）之写」に含まれる**史料二**の写である。写された時期は不明ながら、同書の文書写部分には「明和三年（一七六六）丙戌霜月吉辰」に「寺崎伝九郎清慶誌レ之」とある。**史料三**と**史料二**を比較すると、転写時の誤字・脱字があるものの、同じ文書であることは疑いない。

　ここで注目されるのは、宛所上部にある「東谷坊求レ之也、出所右同断」の記載であろう。ここにみえる「東谷坊」は中尊寺の僧坊の一つである。(10) つまり、**史料二**が現在中尊寺の所蔵となっているのは、明和三年以前に「東谷坊」が**史料二**を入手したことによると判明する。

　その入手先については、「出所右同断」となっている。**史料三**の前に写されている文書は年欠七月七日付清水丹波守宛伝葦名義広書状で、注記に「東谷坊求レ之」と入手した旨の記載はあるものの、入手先の記載はない。更に遡ると、永禄二年（一五五九）三月七日付熊谷彦十郎宛伝葛

西晴信書状に「右同断」とある。その前には年欠正月五日付熊谷菊之進宛伝葛西晴信書状があり、注記に「此古文書、水沢家士付岡氏八郎左衛門所持之内、大槻丈吉所持ヲ以、組抜士熊谷加蔵求レ之」と、ようやく入手先らしい記載がみえる。この記載によれば、少なくともこの四通は水沢の付岡八郎左衛門が所持していた。熊谷氏宛の文書は「大槻丈吉」が仲介して「組抜士熊谷加蔵」に渡ったらしい。熊谷氏と同様に「大槻丈吉」が仲介したかは不明ながらも、「東谷坊」へも付岡八郎左衛門から文書が渡ったのであろう。

この四通のうち、熊谷氏宛の二通については、既に葛西晴信文書内類に分類される偽文書と判定されている(11)。伝葦名義広書状も、文言からみると偽文書の疑いがあり、**史料三**の原本である**史料二**も同様である。つまり、八郎左衛門が所持していた四通の文書は、全てが偽文書ないし偽文書の疑いがある文書と言わざるを得ない。八郎左衛門の許にこれらの文書が集まった理由は不明であるが、文書の宛所などから判断すると、少なくとも付岡氏が元々所持していた文書ではなかろう。

高野家に関係する**史料二**に即して考えれば、高野家から八郎左衛門に渡った可能性も想起されるが、筆跡が他の偽文書と似通っているため、高野家は文書の作成と無関係であったと言える。すなわち、**史料二**は何者かが葛西氏関係の偽文書と共に作成し、八郎左衛門に渡したとするのが自然な解釈であろう。そして、八郎左衛門に渡った**史料二**は何故か高野家には渡らず、**史料三**にあるように東谷坊に渡ったと判断される。

いずれにせよ、**史料二**の作成に関して高野家は関係がなく、中尊寺も水沢に集積されていた文書を入手したに過ぎないと考えられる。高野家は、中尊寺が入手した後に、その写し（**史料一**）を作成し、所蔵したのであろう。以上の知見に基づいて、次節では内容に疑義が残る**史料二**を検討から除き、改めて高野家の先祖について確認していくこととしたい。

二、高野佐渡守

(1) 高野家の由緒

高野家の由緒に関しては、次の史料が知られている。

史料四『寛永二十一年御家中由緒書上』所収高野家由緒書上(12)

一我等親高野佐渡ト申候、景勝様御譜代御座候、白石之城ニ甘糟備後組ニ而罷在候、其上落城之砌、上野殿江御願ニ罷成、牢人雇ニ被二指置一被二召仕一候、以上、

『寛永二十一年御家中由緒書上』は、寛永二十一年（一六四四）に水沢伊達氏の家老「稲沢四郎左衛門・余目土佐・花渕善兵衛・八幡正左衛門」が連署して仙台藩の直臣「桑島三吉・二関十郎右衛門」に宛てて提出した史料の控で、前述の家老四家を除く水沢伊達家中各家の由緒書

が集成されている。[13] **史料四**は、当該史料中にある「高野九兵衛」による由緒書上で、自身の親「高野佐渡」の来歴について記しているため、遥か後世の由緒書に比べれば、その内容にも信頼が置ける。

史料四によると、「佐渡」は上杉景勝の「譜代」で、「甘糟備後」（景継）の配下として白石城に在城していた際に城が落城し、「上野殿」（留守政景）を頼ってその配下になったのだという。この「佐渡」に纏わる由緒の時期は、白石城主が景継で、かつ戦場となったのは、慶長五年（一六〇〇）の白石城の戦い[14]のみであるため、慶長五年頃のことと推定される。そして、同年の白石城落城以降に「佐渡」は政景に仕えることになったのである。

右のように、高野佐渡の子高野九兵衛は、父「佐渡」が上杉景勝の家臣で、白石城の戦いの後、水沢伊達氏に仕えたと由緒に記していた。この記載からは、江戸初期には既に高野家が上杉家の旧臣を称していたことが分かる。**史料二**は、かかる高野家の系譜認識を下敷きにして作成されたものとも言えよう。では、実際に高野家は上杉家の「譜代」だったのであろうか。

（2）上杉家での高野佐渡

上杉家における高野佐渡の立場を示す同時代史料として、次の史料が見出される。

史料五　片倉景綱・石川昭光連署起請文[15]

　起請文前書之事
一今度被二召出一候上者、登坂式部少輔兄弟并白井左衛門尉、南右馬允、葛西長三郎、同家中富沢吉内、黒沢豊前、高野佐渡守身命之儀、不レ可レ有二相違一事、
一廉之者、討死中候由ニて、何方へも被二相越一候者、此一書可レ為二相違一事、
右之旨、於レ偽者、
日本国中大小神祇、八幡大菩薩、愛宕権現、春日大明神、殊氏神、可レ被二御罰一者也、

　　　　　　石川大和守
七月廿五日　　昭光（花押）
　　　　　　片倉小十郎
　　　　　　　景綱（花押）
登坂式部少輔殿
南　右馬允殿参

史料五は、白石城を伊達氏が攻略した際に降伏した人々を書上げ、その「身命」を片倉景綱と石川昭光が起請文で保証した文書である。ここに、「高野佐渡守」が登場する。しかし、上杉氏の直臣ではなく、「葛西長三郎」・「同家中富沢吉内」・「黒沢豊前」と共に記される、上杉氏に仕官した葛西氏及びその家臣としての登場であった。[16]

実際、この時上杉氏側から伊達氏側に渡された所領の書上中に、「弐千石　かさい」・「弐千石　とミさわ」とあり、[17] 長三郎と吉内が上杉氏から所領を与えられ

ていたことは分かるが、豊前と佐渡守の分の所領は見えない。豊前と佐渡守が上杉氏の直臣であった場合、書上に別個に所領が記載されていないのは不自然である。すなわち、**史料五**の記載通り豊前と佐渡守は葛西家臣で、「かさい」分もしくは「とミさわ」分の所領に二人の所領も組み込まれていたと考えるのが妥当であろう。この記載からも、佐渡守は上杉氏の直臣ではなく、上杉氏に仕官した葛西氏の家臣であることが確かめられる。

では、この「高野佐渡守」は葛西家臣の中で、いかなる立場の人物であったのであろうか。最後にその点を確認してみたい。

（3）葛西家臣高野佐渡守

まず、**史料五**に登場する葛西氏関係の人物について、その出自を確認しよう。「葛西長三郎」は、『仙台葛西文書』中の「葛西家家譜書上控」[18]などに葛西晴信の子として登場する葛西長三郎清高にあたると、大石直正氏は指摘している。[19]

富沢氏は葛西氏の庶流[20]で、栗原郡北部から磐井郡流地域を勢力下においていた。[21]吉内を「富沢幽斎」[22]の子とみる説[23]もあるが、幽斎の子孫を称する盛岡藩の富沢氏[24]及び秋田藩の富沢氏[25]いずれの系図にも、吉内は登場せず、系譜関係ははっきりしない。

黒沢氏は、「岩井郡下黒沢之館」を本拠とする葛西一族を称し、豊前は降伏後に伊達政宗に仕え、子孫は仙台藩士となっている。[26]慶長五年以前の具体的な活動は不明ながら、富沢氏の勢力下にあった可能性もある。[27]また、慶長八年（一六〇三）五月三日の奥書を持つ『小野寺系図』には、天正年間の人物として「黒沢城主豊前守」が登場しており、[28]史料五の「黒沢豊前」と同一人物かもしれない。

問題は、高野佐渡守である。管見の限り、葛西氏関係の史料で佐渡守と同一人物と見做せる人物はおらず、高野氏の所領が何処に存在したのかも不明と言わざるを得ない。想像を逞しくすれば、富沢氏や黒沢氏が磐井郡に勢力を持つ一族であった事実から、高野氏の所領もこの付近に存在した可能性が考えられる。江戸期の史料にはなるが、磐井郡東山南方薄衣村の「六代相続　加妻屋敷　覚左衛門」の先祖は「高野庄作」なる人物であったと伝わっており、[29]磐井郡にも高野の名字を名乗る一族が存在したことは確実と言える。高野氏に関してはこれ以上の追究は難しく、磐井郡付近に所領を持っていた可能性がある葛西家臣という点のみが現在指摘できる点である。

むすびにかえて

以上、本稿では高野長英の先祖である高野佐渡守に焦点を当て、論を進めてきた。まず、高野佐渡守宛の上杉謙信感状は偽文書の可能性が高いことを指摘し、佐渡守の経歴について再検討を行った。結果、同時代史料では佐渡守は上杉氏に仕官した葛西氏の家臣として登場しており、上杉氏の直臣ではないことを明らかにした。その前提で経歴を復元すると、佐渡守は旧領を失いながらも葛西氏に従って上杉氏に仕え、白石城の戦いで伊達氏に降伏した後、留守政景に再仕官した、となる。

しかし、なぜ高野九兵衛は父佐渡守の上杉家以前の経歴を伏せたのであろうか。この点に関しては確かめる術も無いが、**史料四**が水沢伊達家への仕官の経緯についてのみ記載がなされていることから、白石城の戦い以前のことは不要として記載しなかっただけかもしれない。或いは、単に九兵衛が佐渡守の白石城の戦い以前の経歴を知らなかった可能性もある。いずれにせよ、九兵衛が佐渡守の経歴を記さなかった理由ははっきりしない。

なお、行論の中で中世における高野氏の所領や、葛西偽文書に類する偽文書の作成・集積に関するより詳しい検討の必要性など、更なる課題が生じた。これらの課題については、他日を期すこととしたい。

注

(1) 高野長運『高野長英伝』(第二増訂版)(岩波書店、一九四三年。初版は一九二八年)五頁。
(2) 「水沢高野文書」(岩手県教育委員会編『岩手県中世文書』下巻(国書刊行会、一九八三年。初出は一九六八年)二五号)。
(3) 『上越市史』別編一　上杉氏文書集一(上越市、二〇〇三年)三一四号史料注記。
(4) 「中尊寺文書」(『平泉町史』史料編一(平泉町、一九八五年)中世文書一〇二号)。
(5) 藤木久志・阿部洋輔「上杉家の花押と印章」(『新潟県史』通史編二　中世所収、新潟県、一九八七年)七三七・七三八頁。『上越市史』別編一　上杉氏文書集一　別冊(上越市、二〇〇三年)一四八・一四九頁。
(6) 石田悦夫「戦国大名」(『石巻の歴史』第六巻　特別史編所収、石巻市、一九九二年)一六二―一六四頁。
(7) 前掲注6石田論文　一六六―一六八頁。
(8) 前掲注6石田論文　一六八頁。
(9) 国立公文書館所蔵(請求番号:一五五―〇二四九)。
(10) 安永四年(一七七五)七月付「書出」(関山中尊寺弘台寿院)(『宮城県史』二七　資料篇五、宮城県史刊行会、一九五九年)。
(11) 前掲注6石田論文掲載「葛西関係偽文書目録」一―一・一―七四号。
(12) 菅野正道『寛永二十一年御家中由緒書上』――中世留守氏家臣団関係史料」(『市史せんだい』一六、二〇〇六年)。
(13) 前掲注12菅野論文　八六・八七頁。
(14) 大石直正「奥羽再仕置」(前掲注6書籍所収)二三八・二三九頁。
(15) 「片倉文書」(『石巻の歴史』第八巻　資料編二　古代・中世編(石巻市、一九九二年)中世編四八三号。以下、同書中世編からの史料引用は『石巻』と省略)。
(16) 前掲注15史料解説。
(17) (慶長五年)七月二十七日付苅田郡検地覚書状(「伊達家文書」、『石巻』四八四号)。
(18) 『石巻』五一三号。
(19) 前掲注14大石論文　二三八・二三九頁。
(20) 『奥州余目記録』(『石巻』四九〇号)に、南北朝期の「葛西れんせいの十六番め子、富沢の先祖右馬助」が登場する。よって、富沢氏は葛西一族である。
(21) 前掲注6石田論文　一五一―一五三頁。

(22)　慶長五年十一月九日付南部利直黒印状写（「秋田藩家蔵文書五七　富沢市之允盛勝家蔵文書」、『石巻』四八五号）。

(23)　前掲注22史料解説。

(24)　『系胤譜考』四六所収「富沢六左衛門喜武」家系図（もりおか歴史文化館所蔵、資料番号：史二九―一―〇六九―四六）。

(25)　『諸士系図』保辺土知奴部所収「富沢氏」系図（秋田県公文書館所蔵、資料番号：A二八八．二―五九〇―四）。

(26)　延宝七年（一六七九）三月二日付黒沢家由緒書（『江刺市史』第五巻　資料篇　古代・中世（江刺市、一九八二年）中世十三―（一）仙台藩諸家由緒書上所収）。

(27)　『桃生山内首藤氏系譜』（「塩釜首藤文書」、『石巻』五一五号）。

(28)　『新編　北上市史』資料編　古代・中世（北上市、二〇二二年）中世二九三号。

(29)　安永四年七月付「代数有之御百姓書出」（磐井郡東山南方薄衣村）（前掲注10書籍）。

謝辞　上杉氏の印章について、阿部哲人氏よりご教示を賜った。この場を借りて、感謝を申し上げる。

文禄～寛永期の葛西氏旧臣と旧領
――奥羽再仕置のその後

泉田邦彦

文禄～寛永期の葛西氏旧臣と旧領の情報を整理し、奥羽再仕置が地域社会にもたらした影響の考察を試みた。葛西・大崎一揆後、有力な葛西氏旧臣は肝入等に就いており、伊達氏が彼らを地域支配の要に据えようとしたことを推測させる。当該地域では、家の由緒や地域呼称に葛西氏旧臣・旧領を示す伝承が散見されるように、近世に至ってもなお葛西氏とのつながりを主張することに一定の意義があった。

はじめに――中近世移行期の視座

中世葛西氏が支配した北上川中下流域を中心とする葛西領は、牡鹿・桃生・本吉・登米・磐井・江刺・胆沢・気仙郡に及ぶ広大な領域であった。葛西・大崎一揆を経て伊達政宗の手にわたり、その後は仙台藩に包摂された。

一九九〇年、東北史学会大会シンポジウム「奥羽――一揆・仕置」が開催された。シンポジウムの前提として、遠藤基郎氏は、これまでの奥羽仕置に関する研究史を整理し問題提起を行い、在地社会における奥羽仕置の意義を追求する研究が希薄であることを指摘した[(1)]。

この指摘を踏まえた、中川学氏による一連の研究では、仙台藩で作成された「風土記御用書出」や「代数有之御百姓書上」、いわゆる「古人書上」の分析がなされ、近世村落における葛西旧臣の由緒が持つ意味が明らかにされた[(2)]。すなわち、「葛西御代」の「古人」である由緒を示すことは、家の古さや家格の高さを示すことになり、「葛西」と結びつけられた由緒が村落内部における家格形成に一定の影響を及ぼしたこと、それは地域住民の共通認識に支えられていたこと等が確認された。また、中川氏は、仙台藩各村の由緒持ち百姓のうち葛西・大崎旧臣の由緒を持つ者が六割を占めていること、そのうち七割が百姓化する際に本貫地を離れて土着したこと、百姓化した葛西・大崎旧臣の五割以上が大肝入・肝入等の村役人を勤めていること等を明らかにしている。これらの事実は、一揆が地域社会にもたらした影響を考える上で示唆的であるといえよう。

中川氏の成果を受け、『石巻の歴史』第一巻における入間田宣夫氏・大石直正氏の論考は、近世牡鹿郡各村の百姓由緒書から中世葛西氏家臣の復元を試み、その村落における存在形態を具体化した(3)。しかしながら、中川氏らの研究は一七七〇年代に作成された「風土記御用書出」等を主な分析の素材にしていることから、中近世移行期における旧臣らの動向は必ずしも詳らかでない点が気にかかる。

ここで、中近世移行期の葛西旧臣に言及した二つの成果に注目したい。一つは、小林清治氏が分析した文禄三年金山一揆の成果、およびその発生理由を検討した遠藤ゆり子氏の成果である(4)。小林・遠藤両氏が史料を考察する過程では、浪人した葛西旧臣が金山肝入を勤め、一揆解決に動いていた姿が示された。なお、遠藤氏は、葛西・大崎一揆を経て、復興・再生の途に就いたばかりの時期に発生した金山一揆の背景に、葛西氏の被官となっていた土豪が滅亡あるいは浪人し、村の成り立ちを支える構造が崩壊していたことを指摘し、金山を支配する領主の代替わりに伴う「世直」が求められ、年貢免除の訴えがなされた可能性を提示している。

もう一つは、仙台藩の大肝入について言及した千葉景一氏・籠橋俊光氏の成果である(5)。千葉氏は、「風土記御用書出」から大肝入・肝入の系譜の検討し、磐井郡東山北方大原村清水田屋敷播州流御塩師大肝入鳥畑新太夫堅定の先祖鳥畑弥九郎、磐井郡東山北方北小梨村大登屋敷大肝入菅原正太夫の先祖菅原伊賀、牡鹿郡遠島女川浜女川浜屋敷大肝入丹野勇吉の先祖丹野左衛門らが葛西旧臣であること、賀美郡中新田村南町屋敷大肝入中嶋太左衛門の先祖が大崎氏旧臣であること等を提示した。その上で、大肝入・肝入に就いた葛西・大崎旧臣のほか先祖が侍だった者たちの多くが在地土豪の系譜を引き、かつ草分け百姓的性格を有していることから、特に藩政初期には村落支配を円滑に行うためにも、在地の状況に明るい旧臣や在地土豪の系譜を引く者を選任し、村落支配の中核に据えた可能性を指摘する。

また、仙台藩の大肝入制の成立過程を分析した籠橋氏は、寛永十五年（一六三八）に確立する大肝入とは異なる、「大肝入」的存在が慶長〜元和年間に政宗の新領である葛西・大崎旧領で出現することを指摘し、それが奥羽仕置を経て伊達氏が獲得した新領地の統治対策であったとする。すなわち、役職に当たる代わりに給付される田地を「役料」ではなく「本知行」とされ、武士身分とも百姓身分ともつかず、藩主政宗の黒印状発給による直接命令の対象という特殊な性格を持つ「大肝入」的存在は、藩側の要請として地域内部にある実力者を、身分的には不明瞭ながら「大肝入」として丸抱えすることで、当該地域における藩の支配の浸透を実現するための核として位置づけたものと見解を示した。

これらの成果は、中川氏が示した、葛西・大崎旧臣が仙台藩領において大肝入・肝入等の村役人になっていた事実とも符合し、葛西旧臣の「その後」を考える上では示唆的である。

本稿では、史料や先行研究から天正二十年（文禄元年、一五九二）以降の葛西旧臣と葛西旧領を整理しながら、奥羽再仕置が地域社会にもたらした影響を探ってみたい。葛西旧臣たちが一揆を経た後、伊達氏や仙台藩、そして地域社会とどのような関係を取り結んだのかについて概観を試みる。なお、筆者の関心から、牡鹿郡・遠島に比重を置いている点は、あらかじめ断っておく。

一、文禄三年金山一揆

葛西・大崎一揆の「戦後」については、前述したように、文禄三年の金山一揆を分析した小林清治・遠藤ゆり子両氏の成果に詳しい。以下、これらの成果に基づきながら、天正十九年から文禄三年（一五九一〜一五九四）の状況を整理したい。

天正十九年七月に佐沼城が落城した後、政宗は中尊寺に対し、土民・百姓の還住を進め、葛西・大崎一揆の「乱後」であるため、年貢を多少減免するという戦後対策を講じた(6)。天正二十年には大崎旧臣であった中目兵庫守が志田郡青生・彫堂の荒れ地の再開発に際し、五年間の年貢免除が政宗から認められていることから、戦場となった当該地域が被災していた様子が指摘される(7)。葛西・大崎一揆直後は、葛西・大崎旧臣が滅亡したり移住したり、在地に帰農するなど、社会が混乱し、秩序の維持が難しい状況だったのである。

天正十九年に伊達領に組み込まれた磐井郡東山には金山があった。遠藤氏によれば、文禄元年に政宗は東山金山の堀子人数を調査し、浅野長吉に報告し、翌文禄二年一月から政宗は堀子に対し紙製の本判（砂金採取や露天掘りを許可した鑑札）を発給したが、同年十一月には政宗が長吉の与力になったことで、金山が長吉支配になることが決定し、文禄三年二月には浅野家臣が三奉行（大橋大蔵、西村左馬助、鯰江権右衛門）が伊達氏発給の本判様式を継承した木製の本判を発給したという。その後、五月二日には気仙（五三二枚）・本吉（一九八枚）・登米郡（一二七枚）、遠島（一一八枚）、東山（一八三三枚）の本判が発給され、浅野家臣は白石十郎左衛門に藩主への取次を任せたらしい。しかし、金山を支配する領主の代替わりが起きた文禄三年に「世直」を求め、葛西旧臣の新城又三郎が年貢免除を訴えたところ、それがのちに豊臣政権から「一揆」とみなされるようになり、白石十郎左衛門以下の御本判肝入が弁明のため、上洛することになった[8]。

ここで注目されるのは、弁明のために上洛した御本判肝入の面々である。延宝九年（一六八一）成立の「御分領中往古御金山御定目古記」には「其比村々ニ而御用共被仰付候者共、遠島之内大原之掃部左衛門、本吉郡ニ而大谷越中、同郡気仙沼之左近、気仙郡今泉之内囚獄、東山之内千厩村白石十郎左衛門、同郡藤沢村之内及川十郎兵衛」が対応したこと、貞享四年（一六八七）二月の及川十郎兵衛申状は及川十郎兵衛・白石十郎左衛門のほか「遠島之内大原村　掃部左衛門、本吉郡大谷村　越中、同郡気仙沼　左近、気仙　囚獄」が対応したことを記す[9]。

彼らの系譜を確認したい。白石十郎左衛門は、葛西旧臣で登米郡鱒淵村ほかを知行していた父白石伊賀が浪人の上、病死した後、弟の与次右衛門とともに政宗に仕官し、「御金山御本判役」に任じられたという[10]。及川十郎兵衛は「葛西御譜代」であり、高野壱岐の仲介で政宗に仕官し、奥羽仕置後に気仙・東山両所を白石とともに任せられ、天正二十年には「東山之内藤沢村御用」及び「御本判役目」の御用を仰せつけられた[11]。金山一揆発生時、及川十郎衛門の従者「伊賀・隼人」は白石・及川とともに妻子を人質として浅野長吉に差し出したが、この小野寺伊賀・及川隼人も葛西旧臣であった[12]。

遠島大原浜（石巻市大原浜）の掃部左衛門は、葛西旧臣の石森掃部左衛門に比定できる。石森掃部左衛門は天正十八・十九年に葛西晴信から遠島にかかる網役を認められており（本書泉田「葛西・大崎一揆と葛西晴信」所収**表1**―5・7）、奥羽仕置後に登米郡石森城から、従来獲得していた網役の権利に基づき、遠島大原浜へ移転したものと推察される。気仙郡今泉の臼井囚獄、本吉郡の越中・左近も葛西旧臣であり、掃部左衛門を含め、彼らはそれぞれの地域の御本判肝入であった。文禄三年金山一揆では、新城又三郎の訴えにより、浅野の三奉行衆から「葛西之臈内敷肝入六人」が上京するよう指示が出され、掃部左衛門ら肝入四人は白石・及川とともに甲斐国鶴川まで行き、三奉行衆と対面する。しかし、最終的に白石・及川のみが京都へ弁明に行くこととなり、肝入四人は「賄代」として砂金五十匁ずつ支払い、帰国した。[13]

紙幅の関係上、金山一揆の経過には立ち入らないが、この関連史料には葛西旧臣が散見される。文禄元年に浅野家臣から東山金山の「御役御判肝入」を命じられた芳賀与惣右衛門も「葛西浪人」であり、[14]ほかにも御本判肝入になった葛西旧臣として、気仙郡丸森の熊谷主水（父は気仙郡月舘村松川中館主熊谷上総直祐）、東山奥玉村の金野万五郎（父は同村牛生蓮館主の金野美濃常勝）等が確認できる。[15]

奥羽再仕置後、豊臣政権は常陸佐竹領、陸奥南部領・相馬領等において金山支配を推し進めた。[16]奇しくも葛西旧領には金山が存在したため、奥羽仕置、葛西・大崎一揆を経て浪人した葛西旧臣たちは、金山の堀子となり一揆に加わる者がいた。一方、葛西旧臣の中には伊達家に仕官し、旧領とは異なる場所で村役人の地位を与えられた者もいた。葛西・大崎一揆「戦後」の混乱期にあって、居城や武士身分を失ってもなお、伊達氏に仕官することで身を立てようとしていた旧臣の切実な動機や、有力なそれを取り込み、地域支配の要に据えることを企図した伊達氏側の思惑が存在したことが推測される。金山一揆の申し開きにあたった及川十郎兵衛・白石十郎左衛門は、のちに政宗により仙台藩士に引き上げられ、武士身分に復する。[17]伊達家と豊臣政権、そして地域の間で奮闘し、混乱期を乗り切ろうとした、葛西旧臣たちの姿が窺えよう。

二、慶長〜寛永期の大肝入・肝入と葛西旧臣

（1）慶長年間の葛西旧臣

慶長六年（一六〇一）七月、南部領閉伊郡釜石村の狐崎城において「葛西浪人鹿折信濃ト云者帳本トシテ、諸浪人・金掘等相聚リ、一揆ヲ起シ」籠城するという事件が発生した。これに対し、白石豊後と名乗りを変えた白石十郎左衛門が磐井郡東山大肝入として「一類十五騎、其外同処ノ野伏三十騎、同足軽三百人」を引き連れ出陣し、気仙郡大肝入となっていた臼井囚獄とともに狐崎城を攻め落とし、籠城した一六一人を打ち取ったという。[18]

この事件の原因は不明ながら、鹿折信濃は本吉郡鹿折村忍館主に比定されるから、浪人してもなお葛西旧臣が武力を持っていたこと、その鎮圧に葛西旧臣の白石豊後・臼井囚獄が当たったことが確認される。伊達家にとって葛西旧臣を村役人として召し抱えることは、非常時における武力の確保という面でも重要であったものと推察されよう。

この前年、慶長五年八月拾日付でまとめられた「かさい大さきとめの日記」は、葛西・大崎旧領の北上川沿いの河岸と

船数、口留番所を書き上げたものである。[19] 同年七月廿九日付で古田九兵衛・文間右近が報告した書上には、「たまつくりしゅ」「遠島しゅ」「せんまへ」「よりきしゅ」の計九〇四人の足軽・騎馬武者らの扶持方一三五石五斗が記されているように、これらは同時期に始まる伊達氏による刈田郡白石城上杉景勝攻めにかかる軍勢動員の準備であった。[20] 伊達氏が葛西・大崎旧領の足軽・騎馬武者のみならず、船をも掌握していたことを示す事例である。

　慶長年間には、葛西旧臣の由緒を持つ遠島女川浜の丹野大隅が政宗から「御直書」を与えられ、「大肝入」の役職を仰せつけられたことも確認できる。[21] この女川丹野家には牡鹿郡の舟頭阿部十郎左衛門（のち阿部土佐）の息子佐五右衛門が養子に入っている。[22] 阿部十郎左衛門とは、文禄年間に政宗が朝鮮へ渡海した際、宮城郡高木磯崎から四八艘の船団を指揮し、その褒美として「御軍配御団扇」と「永々肝入職」を政宗の直書により与えられ、阿部土佐の名乗りを認められて石巻湊を「土佐か湊」と唱えるべしと仰せが出されたという伝説を持つ人物である。葛西氏が支配した中世以来、遠島には「漁」を主な生業とする者たちの生活空間――「浜」の世界――が広がっていた。[23] 文禄年間以降、操船を職能とし漁を生業とする牡鹿郡および遠島の者たちも、伊達家の支配体制に組み込まれていく。

　なお、文禄年間に遠島の御本判肝入を勤めた掃部左衛門は、慶長元年（一五九六）に「奥州葛西金華山護摩堂」が建立された際、「伊達政宗殿宿老　社勘解由兵衛介（岩手山城留守居役・屋代景頼）」とともに「遠嶋肝煎掃部左衛門」と名を連ねている。[24] 慶長十五年、桃浦の洞仙寺の住持が「殿様御用」のために杉苗を植えた際、仙台藩から褒美として桃浦の田畠二貫文を寺領として与えられたが、その「知行」は政宗家臣の成田左馬助を含む「下代両人之者、石森掃部左衛門、三人之所より」下し置かれたものであることが確認できる。[25] 慶長年間の掃部左衛門は「遠嶋肝入」の立場にあり、その役職はのちに牡鹿郡浜方のうち十八成組の管轄に入る金華山も、狐崎組に属する桃浦も、その管轄下に包摂していた可能性がある。

（2）元和年間の牡鹿郡

　元和年間もわずかながら、牡鹿郡では葛西旧臣の動向を追うことができる。元和元年（一六一五）遠島大原浜に藩主が鹿狩りの際に滞在する御仮屋が設置された。大原浜の御仮屋は、明暦三年（一六五七）の三代藩主伊達綱宗の鹿狩りを最後に寛文二年（一六六二）には廃止されるが、この御仮屋守を勤めたのが掃部左衛門であった。[26]

　元和八年（一六二二）、葛西浪人であった米谷喜右衛門が鈴木和泉へ進言したことにより、北上川河口である牡鹿郡石巻には仙台藩の米蔵が置かれ、北上川舟運と東廻り航路の結節点たる藩米輸送体制の拠点湊として整備された。これにより、米谷喜右衛門は藩に登用され、米積立役人として知行六貫三九三文を得た。[27] これは一例に過ぎないが、近世初期においても、功績によって葛西旧臣が藩役人に取り立てられた。

(3) 牡鹿郡及び遠島肝入をめぐって

ここで、牡鹿郡及び遠島肝入に関する情報を整理しておきたい。牡鹿郡陸方根岸村端郷渡波町（石巻市渡波）の「代数有之百姓書出」の十二代相続本町屋敷左蔵の記述によれば、当初、牡鹿郡の肝入は、渡波を開発した佐々木肥後（葛西旧臣。天文年間には渡波で帰農し、二代目は大庄屋になる）の家の大庄屋一人体制であったが、四代目次郎兵衛の事績として、牡鹿郡大肝入に任じられ名字を内海に改めたことに加え、「此節遠島組大肝入、狐崎、大原江被仰渡候由申伝候」と書き記す。[28] 後世の認識という史料上の限界はあるものの、牡鹿郡（陸方）大肝入と遠島組（牡鹿郡浜方）大肝入は同時期に成立し、[29] 後者については狐崎浜の平塚雅楽丞、大原浜の石森掃部左衛門の二人がのちの牡鹿郡浜方十八成《くぐなり》組・狐崎組に及ぶ広範囲を管轄していた可能性が浮かんでくる。

狐崎浜の平塚雅楽丞家も葛西旧臣の可能性が高く、中世の平塚一族には天正十七年（一五八九）に葛西晴信から「石巻之内谷地」及び「丹後屋敷」を下された平塚越前守（本書泉田「葛西・大崎一揆と葛西晴信」所収**表1―3**）や、桃生郡針岡城主の平塚将監が確認できる。平塚雅楽允は、元和四年（一六一八）～寛永九年（一六三二）頃まで、遠島に関する年貢や水主役・商人役を含む諸役をとりまとめ、仙台藩へ納入しており、次代の正兵衛は寛永十六年以降の史料に現れ、明暦三年の年貢請取状等には「狐崎大肝煎」と称されたことが確認できる。[30] 元和七年に舟主小竹せん次郎が平塚雅楽丞に対し、湊（石巻市湊）から沢田（石巻市沢田）までの藩米輸送舟の手間銭を納入した際の割付状は、牡鹿郡浜方狐崎組の各浜と渡波（のちの牡鹿郡陸方）に関するものであった。[31] 籠橋俊光氏が指摘するように、平塚雅楽丞もまた、郡内の年貢・諸役、諸物資の徴発・納入を業務とした「大肝入」的存在であったと捉えるべきであろう。[32]

寛永十五年の大肝入成立後の牡鹿郡浜方三組大肝入は、狐崎浜の平塚雅楽丞家（正兵衛）、大原浜の石森掃部左衛門のほか、慶長年間に政宗の「御直書」により「大肝入」を勤めたという遠島女川浜の丹野大隅家に比定できよう。前述の牡鹿郡陸方大肝入の内海次郎兵衛を含め、いずれも葛西旧臣の家柄である。彼らは葛西氏没落後に浪人し、ある段階から伊達家に仕官するようになり、寛永十五年前後までいわゆる「大肝入」的存在として扱われた。葛西・大崎旧領に出現した彼らは、寛永十五年に仙台藩全域に大肝入が設置されると、大肝入や肝入の「役」に伴う特権を得ながらも、身分上は百姓として位置づけられていくのである。

寛永十五年大肝入制の成立以後、大肝入の業務は藩主黒印状による命令形式ではなく、代官などの家臣発給文書による命令へと変化し、さらに代官が年貢・諸役の領収に関して切手を発給したのに対し、大肝入は仮切手の発給にとどまるなど、代官との権限の線引きが明確化され、十七世紀を通じて大肝入の身分の百姓化が進められていく[33]。籠橋氏が指摘するように、仙台藩の地域政策の推移において寛永期が画期となっており、それは葛西旧臣らにとっても同様であった。

三、寛永総検地を経て

仙台藩では、寛永年間までに検地や村方定の制定を通じ、百姓身分の再編が図られ、これまで武士とも百姓ともつかない者たちも文書上の宛名における苗字が消滅するなど、百姓化が進められた[34]。とりわけ二代藩主伊達忠宗が実施した、寛永十七年（一六四〇）七月から始まる領内総検地を経て、村落の身分秩序も固定化していく。牡鹿郡真野村の「代数有之御百姓書上」を分析した中川学氏は、寛永総検地を画期として、村内百姓の家格が古人（葛西氏の治世から続く者）―新百姓（寛永総検地の際に名請した者）―御百姓（寛永総検地以降に百姓化した者）―名子と区分されるようになったことを指摘しており[35]、寛永総検地が村落にもたらした影響の大きさが窺える。

ただし、公的に苗字を名乗らなくなったからといって、それ以前に武士だった先祖代々の由緒をそれ以降に喪失するわけではない。**表1**は、牡鹿郡真野村の安永二年（一七七三）作成の「代数有之御百姓書上」、宝暦十一年（一七六一）作成の「古人帳」から、古人を一覧にしたものである。真野村の古人たちは、受領や官途を名乗った先祖の由緒とともに、先祖伝来の武具を伝えており、肝入・組頭・御山守といった村役人を勤めた家も少なくない。

葛西旧臣である由緒を記した八家のうち、四家には葛西晴信が発給した黒印状が伝来していた。高橋筑前家（**表1**―2）には天正十年に真野村山崎の手作地の年貢を免除する黒印状が、勝間田主計助家（**表1**―10）には天正十九年に真野村の作場田五〇〇苅・隣接する沼津村の「牧司屋敷」を恩賞として与えた黒印状が、亀山外記家（**表1**―13）には真野村「牛石十六騎ひつり田三千刈」を与える黒印状がそれぞれ伝来しており、彼らが戦国時代から真野村に居住していたこと、帰農した後も高橋筑前家や興津斎三郎家のように御山守や肝入を代々勤めていたことも確認できる。

また、葛西旧臣であることを明記していなくても、阿部尾張家（表1―3）、三浦掃部助家（表1―6）、岡出雲家（表1―7）、興津周防家（表1―12）、梶原兵部家（表1―17）、高橋郡治太夫（表1―29）等は、真野村における各名字を共通する者たちの本家になっている。中世以来の同族結合が近世村落の根底に存在していたことが確かめられよう。

寛永総検地を経て、村々に土着した葛西旧臣らは、その身分が百姓として固定化されていった。その一方では、中世以来の武士としての由緒を持ち続け、村落の中心的存在を担ったのであった。

ただし、真野村のように、中世以来の居住地で帰農した者ばかりではなく、多くが別の村へ移住している。構屋敷の三郎左衛門家（表1―8）に伝えられていた葛西晴信黒印状は、都沢豊前守に宛てたもので「彦四郎此度就武士候ニ、高木在家之内、恩賞出置候、奉公之義ハ、可為相当候、依如件」とある。三郎左衛門の先祖である三代目興津彦四郎の恩賞を、その主である都沢豊前守を介して与えたものであるが、真野村に土着した三郎左衛門家に対し、都沢豊前守は真野村を去って伊達氏に仕官し、名取郡に田宅を得た[36]。都沢氏は真野村の小屋館・寺館・構館だったと伝えられており、居館を有する領主層は手作地もなく、在村が難しかったのかもしれない。

おわりに――葛西旧領のゆくえ

奥羽仕置後から寛永総検地に至るまで、葛西氏の旧臣と旧領の状況を概観してきた。最後に、戦国時代以来の葛西氏の支配領域に対する「葛西」という地域呼称や認識について私見を述べ、本稿を閉じたい。

十六世紀前半、葛西氏は近隣領主との関係を再編しながら、従来の郡・保を超えた、戦国期特有の支配領域である「郡」を形成した[37]。この戦国期に形成された、領主の名字を冠する「郡」を「葛西」と呼ぶ認識は、葛西氏滅亡後も人々の間に残り続けたらしく、慶長十五年（一六一〇）に比定される十月十四日付奥山出羽守宛伊達政宗書状においても、「大崎・葛西中」の鷹場が話題にみえる[38]。いくつか例を挙げれば、文禄五年（一五九六）作成の「葛西桃生郡大森名寄帳」、慶長元年（一五九六）銘金華山護摩堂建立棟札にみえる「奥州葛西金華山護摩堂」、慶長五年作成の旧葛西・大崎領の舟数・口留番所を書き上げた「かさい大さきとめの日記」、元和四年（一六一八）に作成された「葛西流之郡志津村検地帳」、寛永

由緒	晴信黒印状	武具伝来	備考
		○	4・5代組頭、6・7代肝入、No.5の子孫
葛西旧臣	○	○	代々御山守、9・10代組頭
			7代組頭、真野村鎮守・恵心仏の社主、「阿部氏之家本」
			両峰山梅渓寺の開基
山内左馬助旧臣 →葛西旧臣		○	7代肝入、No.1の先祖
			「三浦氏之家本」
			「一村中岡氏之家本」
葛西旧臣	○	○	1 〜 6代肝入、No.11の先祖
葛西旧臣	○	○	6代組頭
			No.8の興津斎三郎次男の家
			「奥津氏之家本」
葛西旧臣	△（焼失）		
			5・6代組頭
葛西旧臣 （砂鉄吹方）		○	2代「鍛治二右衛門」を名乗る
			「梶原氏之家本」
			真野村本山派喜明院第2世善覚院の子孫
			No.6の3代三浦掃部助次男の家
		○	
			No.7の3代三右衛門弟の家
			No.2の4代筑後次男の家
葛西旧臣		○	
			No.8の3代彦四郎弟の家
			3・4代組頭、No.6の4代三浦掃部助次男の家
			No.12の3代彦兵衛弟の家
		○	真野村本山派喜明院第5世善覚院の子孫、3・4代組頭
葛西旧臣			山伏、鹿島御児神社別当、「高野氏之家本」
			「鈴木氏一村中家本」

＊牡鹿郡真野村「代数有之御百姓書上」（『石巻の歴史』9-442）及び「宝暦11年牡鹿郡真野村古人帳」（『石巻の歴史』9-137）より作成

十五年（一六四二）に水沢伊達宗直が建立した保榮堂棟札の「奥州路葛西郡水沢居住大功徳主藤原朝臣伊達宗直公」等も散見される。(39) 少なくとも寛永総検地を経て郡村の呼称が統一されるまでは、仙台藩においても「葛西」という呼称が使用されることもあった。

ただし、勝倉元吉郎氏が明らかにしたように、桃生郡・牡鹿郡の石塔においては、慶安三年（一六五〇）～享保十四年（一七二九）まで「陸奥州葛西群桃生郡永井村」といった「葛西群」等の表記が二十六例確認される。(40) 勝倉氏は、「葛西群」の表記は牡鹿・桃生郡のみに限られるとし、葛西流斎の子孫・飯野川葛西氏が寛永四年（一六二七）山崎城（石巻市河北町山崎）に入り、寛文元年（一六六一）に飯野川に移った後、安永二年（一七七三）に改易されるまで、桃生郡にいたことで飯野川葛西氏の所領周辺で葛西再興を願う思想が内包されたことを指摘するが、この点は再考の余地がある。(41)

寛永総検地以降も「葛西」という地域呼称は、在地社会では生き続けていた。例えば、宝暦十二年（一七六二）の気仙郡綾里村長林寺梵鐘銘には「天奥陽仙台領葛西庄気仙郡綾里邑常松山長林禅寺」、明和六年（一七六九）の磐清水村安楽寺梵鐘銘には「磐井郡葛西庄濁沼邑福寿山安楽禅寺」、弘化四年（一八四七）の江刺郡藤里村円通寺半鐘銘の「陸奥葛西庄江刺郡横瀬村圓通寺」がある。(42) 提示した事例は限られるが、

表1　牡鹿郡真野村の「古人」由緒

No.	居所	代数	名前	先祖
1	小嶋屋敷	7代	三左衛門	小嶋治部
2	入屋敷	10代	利兵衛	高橋筑前
3	馬場屋敷	7代	久兵衛	阿部尾張
4	荒屋敷	16代	太右衛門	勝股雅楽丞
5	小島屋敷	9代	平右衛門	加納美濃
6	山根屋敷	11代	作右衛門	三浦掃部助
7	堀淵屋敷	9代	三右衛門	岡　出雲
8	構屋敷	9代	三郎左衛門	興津斎三郎
9	山根屋敷	8代	利左衛門	岡　帯刀
10	荒屋敷	8代	兵左衛門	勝間田主計助
11	構屋敷	8代	源兵衛	興津源兵衛
12	粕畑屋敷	8代	彦兵衛	興津周防
13	山下屋敷	7代	九右衛門	亀山外記
14	入屋敷	7代	長右衛門	興津七郎平衛
15	向屋敷	7代	彦七	三浦信濃
16	粕畑屋敷	7代	孫右衛門	高橋越中
17	入屋敷	7代	久右衛門	梶原兵部
18	小島屋敷	7代	彦左衛門	鈴木彦左衛門
19	中屋敷	7代	又市郎	三浦掃部助
20	中里屋敷	7代	清次右衛門	三浦孫左衛門
21	沢淵屋敷	7代	与左衛門	岡　出雲
22	小屋ヶ崎	6代	又右衛門	高橋筑後
23	吹榎屋敷	6代	杢右衛門	三浦杢右衛門
24	小島屋敷	6代	市右衛門	興津斎三郎
25	中齋屋敷	6代	八郎左衛門	三浦掃部助
26	藤木屋敷	6代	七郎左衛門	佐々木七郎左衛門
27	向屋敷	6代	源右衛門	興津伊賀
28	小島屋敷	5代	正左衛門	松浦勝作
29	宮下屋敷		修善院	高橋郡治太夫
30	船渡屋敷		善覚院	

少なくとも牡鹿・桃生・磐井・気仙・江刺郡といった葛西旧領の地域住民たちは、近世に至ってもなお当該地域を「葛西」とする認識を持ち続けていたことは指摘できよう。

森ノブ氏によれば、安永二（一七七三）・三年前後に仙台の石田豊前が葛西氏当主の花押を据えた偽文書（いわゆる高崩花押を据えたもの）を売買し、さらにそれを天保年間（一八三〇～一八四四）には仙台大町の阿部左京ないし阿部源之丞が売買していたという[43]。近世における偽文書の作成については、石田悦夫氏や紫桃正隆氏による指摘もある[44]。中川学氏が明らかにしたように、近世の当該地域において、葛西氏とのつながりを主張することには一定の意義があったことを窺わせる。

仙台藩領（とりわけ葛西旧領）では、葛西氏の旧臣がサイカチの木を庭に植え、葛西勝ちに掛け、葛西氏の再興を願ったという伝承が各地に伝えられている。葛西氏は滅んでも、「葛西」に対するある種の共通認識を人々は持ち続けたのであった。

注

（1）遠藤基郎「問題提起――「奥羽仕置」に関する研究史の整理と課題」（『歴史』七六、一九九一年）。

（2）中川学「「一揆／仕置」と地域社会」（『歴史』七六、一九九一年）、同「移住と土着」（『石巻の歴史』第六巻、一九九二年）、同「葛西旧臣の由緒と地域社会――磐井郡における百姓由緒書上の作成過程から」（『企画展示図録　葛西氏の興亡』一関市博物館、二〇一五年）。

（3）入間田宣夫「中世の民衆」、大石直正「中世の終幕」（ともに『石巻の歴史』第一巻、石巻市、一九九六年）。

（4）小林清治『奥羽仕置の構造』（吉川弘文館、二〇〇三年）、遠藤ゆり子「文禄三年の伊達領「金山一揆」――葛西氏の滅亡と地域社会」（池享・遠藤ゆり子編『産金村落と奥州の地域社会――近世前期の仙台藩を中心に』岩田書院、二〇一二年）。

（5）千葉景一「仙台藩の地方支配機構」（『宮城の研究』四、清文堂、一九八三年）、籠橋俊光「仙台藩大肝入制の成立過程」（同『近世藩領の地域社会と行政』清文堂、二〇一二年）。

（6）『伊達政宗文書』一―八四五（中尊寺文書）。

（7）『伊達政宗文書』二―九三八（中目文書）。

（8）前掲注4遠藤二〇一二年。

（9）西田耕三編『葛西中金山文書』（耕風社、一九九四年）所収「御分領中往古御金山御定目古記」（本吉郡北方津谷村菅原家文書）、「祖父十郎兵衛覚書申含を以申上候御事」（磐井郡東山藤沢及川家文書）。

（10）『文禄三年金山一揆四百年記念資料集　金山一揆』（千厩町史談会、一九九四年。以下『金山一揆資料集』）一（元禄四年五月祖父与次右衛門口上ニ而申上候覚）・九（仙台藩家臣録御知行被下置御牒（四十）白石与四郎）。

（11）『金山一揆資料集』二（貞享四年二月祖父十郎兵衛覚並申含を以乍憚申上御事）。

（12）『金山一揆資料集』四（正徳五年正月拙者先祖より御本判御用相勤申候品々申上候御事）・五（享保二十年三月本吉郡波

路上浜御塩師市左衛門御先祖之勤功書上申覚）。

（13）『金山一揆資料集』二（貞享四年二月祖父十郎兵衛覚並申含を以乍憚申上御事）。

（14）前掲注9『葛西中金山文書』所収「御分領中往古御金山御定目古記」。

（15）『金山一揆資料集』参照。

（16）前掲注4小林二〇〇三年。

（17）『金山一揆資料集』参照。とりわけ白石十郎左衛門は、京都における申聞きを乗り切った後、政宗から侍女を与えられており、政宗の指示でその名跡を継いだ白石伊勢千代は政宗の実子であったという（前掲注4小林二〇〇三年）。

（18）『伊達治家記録』二所収「貞山公治家記録」巻之二十一。

（19）『石巻の歴史』九―一（『伊達家文書』二）。

（20）『石巻の歴史』九―二（『伊達家文書』二）、入間田宣夫「中世北上川の舟運と大原山吹城」（『山吹城と大原千葉氏』、葛西氏シンポジウム実行委員会、一九九七年）。慶長五年前後、古田九兵衛・文間右近の両人が「遠島中」を管轄していたことは、同年十一月七日付「山岡重長以下人数書」（『大日本古文書　伊達家文書』六八〇）等にみえ、同年三月七日・五月四日には、遠島から献上されたと推定される「玉金九枚、砂金四枚」「砂金拾枚」を彼らが慶長四年の年貢分として納入し、伊達政宗から受納確認の黒印状を得ている（『伊達政宗文書』一〇四六・一〇四七）。

（21）前掲注3入間田一九九六年。『宮城県史』二六所収牡鹿郡女川浜「風土記御用書出」。

（22）前掲注3入間田一九九六年、『石巻の歴史』九―四三三（風土記御用書出　門脇村）。

（23）泉田邦彦「中世遠島の地域的特性と城館」（『石森城跡・中沢館跡――県道石巻鮎川線給分浜復興道路関連遺跡発掘調査報告書I』石巻市教育委員会、二〇二二年）。

（24）宮城県史蹟名勝天然記念物調査会編『宮城県史蹟名勝天然記念物』二（国書刊行会、一九八二年）所収「金華山棟札写」第二号。

（25）『仙台叢書　仙台金石志附録巻三』（仙台叢書刊行会、一九二七年）所収「桃浦訴訟文」。当該史料は「桃浦胴仙寺記録」を出典とし、仙台藩の林業に関するものとして『東北産業経済史』（東北振興会、一九三六年）等で引用されてきた。

（26）『牡鹿町誌』上巻、牡鹿町、一九八八年。

（27）渡辺信夫「港町石巻の成立」（『石巻の歴史』二上、一九九八年）。

（28）『石巻の歴史』九―四三五（石巻市図書館蔵）。

（29）平川新氏は、寛永十五年（一六三八）藩領全体に大肝入が設置されたことに伴い、この前後に牡鹿郡の大庄屋制が廃止され、四代目次郎兵衛の代に牡鹿郡陸方一人、同浜方三組三人（狐崎・十八成・女川組）の四人体制が成立したものと捉えている（平川新「浜の生活」『石巻の歴史』二―下一、一九九八年）。

（30）『石巻の歴史』九―一六七～一七七（神奈川大学日本常民文化研究所蔵狐崎平塚家文書、石巻市博物館蔵狐崎平塚家文書）。

（31）『石巻の歴史』九―一七一（神奈川大学日本常民文化研究所蔵狐崎平塚家文書）。

（32）前掲注5籠橋二〇一二年。また、牡鹿郡浜方（遠島）に課せられた諸役について、佐々木淳氏は、近世初期には大舟・塩煮釜・大網舟を基準に「水主役」が賦課されていたが、寛永十年代前半には海上高（海上年貢）へと切り替えられていったこと、以降は海上高及び舟役が漁業権の根拠として機能していたことを指摘している（佐々木淳「近世初期仙台領浜方の諸役について——海上高を中心に」『歴史』一一五、二〇一〇年）。

(33) 前掲注5籠橋二〇一二年。

(34) 前掲注5籠橋二〇一二年。

(35) 前掲注2中川一九九二年。

(36) 前掲注3入間田一九九六年、石田悦夫「戦国の動乱」（『石巻の歴史』第一巻、一九九六年）。

(37) 泉田邦彦「奥羽と京・鎌倉——国人一揆を中心に」（東北大学日本史研究室編『東北史講義【古代・中世篇】』筑摩書房、二〇二三年）。

(38)『伊達政宗文書』二―一三一〇。

(39)『宮城県史』三〇　五三八頁（伊達家文書）、前掲注24「金華山棟札写」第二号。、『石巻の歴史』九―一（伊達家文書）、『花泉町史』資料編　四四頁、『宮城県史』一七「金石志」四五六頁。

(40) 勝倉元吉郎「近世塔にみる「葛西群」などの呼称について」（『葛西史研究』一四、一九九四年）。

(41) 勝倉氏は、「葛西群」等の呼称は文献類に現れず、信仰遺物である金石文に現れ、かつ特定区域に限定使用された傾向を持つとし、石塔を建立した願主らは葛西旧臣ないし関係者を含んでおり、石塔に「葛西群等」を刻む行為は板碑などにおける私年号に共通する思想を内包するもの——現体制（仙台藩領）の否定——であり、葛西氏復活の夢を託したものと推定した。これらの石塔の建立に土着した葛西旧臣が関わっていること（例えば、石巻市河北町飯野にある寛文十年（一六七〇）建立の赤間丹後による逆修塔など）、十七世紀に至ってもなお「葛西群」を刻む在地社会の認識が存在したことを明らかにした勝倉氏の成果は示唆に富むものである。しかしながら、勝倉氏の集積した事例は桃生・牡鹿郡の石塔が主であり、文献史料が等閑視されていること、自身の見解から外れる寛永十五年（一六三八）銘の胆沢郡水沢瑞山神社の棟札を「未だ実査するに至っていないため今回は参考に止めてお」くと検討対象から外してしまったこと等、その検討には課題があることは否めない。

(42)『宮城県史』一七「金石志」三四二・三四四・三六四頁。

(43) 森ノブ「葛西文書の史料的価値に対する一試論」（『岩手史学研究』四三、一九六四年）、同「奥州葛西一族の最後——晴信の文書を中心として」（『岩手史学研究』六〇、一九七五年）。

(44) 石田悦夫氏は、葛西晴信発給文書を中心とする二〇〇通もの偽文書について、同一文言を有する原本が一通も存在しないこと、これらが元禄期編纂の『伊達正統世次考』や『治家記録』に引用されず、この段階にはいまだ作成されていなかったこと等を指摘する（石田悦夫「戦国大名」『石巻の歴史』六、石巻市、一九九二年）。さらに紫桃正隆氏は、晴信の偽黒印の作成時期を元禄～寛保年間（一六八八～一七四一）頃と推定し、筆跡から同一人物が若齢から老齢に至るまで書き続けたと見解を示した（紫桃正隆「葛西文書のもつ問題性と真偽鑑識上のポイント」同『戦国大名葛西氏家臣団辞典』仙台宝文堂、一九九〇年）。

附記　本稿は、JSPS科研費（22K13194）による研究成果である。

南部家における奥羽仕置・再仕置と浅野家の縁

熊谷博史

くまがい・ひろふみ——もりおか歴史文化館学芸員。もと日本中世史専攻、現在は現職の関係で日本近世史（盛岡藩・南部家）を勉強中。主な著書に、もりおか歴史文化館企画展図録『南部家の生き方・第1部——乱世を切り抜けた南部家と盛岡のはじまり』（二〇一六年）、『南部家の生き方・第2部——揺らぐ盛岡藩に立ち向かう南部家』（二〇一七年）、『南部家の生き方・第3部——盛岡藩の終焉と南部家が繋ぐ未来』（二〇一八年）、『殿さまの1年——盛岡藩年中行事を紐解く』（二〇二一年）などがある。

系譜類に記される内容と史実をすり合わせながら、南部家における奥羽仕置・再仕置の認識や実際の経過を確認する。さらにそこで強調される奥羽仕置・再仕置の歴史において、象徴的に表れる浅野長政の意味を考えるため、南部家と浅野家との歴史的な関係性を整理し、奥羽仕置・再仕置が近世期以降の人脈形成に与えた影響を考える。

はじめに——中世の南部家と南部信直の登場

奥羽《おうう》の地（陸奥《むつ》国・出羽《でわ》国）、現在の東北地方にとって、天正十八年（一五九〇）の奥羽仕置《しおき》、さらにそれに続く天正十九年（一五九一）の奥羽再仕置は、どのような意味を持つのだろうか。特に奥羽再仕置以降、急速に近世化していったとみられる奥羽の地において、その具体的な変化や影響はどのようなものであったか。その一端を探るため、本稿では北奥の地、現在の青森県・岩手県・秋田県に跨る広大な地を治めながら、まさに奥羽仕置・再仕置（以下、奥羽仕置と再仕置を合わせて表現する際は「仕置」とする）の渦中を生き抜いた、南《なん》部《ぶ》氏を中心に考察する。

南部氏[1]（南部一族全体を指す場合は南部氏、後述する分派した後の家は○○南部家と表記する）は清和源氏（源義光《みなもとのよしみつ》）の流れを汲む、加賀美遠光《かがみとおみつ》の第三子・光行《みつゆき》を祖として成立した武士団である。鎌倉幕府の草創期に、甲斐《かい》源氏の一つとして、甲斐国巨摩《こま》郡南部郷（山梨県南巨摩郡南部町）を拠点としたため、「南部」を名乗るようになったとされる。伝承によればこの

図1　「南部家歴代当主画像」（もりおか歴史文化館蔵）のうち南部信直

南部光行が、甲斐国から陸奥国糠部郡《ぬかのぶ》（青森県東半部から岩手県北部）に下向したとされているが、史実として扱うのは難しい。南部氏が奥羽の地に関わったことを明確にできるのは、南北朝時代、南朝方の北畠顕家《きたばたけあきいえ》の代官として、北奥羽各地で活躍していたことが史料で確認される、南部師行《もろゆき》の段階からであるが不明な部分も多い。南部氏は糠部郡の各地域（一戸《いちのへ》〜九戸《くのへ》）に一族が蟠居したといわれている。このうち三戸《さんのへ》（青森県南東部）に拠点を置いた三戸南部家が、戦国時代を中心に勢力を拡大し、のちに盛岡《もりおか》城を築き盛岡藩主となる盛岡南部家に推移する（以下、南部家とのみ記した場合は、三戸南部家のちの盛岡南部家の家をさす）。一方で室町時代から戦国期にかけては、一戸・四戸《しのへ》・七戸《しちのへ》・八戸《はちのへ》（師行の系統）・九戸などに拠点を置いていた南部の一族（といわれている家も含む）も、それぞれが独立した勢力を維持していた。

南部家の歴史が確実な史料で追えるようになるのは、二十四代（南部光行を初代とした時の三戸南部家における代数）の南部晴政《はるまさ》の時期からである。戦国の動乱で近隣大名・領主との対立も激化するなか、晴政は他の南部一族とも連携しながら勢力を強め、一族内での中心的な位置を占めるようになった。しかし晴政とその後継者である南部晴継《はるつぐ》が、天正十年（一五八二）に相次いで死去したことにより、南部家では家督相続問題が発生。この家督争いにおいて、反対勢力を抑え二十六代当主となったのが南部信直《のぶなお》（**図1**）である。信直は晴政の叔父（一説に弟）である石川高信《いしかわたかのぶ》の子で、晴政の養子となっていたが、晴政の娘婿であった九戸実親《さねちか》と、家督を争った結果、南部家を率いる形となった。この信直の時期に、奥羽仕置さらに再仕置という一大転機を迎えることになる。依然として周囲に勢力を争う大名や領主がいる一方、家督相続問題以来、南部一族内部にも反発勢力が燻っている信直にとって、この不安定な状況下で「仕置」を迎えたことは大きな意味があった。以下、この点を考慮しつつ南部領における「仕置」の過程を概観していきたい。

一、南部家の「歴史」に刻まれる奥羽仕置と再仕置

(1)『御系譜』のなかの南部信直

奥羽仕置および再仕置については、すでに多くの先学による研究蓄積[2]があり、その実施過程なども詳細な分析が進んでいる。南部信直が治める地域(南部領)における「仕置」についても、ある程度明らかにされているが、残存史料の限界も相俟って、現状、南部領における「仕置」研究は停滞状況にあると思われる。そこで今回は、比較的残存数の多い江戸時代の史料を援用しながら、南部領の「仕置」に関する先行研究の成果を整理するとともに、「仕置」が後の南部領(盛岡藩)でどのように認識されていたのかを見てみたい。まず歴代南部家当主の事績をまとめた『御系譜《ごけいふ》』(もりおか歴史文化館蔵、初代南部光行から四十代南部利剛《としひさ》までがまとめられた五冊本)のうち、南部信直に関する記述を検討していく。この史料は信直が生きた時代からすれば数百年以上経過した段階で、かつ南部家の先祖を顕彰する意味合いを込めて編纂されたものである。当然のことながら、ここに記された内容をそのまま史実として受け入れることはできないが、少なくとも後世の南部家で信直をどのように位置付けていたか、また信直の事績に含まれる奥羽仕置や再仕置をどのように認識していたのかを知る事はできるはずである。

(2)小田原征伐における南部信直

『御系譜』の南部信直部分冒頭では、家督相続の話や、加賀《かが》(石川県南半部)の前田利家《まえだとしいえ》を介して豊臣秀吉《とよとみひでよし》と誼を通じた一連の流れ、奥羽の名門一族である高水寺城の斯波《しば》氏を滅ぼした話などが簡潔に記される。その後、早速天正十八年(一五九〇)の話題が始まるが、まず奥羽仕置の前段階である小田原北条氏征伐の関連記事に、多くの紙幅を割いている。その前半では、①津軽為信《つがるためのぶ》が南部家から津軽地域(青森県西半部)を奪って独立を画策し、南部信直がそれを阻止しようとしていること。②しかしこの時すでに豊臣秀吉による小田原征伐が始まり、前田利家からも小田原に参陣するよう催促されたため、信直は津軽への出陣を取り止めたこと。③この隙をついて為信は、信直に先駆けて小田原に出仕、秀吉に臣下の礼をとることで正式に津軽の支配を認められ、信直と同等の立場を手に入れたこと、などがまとめられている。

南部領の西北端にあった、津軽地域の一部を任されていた津軽為信が、叛旗を翻し独立を果たしたのである。これに対する南部信直の津軽出陣中止について、『御系譜』では小田原征伐の開始と、前田利家からの参陣催促が理由とされている。その他、津軽出陣の先陣を任されていた九戸政実《くのへまさざね》が、これに応じなかったために、信直は津軽への出兵を延期したとの説もある。少なくとも『御系譜』からは、小田原征伐のため津軽奪回を諦めざるをえなかった、という文脈を読み取ることが出来る。また『御系譜』では為信が出仕した場所を小田原としているが、小田原到着前の沼津《ぬまづ》（静岡県東部）において出仕した説や、為信の母が代理として小田原に出向いた説などもある。いずれの説も後世の編纂物によるため断定は難しいが、為信が信直に先んじて豊臣秀吉に出仕し、津軽の領知を認められたことは確実と考えられる。南部家において小田原征伐の歴史は、家臣であった津軽為信による、領土簒奪の問題とからめて語られていることが特徴的である。

後半部分は、南部信直自身の小田原参陣に関する記述である。①前田利家が派遣した内堀頼式《うちぼり》に先導してもらい、献上用の鷹や馬を伴って小田原に向かったこと。②越後《えちご》（新潟県）や信濃《しなの》（長野県）を通過して碓氷峠《うすいとうげ》を越え、鉢形城《はちがた》（埼玉県寄居町）で利家に対面したこと。③松山城《まつやま》（埼玉県吉見町）で浅野長政《あさのながまさ》（天正十八年段階では長吉と名乗っているが、『御系譜』の表記に合わせ本稿では長政に統一）と相談した上で、豊臣秀吉の命令に従って小田原に参陣し、山中長俊《やまなかながとし》を介して馬を献上したこと。④城を巡回していた秀吉に謁見した後、陣中において盃を頂戴し、鞍・脇差・羽織を賜ったこと。以上のような経過が記されている。

①②に登場する前田利家は、多くの同時代史料から、実際に南部信直と豊臣政権との橋渡しをしていることが確認され、この時期の南部家にとって欠かせない存在であった(3)。②で示された信直が関東に向かうための経路は、利家が関東に入る経路と重なり、信直と利家との合流が前提となる記述である。③に登場する浅野長政は、利家の意向を踏まえて南部家との関係が形成され、豊臣政権と向き合う南部家にとって、利家とともに重要な人物となる(4)。ここでは秀吉への出仕日について、明確に示されていないが、七月七日付「湊通季《みなとみちすえ》書状」（『大日本古文書・浅野家文書』）の内容から、七月六日のことであったことが知られる。これは小田原落城の翌日であり、内堀頼式に先導されて三戸を出発したとされる四月上旬から、すでに三か月が経過していた。ちなみに④で拝領したとされる梨地の鞍や来國次の脇差、唐織の羽織などは、残念ながら現存は確認できない。小田原出仕の是非が奥羽仕置の

前提とされるが、『御系譜』における小田原参陣記事は、前田利家・内堀頼式・浅野長政・山中長俊といった多くの人物の協力によって、豊臣政権への出仕が実現したことを示していると考えられる。

（3）奥羽仕置における南部信直

小田原征伐関連記事に続いて奥羽仕置に関する記述が始まる。まず①小田原征伐後、奥羽仕置のため、豊臣秀吉の名代として豊臣秀次《ひでつぐ》が「大将軍」となり、数万騎を率いて陸奥・出羽両国を悉く「退治」したこと。②蒲生氏郷《がもううじさと》を会津《あいづ》（福島県）、木村吉清《きむらよしきよ》を大崎《おおさき》（宮城県北部）、その子の木村秀望を葛《か》西《さい》（宮城県北東部および岩手県南部）に配置したこと。③この時、南部信直は仕置軍を迎えるため白河まで出向いたこと。などが簡潔にまとめられている。

『御系譜』では触れられていないが、この一連の動きの前段として、南部家にとって重要な動きがあった。奥羽仕置のため天正十八年（一五九〇）七月十四日、小田原を出発した豊臣秀吉が、二十七日に宇都宮（栃木県）まで進み、そこでいわゆる宇都宮仕置がおこなわれ、以下の文書（**図2**）が南部信直に発給された。

史料一　南部信直宛豊臣秀吉朱印状（もりおか歴史文化館蔵）

覚

一、南部内七郡事、大膳大夫（南部信直）可ㇾ任二覚悟一事、

一、信直妻子定在京可ㇾ仕事、

一、知行方令二検地一、台所入丈夫ニ召置、在京之賄相続候様ニ可二申付一事、

一、家中之者共相拘諸城悉令二破却一、則妻子三戸ヱ引寄可二召置一事、

一、右条々、及二異儀一者在ㇾ之者、今般可ㇾ被ㇾ加二御成敗一候条、堅可二申付一事、

以上

天正十八年七月廿七日　（朱印）（豊臣秀吉）

南部大膳大夫（信直）とのへ

（引用史料中の訓点・読点・傍線・傍注・符号は筆者、以下同）

第一条で南部信直の本領安堵、第二条で妻子の京都定住、第三条で検地による信直の収入強化と参勤在京費用確保、第四条で家臣の城館破却と信直居城三戸への集住、といった豊臣秀吉からの指示が明瞭に示されている。特に二・三・四条は豊臣政権に対する責務でもあり、信直としては可及的速やかに実施すべき命令であった。しかし妻子上京は八月十一日までには実現していたが、そのほかについては領内が不安定なこともあり、先延ばしとなったようである。いずれにせよ、

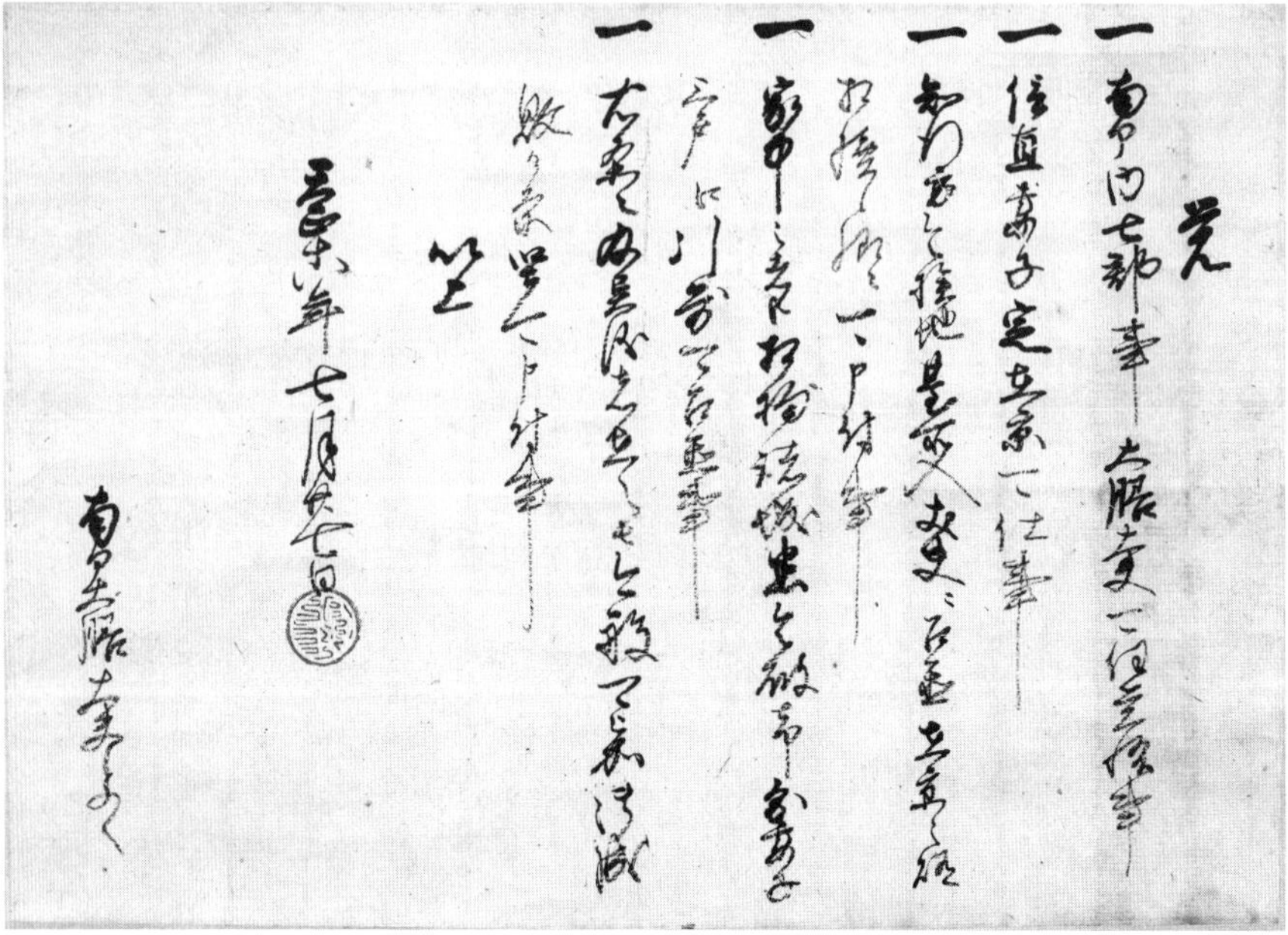

図2　天正18年7月27日付「南部信直宛豊臣秀吉朱印状」（もりおか歴史文化館蔵）

信直がこの文書を受け取った宇都宮仕置は、ほとんどの奥羽の大名・領主が知行安堵を確約されつつ、分領仕置の基本方針が指令されたものとして、奥羽仕置全体のなかでも注視すべき段階とされる。南部家としても、ここで明確に豊臣政権下に組み込まれたことになり、南部家の行く末を方向付ける重要な転換点となった。

話を『御系譜』に戻すと、奥羽仕置に関する記事は、重要な宇都宮仕置の記述を省略するなど、かなり絞り込まれた内容でありながら錯誤も多い。①の「大将軍」豊臣秀次は、この段階では会津における仕置を任せられているにすぎず、会津までは豊臣秀吉自身が軍勢を率い、それ以降は浅野長政・伊達《だて》政宗《まさむね》が中心となっていた。恐らく翌年の奥羽再仕置における、秀次の立場を混同したものと考えられる。②の木村吉清は、仕置によって闕所となっていた葛西・大崎領を受け取った後、吉清自身が葛西領の登米《とめ》を居城とし、子の秀望を大崎領の古川《ふるかわ》城に配置しているので、位置関係が逆転している。③の南部信直の白河出迎えについては、確実な史料から裏付けることはできない。この時期は具体的な仕置（転封・改易を含む大名配置や検地・刀狩・破城などの諸政策）の状況や、それに伴う奥羽諸大名の動向を含め、歴史的にも重要な事項が多数あるが、随分と抑制的にまとめられている印象を受ける。

しかしこれに続く以下の事項は、比較的丁寧に記述されている。①仕置軍の先陣として浅野長政が稗貫《ひえぬき》郡鳥谷ヶ崎《とやがさき》（岩手県花巻市）に至り、葛西領を悉く「退治」、さらに鳥谷ヶ崎に浅野荘左衛門（勝左衛門忠政《ただまさ》）を残留させつつ、糠部方面まで「退治」した後、京都への帰路についたこと。②しかし鳥谷ヶ崎の兵力が少なく、和賀《わが》（岩手県南西部）・稗貫の者たちが攻め寄せ、危機的状況であることを知った南部信直は、急ぎ救出に向かい一揆勢を排除したこと。③しばらく鳥谷ヶ崎に在陣した信直であったが、兵力不足は解消できないため、十月下旬には浅野荘左衛門を伴って糠部に戻り、荘左衛門を足沢《たるさわ》城（岩手県二戸市）に置いたこと。

①は八月以降、浅野長政が中心となって葛西・大崎領を接収した件であろうが、大崎の語は見えない。また順序的には葛西接収を経た後、稗貫郡にいたるはずである。またこの時に南部家の本領である糠部郡まで、長政が進軍した事実は認められない。ただし南部家には天正十八年七月日付で、以下の豊臣秀吉禁制が伝わっている。

史料二　豊臣秀吉禁制（もりおか歴史文化館蔵）

禁制

一、軍勢甲乙人等乱暴狼藉事、

一、放火事、

一、対㆓地下人・百姓㆒非分儀申懸事、

右条々堅令㆓停止㆒訖、若於㆓違犯輩㆒者、忽可㆑被㆑処㆓厳科㆒者也、

天正十八年七月　日（豊臣秀吉朱印）

これは豊臣秀吉の軍勢による、乱暴狼藉や放火等を禁止するものであり、当然この対象地域に豊臣仕置軍が出動する前提の文書である。つまりこの文書だけを意識するならば、天正十八年段階で、仕置軍の浅野長政が、南部信直の領有する糠部郡に軍を進めていた可能性も否定できない。しかし長政は和賀・稗貫の仕置を終えたのち引き返しており、この段階で禁制は必要なかったのである。ではなぜ南部家に伝来したのか。同様の禁制は実際の仕置軍進路にあたる、佐竹《さたけ》・岩城《いわき》・相馬《そうま》・伊達・片倉《かたくら》・戸沢《とざわ》などの諸氏にも与えられていた。そのため信直も場合によっては自領への仕置軍進駐の可能性があることを考慮し、事前に禁制を与えられていたと考えられている。

②③の鳥谷ヶ崎救出戦については、南部信直の事績のなかでも、特に華々しい功績と言える。これに関連する、以下の浅野長政書状（図3）が残されている。

史料三　南部信直宛浅野長吉（長政）書状（もりおか歴史文化館蔵）

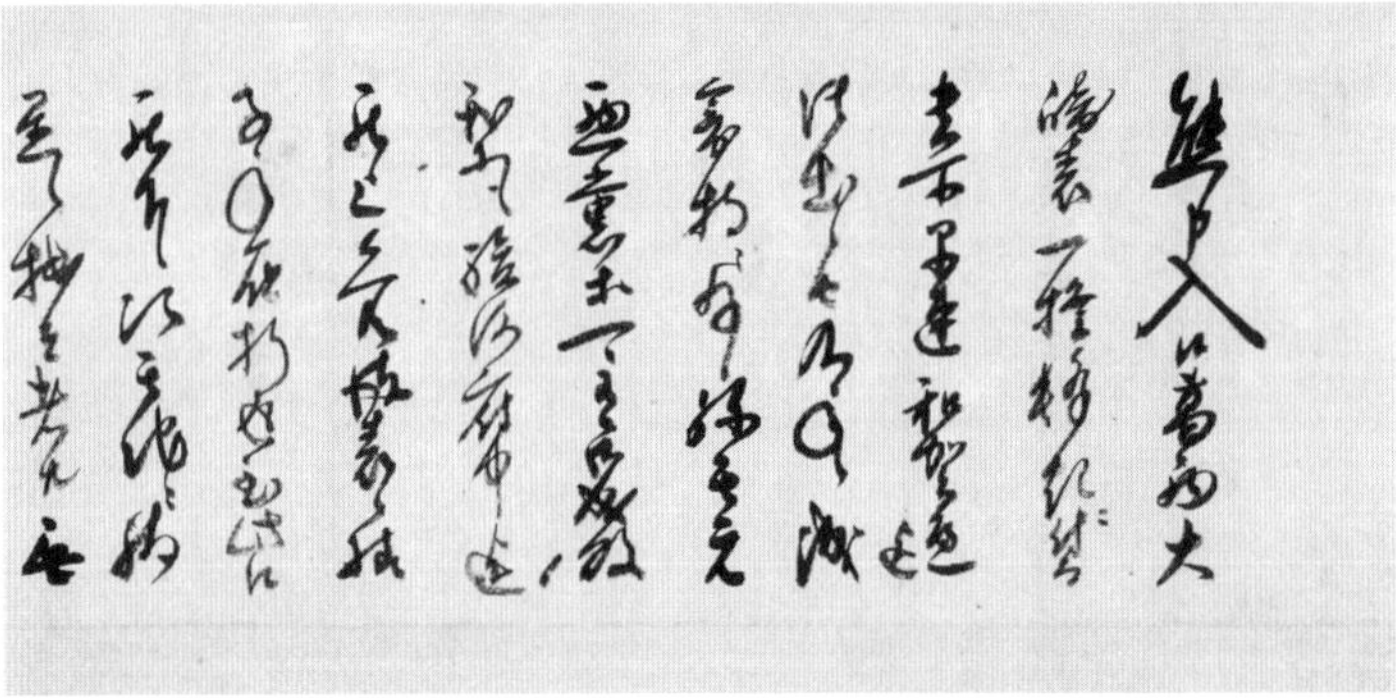

態申入候、葛西・大崎表一揆蜂起ニ付而、貴所早速和賀辺迄御出候由及レ承候、誠寄特ニ存候、弥其元悪党等可レ有二御成敗一候、我等も駿河府中迄罷上候へ共、彼表之様子承届、折返至二此口一罷下候、次其地ニ残置候拙者者共、無二異儀一候哉、御心添頼入候、頓而葛西・大崎辺迄可レ有二御出一候、以レ面可レ申候、恐々謹言、

浅野弾正少弼
長吉（花押）

（天正十八年）十一月廿九日

南部大膳大夫（信直）殿
御宿所

一揆に対する南部信直の速やかな対応を称賛するとともに、「残置候拙者者共」すなわち鳥谷ヶ崎城に残した浅野忠政らへの「心添」を依頼している。この依頼を信直としては見事に果たし得たのであり、この件が『御系譜』のなかで手厚く語られる理由を理解することができる。ただこの書状で浅野長政は、事後の動きについて、信直に葛西・大崎まで進むことを期待しているようであるが、実際は『御系譜』の通り、忠政とともに三戸に引き返したとみられる。

（4）奥羽再仕置における南部信直

『御系譜』では奥羽仕置の記事に続き、天正十九年（一五九一）の奥羽再仕置、特に九戸合戦(5)について語られる。①この年、九戸政実が叛旗を翻し九戸城に立て籠もったこと。②これを攻めあぐねた南部信直は、前田利家を通じて豊臣秀吉に援兵を求めたこと。③「大将軍」として派遣された豊臣秀次が二本松《にほんまつ》（福島県）に布陣するとともに、先鋒を務める蒲

図3　11月29日付「南部信直宛浅野長吉書状」（もりおか歴史文化館蔵）

生氏郷ほか、浅野長政・堀尾吉晴《ほりおよしはる》・井伊直政《いいなおまさ》らが出陣したこと。④諸将が協力して九戸城を攻めた結果、九戸方は降参し一族は残らず殺されたこと、などが記されている。

天正十九年六月二十日、豊臣秀吉から九戸征伐を含む「奥州奥郡」仕置のため、伊達政宗・蒲生氏郷・佐竹義宣《さたけよしのぶ》・宇都宮国綱《うつのみやくにつな》・上杉景勝《うえすぎかげかつ》・徳川家康《とくがわいえやす》・豊臣秀次らへの動員令が下された。九戸政実の蜂起は天正十九年の春（二月二十八日以前）であり、信直はこの危機的状況について、前田利家を通じて秀吉に訴えていたのであろう。前年の天正十八年末には二本松に戻っていた浅野長政から、東直義《ひがしなおよし》（南部一族で信直家臣）に対して、以下の書状が出されている。

史料四　東直義宛浅野長吉（長政）書状

（もりおか歴史文化館蔵）

以上

態申入候、其表之儀南部大膳（信直）殿御勝手ニ被二仰付一由
候、皆々無二如在一被二出精一之段尤候、我等事此廿五日
弐本松（二本松）罷立候間、頓而其表へ可レ令二下着一候、九戸（政実）・
櫛引（清長）成敗急度可二申付一候、随て上より之御人数、葛
西・大崎、和賀・薭貫（稗）迄可二罷越一候、其面エ大軍入乱
候者兵粮調各可レ為二造作一候、然間九戸・櫛引事、其
以前ニ早速御成敗候様ニ南部殿へ可レ被レ申候、縦澄（済）候

共拙者儀者、人数五千三千之躰ニて三戸辺迄可二罷越一候、萬々大膳殿御為能様ニ申付可レ進候之間、皆々可二心易一候、自然此度之儀如在候義ハ可レ為二越度一候、猶同名勝左衛門（浅野忠政）可レ申候、恐々謹言、

浅野弾正

七月十七日　長吉（花押）

御宿所

東殿（直義）

七月二十五日の浅野長政自身の二本松出発、および仕置軍の奥州進軍などを予告している。長政としては、基本的に九戸・櫛引《くしびき》への対応は、仕置軍到着前に南部信直自身が成敗することを求めているが、最終的には自身も軍勢を三戸まで進めることを約束している。さらに豊臣秀吉への救援依頼を任されたとされる、前田利家から信直に宛てられた書状も残されている。

史料五　南部信直宛前田利家書状（もりおか歴史文化館蔵）

態令レ啓候、仍今度其表御人数被二指遣一候、定早速可レ属二御本意一候、然者貴所御分領之儀太形少（大谷吉継）ニ於二此方一追々申合候、如在申間敷旨候間、弥御入魂肝要ニ候、為レ其内堀四郎兵衛指下候、是非共此度逆心之者共、不レ残可レ被二討果一候事、専一候、尚口状ニ申含候、恐々謹言、

羽賀宰相（羽柴加賀・前田）

七月廿二日（天正十九年）　利家（花押）

南部大膳大夫殿（信直）

救援依頼が受諾されたことで、すぐにでも南部信直の「御本意」の通りになるであろうこと、必ず「逆心之者」すなわち九戸政実らを、残らず討ち果たすことが重要であることが述べられている。結果的に九戸征伐軍は、奥州勢の主力として蒲生氏郷、豊臣秀次麾下の堀尾吉晴、徳川家康麾下の井伊直政が将となり、直接の総指揮官が浅野長政となった。まさに③で挙げられていた諸将であり、これに南部はもちろん秋《あき》田《た》・小野寺《おのでら》・津軽・蠣崎《かきざき》などの諸氏が加わった。九戸城（岩手県二戸市）での合戦自体は、仕置軍の着陣が九月二日、落城が九月四日であることが明らかにされており、わずか二日で終結していたことが知られる。

さらに『御系譜』では九戸合戦の戦後処理、特に南部領の再編に関する部分が続く。①九戸合戦後、浅野長政が仕置を行ったこと。②内堀頼式を使者として、浅野長政が豊臣秀吉に南部信直の功績を伝え、これにより南部領へ新たに和賀・稗貫が加えられたこと。③信直はすぐさま上洛して秀吉に御礼、帰国後は福岡《ふくおか》城（旧九戸城）に居住し、南部領内は全て

静謐となったこと、とされる。

①の記述では合戦後の仕置について、浅野長政が単独で行ったようにも受け止められるが、実際には九戸合戦に従軍した他の諸将も関わっている。

史料六　浅野長吉（長政）外三名連署書下（もりおか歴史文化館蔵）

当所百姓地下人等、悉可レ令二還住一候、聊不レ可レ有二非分之儀一候条、早可二帰住一者也、

（天正十九年）九月六日　浅野弾正少弼（長吉）（花押）
堀尾帯刀亮（吉晴）（花押）
井伊兵部少輔（直政）（花押）
羽柴忠三郎（蒲生氏郷）（花押）

九戸合戦の混乱を避けて、逃げ隠れていた百姓らに対し、安心して帰って来られるよう保証したもの。これを合戦終結の直後に発給していることは注目される。本文書の差出者から、浅野長政のみならず、共に九戸合戦に従軍していた堀尾吉晴・井伊直政・蒲生氏郷らも、合戦による地域の混乱を収める役割を担っていたことが明らかである。またこれも合戦直後には開始されたとみられる、九戸城の普請も長政と氏郷とが協力して遂行していたことが知られる。当時の南部家としては、長政とともに氏郷との関係も重要であり、九戸合戦後まもない九月十五日には、以下のような起請文を交わし関係を強めていた。

史料七　南部信直宛蒲生氏郷起請文（もりおか歴史文化館蔵）

敬白起請文前書之事

一、上様（豊臣秀吉）エ御忠節之於二御覚悟一者、何事も少も疎略不レ存、入魂可レ仕事、

一、対二其方一表裏之無二覚悟一、不レ混二自余一万事可二申談一事、

一、横合之儀雖レ在レ之、直々不審を相晴可レ申候、其以前不足之儀有レ之間敷事、

右条々私曲偽於レ有レ之者、此起請文御罰深厚ニ可二罷蒙一者也、仍前書如レ件、

羽柴忠三郎（蒲生）
氏郷（花押）

天正十九年九月十五日

南部大膳大夫（信直）殿
参

（以下、神文省略）

蒲生氏郷が南部信直に対し、少しも疎略にせず懇意にすること、誠実に何事も相談することなどを神仏に懸けて誓っている。氏郷は奥羽の要ともいえる会津を、豊臣秀吉から任されている有力大名であり、南部家として関係を強化しておく

ことは、意義深いことであった。信直の子である南部利直《としなお》が、氏郷の養女（養妹とも）を妻とした件からも関係性の深さが伺われる。それにも関わらず『御系譜』において、氏郷について触れられることは少なく、浅野長政一人の事績が強調されていることは意識しておきたい。

②はおそらく南部家にとって最も大切な部分であろう。先述した鳥谷ヶ崎救出戦を中心とする信直の活躍を根拠に、斯波（岩手県紫波町）・遠野《とおの》の本領に加え、新たに和賀・稗貫の地を与えられたとする。しかもその土地は津軽の替地として与えるという理論が示され、小田原征伐関連記事のなかで丁寧に語られていた、津軽問題が生きてくるわけである。つまり九戸の戦後処理関連記事は、以後の南部領、すなわち盛岡藩領の枠組みに関わる重大な歴史であり、それが信直の功績と長政の口添えによって成就したことが重要な要素と考えられる。この記事以降、朝鮮出兵に向けた名護屋《なごや》（佐賀県唐津市）在陣の話題も触れられているが、必要最小限の記述にとどまっている。

以上、『御系譜』における南部信直の事績について整理してきた。史料原本では信直の事績（本文）が五十一行記されているうち、三十五行、すなわち全体の七割が「仕置」関連記事で占められており、その割合の多さも特徴的である。今回、史実の取捨選択や錯誤・誇張などの多い編纂物にも関わらず、記述された内容をあえて確認したのは、南部家が「仕置」をどのように位置付けようとしていたかを知るためである。少なくとも南部家・盛岡藩にとって「仕置」の歴史が、いかに重要であったかは理解されよう。

二、奥羽仕置・再仕置で繋がる縁

（1）南部領における浅野長政伝承

ここまで『御系譜』を通して、南部家における「仕置」の歴史認識について概観してきたが、やはり気になるのは驚くほどの浅野長政「推し」である。実際に長政が南部領の仕置において重要であることは間違いないが、それにしても扱いの丁寧さは目立つ。すでに南部家と織豊期以来の関係の深さが指摘されている、前田利家と比べても登場回数が多く、南部家の歴史のなかで長政を重視する意図が見て取れる。このような視点で、後世の南部家・盛岡藩における伝承を見渡すと、長政に関するものが多いことに気付く。

例えば、江戸時代中期の盛岡藩士・伊藤祐清（一六八三〜一七四九）が、南部家の歴史や伝承をまとめた『祐清私記《ゆうせいしき》』（もりおか歴史文化館蔵）には、盛岡城（**図4**）築城に関する記事が掲載されているが、そこには九戸合戦からの帰途にあっ

図4　盛岡城跡（東側の御台所跡を望む）

た浅野長政の、強い影響があったことが示されている。要点としては①長政が南部信直に対し、「只今之御居城（三戸城）」から「此所（不来方《こずかた》のちの盛岡）」への本拠移転を勧めていること。②信直自身の意向も踏まえて、長政が秀吉へ執り成しを行った結果、築城の許可を得られたこと。③長政が城の大まかな設計を行い、築城に際しての具体的な助言も行っていること、などである。この記事を信じる限り、盛岡城は長政の助言と尽力によって作られたといっても過言ではない。

①については、四方を山に囲まれ広い田畑を作れない三戸城や、伊達領との境界線に近い高水寺《こうすいじ》城（岩手県紫波町）ではなく、前に田畑、後ろに大河を配置し、山・川・道が適合した地形である不来方の地が選定されている。この地形は長政のみならず、諸将（おそらく蒲生氏郷らを想定している）全員が賞賛するほどであることを強調しており、不来方、後の盛岡がどれだけ素晴らしい立地であるかを示す意図もあるであろう。②に関しては、もともと信直自身も本拠移転や、候補地としての不来方を考えていたものの、領内の不安定さや、「乱世」状況での築城申請がリスクを伴うことを危惧していたことにも触れている。このような慎重な信直の考え方を評価しつつ、長政は「我等に御任せ候得」と述べ、見事に豊臣秀吉からの許可を得たとする。本来であれば築城許可を得た

上で、「御検使」の派遣といった手続きを必要としたが、長政のおかげでそれをも回避できている。③については、九月十日の昼頃に不来方に到着した長政が、翌日十一日昼頃に出立するまでの間に、大まかな「縄張《なわばり》」や「間積《けんづもり》」を行ったことになっており、その作業速度には驚かされる。南部家の本拠である盛岡城に関する記事であるためか、多くの紙幅を割いて説明されているが、そこに表れる浅野長政の印象深さは、やはり特徴的である。①や③では築城に関する技術や深い知識を持った見識者としての姿を、②では時の権力者との密接な繋がりや、信直の憂慮を受け止める人格者としての姿が存分に表現されている。

　残念ながら盛岡城築城に関する同時代史料はほとんど残っておらず、築城開始時期も未だ明確にされていない現状で、ここで紹介した一連の内容を史実として確認することは難しい。ただ盛岡藩主南部家にとって、最重要である盛岡城の築城が、浅野長政のおかげであるといった筋道が、少なくとも江戸時代の盛岡藩領で認識されていたことは指摘される。盛岡城築城以外でも、南部領の検地や伊達領との境界設定、あるいは盛岡藩の家臣団形成に長政が関与していたとする伝承も残されている。南部家にとって盛岡藩という近世的な枠組みをもたらした「仕置」の象徴として、浅野長政を設定しようとしているのは明白であろう。

（2）集められる「仕置」の記憶と歴史の構築

　以上のような、南部家・盛岡藩の伝承などを集めた編纂物は多数あるが、その中でも頻繁に引用されるのが先に見た『祐清私記』である。理由の一つは、編纂物のなかでは比較的古い段階で作られていること。盛岡藩に関する編纂物は、江戸時代後期以降に作られたものが多く、場合によっては『祐清私記』を引用したものや、内容を参考にしたと思しきものも多い。もう一つの理由は、これを編纂した伊藤祐清という人物の、編纂当時の立場と動向によって、彼が記す記事に一定の信憑性を見出すことができるからであろう。伊藤祐清は寛保元年（一七四一）に「諸士系図幷武器古筆等調御用掛」に任じられており、円子精親（右筆・記録方）とともに盛岡藩士の系図集である『系胤譜考《けいいんふこう》』六十五冊（もりおか歴史文化館蔵）を編纂したほか、一章で見た『御系譜』の基礎となる南部家の家譜、『南部記録《なんぶきろく》』（もりおか歴史文化館蔵）の編纂にも携わっている。これら一連の事業を指示したのは、江戸時代中期の盛岡藩主・南部利視（一七〇八～一七五二）である。利視は傾く盛岡藩政を立て直すべく、諸改革を進めており、その一環として盛岡藩の歴史編纂事業[6]があった。利視の意向を受けた祐清は、盛岡藩に残された史料の収集（所在確認や写本作成が中心）に力を注いだ。ここで収集した膨大な家伝・系図・古記録・古文書・伝承をもとに、南部家の公的な史書『南部記録』が編纂されたと考えられるが、そこからもれた話題を、祐清が個人的に集成したものが『祐清私記』と考えられている。またこの時、各所で写し取られた文書の集成と考えられる『宝翰類聚《ほうかんるいじゅう》』も、現在は写本が確認できる（岩手県立図書館蔵）。

ところで一章で紹介した〈史料一〉から〈史料七〉は、伝来した盛岡南部家文書として現存しているうち、天正十八年と天正十九年のものと確定できる史料の全てであるがそのうちのいくつかは、伊藤祐清らによる古文書収集事業に伴って集められた史料であった。例えば〈史料六〉の「浅野長吉（長政）外三名連署書下」は、元文四年（一七三九）の南部利視による、領内巡見の中で見いだされたものである。利視は祐清の手引きで、平糠《ひらぬか》村の東ノ重兵衛が所持する本史料を実見したが、巡見後、祐清の意見を踏まえ、史料の適切な保存を理由に召し上げている。この結果、数少ない奥羽再仕置の実態を示す貴重な史料が、盛岡城の御宝蔵に納められたのである。[7] また〈史料四〉の「東直義宛浅野長吉（長政）書状」については、先述した『宝翰類聚』に写しが収められており、その末尾には「右三通、東野儀兵衛光蓄所持」とある。東野儀兵衛家は、南部一族である東氏から分かれた家で（光蓄祖父の代で東野と称す）、『系胤譜考』によれば、本家の東直義から「末代同胤之証」として浅野長政書状三通を譲り受けたとある。このうちの一通が『宝翰類聚』編纂以降のどこかの時点で、南部家に渡ったと考えられる。少なくとも『宝翰類聚』編纂時点で、〈史料四〉が南部家の歴史を物語る貴重な史料であることを、利視や祐清が認識したことは明確であろう。同様に〈史料二〉豊臣秀吉禁制も、ほぼ同文のものが『宝翰類聚』に収められており、末尾には「花巻御給人大関清三郎続方所持」とある。ところでこの南部家に伝来した、天正十八年七月日付の豊臣秀吉禁制については、以前から不可解な点が指摘されていた。一つは天正十八年に仕置軍が進駐していない南部領に、なぜ豊臣秀吉禁制が発給されたかであるが、これについては一章でも触れた通り、進駐の可能性があることを考慮し、事前に禁制を与えられていたと考えられている。もう一つは、同日付でほぼ同内容の豊臣秀吉禁制の原本が、二通も盛岡南部家文書として伝来していることである。これについては〈史料四〉の事例を踏まえれば、『宝翰類聚』に収載された大関続方所持の豊臣秀吉禁制が南部家に入り、その結果二通の禁制が伝来したと考えることは十分にありえよう。

いずれにせよこのような貴重な史料収集の中心人物でもあ

る伊藤祐清は、それらに基づきながら歴史を構築する、盛岡藩を代表する歴史家でもあった。その彼が、藩主の命を受け、あるべき南部家の過去を編纂したものが『南部記録』であり、それを受け継ぐ形で編纂されたものが一章で紹介した『御系譜』である。しかしここで一つ注目したい点がある。それは『南部記録』と『御系譜』は、共に南部家・盛岡藩の公式な系譜でありながら、記載内容に差異が認められることである。特に南部信直の事績に注目すると、「仕置」や浅野長政の扱いに違いが見られるのである。『御系譜』における「仕置」関連記事が、信直の事績全体の七割（本文五十一行のうち三十五行）を占めることは言及したが、『南部記録』では全体の半分以下（本文六十三行のうち二十六行）である。また浅野長政の描かれ方にも明らかに温度差があり、『御系譜』では前述した通り強い存在感を示していた一方、『南部記録』においては、九戸合戦に出陣した武将の一人として登場するのみである。これを踏まえ改めて盛岡藩で編纂された、南部家のさまざまな系譜類を比較すると、信直部分で「仕置」や浅野長政に関する記事を重点的に記述しているものは、数本に絞られる。そのうち最も古い時期に編纂されたと推定されるのは、江戸時代後期の盛岡藩主・南部利敬（一七八二～一八二〇）までが記載されたものであった。つまり『南部記録』が編纂される江戸時代中期までは、「仕置」や浅野長政について比較的淡泊に語られるのに対し、江戸時代後期には『御系譜』に明確に示されるように、「仕置」の歴史や浅野長政との縁を強調する方向性が生まれているのである。なぜこのような変化がおこったのだろうか。以下、南部家と浅野家との関係について歴史的変遷を追うなかで、その背景を考えてみたい。

（3）継続する南部と浅野との絆

南部家と浅野家との関係は一章で見た通り「仕置」、特に九戸合戦を中心とする奥羽再仕置の中で強まっていたことは確認されるが、その端緒は以下の豊臣秀吉朱印状を契機としていると考えられる。

史料八　南部信直宛豊臣秀吉朱印状（もりおか歴史文化館蔵）

其方事、同名親類等幷檜山之城主以下令二同心一、可二上洛一候由聞食候、路次無二異儀一之様、対二越後宰相（上杉景勝）一被二仰遣一候、猶羽柴加賀中将（前田利家）・浅野弾正少弼（長吉）可レ申候也、

八月二日（天正十七年）　（朱印）（豊臣秀吉）

南部大膳大夫（信直）殿

豊臣秀吉が南部信直に対し、一族や「檜山之城主」らと同道して上洛することを受け入れると共に、上杉景勝に道中の安全確保を指示した旨が伝えられている。これを信直に取り

次ぐ人物として、前田利家と浅野長政が示されている。もともと信直が豊臣政権との「取次」・「指南」(8)として、頼りにしていたのは前田利家であった。天正十四年（一五八六）、利家を通じて初めて豊臣政権と正式な繋がりをもって以降、信直はさまざまな場面で利家との関係を強化していた。その利家とともに、〈史料八〉の段階になると、信直に対する「取次」として長政が登場したのである。この史料の添状とみられる八月二十日付「南部信直宛前田利家書状」（もりおか歴史文化館蔵）の追伸には、「将又、今度御理共浅野弾正少弼（長政）方具被二申上一候、一段馳走被レ申候間、於二向後一も御入魂尤候、我之事ハ京都程遠候間、浅野方畢竟御頼肝用（肝要）候、以上」とあり、利家の意向によって信直と長政との関係が構築されたことがわかる。これを機に奥羽仕置や再仕置を通して、南部家と浅野家との関係は深められていったのである。しかし文禄四年（一五九五）の関白豊臣秀次失脚により、長政の奥羽を含めた東国への影響力は低下したと考えられており、実際にこれ以降、南部信直に宛てた豊臣秀吉朱印状は、再び前田利家が取り次ぐようになっていた。それでは南部家と浅野家との関係は、これ以降どのようになっていくのだろうか。慶長六～九年（一六〇一～一六〇四）頃のものとみられる、十二月二十二日付「南部利直宛浅野長政書状」（もりおか歴史文化館蔵）によれば、浅野長政が南部信直の跡を継いだ南部利直に対し、徳川秀忠《ひでただ》への進物の助言とともに、大久保《おおくぼ》忠常《ただつね》へ取り次ぐため、同行することを約束している。関ヶ原合戦を経て権力基盤を固めつつある徳川政権内における、長政の「取次」・「指南」の姿がここに表れる。これまで南部家と豊臣政権との橋渡しをしていた長政が、ここでは徳川政権との橋渡しの役を担っているのである。長政の政治的立場の変化(9)も興味深いが、それが南部家の生き残りにも大きく作用しており、時代が移り変わる中でも南部家が浅野家を頼りにしていたことは疑いない。この関係はさらに続く。慶長十五年（一六一〇）のものと見られる十一月二十七日付「南部利直宛浅野幸長書状」（もりおか歴史文化館蔵）は、浅野長政の子である浅野幸長《よしなが》と南部利直との、親密な関係を如実に示すものである。幸長はこの書状のなかで、利直が将軍徳川秀忠から親しみを込めた言葉をもらえたこと、大御所徳川家康から「御鷹之初鶴」料理を振る舞われ手厚くもてなされたこと、帰国にあたって徳川家から茶入「道阿《どうあ》弥《み》肩衝《かたつき》」や「御服」を拝領したこと、南部領で産出した上納金の一部（金百三十枚余）を拝領したことなど、南部家が徳川家から厚遇されている事柄について我が事のように喜んでいる。またお互いの江戸参府状況を共有しつつ、タイミングが合わず会えないことを残念がったり、利直に贈ることを約束していた「鞍皆具」が、無事に届いているかを心配していたりと、ことのほか親密な関係であったことを知ることができる。何よりもかなり綿密な情報交換をしていることがうかがわれ、南部信直・浅野長政の時代から利直・幸長の時代へと、世代を越えながら関係を深めていたことが推察される。

（4）江戸時代の南部と浅野

以上のような親密な関係は江戸時代以降も継続しており、盛岡藩の公的な記録類には、依然として南部家と関係が保たれていた、浅野家（松平安芸守《まつだいらあきのかみ》）の姿を見出すことができる。江戸時代前期から慶弔に関わる付き合いを中心に、五節句における贈答儀礼や各種宴席への招待など、多くの場面で南部家と浅野家との繋がりを見出せる。しかしこれらは江戸時代の大名社会では一般的な付き合いである。江戸時代における南部家と浅野家との、特別な関係性として押さえるべきは、寛政十年（一七九八）の盛岡藩主・南部利敬《としたか》と、広島藩主・浅野重晟《しげあきら》の息女（教《みち》姫）との婚姻であろう。さらに重要なことは、これを機に南部家と浅野家とが「御両敬」[10]の取り扱いとなったことである（両敬関係を取り結んだのは天明九年・一七八八の縁組許可時）。両敬とは親戚の間柄にある大名・小名が相互の訪問・応対・文通などの交際に、同等の敬称を用いたこと。つまり形式的なことではあるが、上下関係を取り払い、同じ目線で付き合える親密な関係を、南部家と浅野家とが取り結んだのである。ただしこれ以前から、他家を媒介とした姻戚関係は成立しており、例えば加賀前田家を媒介とした関係（南部利雄《としかつ》と浅野宗恒《むねつね》は、妻が共に前田吉徳《よしのり》息女のため義兄弟）は南部家でも重視していた。浅野—前田—南部ラインの交流が、江戸時代においても生き続けていることは示唆深いが、南部家と浅野家との姻戚関係は、あくまでも間接的なものであった。これが寛政十年、ついに直接的な婚姻が成立し、南部家と浅野家との両敬関係も確立したのである。結論的なことを述べるのであれば、『御系譜』など江戸時代後期に編纂された南部家の家譜に、浅野長政の記事が急増する理由は、ここにあると考える。南部家が格上である浅野家との関係性を喧伝したいとすれば、両家が古くから親密であること、南部の今があるのは浅野のおかげであること、そしてこの関係性が築かれたのが「仕置」の時期であることを強調することは十分考えられる。だからこそ南部家の歴史の中で「仕置」の割合が増加し、盛岡藩領の「仕置」伝承には浅野長政が付随するのではないだろうか。

すなわち「仕置」の歴史が近世以降の人脈形成、あるいは維持・強化のために利用された側面が想定されるのである。

あるいは「仕置」の歴史を意識した、人脈作りといった見方もできるかもしれない。「仕置」のなかで培われた関係性があったからこそ、再び関係を強められたともいえる。「近世初頭の露骨な軍事的な対立関係[11]」が、後々まで家と家との疎遠な関係を規定した例（伊東と島津、丹羽と前田、南部と津軽、池田と永井など）を想起するならば、逆に江戸時代における親密な関係も、近世初頭の統一戦争の中で育まれていたと考えることは不自然ではない。「仕置」の歴史は、江戸時代の大名付き合いを円滑にする媒体として、数百年後に南部家の中で再定義されたとも考えられるのである。

おわりに——「日本のつきあい」の始まり

本稿では後世の史料から「仕置」を照射することで、「仕置」が近世の奥羽に与えた影響を見出そうと試みた。従来から「仕置」が奥羽の近世化、具体的には破城・刀狩・検地・在京制度など諸政策の遂行による、平和実現・生産力向上・経済発展・交通発達・身分統制など、社会の構造や制度の変革を推進したことは指摘されている。本稿ではここに「仕置」を契機とした、近世的人脈（ネットワーク）の形成という視点を加えておきたい。江戸時代の幕藩体制下における、大名同士の関係性が重要であることは言うまでもないが、少なくとも南部家においては「仕置」を契機に築かれた関係性が、江戸時代にまで影響していた可能性が指摘できるのである。

南部家には『御両敬《ごりょうけい》御親類附《ごしんるいづけ》』（もりおか歴史文化館蔵）（図5）と題する史料が伝来する。江戸時代末期に成立したと考えられるこの史料には、盛岡藩主南部家にとっての両敬三十九家、親類五十三家がまとめられている。特に両敬の家として

図5　『御両敬御親類附』（もりおか歴史文化館蔵）冒頭部分

は、加賀前田家を筆頭に、福岡黒田家・広島浅野家・彦根井伊家・徳島蜂須賀家・鳥取池田家といった錚々たる大名家が名を連ねる。南部家と浅野家とが、江戸時代においても前田家を媒介として関係が保たれていたことは触れたが、同様に浅野家と繋がることで、またさらに人脈は広がっており、浅野家との関係を軸にさらに八家と両敬関係を構築していることが知られる。また浅野家は徳川将軍家とも密接な姻戚関係にあり、さらに五摂家《ごせっけ》の九条《くじょう》家や一条《いちじょう》家とも姻戚関係を結んでいる。この浅野家が作り上げた華々しい人脈は、南部家にとってどれほど魅力的に映ったであろうか。このように一つの家を軸に、さらに人脈が広がることを踏まえても、『御両敬御親類附』に見られる幅広い人脈は一朝一夕になるものではなく、また簡単に広がっていくものでないことは想像に難くない。今も昔も人脈は、人や組織の命運を左右する重要な要素であり、さまざまな場面で人脈を頼りに生き残りを図ることも多い。そのためにも南部家に限らず江戸時代の多くの大名は、他の大名・旗本などの武家は勿論、公家や寺社などさまざまな階層を含み込んだ人脈作りに力を注いだ。このうち武家同士は姻戚関係を軸に関係を強化することが多いが、その前提として歴史的な関係性を想定することは、江戸時代における大名社会を理解するための、一つの視点と考えられるのである。

晩年の南部信直が肥前名護屋在陣中、新しい大名付き合いの形を目の当たりにし、苦悩や不安な気持ちを手紙に認めていたことは有名である（〈文禄二年〉五月二十七日付「八戸直栄・新田政盛宛南部信直書状」南部光徹氏所蔵遠野南部家文書）。そこには感性が相容れない、上方の大名衆との付き合いに抵抗を感じながらも、「日本之つき合」に恥をかかぬよう苦心している様子や、前田家や浅野家との「大事之つきあい」への気遣いが如実に表れていた。信直は豊臣秀吉によってもたらされた新しい時代において、大名同士の付き合いが、南部家存続のためにいかに重要であるかを予見していたのである。

注

（1）中世の南部氏については以下を参照。森嘉兵衛『南部信直――戦国の北奥羽を制した計略家』（戎光祥出版、二〇一六年、人物往来社から一九六七年に出版された『津軽南部の抗争――南部信直』の再刊）、小林清治・大石直正編『中世奥羽の世界』（東京大学出版会、一九七八年）、青森県六戸町編『北辺の中世史――戸のまちの起源を探る』（名著出版、一九九七年）、七戸町教育委員会編『中世糠部の世界と南部氏――馬と海と城館』（高志書院、二〇〇三年）など。論文では吉井功児「中世南部氏の世界――両南部歴代当主の再検討と北奥の戦国領主について」（『地方史研究』三七（一）、一九八七年）、菅野文夫「三戸南部氏と糠部「郡中」」(『岩手大学文化論叢』三、一九九五年)などが参考となる。
(2) 参考にすべき奥羽仕置・再仕置に関わる先行研究は多数あるが、本稿では特に断らない限り、小林清治『奥羽仕置と豊臣政権』(吉川弘文館、二〇〇三年)および、同『奥羽仕置の構造――破城・刀狩・検地』吉川弘文館、二〇〇三年)の成果に基本的に準拠しながら、事実確認や実施過程の整理をおこなった。
(3) 南部家と前田利家との関係については、瀬戸薫「前田利家と南部信直」(『市史かなざわ』五、一九九九年)、西野隆次「南部信直と「取次」前田利家――伏見作事板の賦課をめぐって」(『地方史研究』五三(五)、二〇〇三年)、千葉一大「南部と前田」(『青山史学』三五、二〇一七年)などを参照。
(4) この時期の浅野長政の立場について、速水融「封建領主制確立期における浅野氏」(『三田学会雑誌』五二(一二)、一九五九年)、山本博文「家康の「公儀」占拠への一視点――幕藩制成立期の「取次」の特質について」(『歴史学研究』五三〇、一九八四年)、同「豊臣政権の「指南」について――浅野長政と伊達政宗」(『論集きんせい』一一、一九八九年)、戸谷穂高「天正・文禄期の豊臣政権における浅野長吉」(『遙かなる中世』二一、二〇〇六年)などを参照。
(5) 九戸合戦前後の動向に関しては、注1・2の書籍類に加え、菅野文夫「九戸一揆の一断面」(『岩手大学文化論叢』五、二〇〇二年)、同「川嶋氏所蔵文書中の九戸一揆関係文書について」(『岩手大学文化論叢』七・八、二〇〇九年)などを参照。
(6) 盛岡藩の歴史編纂事業および歴史認識に関わる議論については、千葉一大「近世大名南部家における系譜認識の成立」(『青山史学』三四、二〇一六年)、同「近世大名南部家が向き合った「歴史」――歴史の捉え方とアーカイブズ政策展開の側面から」(『弘前大学國史研究』一四〇、二〇一六年)を参照。
(7) 注6千葉一大「近世大名南部家が向き合った「歴史」――歴史の捉え方とアーカイブズ政策展開の側面から」で南部利視による領内巡見について詳述しているほか、細井計「「蒲生氏郷等連署還住令」について」(『岩手大学文化論叢』二、一九八六)では「浅野長吉(長政)外三名連署書下」に付随する「帰住証文由緒書」の全文翻刻が掲載されており参考となる。
(8) この時期の取次・指南などに関する全体的な議論は、注4の山本論文のほか、田中誠二「藩から見た近世初期の幕藩関係」(『日本史研究』三五六、一九九二年)、中野等「豊臣期の文書にみえる「取次」「御取成」などの仲介文言について」(『古文書研究』八九、二〇二〇年)などを参照。
(9) 浅野長政の政治的立場の変遷や徳川政権との結びつきについては、堀越祐一『豊臣政権の権力構造』(吉川弘文館、二〇一六年)などを参照。
(10) 両敬に関する研究は、個別大名家ごとの論究も含め多くの研究蓄積があるが、ここでは、基礎的な理解のため、松方冬子「両敬の研究」(『論集きんせい』一五、一九九三年)を参考とした。なお南部家の両敬についても触れられている。
(11) 松方冬子「不通と通路――大名の交際に関する一考察」(『日本歴史』五五八、一九九四年)参照。なお奥羽仕置・再仕置以来の奥羽大名と浅野家との関係を考える上で、松方冬子「浅野家と伊達家の和睦の試みとその失敗――正徳期における近世大名社会の一断面」(『日本歴史』六一七、一九九九年)、堀越祐一「伊達政宗の絶縁状」(『滝川国文』三七、二〇二一年)などで対象としている伊達家と浅野家との関係は、本稿で対象とした南部家と浅野家との関係と対照的な事例として参考となる。

南部一族にとっての再仕置

滝尻侑貴

豊臣政権により、天正十八～十九年（一五九〇～九一）に奥羽地域に行われた奥羽仕置と、それに対して起こった一揆、そして再仕置、この一連の流れは、奥羽の近世化を推し進めた。これを北奥の九戸一揆を事例として、在地の立場から一揆の目的、在地領主の捉え方、再仕置執行について考察する。

はじめに

豊臣政権により、天正十八～十九年（一五九〇～九一）に奥羽地域に行われた奥羽仕置と、それに対して起こった一揆、一揆鎮圧とその後の再仕置、この一連の流れは、奥羽の在地領主性を否定し、外圧により近世化を推し進めたと評価されている。(1)

しかし、一口に奥羽といっても、奥州・羽州で地域性は異なり、奥州の中でも北奥《ほくおう》・南奥《なんおう》で異なる。今回は北奥を支配していた南部一族に焦点を当て、自分仕置となった奥羽仕置、一族が蜂起した九戸一揆、一揆鎮圧と再仕置について、在地の視点から考察し、南部氏にとって再仕置はどのような意味を持っていたのか、近世化の過程はどのようなものだったのかをみていく。

一、奥羽仕置以前の南部一族

(1) 南部一族全体

南部一族は、奥羽仕置以前、戸のつく地名を本拠地とした

たきじり・ゆうき――八戸市立図書館歴史資料グループ主査兼学芸員。専門は中世南部氏。主な著書・論文に「南部氏の正月行事にみる領主関係」（久保田昌希編『戦国・織豊期と地方史研究』岩田書院、二〇二〇年）、熊谷隆次・滝尻侑貴・布施和洋・柴田知二・野田尚志・船場昌子著『戦国の北奥羽南部氏』（デーリー東北新聞社、二〇二一年）がある。

「戸《へ》の領主」たち連合体が支配する体制を取っていた。具体的には一戸《いちのへ》・三戸《さんのへ》・四戸《しのへ》・七戸《しちのへ》・八戸《はちのへ》・九戸《くのへ》家がおり、その中で三戸家がまとめ役の立場にあった。まとめ役という立場は、他の領主に対する強制力を持たないものであったと考えられる。この関係性が変化するのは、天正十八年の小田原合戦に三戸家の南部信直《のぶなお》が参陣し、豊臣秀吉より「朱印覚書」**資料一**を受け、南部惣領として定められた時である。「朱印覚書」では、従来南部では行われていなかった検地を実施して三戸家が他の戸の領主の支配地を含め、すべてを把握すること（三条目）。家臣（ここでは戸の領主が含まれる）の諸城を破却し妻子を三戸城下に集住させること（四条目）が記されていた。それまでの体制の解体は、当然ながら在地のものの反発を呼び一揆蜂起へと繋がった。

資料一　豊臣秀吉朱印覚書（もりおか歴史文化館所蔵）

覚

一、南部内七郡事、大膳大夫可任覚悟事、

一、信直妻子、定在京可仕事、

一、知行方令検地、臺所入丈夫ニ召置、在京之賄、相續候様ニ可申付事、

一、家中之者共相拘諸城、悉令破却、則妻子三戸江引寄可召置事、

一、右条々、及異儀者在之者、今般可被加御成敗候条、堅可申付事、

以上、

天正十八年七月廿七日（朱印）

南部大膳大夫とのへ

（2）南部一族九戸家

つづいて、一揆の首謀者九戸政実《まさざね》と九戸家について確認する。

まず九戸家は、もともと名字とする九戸（岩手県二戸郡九戸村）の大名館《だいみょうたて》を本拠地としていたが、二戸《にのへ》（岩手県二戸市）に進出し、九戸城を築く。これは南部一族では稀有な事例であった。基本的に戸の領主は、名字とする地から本拠地を移動することがない。本拠地の移動だけをみると、三戸家が聖寿寺館《しょうじゅじたて》（青森県南部町）から三戸城（同三戸町）へ移動しているが、あくまで三戸の領域内での移動であり、戸の領域を超えて移動したのは九戸家のみである。

二戸・九戸を領地とした九戸家の南部内での役割は、主に西方の鹿角郡《かづのぐん》に関することと、さらに西の安藤氏の監視だったと思われる。政実は、永禄九～十一年（一五六六～六八）に鹿角郡を戦地とした安藤氏との合戦（鹿角郡合戦）以降、鹿角郡への影響力を持つようになっていた。

つぎに、南部一族内での関係性である。一揆蜂起頃の戸の領主は、三戸・四戸・七戸・八戸家であり、それぞれの家との血縁関係を見ていく。三戸家は、政実弟実親《さねちか》の妻に三戸娘、四戸家は、四戸金田一《きんだいち》家に政実の叔母（政実の父信仲《のぶなか》の妹）が嫁ぎ、政実の妻も金田一娘である。七戸家は、政実の妹が七戸家国《いえくに》の妻、八戸家は、政実の母が八戸娘というように、在地領主に相応しく戸の領主たちとの血縁関係を結んでいた。このうち四戸・七戸家が一揆に加担するのである。

戸の領主以外にも、地縁的に結びつく姉帯《あねたい》家や久慈《くじ》家といった一族があった。特に久慈家は、血縁的にも結びつく関わり深い一族であり、一揆蜂起頃には、政実の弟が久慈家の養嗣子として婿に入っていた。これにより九戸家は東方へも影響力を伸ばしており、糠部《ぬかのぶ》南部に対して横断的に力を伸ばしていた。

最後に、政実資料について確認する。政実の発給文書は一通も残されておらず、「政実」が主体として残る資料は、唯一九戸神社（岩手県九戸郡九戸村）に残される棟札である。棟札は、両面黒ずんでおり肉眼で文言を確認することはできない(2)。しかし、九戸村教育委員会には、赤外線カメラで撮影した画像が残されており(3)、それにより天文七年（一五三八）に比定されている（**資料二**）。

表面では「大檀那源政実」の文言から、政実が九戸家督を継承していることを示している。裏面は年月日が記されているが、画像では九月の上部に「戊戌」らしき干支が見えるのみで、それより上はまったく判別できない状態である。おそらく政実が亡くなる天正十九年以前で戊戌に当てはまる年号として天文七年に年代比定したものと思われる。しかしそのため、政実が天文七年時点で九戸の家督を継承していることになり、九戸一揆まで五十三年もあるため、一揆時点では老齢と考えられている。

なお、残る墨書自体が掠れているため、個々人により文字の見え方により異なる干支を読み取ることになるが、筆者には「丙戌」と見えた。丙戌であれば、天正十四年（一五八六）であり、政実の家督期として違和感のないものとなる。

後世の伝記に依るが、一揆時点で政実には十一歳の長男亀千代がいたと記される。これを考えると、棟札を天文七年と比定するのは違和感を覚えるところである。

二、九戸一揆

(1) 一揆の概略

天正十九年二月、九戸家を中心として、七戸・四戸櫛引《くしひき》・四戸金田一・一戸（庶家）・久慈備前・姉帯・大湯《おおゆ》・大里《おおさと》家

資料二　九戸神社棟札

（表）

參大行事　迦陵頻伽聲　文殊師利菩薩　護国大王　祢宜　兵部少輔
聖主大中天　□　重
封　本師釋迦牟尼如来應化羽黒権現　大檀那　源政実
迦陵頻伽聲　番匠　藤九郎
參小行事　弥勒菩薩　鎮護八台童子　鍛冶　畠　書
我等今敬礼

（裏）

［天文七戊戌］九月拾句日　書之

図1　棟札表（右）と裏（左）

などが蜂起した。この時南部一族は、前年に起こった和賀《わが》・稗貫《ひえぬき》一揆を鎮圧し、その処理を行っている状況だった。

二月から三戸家が中心となり九戸勢と戦うが、翌三月には上方勢が軍勢を派遣する動きがあることが伝わってきていた。それでも九戸勢の勢いは変わらず、四月に信直は豊臣秀吉へ援軍要請の使者として嫡子利直《としなお》を派遣する。利直は、六月九日に豊臣秀吉に謁見し[4]、同二十日、秀吉が「奥州奥郡仕置」軍の派兵を決める[5]。

七月、伊達政宗が和睦仲介を始めるが成らず（後述）、八月頭に政実は九戸城に籠城を始める[6]。そして八月末、奥郡仕置軍が到着する。

奥郡仕置軍は、九月一日に九戸城の南方に位置する一戸で数ヶ城を陥落させ、二日に九戸城を包囲した。昼夜攻め懸け、四日に落城させる。籠城していた百五十人余りは首を切られ、政実ら首謀者は、仕置軍の総大将豊臣秀次の元まで送られた。秀次は、二本松（福島県二本松市）に陣を敷いていたが、のちに北上しており、十五日に平泉《ひらいずみ》（岩手県平泉町）に到着した[7]。政実らは途中の三迫《さんのはさま》（宮城県栗原市）で斬首され、首は京都に送られたものと思われる。

（2）一揆蜂起の事由

奥羽仕置が在地にどのように受け止められたのか、一揆蜂起の首謀者である九戸政実が、蜂起に至った事由とともに確認する。

資料三　浅野忠政等連署書状（色部文書）

雖未申通候、令啓入候、仍而淺野弾正為代官、去年稗貫ニ被残置候之處ニ、一揆令蜂起、籠城候刻、南部殿被出御馬、一揆等被追掃候、依然御伴申、三戸へ先退候、就其當郡侍衆有逆意、糠部中錯乱之事に候、南部殿天下江御奉公候を、當地之衆何も京儀嫌被申、如此之姿に候、弾正二本松ニ越年ニ付而、當春も爰元へ被及音信候、此表之儀、上衆有御加勢、御仕置可被仰付之旨ニ候、然者其口へも御人数被差下之由其聞候、爰許遠路之故、慥成義不相聞候条、御様子具示預候者、可為恐悦候、此表之躰、自上急度無御助勢候者、南部殿御身上可被及御難儀姿ニ候之条、内々其御分別所仰候、委者使者申含候、恐々謹言、

二月廿八日　淺野勝左衛門尉
忠政（花押）
伴喜左衛門尉
資綱（花押）
福井勘大夫
忠重（花押）
後藤小平次
吉宗（花押）

色邉殿（色部長真）
参

従来は、**資料三**に記される通り、信直が豊臣秀吉に従属したことを糠部郡の者が嫌がり、京儀を嫌ったとする。ここでいう京儀は、**資料一**の三条目・四条目のことを指す。

戸の領主では、京儀を是としたのが八戸家であり、非としたのが四戸・七戸・九戸家だった。是非に分かれた家は、豊臣政権との接触の有無という違いが見受けられる。三戸家以外の戸の領主で、唯一是とした八戸家は、天正十八年に信直が小田原に参陣した際、当主直栄が同道しており[8]、秀吉とそれに従う者たちに接触していた。豊臣政権を直接体験したことが、家の存続への判断に大きく影響を与えたと考えられる。

一方、非とした家は、豊臣政権との接触歴がなく、信直が南部惣領として自分たちの領地の検地や、妻子の三戸集住をさせられることに反発し、それが豊臣政権による仕置によるものであることを実感せずに一揆に至った。首謀した九戸家の当主政実も、豊臣政権による仕置という実感が足りていなかったが、従来いわれる独立を目指した、南部惣領と取って代わろうとしたなどという事由ではなく、親族や周辺領主の

圧力により蜂起せざるを得なかったと考える。理由を見ていく。

まず、敵対者である信直の評価である。信直が南部惣領となることに反対として一揆蜂起に至った政実であるが、一揆二年後の文禄二年（一五九三）に信直は「九戸之親類共、主を引たをし候間」と振り返っている。(9) 本書は、朝鮮出兵のため肥前名護屋（佐賀県唐津市）に参陣している中で、国元の八戸家当主直栄《なおよし》に宛てた書状である。直栄には信直の娘千代子《ちよこ》が嫁いでおり、義理の息子という関係性である。この文言の前後では、八戸家中には豊臣政権従属以前の家風が依然として残っており、分別を持たなければいけないと諭している。その中で教訓として記された言葉である。ここからは、政実の親類たちの分別が無かったために蜂起に至り、最終的に家を潰してしまったということが読み取れる。つまり信直は、政実が進んで首謀したと捉えていなかったのである。

つぎに、一揆終結の方法である。当時の奥州でも行われていた和睦の慣例的な方法として中人制があった。中人制は第三者（中人）が間に入って和睦を取り持つものであり、全国的な紛争の解決方法であるが、特に南奥では「奥州ノ作法」(10)とも呼ばれていた。北奥でも南部一族が、天文や元亀年間に斯波《しば》氏と戦いになった際、稗貫氏が中人となって和睦を結んでおり、慣例を踏襲していた。南奥では、中人制は破綻していったが、北奥では残り、かつ豊臣政権による惣無事の平和的秩序形成も届いておらず、政実は一揆終結方法として中人を用いての和睦を目指していた。中人としては、南部領内はすべて蜂起・鎮圧に関わっていたため、隣接する領主に頼むところであるが、南方の和賀家・稗貫家・葛西家・大崎家は領地を没収されていた。そのため政実は、さらに南方の伊達政宗に中人を頼んでいる。

政実がどの時点で和睦を考えていたか現存資料から確認することはできない。政宗とのやり取りが確認できるのは、七月からとなる。四月下旬頃は、「伊達殿身上ハ當座よきやうニ候へ共、つめハあひはてへきとさた候」(11)と信直の書状に記され、政宗が最終的に処罰されると糠部では考えられていたようで、政実も聞き及んでいたのではないかと思われる。それが五月下旬に帰国し、葛西・大崎一揆に対応し始めたことで、政実は政宗を中人へと望んだのではないかと考える。

また、七月十五日に浅野長吉から政宗に宛てられた書状に「南部へも飛脚被遣被御心添由、尤可然候、苑角葛西・大崎・南部邊迄も、貴所御一分にて被仰付」(12)とあり、九戸一揆に対して政宗が対処する権限があることと、南部に連絡を取ったことがわかる。飛脚では、信直に和睦についての話をしたと考えられ、これ以前に政実より中人の依頼が政宗に送られたものと考える。

同二十日には、**資料四**の書状が政宗より出されている。

資料四　伊達政宗朱印覚書（伊達家文書）

覚

一、始其方一統之旁、今般政宗刷ニ被相任ニ付而者、身命進退之儀、南部殿へ申調、必定可相立事、

一、於其上も、南部殿前、旁々機遣ニ付而ハ、政宗為半者、毛頭無疑心様ニ可有之事、

一、両人ニ巨細之儀申付候、両口之通、何事ニ付而も、不可有表裏候、可御心易候事、

以上、

七月廿日（朱印）

宛所が欠落しているが、政実宛と考えられ、政実と信直の和睦を調えるつもりであることが読み取れる。また、担当者として二人（白石《しらいし》七郎・支倉常長）を派遣することが記される。二十三日に政宗は、稗貫重綱《しげつな》に対して使者下向の路地案内を頼んでいる(13)。

この和睦について、南部配下の簗田《やなた》詮泰《あきやす》より信直の意向が政宗へ伝えられている（**資料五**）。

資料五　簗田詮泰書状写（伊達家文書）

追而申上候、御両使可有御披露候之条、不能具候、

御尊札令拝見候、今度両使被指遣処ニ、於爰元ニ馳走無之義、失本意令存候、依九戸一和之義被仰出候、尤信直無是非被存候、雖然九戸一揆殿下ニ依無隠、中納言様御下向之上者、弾正殿様以御相談、被仰調候ハん事専用候、萬端重而重而可得御意候、恐惶謹言、

八月十五日　簗田中務少輔

詮泰（花押影）

政宗様　御尊報

信直は、九戸一和に同意していたが、一揆は秀吉の知るところであるため豊臣秀次や浅野長吉と相談し、秀吉の許しを得る必要があると伝えている。これは、七月十五日付浅野長吉書状でいう政宗から信直への飛脚で和睦の第一報があった後に、二十二日に前田利家から書状があり「是非共此度逆心之者共、不残可被討果候事専一候」(14)と一揆勢をすべて討ち取るように命が下っていたためである。

なお、和睦条件は記されていないが、使者が条件を調える予定だったのだろう。可能性としては、九戸からの人質が差し出されることが有力である。特に政実の長女は、葛巻信祐《くずまきのぶすけ》

に嫁いでいたが、蜂起にあたり信祐が信直方に就くということで離縁し、家に戻ってきていた。そのため、三戸親族に嫁ぐことが条件と示されるか、逆に三戸親族が婿として九戸家当主となることも考えられる。

秀吉の許可が下りれば和睦するつもりだった信直であるが、**資料五**の二日前の十二日に使者二名が途中で引き返した。(15) これは、不来方《こずかた》（岩手県盛岡市）の福士直経《ふくしなおつね》から政宗への書状に記される。十六日の稗貫輝家《てるいえ》(16)や和賀信親《のぶちか》(17)から政宗に出された書状には「上下送候儀承之候、慥ニ相送申候」や「南部へ御使無相違上下被成、帰路満足此事候」とあり、和賀・稗貫郡（同北上市・花巻市）を往復したことがわかり、両郡以北で不来方以南の南部領内で引き返している。

このため、政宗による和睦は立ち消えてしまったが、この過程で注目すべきは、政実が和睦をしようとしていたことと、信直も秀吉の許可が前提ではあるが和睦に同意していたことである。ここから政実は、信直を南部惣領から引きずり下ろすまで徹底抗戦するつもりがなかったことがわかる。つまり、この一揆は京儀を嫌っているという意思を示すための示威行為だったのである。さらに後年の信直の評価から、親類や周辺領主の声に押されての蜂起であり、いわば周辺諸氏のガス抜き、鬱憤晴らしも兼ねた一揆であり、最終的には慣例的な和睦を想定していたと考えられる。

一方信直にしても、慣例的な和睦は当然想定していたはずである。そのため一揆を撫で斬りにするという意思が薄かったのではないかと思われる。これは信直に限った話ではなく、糠部の者に共通していた認識だった。続いて考察する。

（3）一揆に対する在地の捉え方

九戸一揆に対する在地の者たちの捉え方について考察する。

従来、二月二十八日付浅野忠政等連署書状（色部文書）で「糠部中錯乱之事」と記され、**資料六**で糠部郡中の侍や百姓が悉く京儀を嫌っている、**資料七**でも糠部郡中の諸侍や、その他下々の者に至るまで、京儀を嫌っていると記されており、糠部郡の者は、いつ一揆に加担するかわからない状態であると捉えられていた。

資料六　南部信直書状（色部文書）

返々、御入魂之口状共、畏入令存候、何様ニ以貴
面可申述候、以上、

遠路之御使者、自他之覚、本望不過之候、殊更口状蒙仰候趣、御懇志之至、難帋上尽令存候、先書如申入、郡中悉侍百性等共、京儀雖嫌申候心底候、早上之御人数被指下之由、依有其聞、諸方見合候者共も無別儀之躰候、則淺勝左令同陣候之条、於様子者、可被御心易候、弥々得

勢力候御才覚所仰存候、猶御使者へ申入候之間、不能審
候、恐々謹言、

三月十七日

南部大膳大夫
信直（花押）

色部殿（長真）
御報

資料七　浅野忠政等連署書状（色部文書）

尚以、當郡諸侍中一揆之内存候へ共、京勢罷下候
由相聞付而、見合躰候、何も御使者口上以可被申
上候、以上、

預御使札、本望存候、仍南部殿御家来之内九戸・櫛引、
其外小侍共数多逆心仕、日夜ニ無由断躰候、今日迄之儀
ハ手堅候へ共、郡中諸侍、其外下々迄、京儀をきらい
申内存ニ候間、上勢於御延引者、一揆悉蜂起可仕候之間、
片時も被成御急、御人数被指下候様ニ御才覚肝要候、爰
元山中条、小城共相構、所々へ相働候付而、手前ニ取紛、
しか〳〵と御注進申上儀も不罷成候間、御人数参着次第
ニ、早々當表へ被成御着陣候様ニ、御馳走尤候、猶様子
者、御使者へ具申入候条、不能巨細候、恐惶謹言、

伴喜左衛門尉

三月十七日　資綱（花押）

後藤小平次
吉宗（花押）

淺野勝左衛門尉
忠政（花押）

色部殿（長真）
参

「（奥ウワ書）　一戸内付館ゟ
淺野勝左衛門尉（忠政）
色部殿
御報　」

また、**資料六**では、「早上之御人数被指下之由、依有其聞、諸方見合候者共も無別儀之躰候」、**資料七**でも「當郡（糠部郡）諸侍中一揆之内存候へ共、京勢罷下候由相聞付而見合躰候」と記されており、一揆に加勢しないのは、豊臣軍（後の奥州再仕置軍）の下向が伝わっているからだとしている。信直も忠政たちもこの認識は一致しているが、忠政たちはさらに「上勢於御延引者、一揆悉蜂起可仕候之間、片時も被成御急、御人数被指下候様ニ御才覚肝要候」と記し、豊臣軍の下向が延びれば皆が蜂起してしまうという認識を持っていた。

ここに、信直と忠政たちの意識の差がある。信直は、豊臣軍下向の伝聞だけで、在地の者はもう蜂起しないと捉え、忠

政たちは、実際の下向が延びると蜂起するかもしれないと危機感を持っている。これは、信直が蜂起の理由を正確に把握していたからと考えられる。また、これは信直に限らず、在地の者はおおよそ把握していた。

資料八　不染斎俊恕書状（南部家文書）

幸便之条、捧愚札候、舊冬長々御音信蒙仰候、殊ニ預御扶持候、過當之至ニ候、春中ニ早々致參上、萬端可申上と存候處ニ、以之外噪候ニ付而、致延慮候へハ、結句致籠城、路次不通之条、乍存知罷過候、無念之至ニ候、一両年不懸御目候キ、遂貴面度事、增日候条、少も途中之儀、相静候者、參候て、万々積候事共申上度念願迄ニ候、然者　大殿様田名部へ御光儀之由承候、御帰殿之時分、急々参ハやと存計候、久々御手跡見不申候、淺水へ便之時ハ御一書示被下候者、可為祝着候、さそ〳〵御手跡あかり申へく候、見申度うそかへ、我々ハ老後ニ不似合籠館之義、不及是非候、乍恐窮屈可有御察候、此等之趣御披露、恐々敬白、

不染斎

卯月廿日　俊恕（花押）

八戸二郎殿様（直栄）

御近習中

返々申上候、御弓矢にハとんちやくいたさす候間、路次能候者、一夜かへりにも參へく候、恐々、

資料九　不染斎俊恕書状（南部家文書）

返々申上候、書物御用之由承候、安御事ニ候、何哥書成共、御用之儀候ハヽ、可承候、透ハ澤山ニ候之間、写候而可申候、此比ハ御歌よりハ出事御座なく候て、こなたよりハかり出事候間、隙ハたくさんニ御座候、今月中御こし候へく候、待入候、色帋ハ參候時見合候而、書なをし申へく候、此よし御披露、恐々、

良久無音ニ罷過候条、旦夕御床敷奉存候處ニ、長々預御音信候、過分之至ニ候、殊ニ種々珎物共送被下候、令頂戴候、仍而度々申披候と、従春中亂逆故、不參申候、中〳〵背本意候、朝暮懸御目度念願迄ニ候へとも、籠城ゆへ、徒ニ罷過候、今之分ニ候ハヽ、来月末之時分參候而、可懸御目候、珎敷巻物書候而指置候へ共、持參可申と存候而、此度ハ不申候、此等之趣御披露、恐惶謹言、

俊恕（花押）

六月十六日

八戸次郎殿様（直栄）

御近習中御返事

資料十　不染斎俊恕書状（南部家文書）

預御懇札候、祝着之至ニ候、仍而久不遂面談候条、春中ニ可参と存候處ニ、御弓矢ゆへ、徒ニ罷過候、無念之至ニ候、然者二郎殿様長々預御音問候、殊ニ色々之珎敷物共御調被下候、中〳〵大慶不浅候、何様今之分ニ候ハヽ、来月末にハ参候而、可懸御目候、年之上ニ籠城之気使、彼是可有御察候、今月中館殿御會之由承候、内々参候而、遊山申度候へとも、世上計かたく候間、無其儀候、細々御連哥ニ被為合候事、浦山敷存ハかりに候、東禅寺御陰居様御堅固ニ御座候哉、御傳語申候由頼入候、道場様・大泉坊へも御心得所希候、万々期面之時候間、令略候、恐々謹言、

六月十六日　　俊恕（花押）

一右衛門殿

御返事

返々申候、二郎殿様被思召分、長々預御到来候、有かたく過當之至ニ候、御次之時ハ御心得所仰候、恐々、

資料八〜十は、八戸直栄と直栄の近習一右衛門に対して、直栄の教養の師である不染斎俊恕《ふせんさいしゅんじょ》から出された書状である[18]。俊恕は、三戸家に従う目時《めとき》家の人物で、隠居して不染斎を名乗っていた。

図2　河岸段丘上の目時館跡

俊恕は冒頭で、春から一揆が起こり籠城しているため、本拠地の目時村（青森県三戸町）から根城《ねじょう》（同八戸市）へ訪れることができていないことを記している。目時から八戸へは、進路上に一揆に加担した四戸櫛引家の領地があり、通ること

ができなかった。また、目時の南方は、同じく四戸金田一家の領地であったため、老後に似合わず立て籠っているとも記し、一見すると一揆に対抗する軍事行動を行っているように伺える。しかし、追而書を見てみると、戦いには頓着しない、通行できるようになったら短い間でも会いに行くと記しており、そこまで一揆を重く受け止めていないことが伺える。

その後、五月十四日に「来月ハ早々参候而、懸御目[19]」と六月頭には行きたい旨を記すが、**資料九**から六月には行けなかったことがわかり、七月末には行きたいと記す。またその追而書で、籠城中は暇で歌しかすることがない、暇で書物や歌書などの写本を作ることが出来るため、写本が必要なものがあれば今月中に送ってくれと伝えている。**資料十**では、同じく戦いが今の様子なら七月末には行けそうなことを伝えるとともに、直栄の親族中館《なかだて》家が目時を訪れる予定であることも記されている。会ったときには遊山に行きたい気持ちがあったようだが、さすがに自粛している。

六月二十三日付でも「何様来月末之比ハ、縦御弓矢候共可参候[20]」と記し、一揆中であろうと七月末に八戸に向かう考えを伝えており、やはり戦いには頓着しないという認識が伺える。

これは、戦争状態が常態化している故の無頓着さというよりは、一揆勢が自分たちを滅ぼすつもりがないということを背景とした緩みと受け取れる。つまり、在地の者たちにも一揆が意地を見せつけるためや、鬱憤を晴らすための示威行為であり、ある程度のところで和睦になるのだろうという慣例からくる緩みがあったものと思われる。

三、一揆終結と再仕置

和睦破綻より半月後の九月一日、糠部に到着した再仕置軍は、姉帯や根反といった一戸の城を攻め落とし撫斬にした。二日に九戸城へ陣を進め取り囲んだ。政実は四日に降伏し、妻子共に秀次の元まで送られた。同様に、櫛引などの一揆に加担した主要な家の者も妻子共々秀次の元に送られた。

再仕置軍が入った九戸城は、早速普請がはじまり、南部領で最初の石垣がつくられた。普請完成については、十四日に、浅野長吉長から長束正家に出された書状で「只今南部方居城之普請、各令相談申付候[21]」とあり、普請中であることがわかる。十五日に三之関（岩手県奥州市）に到着した徳川家康から、翌十六日に氏郷家臣の関一政に出された書状で「仍九戸普請被成候由、弥早速被明隙、御帰陣尤候[22]」とあり、普請が終わったことを記している。ここから十五日に、普請が終わったことがわかる。同日には、普請を主導した蒲生氏郷が信直と起請文を交わしており[23]、普請が終了して帰陣する前に誓紙を交わしたものと考えられる。

約十日ほどで完了させた急速な普請は、朝鮮出兵を見越した城普請の練習と考えられるが、それ以外にも石垣を組むことにより、豊臣政権下に入ったことを視覚的に示すものでもあった。この後信直が、三戸城から本城に移り福岡城として本拠地としたことで、その意味は増している。

普請終了後、再仕置軍は帰陣の途につき、一揆勢の闕所などの再仕置は信直に委ねられた。また、秀吉の直轄地となっていた和賀・稗貫両郡は、浅野長吉配下が奉行として再仕置をした後、信直に預けられた。信直は、十二月まで領地宛行を行っており、その後一揆蜂起により実行できていなかった**資料一**に改めて着手しなければならなかった。しかし、信直は朝鮮出兵のため肥前名護屋に参陣しなければならず、文禄元年（一五九二）正月に出立したため、家臣たちに素案をまとめさせたり、嫡子利直に任せたりすることになる。

国元に残った信直家臣北直愛《きたなおちか》・中野直康《なおやす》・東直重《ひがしなおしげ》・東正《まさ》永《なが》・北信愛《のぶちか》・楢山義実《ならやまよしざね》・八戸直栄・南正慶《みなみまさよし》は、四条目の城破却を進めており、六月二十日に城割の一覧「奥州南部大膳大夫分国之内諸城破却書立有之事」[24]（以下、破却書立）を氏郷家臣の速水・乾に相談している。破却の対象となった城は、天正十八年段階の「南部内七郡」だけではなく、再仕置によって信直に与えられた和賀・稗貫郡も含まれていた。

また、利直は同じく四条目の家臣の妻子集住を行っている。**資料一**では三戸城へとなっているが、本拠地の変更に伴い福岡城下への集住となった。

資料十一　南部利正書状写（宝翰類聚・乾）

以上、

足弱之儀、夏ゟ度々云越候処、今迄相延候事、何たる儀候哉、此廿日之内、急度可被越候、恐々謹言、

閏九月三日　利正　御黒印

轟木

台

口内

両三人方へ

資料十一は、文禄二年閏九月三日に利直（利正）が、轟木《とどろき》・台《たい》・口内《くちない》家に対し、妻子を寄こすよう催促している書状である。轟木家は旧和賀家臣、台家は旧稗貫家臣、口内家は旧江刺家臣の人物たちである。本書から、文禄二年の夏頃から家臣らの妻子集住を始めていたことが読み取れるとともに、一揆鎮圧によって豊臣政権への不服従の結末を経験したにも関わらず、未だに京儀を執行する三戸家に従わないものがいた

ことも伺える。

諸城破却も実施されたのは、信直が帰国する文禄二年十一月十六日以降になったと考えられ、妻子集住とあわせて四条目の実施は文禄二年からであり、少なくとも一揆鎮圧から二年は完了しなかったのである。

なお、城の破却に関しては、「破却書立」で「城数四拾八ケ所、此内不破城拾弐ケ処」と四十八城のうち十二城を残したと記される。(25) そのなかで破却と記された八戸家の城「根城」（青森県八戸市）の発掘調査(26)から、その実態を知ることができ、内容は堀の埋め立てや柵の撤去といった防御設備の縮小化だったことがわかる。しかし、他の破却されたすべての城が同様の処置がされたのかは疑問が残る。

一例として、根城と同様に破却と記された和賀郡の城「岩《いわ》崎城《さきじょう》」（岩手県北上市）は、慶長五年（一六〇〇）に和賀郡の旧領主和賀忠親《ただちか》が首謀者として起こした岩崎一揆において、一揆勢が拠点として使用し、翌年まで籠城した城である。冬季の合戦は無かったが、約半年間籠城で使用されており、文禄二年以降に防御施設の撤去を重点的に行ったかは、疑念が残る。むしろ根城が特殊事例で、戸の領主の中で三戸家以外に唯一残った八戸家の力を削ぐ目的で重点的に破却が行われたと考える。

おわりに

今回は、九戸一揆とその後の再仕置について確認した。

まず、首謀者の政実は、九戸家当主として家臣や四戸・七戸家などの親類たちの信直に反発する意を組んで蜂起したことを考察した。政実自身は、慣例に従い最終的には和睦を目指しており、信直に対する不服の意志を見せるための示威行為的な蜂起だった。和睦には、中人として伊達政宗を頼み、信直も同意していたが、秀吉の了承は得られなかった。政実が九戸城を再仕置軍に囲まれてからすぐに降伏したことも、徹底抗戦を考えていなかったことを裏付けている。

次に、政実による示威的行為であったことは、周辺の者たちにも漠然と伝わっており、蜂起への対処は緊張感に欠けるものであったことを、目時前当主俊恕の書状より考察した。俊恕自身も籠城しており、路地不通であったにも関わらず文芸のために、一揆蜂起の主要な家である四戸櫛引家の領地を通っての移動も考えていた。また、籠城中も暇である等、戦いに頓着しないという一揆に対して緊張感の欠ける認識だった。

そして、和睦がならず早期降伏をした政実であったが、豊臣政権は撫斬を実行し、慣例は通用せず家は滅ぼされる。居城九戸城は、氏郷らによる早期の普請が行われ、南部領にそれまで無かった織豊系城郭として改修された。信直は改修後の城に入ることにより、南部氏が豊臣政権下にあることを視覚的に示すことになった。

一揆鎮圧後、城破却や家臣妻子集住に取り掛かった三戸家であったが、城破却は信直が朝鮮出兵により肥前に行ったため、帰国してからの実施となった。家臣妻子集住においても信直嫡子利直が取り掛かっていたが、素直に従わない家が未だに残っており、共に文禄二年を過ぎても完了できていなかった。

南部一族にとって天正十八年の奥羽仕置は、一族の多くが豊臣政権との初接触であり、遠隔地の話で自身らとは直接関係のないものという認識だった。そのため、自らの不満の意志を一揆という形で示し、慣例的な和睦を執着点にできると考えていた。しかし慣例は通用せず、豊臣政権に対する不十分な認識は、再仕置において家の滅亡という形で表れた。

南部一族にとって再仕置は、それまで慣例を強制的に捨てさせ、北奥である意味閉鎖的だった一族を排除し、豊臣大名として三戸家を頂点に統制する体制を作らせた。逆説的に、それまで三戸家は大名とは呼べない体制であったことも示す。

ただし、再仕置は天正十九年に終わったわけではなく、資料一四条目で指示された内容は、南部においては文禄三年頃まで対処に時間がかかっているうえ、三条目についても帰国後に発給された書状で「検地仕候」[27]とあり、ようやく検地に取り掛かっている。あわせて再仕置完了には時間がかかっており、豊臣政権による強制的な近世化は、南部においては、一揆鎮圧による武力行使と、織豊系城郭への改修という視覚的な成果をもってしても、在地への浸透は時間がかかり、緩やかに行われていったのである。

注

(1) 小林清治『奥羽仕置の構造——破却・刀狩・検地』(吉川弘文館、二〇〇三年)。また、小林氏は著書『奥羽仕置と豊臣政権』(吉川弘文館、二〇〇三年)において九戸一揆の事例研究を行っている。

(2) 『九戸村史』第一巻　先史・古代・中世編(九戸村、一九九三年)によると「線香とローソクの煙で真っ黒になった」という。

(3) 司東真雄(当時の岩手文化財審議委員)撮影。

(4) 六月廿七日付野田政義宛南部信直書状(川嶋氏所蔵文書)。

(5) 六月廿日付豊臣秀次宛豊臣秀吉朱印状(尊経閣文庫)。

(6) 八月七日付施薬院全宗・富田一白宛浅野正勝書状(伊達家文書)。

(7) 九月十六日付関一政宛徳川家康書状写(関家文書影写本)『三重県史』資料編中世三下(三重県、二〇一八年)。

（8）七月十一日付八戸政栄宛高野山遍照光院良尊書状（南部家文書）。
（9）五月廿七日付八戸直栄宛南部信直書状（南部家文書）。
（10）山田将之「中人制における『奥州ノ作法』――戦国期の中人制と伊達氏の統一戦争」（『戦国史研究』五七号、二〇〇九年）。
（11）（後欠）南部信直書状（川嶋氏所蔵文書）。
（12）七月十五日伊達政宗宛浅野長吉書状（伊達家文書）。
（13）七月廿三日付稗貫重綱宛伊達政宗書状写（政宗君記録引証記十五）『新編北上市史』資料編古代・中世（北上市、二〇〇二年）。宛所が無く「御宛所切取無之」と記されているが「稗貫越中重綱へ被下候御書写」とあり、重綱宛と考えられている。
（14）七月二十二日付南部信直宛前田利家書状（もりおか歴史文化館）。
（15）八月十二日付伊達政宗宛福士直経書状写（伊達家文書）。
（16）八月十六日付伊達政宗宛稗貫輝家書状写（伊達家文書）。
（17）八月十六日付伊達政宗宛和賀信親書状写（伊達家文書）。
（18）熊谷隆次「不染斎俊恕書状（根城八戸家宛）の年代比定」（『弘前大学國史研究』一四一、二〇一六年）によって天正十九年と比定されている。
（19）五月十四日付八戸直栄宛不染斎俊恕書状（南部家文書）。
（20）六月二十三日付八戸直栄宛不染斎俊恕書状（南部家文書）。
（21）九月十四日付長束正家宛浅野長吉書状案（浅野家文書）。
（22）前掲注7。
（23）天正十九年九月十五日南部信直宛蒲生氏郷起請文（もりおか歴史文化館）。
（24）天正二十年六月十一日付奥州南部大膳大夫分国之内諸城破却書立有之事（遠野市立博物館所蔵赤沢家文書『南部古今録』）。
（25）現存する破却書立資料は三種類で、前掲24の他に、「南部大膳大夫分国之内諸城破却共書上之事」『聞老遺事』（岩手県立図書館所蔵、「奥州南部大膳大夫分国之内諸城破却書立事」『篤焉家訓』もりおか歴史文化館所蔵がある。これらは、記される城数は四十八城であるが、残された城数に異同がある。『南部古今録』が十四城、『聞老遺事』が十一城、『篤焉家訓』が十四城。
（26）栗村知弘「天正期の根城――破却の実態について」（『八戸市博物館研究紀要』五、一九八九年）。
（27）六月廿九日付羽黒在庁坊宛南部信直書状写（「伝疑小録」一）。

◎コラム◎

仕置後の城破却
――八戸根城の事例から

船場昌子

根城は、青森県八戸市に所在する中世城館である。太平洋へと注ぐ馬淵川に面し、東西を自然の沢に挟まれ、南側の丘陵からせり出す段丘を利用し、城主が居住した本丸ほか八つの曲輪から構成されている。甲斐源氏の一族、南部師行とその子孫が代々居城としたと伝えられ、後に一族は八戸家を名乗る。本稿では、発掘調査成果から根城が迎えた奥羽再仕置後の城破却について紹介する。

一、城の概要

根城は、建武元年（一三三四）、南部師行によって築城されたと伝えられ、奥羽再仕置の翌年、天正二十年（一五九二）六月までに破却された(1)。破却後も八戸家は根城を本拠としたが、寛永四年（一六二七）に盛岡南部家の命により現在の岩手県遠野市へ領地替えとなり、その役割を終えた。再仕置以後の八戸家は、独立した領主から盛岡南部家（三戸南部家）の家臣へと至っている。

根城は、本丸全体のほか、それぞれの曲輪を巡る堀を中心に発掘調査が行われ、曲輪を巡る堀底を道とし、八つの曲輪が並立する構造が明らかになっている。（図1）城外周は三番堀と呼ばれる二重の薬研堀が巡る。本丸には十二世紀の塚が残り、南部師行の糠部入部以前から利用されていた城館を拡充し、八戸家の本拠として機能した約三〇〇年間を経て約一八ヘクタールに及ぶ現在の曲輪構成が形成されたと推定されている。

特に本丸の発掘調査成果からは、本丸中央に建てられた大型掘立柱建物を中心に、掘立柱建物群、工房や貯蔵施設と推定される竪穴建物が並ぶ建物変遷が示された(2)。曲輪外周を柵が巡り、最も建物が充実する十六世紀末を境に、外周の柵は取り壊され、建物数が大幅に減少して小規模な建物群へと変化している。この画期は、調査段階から奥羽再仕置後の城破

ふなば・まさこ――八戸市埋蔵文化財センター是川縄文館主幹。専門は考古学。主な論文に「根城」（飯村均・室野秀文編『東北の名城を歩く　北東北編』吉川弘文館、二〇一七年）、「八戸城」「新田城」「風張館」「島守館」（飯村均・室野秀文編『続・東北の名城を歩く　北東北編』吉川弘文館、二〇二一年）などがある。

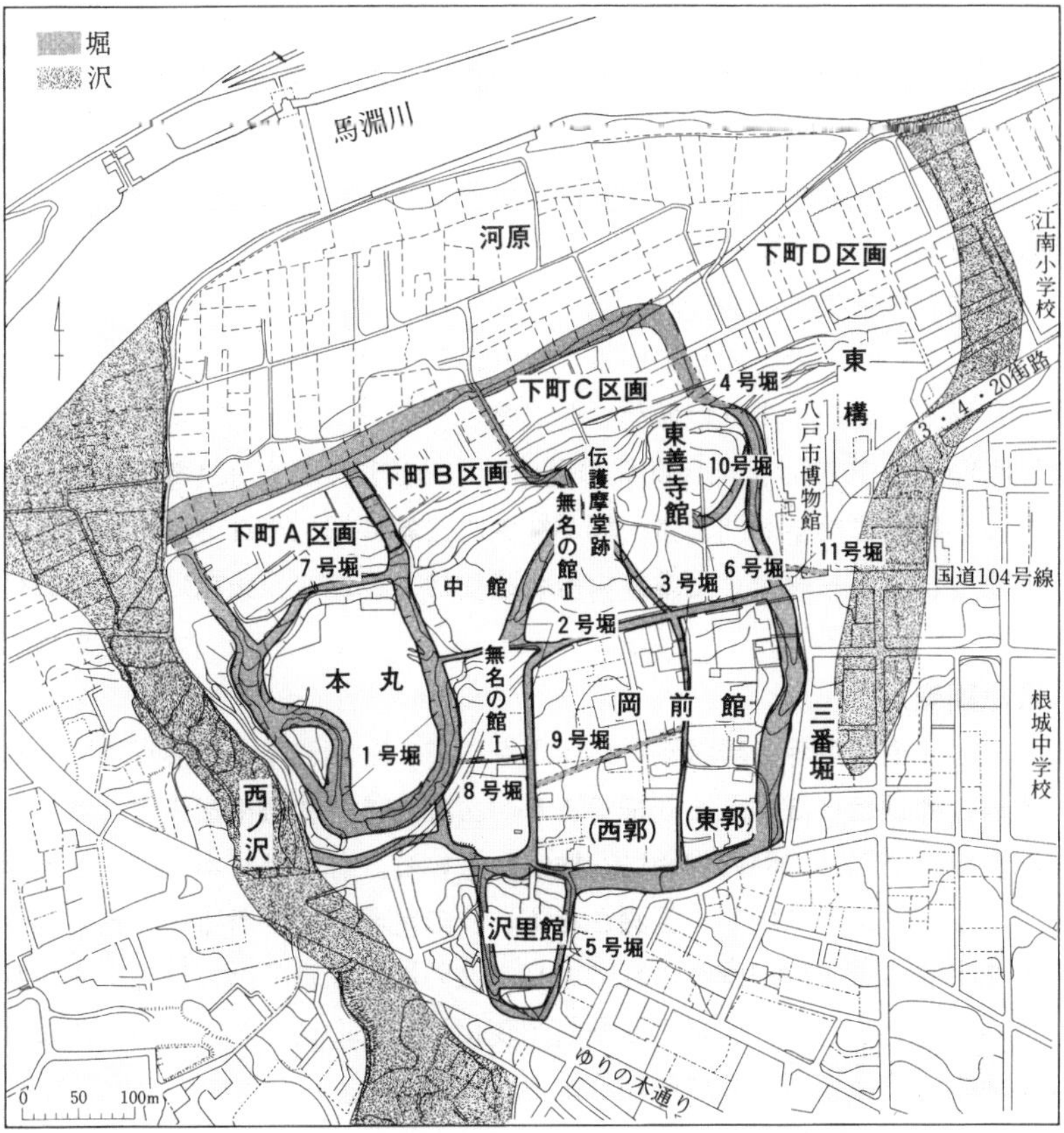

図1　根城跡の曲輪の構え（八戸市教育委員会1994より）

却による城館構造の変化として認識されており、栗村知弘氏らにより報告された(3)。

二、本丸内の破却（図2）

破却前（十六期）の本丸の様相を遺構配置図で確認すると、外周には柵が巡り、中心の大型掘立柱建物をはじめ、複数の建物と塀により本丸内が区画されている。中心建物の位置は、南部氏時代の各時期を通してほぼ変わらず、盛土整地を繰り返し、同じ場所に城の核となる建物が建てられたことがわかっている。

また、掘立柱建物の外周には、鍛冶に関連する遺物が出土した竪穴建物跡や鍛冶遺構が位置する。鍛冶に関連する竪穴建物跡は、南部氏時代の各時期を通じて営まれていたと考えられ、武器武具の加工などを行う工人達が曲輪内に抱え込まれていたことを示す。

こうした掘立柱建物と竪穴建物で構成される城内の景観については、中村隼人氏により、中世後期の足利将軍邸をモデ

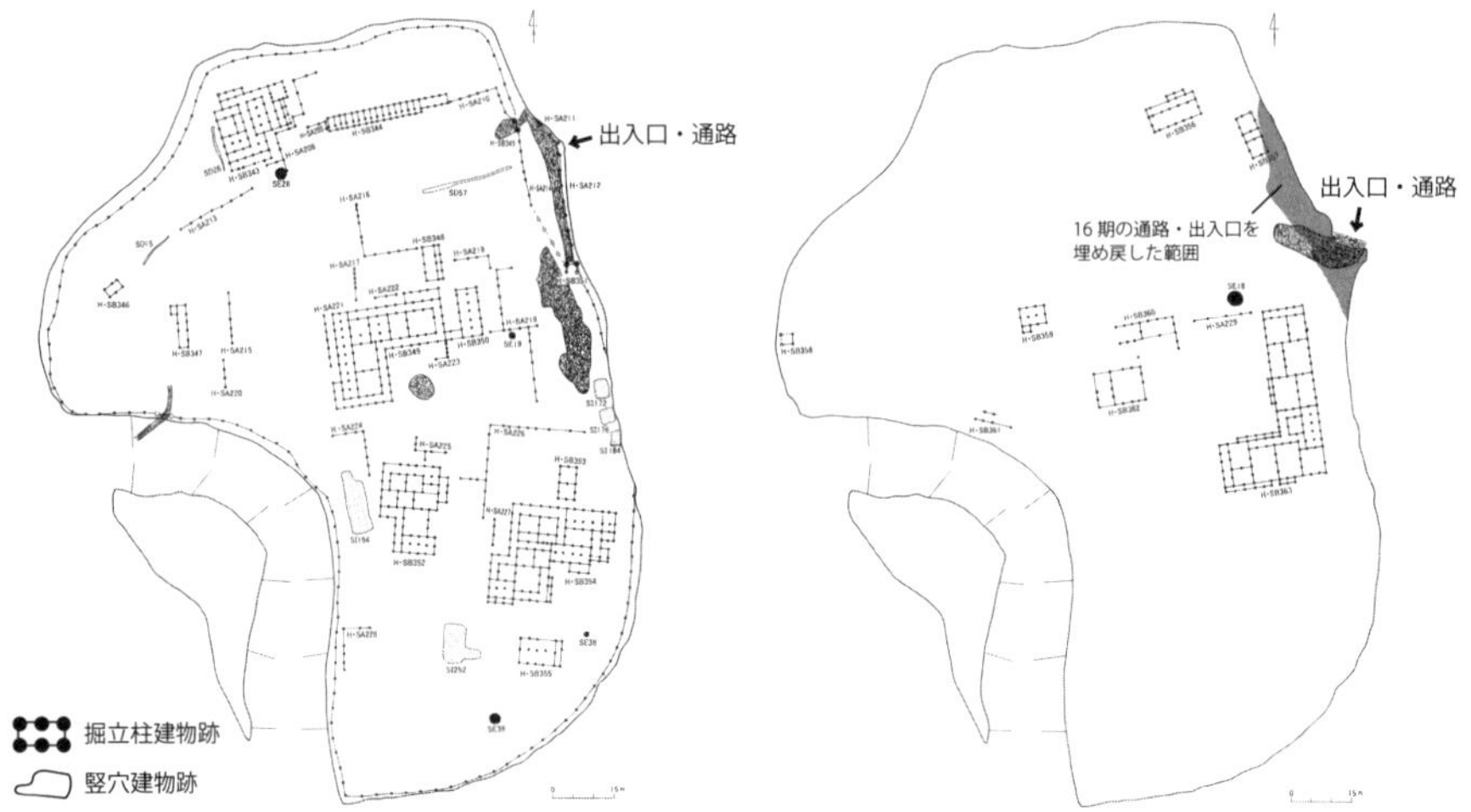

16世紀末（再仕置以前）の根城本丸建物群（16期）　　17世紀前葉（破却後）の根城本丸建物群（17期）

図2　破却前後の根城本丸（八戸市教育委員会1994に加筆）

ルとする西国の武家社会の影響を明確に受けながらも、一部には頑なに在地の価値観を維持しつづけて形成された独自の物質文化を反映していると指摘されている(4)。

　本丸への出入り口は東側と西側の二か所で、東側の入り口は隣接する曲輪（中館）から木橋を渡り、本丸より一段低い通路へとつながっている。橋を渡った先はスロープ状に二股に分かれ、それぞれの通路の先には門がある。この通路のうち、南へ向かう通路には小石が敷かれていたことから、こちらが本丸へ至る正門と推定された。これらの通路、門と内部の建物の間には、視界を遮る塀が構築されている。

　破却後、十七世紀前葉の様相（十七期）の本丸の様相をみると、曲輪外周を巡っていた柵は撤去され、通路・出入口部分は大規模に埋め立てられ、新たな通路が設けられている。この通路は、昭和五十年代まで本丸へ入る通路として機能していた。この埋め戻しは、通路と出入口付近だけでなく、外周の堀まで及ぶ大規模なもので、埋戻し土の厚さは堀が約三メートル、通路部分で二・三メートルに及ぶ。薬研堀の法面を覆い、堀を埋める大規模な地業である。

　また、城内部の建物は少なくなり、竪穴建物跡はみられなくなる。この時期の建物配置は、前段階まで踏襲されてきた建物配置とかけ離れ、意識的に城内部の空間構成が変更されたことが窺える。

　本丸内の出土陶磁器の年代観からも、十七世紀前葉まで継続して利用されており、破却後、寛永四年（一六二七）まで八戸家の居城であったことと矛盾しない。

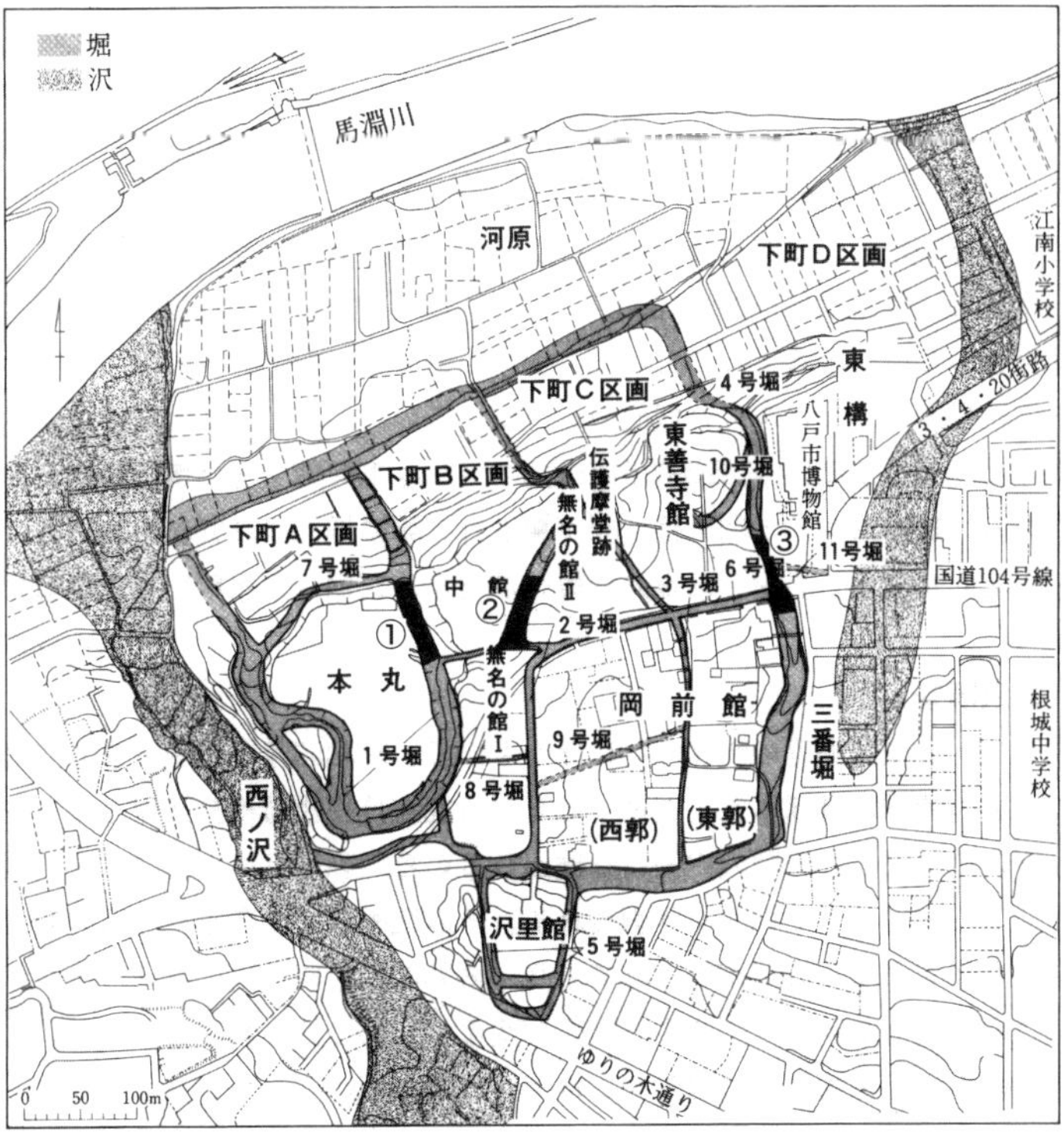

①〜③は破却とみられる大規模な埋戻しが検出された地点。③は、東西方向の堀と交差する地点はほぼ埋没していたが、北側は徐々に浅く埋戻されていた。

岡前館中央を南北に貫く３号堀は、16世紀末段階ではほぼ埋没して通路となっていたが、北側には破却時とみられる埋戻しがみられた。

図3　破却された堀（八戸市教育委員会1994に加筆）

三、堀破却（図3）

本丸以外に確認された十六世紀末段階の大規模な変化として、埋め戻された堀がある。堀の破却は大きく三箇所でみつかり、①本丸と中館の間の堀、②中館と無名の館Ⅱの間の堀、③三番堀である。①については本丸出入口と一体に埋め戻されている。中館と無名の館Ⅱの間の堀は、堀底までの深さ約四メートルに及ぶ薬研堀で、南側にかけて厚く埋め戻されていた。中館南端には、堀から曲輪内に入る通路が構築されており、①と同様に出入り口部分を念入りに埋め戻したものと理解できる。③は、中央に地山を削り残した土塁をもつ二重堀であったが、中央の土塁部分を崩し、堀を埋め立てている。埋戻しは堀の肩から約一メートル低い位置にとどまり、完全に埋め戻されたわけではない。また、東西方向の堀と交差する部分の埋め戻し土が最も厚く、北側ではやや埋戻し土が浅くなる傾向から、

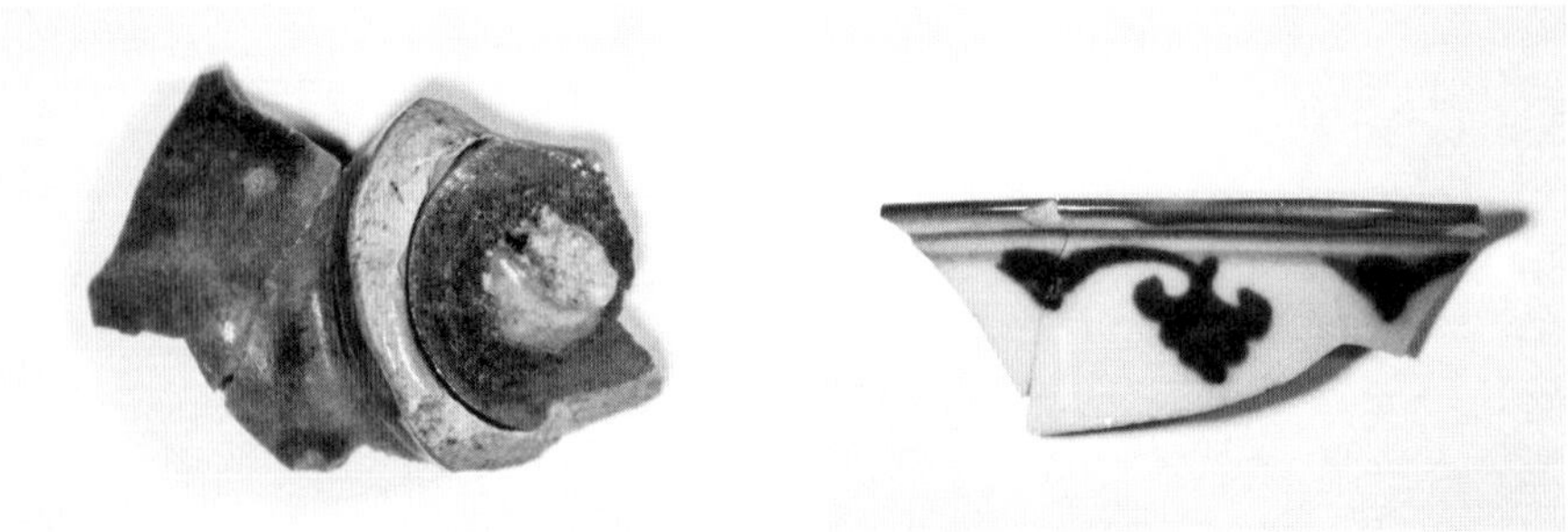

写真1・2　出土した中国磁器　右：染付碗、左：青磁碗（画像提供：八戸市博物館）

最も厚い部分に曲輪内への出入り口が構築されていたとみられる。

このほか、岡前館中央を南北に貫く3号堀は、十六世紀末段階ではほぼ埋没して一段低い通路となっていたが、通路北側は更に埋戻した痕跡が認められた。

近年の出土遺物再整理により、本丸内から出土した陶磁器片と岡前館の三番堀に近い地点から同じ陶磁器の破片が出土し、接合する資料が確認された（**写真1・2**）[5]。出土した地点の距離は約三〇〇メートル以上に及ぶ。このことから、破却にあたり堀周辺を崩して埋め戻すだけでなく、城内で土の移動があった可能性も考えられる。

本丸以外の堀埋戻し土の上層には、曲輪内から動物骨・人骨等が多量に廃棄される様相がみられる。三番堀（③）の埋戻土最上層には、多量の馬骨と共に人骨、牛・犬の骨も廃棄されていた。土の堆積状況から、城の内部（岡前館側）から短期間に投げ込まれており、特に馬は老齢の個体も含め、いずれも念入りに解体された様相が伺えた。また、中館と無名の館IIの間の堀（②）でも、馬・犬の骨や多量の木製品が中館側から投棄されている。このほか、無名の館IIと東善寺館の間の通路北側でも、同様に十六世紀末——破却時と推定される埋戻し土に馬骨や人骨が多量に廃棄されている。これらの埋戻し土の動物骨については、付近に馬を解体する施設があったためと理解されてきたが、埋戻し土の最上層にまとまって廃棄された点に留意し、その意義を再検討する必要があろう。

埋め戻された三番堀の岡前館側では、竪穴建物跡や掘立柱建物跡、鍛冶炉がみつかった。出土遺物から、埋戻し後あまり時間をおかずに建てられたと考えられる。本丸内から姿を消した竪穴建物跡や鍛冶遺構と単純には結び付けられないが、城内の工房域の変化を反映している可能性はある。

南部領内での他の破却の発掘調査例

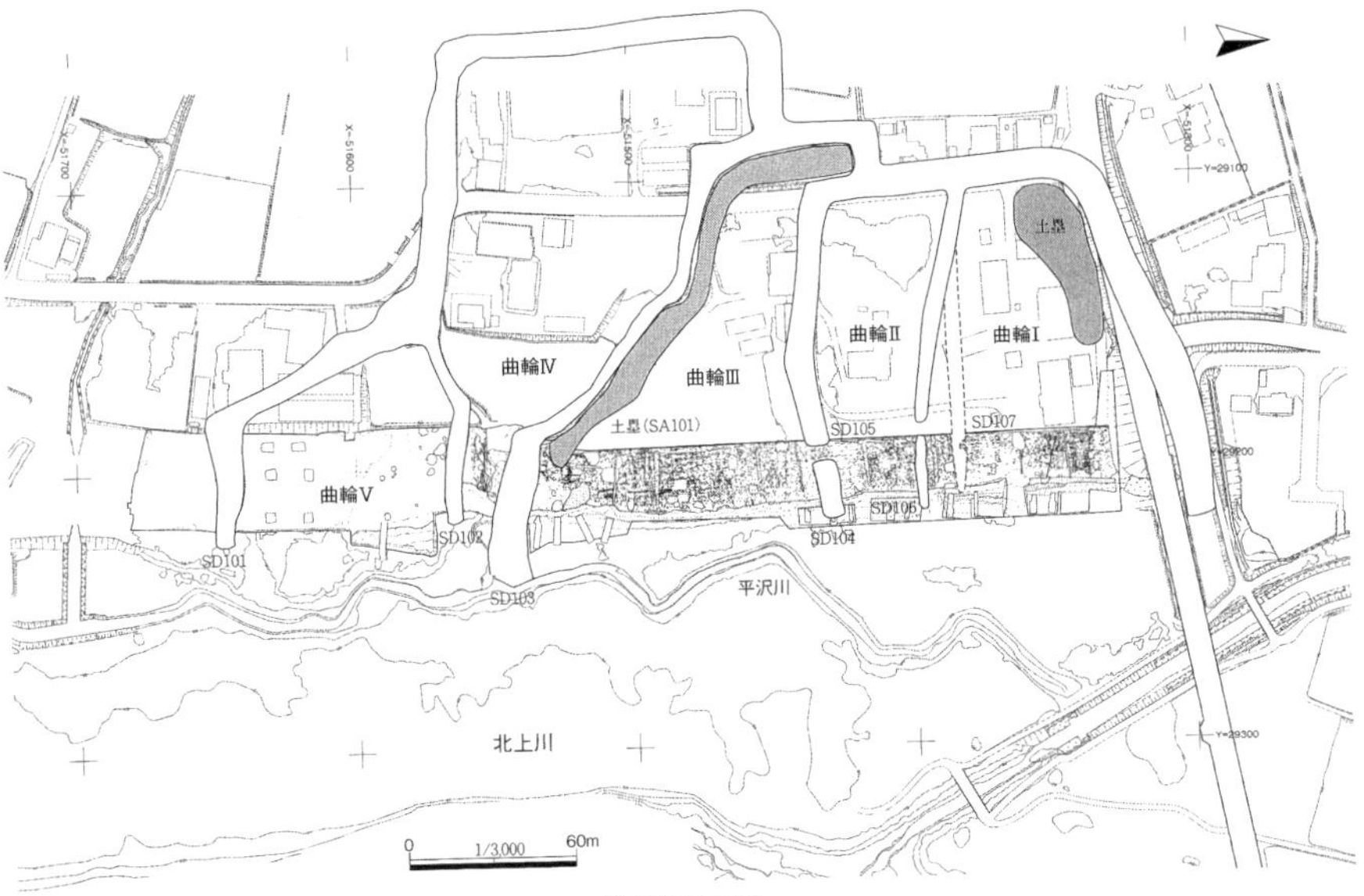

推定縄張り図

図4　北条館跡曲輪の構え（岩手県埋蔵文化財センター 2023）

では、「志和之内　肥爪[6]」に比定される北条館跡（岩手県紫波町）で、十六世紀後半～末の破却の痕跡が確認された（**図4**[7]）。北条館は北上川に面した段丘上に位置し、河川と平行し、複数の曲輪が堀で区画される構造である。関連する文献資料は残されていないが、発掘調査によって十五世紀から十六世紀の城館であることが明らかになった。三箇所の堀で人為的な埋戻しが認められたほか、竪穴建物が焼失後に埋め戻した痕跡が確認されている。堀の埋戻しは一部にとどまり、堀の肩まで完全に埋め戻していない点など、根城で確認された痕跡と共通する点も多い。

今後、他の城館の発掘調査例の蓄積により、南部領内での破却の様相解明と破却方法の詳細な検討が可能となろう。

結びに

現在根城跡本丸には、発掘調査成果を基に安土桃山時代――奥羽再仕置直前の

写真3　復原された根城（画像提供：八戸市博物館）

姿が原寸大で復原整備されている。奥羽再仕置以降、八戸家は徐々に盛岡南部家（三戸南部家）の家臣として位置づけられていく。

近年、盛岡南部家（三戸南部家）の再仕置以前の居城・三戸城や再仕置後の居城・福岡城（九戸城）の発掘調査の進展により、再仕置以降、石垣技術の導入や曲輪内部の構造などの変化が加速し、近世城郭へと変化していく過程が明らかになりつつある。

一方、根城には、それらの技術導入は未だ確認できていない。こうした再仕置・破却後の根城の様相からは、その後の八戸家の南部家中での在り方を想起させられる。史跡整備にあたって様々な検証がなされた破却前の根城に対し、破却後の城内での生活については、未だ研究途上である。引き続き、本丸以外の遺構や遺物も含め、考古学的な検討を進めていきたい。

注

（1）天正二十年六月十一日付「南部大膳大夫分国之内諸城破却書上」『南部古今録』三（遠野市立博物館所蔵）による。なお、書上の原資料は確認されていないが、江戸時代に編纂された複数の文献に収録され、城館名などに若干の異同がある。

（2）『根城』（八戸市埋蔵文化財調査報告書五四、八戸市教育委員会、一九九三年）。
発掘調査成果からは、二十期の変遷が示され、このうち一～四期が南部氏入部以前、五～十七期が南部氏（八戸氏）期、十八期以降が十八世紀以降と推定されている。報告書刊行後三十年を経て一部再検証が必要ではあるが、大まかな建物変遷としては現在も踏襲されている。

(3) 栗村知弘「天正期の根城――破却(城わり)の実態について」(八戸市博物館『八戸市博物館　研究紀要』第五号、一九八九年)。

栗村知弘「豊臣政権の奥州仕置と城破却について」(八戸市教育委員会『根城――本丸の発掘調査』八戸市埋蔵文化財調査報告書五四、一九九三年)。

栗村知弘・佐々木浩一「根城跡　近世家臣団編成と秀吉諸城破却令」(『城破りの考古学』吉川弘文館、二〇〇一年)。

(4) 中村隼人「根城本丸の表御殿」(八戸市博物館『根城・再考Ⅲ――中世根城南部家の一年』二〇二三年)。

(5) 八戸市博物館『乱世の終焉――根城南部氏と城』(展示図録、二〇二一年)。

(6) 前掲注1に同じ。

(7) 公益財団法人岩手県文化振興事業団埋蔵文化財センター『南日詰大銀Ⅱ遺跡第4次・北日詰城内Ⅰ遺跡第1次・北条館跡第1次発掘調査報告書2』(岩手県文化振興事業団埋蔵文化財調査報告書七三六、二〇二三年)。

参考文献

熊谷隆次・滝尻侑貴ほか『戦国の北奥羽南部氏』(デーリー東北新聞社、二〇二一年)

公益財団法人岩手県文化振興事業団埋蔵文化財センター『南日詰大銀Ⅱ遺跡第4次・北日詰城内Ⅰ遺跡第1次・北条館跡第1次発掘調査報告書2』(岩手県文化振興事業団埋蔵文化財調査報告書七三六、二〇二三年)

佐々木浩一『日本の遺跡一九　根城跡』(同成社、二〇〇七年)

竹井英文『戦国の城の一生』(吉川弘文館、二〇一八年)

中村隼人「根城の建築文化から考える中世北奥社会」(八戸市博物館『根城・再考――更新される根城像』、二〇一九年)

八戸市『新編八戸市史　中世資料編』(八戸市、二〇一四年)

八戸市教育委員会『根城――本丸の発掘調査』(八戸市埋蔵文化財調査報告書五四、一九九三年)

八戸市教育委員会『根城――環境整備の発掘調査』(八戸市埋蔵文化財調査報告書六八、一九九六年)

附記　本稿は、奥羽再仕置四三〇年記念プロジェクト連携事業の一つとして位置づけた八戸市博物館夏季特別展「乱世の終焉――根城南部氏と城」の一部を抜粋し、加筆したものである。展示の概要については、特別展展示図録を参照されたい。

感染症拡大下の開催となったが、連携効果で来館者からの反響も熱意にあふれたものであった。連携参加にお声がけいただいた元花巻市博物館小田桐睦弥様はじめ企画を主導された江田郁夫様、連携館及び展示協力者の皆様には、多くの御協力と御教示を賜りました。末尾ながら記して御礼申し上げます。

「九戸一揆」再考

熊谷隆次

本稿は、南部領の「奥羽仕置」反対一揆の学術用語である「九戸一揆」を再考した。一揆が九戸政実を含む有力領主三氏を中心とした構造をとり、南部氏の「家督」（正統な権力）の掌握を目標としていたことを解明。また、南部氏の本領糠部郡で蜂起した個々の一揆についての新たな名称と、広義概念としての「九戸一揆」を提言した。

はじめに

本稿は、北奥の南部領で起こった「奥羽仕置」反対一揆の学術用語「九戸《くのへ》一揆」(1)の再考を目的とする。

中世の奥州南部氏の本領は、一国規模に相当し「大郡」（『奥州余目記録』(2)）と称された糠部《ぬかのぶ》郡（青森県東部・岩手県北部）である。また、郡内は、それぞれが一郡規模に相当する「戸《へ》」（一戸《いちのへ》—九戸）・「門《かど》」（東西南北）・「郷《ごう》」（宇曾利《うそり》）と、合計十四の区域に分割されていた。この糠部郡内には戦国期、一戸・三戸《さんのへ》・四戸《しのへ》・七戸《しちのへ》・八戸・九戸ら「戸」を所領とする独立した領域権力（「戸」の領主）(3)が六氏存在し、「奥州ぬかのふ《（糠部）》なんふ《（南部）》一族」(4)と称される族的集団を形成していた。

従来の研究は、この「戸」の領主のうち九戸氏（九戸政実《まさざね》）を、南部領で起こった「奥羽仕置」反対一揆の中心と位置づけ、管見の限り十五種類の文言でこの一揆を表記してきた。その変遷をたどると、「九戸」と「乱」の語を結び付けて多種多様な表記をとっていた段階から、近年は「九戸一揆」にほぼ統一されつつある。

くまがい・りゅうじ——八戸工業大学第二高等学校教諭。専門は中近世移行期南部氏、近世農村史。主な論文に「北奥の戦国争乱」（遠藤ゆり子編『東北の中世史4　伊達氏と戦国争乱』吉川弘文館、二〇一五年）、「戦国末期南部信直権力と外交——南慶儀・楢山義実を中心に」（斉藤利男編著『戦国大名南部氏の一族と城館』戎光祥出版、二〇二一年）、「北奥羽の戦国世界」（東北大学日本史研究室編『東北史講義【古代・中世篇】』筑摩書房、二〇二三年）などがある。

本稿では以下、第一節で「九戸一揆」にいたる表記の変遷過程と研究史を整理し、学術用語としての「九戸一揆」の確認を行う。次いで第二節では、南部領で起こった「奥羽仕置反対一揆（以下「南部領の仕置反対一揆」と表記）の基礎的過程を明らかにする。これを踏まえ第三節では、一揆の構造・主体・目標を明らかにし、「九戸一揆」概念の再考を行う。

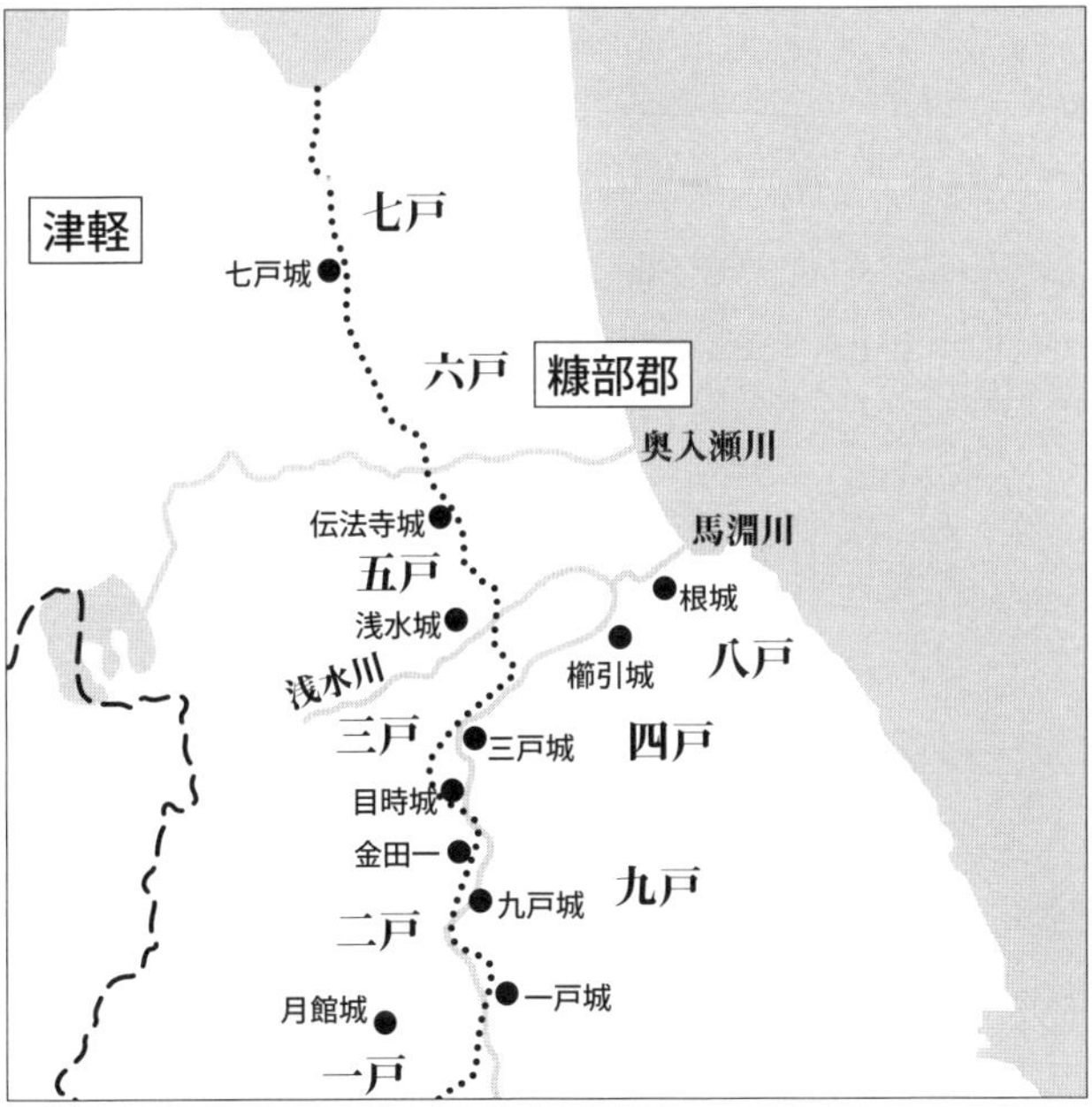

図　戦国末期の糠部郡と城館（概略図）

一、学術用語「九戸一揆」の成立過程

(1) 戦前の研究史

南部領の仕置反対一揆に関する研究の端緒は、大正前期の吉田東伍氏(5)の研究と考えられ、以下の諸点が提示されていた。南部氏「一族」の「本家」が三戸氏（当主南部信直《のぶなお》）であること、「奥羽平定」（いわゆる「奥羽仕置」）による三戸氏への服従と「独立」的領主権の剥奪に対する抵抗から一揆が起きたこと、一揆の中心が三戸氏の「一族」「被官」の九戸政実であったこと。現在に至る研究の基礎的枠組みのほぼ全てが、すでに提示されている。また、吉田氏は「政実の乱」という語を用いているため、これを用語化の端緒と見なすことができる。ただし、この語からは、南部領全域の一揆としての意を読みとることはできない。

大正末期、田中義成氏は『豊臣時代史』(6)で、南部領の仕置反対一揆に論及した。ただし、近世盛岡藩側で編纂された歴史書類に全面的に依拠したため、南部信直を正統な権力とみる三戸氏（のち盛岡藩主家）中心史観が反映されている。三戸家の重臣北信愛《きたのぶちか》が「計作」（策略）を用いて九戸政実を牽制し、三戸氏庶流田子《たっこ》家の信直を南部「宗家」の「家督」に据えたため、「九戸政実の乱」が起こったというストーリーである。このクーデターによる信直の家督就任と「乱」を結び付ける説も、現在に至る研究の基礎的枠組みとなっている。また、「九戸政実の乱」の表記は研究史上の初出と考えられ、以後の研究に継承されていく。ただし、田中氏は「九戸の変」「九戸氏叛乱」「九戸氏の乱」も併用しているため、学術用語として「九戸政実の乱」を創出した可能性は低い。

（2）一九四〇〜六〇年代の研究史

戦後、一九四〇年代後半から一九六〇年代にかけて、岩手大学や岩手史学会を中心とする研究者らが南部領の仕置反対一揆に言及するようになり、特に『岩手県史　第三巻　中世篇下』（岩手県、一九六一年）は現在に至るも古典的地位を失わない。しかし、この期の論著は、「九戸政実の乱」(7)のほか「九戸政実の叛乱」(8)「九戸乱」(9)「九戸の乱」(10)「九戸政実事件」(11)「九戸一揆」(12)「九戸の反乱」(13)「九戸政実の兵乱」(14)等、多様な表記を用いていた。これは、論者各自が独自の基準で記したためで、事実の記述段階にあり、学術用語として未成立であったことを示す。また、論者の増加が、「九戸」と「乱」を結合させて表記するスタイルを定着させ、三戸氏中心史観を残存させることとなった。

（3）一九七〇年代の研究史

一九七〇年代、こうした研究段階を一新させたのが、藤木久志(15)である。藤木氏は「色部文書」所収史料（後述）に記された南部領の「一揆悉蜂起《ことごとくほうき》」文言に着目し、奥羽各地の「奥羽仕置」反対一揆（庄内一揆、仙北一揆、葛西・大崎一揆、和賀・稗貫一揆等）と同様、史料に記された「一揆」を意識的に用いて「九戸一揆」と表記した。また、「郡中《ぐんちゅう》悉侍・百性（姓）等共、京儀《きょうぎ》雖嫌申候」の一文から、一揆蜂起が領主反乱にとどまらず百姓層をも含みこんだ蜂起であったこと、「京儀」（中央政権）への抵抗の鋒先が「豊臣の代弁者となった南部信直」に集中したことを提言し、これらを「九戸一揆」の内容とした。以後、「九戸一揆」は、南部領の仕置反対一揆の学術用語として定着していく。

同時期、小林清治氏(16)も論じ、「宗家」三戸氏のほかに、八戸・九戸両氏も独立した領主権を持っていたため「一族の分立状況」「同族並立」の状態にあり、これを「九戸政実の乱」の背景とした。また、戦国期の三戸・九戸両氏の勢力状態を「二つの南部」とも表現した。戦国期の南部氏を、「同族並立」から「二つの南部」へと二段階把握し、「二つの南部」を「九戸政実の乱」の背景と見る視点は、一九八〇年代以降の研究に影響を与えた。

（4）一九八〇〜二〇〇〇年代の研究史

一九八〇年代、吉井功児氏(17)は、矢田俊文氏の「戦国期守護

論」を援用し、戦国期の基本的領主である独立的な「戦国領主」を八戸氏・九戸氏ら、この「戦国領主」の「連合体」の上に存在する「北奥守護」を三戸氏とする仮説を提示した。また、戦国末期、三戸・九戸両氏がともに「戦国大名」領の形成に向かったため、南部氏権力が信直派と反信直勢力に分断され、これが「九戸戦争」の背景になったとした。この権力構造をスライドさせて一揆構造を理解する方法も、以後の研究に影響を与えた。

一九九〇年代から二〇〇〇年代にかけて菅野文夫氏[18]は、吉井功兒氏の仮説や市村高男氏[19]の「地域領主」論等を踏まえ、「戸」の領主を次のように規定した。戦国後期に至るまで対等で独立した領主として存続していたこと、領主間の結合が「一揆的なむすびつき」「国人《こくじん》一揆的体制」であったこと、その結合が「郡中《ぐんちゅう》」と呼称されていたこと、三戸・九戸両氏が「戦国大名」化の道を進んでいたこと。また、十六世紀半ばまでは諸氏の結合は「多極的」情況であったが、天正九年（一五八一）以降、一戸惣領家の滅亡、信直の三戸氏家督就任、三戸氏への八戸氏の臣従、八戸家と四戸櫛引《くしひき》氏との紛争等により三戸・九戸両氏の「二極対立」に収斂し、これを「九戸一揆」の背景とした。

（5）学術用語「九戸一揆」に対する疑問

「九戸一揆」という学術用語は、藤木久志氏による「公儀」論（「京儀」）と身分論（「侍・百姓」蜂起）、小林清治氏による「二つの南部」説により成立した。その後、菅野氏は一揆の背景を、「一揆的結びつき」「多極的」情況から「二極対立」へと二段階把握することで、一揆を反乱という行為から蜂起の主体へと転換させ、三戸中心史観を克服した。

国際政治学の分野では、すべての社会は「多数の自律的単位」で構成されているため、「国際的なバランス・オブ・パワー」が一般的な社会原理だとする学説がある[20]。また、バランス・オブ・パワー（勢力均衡）は、「多極システム」（多角的な均衡）から「二極システム」（二つの「陣営」）へと転換することで同盟を硬直化させて柔軟性を失い、大規模戦争の可能性を高めていく、と理論化されている[21]。これは、「戸」の領主を独立領主と判断し、諸氏の「一揆的むすびつき」「多極的」情況が「二極対立」に収斂することで「九戸一揆」にいたった、とする菅野氏の指摘と親和性がある。

ただし、従来の研究は、九戸政実を一揆の中心とするだけで、九戸方の「陣営」がいかなる主体によって構造化され、どのような軍事行動をとっていたのか解明されていない。一揆の契機として「奥羽仕置」「二極対立」等が提示されてきたが、これは背景であり、一揆勢の目標ではない。西洋の中世紛争研究は、紛争と紛争解決を「その時代の社会と権力の構造」等を映し出す行為としている。(22) また、国際政治学では、主体（actors）、目標（goals）、手段（instruments）の三つを、理論化の際の基本に置いている。(23) 一揆の構造と主体・目標・手段の解明を関連づけた分析が必要である。

なお、奥羽各地で起こった「奥羽仕置」反対一揆は、地域名と「一揆」を結合させて呼称されているのに対し、「九戸一揆」の「九戸」は地域名ではなく、九戸政実という一領主の名字「九戸」が由来である。「九戸一揆」は、一揆の集団的側面の評価と分析の公平性のため、「九戸政実の乱」のうち「政実」を削除し、「乱」を「一揆」に修正することで成立したが、「九戸」の文言が未検討のまま残された。同じ「奥羽仕置」反対一揆とされながら、異質であることは明白である。

以上の国際政治論と用語論から判断して、「九戸一揆」概念の再考が必要である。課題解決には、一揆（武装蜂起）の基礎的過程の解明が必要であるため、次節でこれを行う。

二、南部領の仕置反対一揆

（1）一揆の中心勢力

1　一揆の始期と「同名共」

南部領の仕置反対一揆の始期は天正十八年冬で、南部氏の本領である「郡中《ぐんちゅう》」（糠部郡内）で起こった（天正十九年二月二十八日付・南部信直書状(24)）。ただし、「至当春も同名《どうみょう》共二・三人令逆心《ぎゃくしんせしめ》」と記されたように、一揆の本格的軍事行動は天正十九年春で、その中心は「同名共二・三人」であった。信直によって和賀・稗貫《ひえぬき》一揆から救出された後、信直と行動をともにしていた浅野忠政ら浅野長吉（のち長政）家臣の同三月十七日付書状(25)は、南部領の一揆の主要人物を「南部殿御家来之内九戸（政実）・櫛引（清長）」と記している。この「九戸・櫛引」両氏が「同名共二、三人」の内の二人であることは確実である。

2　九戸・四戸櫛引・七戸

南部領の仕置反対一揆の鎮圧と戦後処理に至るまで、一貫してその対応にあたったのは、豊臣政権の奉行浅野長吉であった。この長吉とその家臣らが、天正十九年三月中旬から同九月上旬までの書状(26)で、一揆勢として一貫してその名を記していたのが「九戸（政実）・櫛引（清長）」であった。記載順から、一揆勢の中心の第一が九戸氏、第二が四戸櫛引氏と認識されていた。

南部信直の重臣北信愛は、慶長十七年（一六一二）に自らの武功等を記した『北松斎覚書』を完成させた。[27]近世初期の成立であるため、一次史料（同時代史料）を補い得る史料である。同史料は、一揆の導入部分を「明る春《（天正十九年）》、南部同苗九戸左近将監政真《（実）》むほん《（謀叛）》をくわたて《（企）》、櫛引川内《（清長）》・七戸彦三郎《（家国）》同心、一揆をおこす」と記している。「むほん《（謀叛）》」を画策したのが九戸氏で、これに味方してともに「一揆」を起こしたのが四戸櫛引氏・七戸氏と記されている。ここでも、一揆勢の主要人物の第一が九戸氏、第二が四戸櫛引氏で、これに七戸氏が加えられている。前掲「同名共二、三人」の「三人」目を、七戸氏とすることは可能であろう。

一揆の構造と主体・目標・手段の解明には、この九戸・四戸櫛引・七戸三氏を関連づけた分析が必要である。次節ではその前提として、九戸氏、四戸櫛引氏、七戸氏の順で一揆蜂起の具体的過程を明らかにする。

(2) 九戸氏の一揆

1　一戸城攻め

『北松斎覚書』は、南部領の一揆の緒戦を「九戸左近将監《（政実）》一戸之城を夜責《よぜめ》ニ仕」「南部北主馬《（直愛）》、彼之城《（一戸城）》ニ籠合、ふせき《（防）》たゝかふ《（戦）》」と記している。九戸政実が一戸城（岩手県一戸町）を夜襲し、これに対して城を守る北直愛《なおちか》（秀愛）が一戸城に籠城して防戦した、という内容である。一戸城攻めの日付について『北松斎覚書』は天正十九年の「春」としか記載していないが、「同名共二・三人」の蜂起を記した前掲信直書状が同二月二十八日付であるため、正月または二月が正確な時期である。

九戸氏が一戸城を攻撃した背景は、『北松斎覚書』等をもとに編纂された『信直記』[28]（十七世紀後半成立）の記述から理解することができる。第一は、天正九年（一五八一）に一戸城主一戸氏の嫡流が九戸氏の謀略で滅んだ後、一戸城の「城代」として北信愛の二男直愛が配置されていたこと。第二は、一戸の北部では、九戸政実の庶流姉帯《あねたい》氏が姉帯城に居を構えていたほか、樋ノ口・月館・岩館・野田・小鳥谷・中里・毘沙門堂別当西法寺ら一郷村を治める領主が九戸氏に従属していたこと。

信直による一戸城への北直愛の配置は、九戸氏が勢力を扶植していた一戸北部で橋頭堡を構築することが目的で、九戸氏の一戸城攻撃はこれを奪還するためであったと考えられる。なお、直愛の救援のため派兵されたのは父北信愛で、一戸城に入城して防備体制を回復させたのち、三戸氏の一族東中務らに一戸城を預け帰城したとされる（『北松斎覚書』）。

2　一戸月館城攻め

南部領にいた浅野忠政ら浅野家家臣が発した前掲の天正十九年三月十七日付書状は、「一戸内付(月)館」（岩手県一戸町）で認められたものである。同日、南部信直も書状を発したが、文中で浅野忠政らと「同陣」していると報じているため、信直も一戸月館に在陣していた。

浅野忠政らは書状で、「爰元山中条《ここもとさんちゅうのじょう》、小城共相構《こじろどもあいかまえ》、所々へ相働《あいはたらき》候」と記している。月館城は、二ツ石川南岸に続く丘陵上にあるため、「爰元山中」とはこの地形を表現したものである。「小城共」とは、忠政らが「所々」へ出撃するために「構」えたと記しているため、月館城に対峙して築かれた複数の付城《つけじろ》であったと考えられる。『北松斎覚書』は、一戸攻城戦後、信直が「一戸月館之城ニ陣を取、責戦」と記している。信直は月館城の周囲に出陣して「小城」（付城）を複数構築し、九戸方の月館城を攻撃していた。

敵方の九戸城（二戸）を避けて迂回する場合、三戸城―二戸足沢《たるさわ》城―一戸月館城―一戸城という山中伝いの西廻りルートをとらざるを得ない。信直は、稗貫郡から救出した浅野家家臣を足沢城（同二戸市）に配置していたが（『北松斎覚書』）、これは三戸城―一戸城間のルート確保が目的であったと考えられる。戦国末期、一戸に月館京兆《けいちょう》という領主がおり、一揆の際、九戸方に与同したという（『信直記』）。月館氏の挙兵は、三戸城―一戸城間のルートを遮断して信直方に軍事的ダメージを与え、一戸城を孤立化させることを意味した。天正十九年四月上旬頃、月館の陣所を引き払った信直は三戸城へ撤退し（『北松斎覚書』）、これから間もなくして一戸は九戸方に占領されたという。(29)

(3) 四戸櫛引氏の一揆

1　四戸での戦闘

天正十九年春、四戸櫛引城（青森県八戸市）の櫛引清長が蜂起した。ただし、『北松斎覚書』は、「櫛引ハ苫米地《とまべち》之城へ働キ懸る」「城共かた(堅)く持つゝ(続)け」と、四戸櫛引氏による四戸苫米地城（同南部町）攻城戦を簡略な文でしか記していない。また、この蜂起を明記した一次史料も現存せず、従来その実態は解明されてこなかった。

しかし、近年、不染斎俊恕《ふぜんさいしゅんじょ》という戦国末期南部領の文人が、文化的交流のため八戸直栄《なおよし》（八戸根城《ねじょう》城主、同八戸市）らに発した書状三十四通の年代がほぼ確定し、これが南部領の一揆の解明を可能にした。俊恕は、三戸目時《めとき》城（同三戸町）に住む目時氏一族（南部信直の家臣）と推定され、天正十九年四月から同十二月までに発した書状八通(30)は、四戸櫛引氏の武装蜂起と信直の軍事的対応を次のように記している。

俊恕は、天正十九年の「春中」から七月頃までの間、目時城から根城へ向かう「途中」が「御弓矢」（戦争）(31)により「路次不通」（道路の遮断）であったため、根城を訪問できなかったと記している。「春中」の具体的日付はわからないが、「正月中」後に「紛」（戦争）(32)が起こったと記しているため、二月の可能性が高い。

目時城―根城間の「路次」であるが、四戸櫛引を通過する馬淵《まべち》川沿岸の街道が最短である。しかし、天正後期、俊恕も八戸氏もこのルートをとらず、北方の五戸《ごのへ》浅水城（同五戸町）を経由する、目時城―浅水城―根城という浅水川沿岸の迂回ルートを用いていた。領境を接する八戸氏と四戸櫛引氏、また三戸氏の有力庶流南慶儀《のりよし》（浅水城城主）と四戸櫛引氏が紛争中であったためである(33)。目時城から根城へ向かう「途中」の領域は、三戸領に属する。また俊恕は、武力紛争を「御弓矢」「御造作《ぞうさ》」と「御」を付して記している。一方の当事者は俊恕の主家の南部信直、敵方は四戸櫛引氏で、戦地は櫛引城西方の苫米地城であろう。

2　苫米地城攻め

櫛引氏からの攻撃に対して、苫米地氏は四戸苫米地城を「かたく《（堅）》持つゝけ《（続）》」、また信直は「方々之城々へ手くはり《（配）》」を行っていたという（『北松斎覚書』）。

盛岡藩の官撰系譜集『系胤譜考《けいいんふこう》』(34)所収の苫米地氏系譜によれば、南部領の仕置反対一揆（「天正年中九戸一乱」）の際、苫米地越前は、所領の苫米地村が櫛引領と接するため、信直から四戸櫛引氏（「櫛引之敵」）への防禦を命じられていたと記す。また、苫米地氏は三戸氏の「外様」(35)とされている。当時、四戸の地は、四戸櫛引氏が単独で支配せず、西部の苫米地村等は三戸氏の本領縁辺部を形成し、櫛引領との境目の地であった。

『系胤譜考』は、信直が苫米地氏の援護のため、麦沢五郎左衛門・成田彦右衛門・八木橋左馬助・八木橋助左衛門・中野監物・志村四郎左衛門ら六名の兵を苫米地氏に預けたとも記す。寛永十五年（一六三八）の『三戸八戸給人方武具改帳』(36)（**表**）は、近世盛岡藩が当時支城となっていた三戸城配属の在地家臣「三戸給人」（一部）の武具等（知行高・具足・弓・

表　寛永15年三戸給人（一部）知行高・武具所持一覧

名前	知行高	具足	弓	鉄炮	鑓	小者	持鑓
八木橋孫左衛門	200石	1領	1張	2挺	5本	7人	
麦沢佐衛門	63石	1領	1張		1本	2人	
成田彦右衛門	34石					1人	1本
八木橋左馬助	38石				1本	1人	
志村四郎左衛門	23石					1人	1本

注　『三戸八戸給人方武具改帳』(『新編八戸市史　近世資料編Ⅰ』1-15)。

鉄砲・鑓・小者・持鑓）の所持状況を調査し作成したものである。成田彦右衛門・八木橋左馬助・志村四郎左衛門の三名が『系胤譜考』記載の兵と同名であり、残る八木橋孫左衛門・麦沢佐衛門は八木橋孫左衛門・麦沢五郎左衛門の子孫と推定される。一揆から約五十年後の史料であるが、苫米地城配属の兵は実在した家臣であった。一揆の始期、信直が率いていた家臣は「馬廻」（『北松斎覚書』）であったため、成田彦右衛門らもその属性から「馬廻」であろう。

（4）七戸氏の一揆

1　六戸の領主

『北松斎覚書』は、一戸城と苫米地城の攻城戦に続けて、七戸家国による六戸《ろくのへ》伝法寺《でんぽうじ》城攻めを記している。しかし、「七戸ハ六戸伝法寺之城へおしよせ（押寄）、責たたかふ（戦）」と簡略にしか記さず、一次史料も皆無である。また、七戸城（青森県七戸町）と伝法寺城（同十和田市）の所在する郷村は隣接せず、中間に多数の郷村がある。伝法寺城攻めは、その真偽も含めて検討されていないが、以下、近世の系譜類をもとに一定の史実を確認する。

『系胤譜考』所収の切田氏系譜は、戦国末期、七戸氏の三戸侵攻に対し、六戸切田村の領主気田《けた》（のち切田氏）右京が近隣の「米田《まいた》氏・沢田氏ト云合」せ、「途中」で七戸氏と「度々合戦」に及んで遮断し、侵入させなかったと記す。また、右京の子切田兵庫は南部信直に仕え、「七戸御陣之時、討死」したと記す。『系胤譜考』等をもとに編集された官撰系譜集『参考諸家系図』所収の沢田氏系譜によれば、六戸沢田村の領主沢田定次は、信直に仕え、「七戸一揆ノ時、沢田村ニ之ヲ防テ、槻木平ニ戦死ス」とされる。また、定次の戦死後に生まれ、家督を継承した定兼は幼少であったため、庶兄（側室の子）の定治が「番代」を務めたとされる（『系胤譜考』）。

親族関係について、沢田定次の孫定房は伝法寺城主津村正長の長女を妻に迎え、切田兵庫は六戸米田城の城主米田義勝の長女を妻に迎えていた。また、六戸洞内《ほらない》村の領主洞内内蔵丞は沢田氏の一族で、信直に仕えていたとされる（『参考諸家系図』）。

2　七戸氏の伝法寺城攻め

沢田・切田・米田・伝法寺・洞内（すべて十和田市）の五氏は、七戸と五戸の間に位置する六戸の領主で、三戸氏の「外《と》様《ざま》」(37)とされている。このうち、九戸城が落城して一揆が終結した翌天正二十年（文禄元年、一五九二）の沢田城主が「ゑびな（蛯名）左近」（沢田定治）(38)であったことは確実であるため、定治を「番代」とする『系胤譜考』の記載は正しいと考えられる。

また、文禄四年（一五九五）、南部信直はその書状(39)で、七戸―三戸間の物資搬送ルートを、「七戸より洞内迄」「河」（奥入瀬川）「沢田・切田・米田・伝法寺・新田」「新田より三戸」の順で記している。一揆鎮圧からわずか四年後であるため、七戸―洞内―（奥入瀬川）―沢田―切田―米田―伝法寺―新田（五戸）―三戸というルートは戦国期以来のものであろう。沢田・切田・米田・伝法寺の「外様」諸氏が共同し、奥入瀬川を渡河して侵入しようとする七戸氏から三戸城を防禦する役割を担っていたことは確実であろう。苫米地氏の事例もあわせ考えれば、三戸城を本領周縁部の「外様」によって防禦する体制が整えられていた。

戦国末期、信直と七戸氏は対立・紛争状態にあったが、「奥羽仕置」前年の天正十七年六月時点において「談合」（合議）の余地を残しているため(40)、危機の段階で、戦争には至っていない。七戸氏との戦いで沢田・切田両氏が「討死」「戦死」した「七戸御陣」は、「七戸七一作九陣」（『参考諸家系図』）と「九戸陣」とも記されているため、同十九年春の伝法寺城攻めと関連する可能性が高い。『北松斎覚書』の「七戸ハ六戸伝法寺之城へおしよせ（押寄）、責たかふ（戦）」の一文は、七戸氏が沢田氏・切田氏を討ち、沢田村・切田村・米田村を突破して伝法寺城まで出撃した、と解釈することで理解が可能になる。

三、「九戸一揆」の再定義

（一）「侍」身分の一揆

1 「一揆」の主体と「侍」身分

本節では、九戸・四戸櫛引・七戸三氏の蜂起の基礎的過程分析を踏まえ、一揆の主体を明らかにしたい。

前掲の浅野家家臣の天正十九年三月十七日付書状は、「九戸・櫛引」に続けて「其外小侍共数多《あまた》」と記し、「小侍共」も一揆勢に含めている。また、「当郡諸侍中」は「一揆之内《ない》存《ぞん》」（一揆を起こそうとする内々の考え）をもっているが、豊臣政権軍（「京勢」）の下向情報を聞いて蜂起を見合わせており、下向が遅延すれば「一揆悉蜂起」するであろうとも記している。この「一揆」「侍」の文言が、主体を明らかにする。

まず「一揆」の語意について、「一揆之内存」の場合は武装蜂起という行為、「郡中も一揆等令蜂起」「一揆悉蜂起」の場合は武装蜂起の主体、と解釈できる。また、「数多」や「一揆」に付された「等」「悉」は、「一揆」が多数存在したことを示している。

「侍」の語意については、武装蜂起の主体として「一揆」と同義で用いられている。また、「当郡諸侍中」の文言が「九戸・櫛引、其外小侍共」と同義であるため、「侍」は「九戸・櫛引」らのような勢力が大きい「侍」と、勢力が小さい「小侍」に区分されて認識されていた。「侍」「一揆」は多数存在したが均質ではなく、九戸・四戸櫛引両氏らを上位とする二層構造であったことをおさえておく必要がある。

なお、書状は、糠部郡の「侍・百性(姓)等共」「諸侍、其外下々」が、「京儀」(京都の豊臣政権)を「嫌」う「内存」があることも記している。従来の研究史はこの一文を「郡中規模の侍たちから百姓たちまで」を含む全階層の豊臣政権(公儀)に対する一揆、と解釈してきた[41]。しかし、この「嫌」はあくまでも「内存」(内心)のことであり、戦闘の段階には至っていない。史料は、意図的に武装蜂起の主体から「百姓」「下々」を外し、「諸侍中」「侍衆」(「侍」身分)だけを主体として記している。

2　内戦としての三戸城包囲戦

軍事行動の形態選択(単独主義・多角主義)は、軍事目標や戦術に影響を与えるとされている[42]。一揆勢は、糠部郡内の個々の「侍」が主体であったが、個別分散的ではなく、九戸・四戸櫛引・七戸の三氏を中心としたグループ(多角的陣営)を形成していた。この二層構造・多角主義をとる九戸方「陣営」の動向を総体的に把握することで軍事行動の形態を明らかにし、戦術を確認することができる。

「色部文書」をもとに、南部信直と九戸氏が天正十九年正月(または二月)から三月下旬までの間、二戸城攻めと一戸月館城の攻防戦に関わっていたことを確認した。翌四月から九月初旬の九戸籠城戦直前までの動向は、次の不染斎俊恕の書状[43]から明らかになる。

俊恕は、同二月から六月中旬までの三か月間、「御弓矢」(戦争)のため居城の目時城に「籠城」し、八戸の根城を訪問できなかったと記している。また、「籠城」については触れていないが、七月以降も「御弓矢」のため根城を訪問できなかったと記している。おそらく、天正十九年は、一年を通して「籠城」していた可能性がある。

ただし、櫛引氏の居城四戸櫛引城は、目時城の北に所在する三戸城を越えた遠隔地にあるため、「籠城」は櫛引氏からの侵攻に対する防禦ではない。『信直記』は、月館城攻城戦後、九戸方が二戸の金田一(岩手県二戸市)に陣を張り、昼夜にわたり信直方と戦闘に及んだと記している。三戸の最南端に位置する目時城は、二戸北端の金田一に接する境目の城で、九戸方の北進から三戸城を防禦する最前線の城郭であった。また、「御弓矢」と「御」を付して記しているため、戦闘の一方の当事者は俊恕の主家の南部信直で、敵方は九戸氏であった。信直は、天正十九年四月中旬から七月下旬までの約四か月間、三戸城の在城が確認できるが[44]、その目的は、北進する九戸方から居城三戸城を防衛するためであった。

一揆の始期、九戸氏は一戸での戦闘後、二戸金田一を拠点とした北進策に転じ、四戸櫛引氏は苫米地城への西進策、七戸氏は六戸伝法寺城への南進策をとった。三氏の侵攻の先には、三戸氏の居城三戸城がある。三方向からの三戸城包囲戦という戦術（多角的軍事行動）をとったことはほぼ確実である。

国際政治学では「内戦」を、「一国の領域内における合法政府と反乱団体ないし革命・独立の運動団体との間（ときには反乱団体間）」で「その国の支配権力または分離独立をめぐって争われる武力抗争」と一般規定している[45]。「内戦」は、一国の「支配権力」の奪取か「分離独立」をめぐる武力抗争で、前者は「唯一の政府としての存在を争う『首都をめぐるもの』」ともされている[46]。これを参考にすれば、南部氏の居城の奪取を図る三氏共同の戦術は、大浦（のち津軽氏）為信のような南部領からの分離・独立ではなく（後述）、「唯一の政府」樹立のための「首都」の奪還と見なすことができる。

俊恕は「御弓矢」を「乱逆」とも表現しているため、信直方では九戸方の蜂起を反乱・謀叛と認識していた。また、前掲の浅野家家臣の同二月二十八日付書状は、一揆蜂起による争乱を「糠部中錯乱」と表現しているが、「錯乱」は一般的に内乱・内訌に用いられる文言である。「唯一の政府」とは、換言すれば正統な権力のことである。九戸氏らが居城を奪取して確保しようとした正統な権力（目標）を、次に確認する。

（2）一揆の目標と「九戸一揆」

1　一揆の目標

南部信直や浅野家家臣の書状から、「郡」が一揆を理解するための重要な文言であることがわかる。天正十七年春、南部氏一族で津軽鼻和郡大浦城主の大浦（津軽）為信が、津軽全域を南部領から割き取り独立するため挙兵した。この問題につき、三戸方で外交を担っていた南慶儀が八戸政栄（前根城城主）に発した書状[47]から、糠部郡の領主間で共有されていた「郡」認識を理解することができる。

南慶儀は八戸氏宛書状で、当主南部信直の意思を次のように伝えている。津軽（「津軽郡」）の問題を「当郡」で「談合」（相談）して対処しようとしていること。糠部郡全体がまとまらない状態（「郡中不合点」）では、津軽は為信に奪還されてしまうため、「一家《いっか》」全体の意思統一を図りたいと考えていること。「郡中」の意思不統一を解決するため、八戸氏による七戸氏・九戸氏への事前の「談合」を望んでいること。

「一家」とは、三戸氏を南部氏の「家督」とする、「戸」の領主によって構成される族的集団（南部氏[48]）である。書状によれば、信直は「一家」の意思統一を図り、「郡」（糠部郡）外の敵に対し、「一家」全体による共同軍事行動（多角的軍事行動）で対応しようとしていた。また、「郡」は、糠部郡という地域呼称の意を超えて、自らの利害・意思等を持つ単一の主体であると観念され、「一家」を「擬人化」した団体[49]として認識されていた。右の「一家」の意思統一と共同軍事行動の指揮権が「家督」権力の正統性の内実で、一揆の目標であった。

なお、書状は、信直（「三戸」）が「郡」の中で調整をはかるべき相手を八戸氏及び七戸氏・九戸氏しか記していない。一戸嫡流家はすでに天正九年に滅び[50]、四戸櫛引氏は八戸氏と紛争状態にあり交渉不能となっていたためである[51]。豊臣政権の有力大名で、政権と信直の間の「取次」にあたっていた前田利家は、同十七年八月、南部「家中」に「叛逆之族」がいるという情報を得ていたが[52]、この「叛逆之族」が、九戸・四戸櫛引・七戸の三氏であることは確実である。また、これが「郡中不合点」の実態であった。三戸・八戸両氏と九戸・四戸櫛引・七戸三氏による二つの陣営（二極システム）は、同年の津軽の争乱と豊臣政権の「奥羽仕置」方針[53]という外的インパクトを機に確定した。

信直は、この「郡」「一家」内の対立を収拾できないまま天正十八年八月の「奥羽仕置」を迎え、豊臣政権の力でこれを抑圧したが、まもなくして武装蜂起に至った。

2　「九戸一揆」概念の再考

「九戸一揆」という学術用語の定着を確実にしたのは、南部信直に臣従していた簗田詮泰の天正十九年八月十五日付書状（伊達政宗宛）に記された「九戸一揆」の文言である[54]。同七月、伊達政宗は南部領の一揆に介入し、仲裁により解決を図ろうとしていた。右の書状は、政宗が仲裁のために発給した朱印状[55]を家臣に持たせ、九戸氏のもとへ派遣していた過程で認められたものである。ただし、政宗はその朱印状で、仲裁対象の一方を信直、その相手方を九戸氏を第一にしながら、九戸方の諸領主（「一統之旁《いっとうのかたがた》」）も含めていた。政宗の朱印状の日付は同七月二十日付であり、九戸方の諸領主がいまだ自己の所領で戦闘を継続していた時期である。

九戸方の諸領主の九戸城籠城は、翌八月上旬頃から落城の九月四日までのわずか一か月の間である。この籠城について、政宗に同行していた浅野正勝（浅野長吉の家臣）は同八月七日付の書状[56]で、「九の《（九戸）》閉伊一人城を相抱」えている状態であると記している。自己の居城を放棄した領主は、独立した領域権力・一揆として見なされておらず、居城を保つ九戸氏だけが唯一の一揆と認識されていた。簗田氏の書状は同八月十五日時点のものである。一次史料による唯一の根拠とされてきた「九戸一揆」文言は、領域権力としての地位を喪失した旧領主（四戸櫛引氏・七戸氏ら）を九戸城に収容した、九戸氏単独の一揆と狭義に解釈すべきであろう。学術用語としての「九戸一揆」の再考が必要である。

前述した『系胤譜考』の苫米地氏系譜は、櫛引氏を「櫛引之敵」と記しているが、同じ内容を記す『八戸上杉氏系図』[57]はこれを「櫛引一揆」と表記している。また、『参考諸家系図』の沢田氏系譜は、蜂起した七戸氏を「七戸一揆」と表記している。本稿では、九戸籠城前の糠部郡内各地の「一揆」を武装蜂起の主体の意で用いることとし、一次史料ではないが右の文言を参考にして、四戸櫛引氏・七戸氏をそれぞれ「櫛引一揆」「七戸一揆」という学術用語で表記することを提言したい。籠城戦以前の狭義の「九戸一揆」も同様である。

南部領全域の一揆の呼称については、糠部郡内の「侍」が二つの陣営に分断されていたため、奥羽各地の一揆のように、地域名と「一揆」文言を結合させた一揆名称は適合的ではない。一揆の特質について本稿では、①糠部郡の「侍」が一揆勢の主体であったこと、②九戸・四戸櫛引・七戸三氏を中心とした多角主義的陣営であったこと、③主体である「侍」層が有力な三氏と「小侍」という二層構造をとっていたこと、④三氏の直接的目標が正統な権力の奪還にあったこと、⑤一揆勢の第一に九戸政実が位置づけられていたこと、以上の諸点を確認した。従来の学術用語である「九戸一揆」を用いながら、右の諸点を新たに組み込んだ概念として再定義したい。

まとめ

本稿は、南部領で起こった「奥羽仕置」反対一揆の学術用語「九戸一揆」を再考し、再定義と提言を行った。[58]

この前提のため、第一節では、「九戸政実の乱」等から「九戸一揆」にいたる表記・用語の変遷過程と研究史を整理した。この結果、「九戸一揆」が、一九七〇年代に公儀論・身分論と「二つの南部」説にもとづいて成立したこと、一九八〇年代から二〇〇〇年代にかけて、戦国期研究を踏まえた「一揆」論と「二極対立」論を盛り込むことで学術用語として確定したことを確認した。

第二節では、国際政治学の理論を援用し、「二極システム」の一陣営である九戸方の構造を明らかにするため、一揆（武装蜂起）の基礎過程を追跡し、九戸・四戸櫛引・七戸の三氏が一揆勢の中心であったことを確認した。

これを踏まえ、第三節では、①一揆の主体が「侍」身分で、糠部郡内に多数存在していたこと。②一揆（武装蜂起）

が「内戦」に相当し、三氏の戦術(多角的軍事行動)が南部氏の居城の奪取であったこと。③三氏の目標が、「一家」の意思統一と共同軍事行動を指揮する「家督」(正統な権力)の地位にあったこと。以上の諸点を確認した。

一揆の呼称(学術用語)については、九戸籠城戦以前の場合、糠部郡内各地の「侍」が一揆の基本的主体であったため、四戸櫛引・七戸・九戸三氏については「櫛引一揆」「七戸一揆」および「九戸一揆」(狭義)を提言した。南部領全域の一揆呼称については、「二極システム」により糠部郡内の「侍」が二つの陣営に分断されていたため、奥羽各地の一揆のような地域名と「一揆」を結合させる方法が適合的でないことを指摘した。従来の「九戸一揆」を用いながら、右の①〜③を新たに組み込んだ広義の概念として再定義することを提言した。

なお、本稿では、南部領全域の一揆呼称を提言したものの、糠部郡内の分析に限定される結果となり、分国周縁部の諸郡(鹿角・閉伊・岩手・斯波・久慈・遠野)の一揆の解明とこれを組み込んだ用語については課題として残された。また、「九戸一揆」概念の再定義を提言したが、これは概念の肥大化に結果する。「九戸一揆」が今後も学術用語として可能かどうか、これも課題としたい。

注

(1) 本稿では、九戸一揆を学術用語として扱うため、括弧を付けて「九戸一揆」と表記する。
(2) 「小原茂氏所蔵文書」(『青森県史　資料編　中世3　北奥関係資料』青森県、二〇一二年、一七三〇)。
(3) 菅野文夫「戦国期糠部の一断面」(細井計編『東北史を読み直す』吉川弘文館、二〇〇六年)一七一―一七二頁。
(4) 「米良文書」応永二十一年三月二日・村松弥太郎借銭状(『新編八戸市史　中世資料編　編年資料』八戸市、二〇一四年、二三五、以下同書は『新編八戸市史』と略記)。
(5) 吉田東伍「戦国以後江戸時代の奥州」(日本歴史地理学会編『奥羽沿革史論』仁友社、一九一六年)三八五―三九六頁。
(6) 田中義成『豊臣時代史』(明治書院、一九二五年)二三三―二六五頁。
(7) 草間俊一「書状より見た南部信直」(『岩手大学学芸学部研究年報』第五巻、一九五三年)一七頁。
(8) 田中喜多美「北尾張守信愛覚書の史的価値」(『岩手史学研究』一一号、一九五二年)二二頁、森嘉兵衛『日本の武将66　津軽南部の抗争――南部信直』(人物往来社、一九六七年)一七二頁。
(9) 田中喜多美「信直に反抗し続けた九戸政実」(『岩手史学研究』一一号、一九五五年)三一頁、三五頁、太田孝太郎・草間俊一「南部根元記考」(同一三号、一九五三年)二六頁、前掲注8田中氏論文、二二頁。
(10) 前掲注9太田・草間両氏論文、二九頁、三四頁。
(11) 金子定一「末期の和賀家と伊達政宗(上)」(『岩手史学研究』七号、一九五一年)四四頁。
(12) 前掲『岩手県史　第三巻　中世篇下』、八五六頁。

(13) 前掲注8森氏著書、一六八頁、前掲『岩手県史　第三巻　中世篇下』八二九頁。
(14) 前掲注8田中氏論文、三八頁。
(15) 藤木久志『日本の歴史　第15巻　織田・豊臣政権』（小学館、一九七五年）二五三―二五四頁、同「中世奥羽の終末」（小林清治・大石直正編『中世奥羽の世界』東京大学出版会、一九七八年）二二六―二二九頁。なお、「色部文書」を用いて南部領の仕置反対一揆に言及した最初期の論文は、藤井讓治「豊臣体制と秋田氏の領国支配――幕藩権力成立の前提」（『日本史研究』一二〇号、一九七一年）一七頁であろう。
(16) 小林清治「大名権力の形成」（前掲注15『中世奥羽の世界』）一六九―一七六頁。なお、小林氏は、のちに「九戸政実の乱」を「九戸合戦」に表記を切り替えている（「九戸合戦――中世糠部郡の終末」六戸町編『北辺の中世史――戸のまちの起源をさぐる』名著出版、一九九七年）一四九頁。
(17) 吉井功兒「中世南部氏の世界――両南部歴代当主の再検討と北奥の戦国領主について」（『地方史研究』二〇五号、一九八七年）三三頁。
(18) 菅野文夫「三戸南部氏と糠部『郡中』」（『岩手大学文化論叢』第三輯、一九九五年）五七―五八頁、同「室町の秩序と戦国の争乱」（細井計他編『岩手県の歴史』山川出版社、一九九九年）一五四頁、同「戦国時代と二戸」（『二戸市史　第一巻　先史・古代・中世』二戸市、二〇〇〇年）五六八―五九五頁、同「南部信直発給文書とその周辺――戦国末期武家文書の〝略押〟」（『岩手大学教育学部研究年報』第六〇巻第二号、二〇〇一年）四四頁、同「九戸一揆の一断面」（『岩手大学文化論叢』第五輯、二〇〇二年）一三九―一四三頁、前掲注3菅野氏論文、一六五―一六六頁、一七一―一七二頁、一八四頁、同「川嶋氏所蔵文書中の九戸一揆関係文書について」（『岩手大学文化論叢』第七・八輯、二〇〇九年）三九頁。
(19) 市村高男「戦国期東国における在地領主の結合形態」（『戦国期東国の都市と権力』思文閣出版、一九九四年、初出一九八一年）一〇〇頁。
(20) ハンス・モーゲンソー『国際政治――権力と平和Ⅱ』（現代平和研究会訳、福村出版、一九八六年）一八〇頁。
(21) ゴードン・A・クレイグ、アレキサンダー・L・ジョージ『軍事力と現代外交――歴史と理論で学ぶ平和の条件』（木村修三他訳、有斐閣、一九九七年）五〇―五一頁、ジョセフ・S・ナイ・ジュニア、デイヴィッド・A・ウェルチ『国際紛争――理論と歴史〔原書第9版〕』（田中明彦・村田晃嗣訳、有斐閣、二〇〇二年）六三―六四頁、一二〇―一二一頁、マーティン・ワイト「勢力均衡《バランス・オブ・パワー》」（H・バターフィールド、M・ワイト編『国際関係理論の探究――英国学派のパラダイム』佐藤誠他訳、日本経済評論社、二〇一〇年）一七二頁、細谷雄一『国際秩序』（中央公論新社、二〇一二年）八九頁。
(22) 服部良久「中世紛争研究の課題」（同編訳『紛争のなかのヨーロッパ中世』京都大学学術出版会、二〇〇六年）一頁。
(23) 前掲注21ジョセフ・S・ナイ・ジュニア、デイヴィッド・A・ウェルチ両氏著書、一三頁。
(24) 「色部文書」天正十九年二月二十八日・南部信直書状（『新編八戸市史』五三六）。
(25) 「色部文書」天正十九年三月十七日・浅野忠政等連署書状（『新編八戸市史』五四二）。
(26) 前掲注25浅野忠政等連署書状、「岩手県立図書館所蔵」『宝翰類聚』天正十九年四月十四日・浅野長吉書状写（『新編八戸市史』五四三）、「南部光徹氏所蔵文書」同六月十五日・浅野長吉書状（同五四八）、『宝翰類聚』同六月十五日・浅野長吉書状写（同五四九）、「盛岡南部家文書」同七月十七日・浅野長吉書状（同五六一）、『南部耆旧伝』同九月五日・浅野次吉書状写（同五八七）、「浅野家文書」同九月十四日・浅野長吉書状案（同五九二）。

（27）現在、『北松斎覚書』の原本は焼失して現存しないが、同書の忠実な写が『北松斎手扣』（もりおか歴史文化館収蔵）であるため、本稿ではこれを用いる（『青森県史　資料編　中世1　南部氏関係資料』青森県、二〇〇四年、六八五、以下同書は『青森県史　中世1』と略記）。なお、本稿では『北松斎手扣』について、本題の『北松斎覚書』で表記する。

（28）「もりおか歴史文化館収蔵」（『青森県史　中世1』六八九）。

（29）「もりおか歴史文化館収蔵」『南旧秘事記』。

（30）「南部光徹氏所蔵文書」不染斎俊恕書状、天正十九年四月二十日・同五月六日・同五月十四日・同六月十六日・同六月十六日・同六月二十三日・同十二月十七日・同十二月十八日（『新編八戸市史』四七一、四六四、四六五、四七二、四七三、四五五、四四四、四四五）。年代比定については、拙稿「不染斎俊恕（根城八戸家宛）の年代比定」（『弘前大学　國史研究』一四一号、二〇一六年）による。

（31）「弓矢」＝「戦争」については、『邦訳　日葡辞書』（岩波書店、一九八〇年）八三六頁の「Yumiya. ユミヤ（弓矢）戦争.」による（前掲注30拙稿、三七頁）。

（32）「紛」＝「戦争」については、前掲注30拙稿、三六頁。

（33）拙稿「戦国末期南部信直権力と外交――南慶儀・楢山義実を中心に」（斉藤利男編著『戦国大名南部氏の一族と城館』戎光祥出版、二〇二一年）一三五―一三七頁。

（34）「もりおか歴史文化館収蔵」。

（35）「もりおか歴史文化館収蔵」『南部耆旧伝』（『青森県史　中世1』六八六）。

（36）『新編八戸市史　近世史料編Ⅰ』（八戸市、二〇〇七年、一―一五）。

（37）前掲注35『南部耆旧伝』。

（38）「遠野市立博物館所蔵赤沢家文書」『南部古今録　三』天正二十年六月十一日・奥州南部大膳大夫分国之内諸城破却書立有之事（前掲注36『新編八戸市史　近世史料編Ⅰ』六一五）。

（39）「五戸町図書館所蔵木村文書」文禄四年十月六日・南部信直書状（『新編八戸市史』七三二）。本史料の年代比定については、「文禄・慶長初期における南部領五戸新田村代官所について――設置年代の確定と景観的復元」（『東北文化研究室紀要』五八号、二〇一五年）一九頁。

（40）「南部光徹氏所蔵文書」天正十七年三月二十四日・南慶儀書状（『新編八戸市史』三八六）、同六月一日・南慶儀書状（同四八五）、同六月六日・南慶儀書状（同四八七）。右の同三月二十四日付書状の年代比定は、前掲注33拙稿、一二四―一二五頁。なお、従来、『系胤譜考』『参考諸家系図』等所収の南氏系図では「南慶儀」（弾正少弼）を確認できず、同系譜類にある「南盛義」（南康義の二男弾正少弼、南部晴政四女の婿）と同一人物と推定してきた（前掲注30拙稿、三六頁）。しかし、『三翁昔語後編　七』（東京大学史料編纂所所蔵）所収「南部家御系図」において、南部晴政四女の婿として「南弾正少弼慶儀」「異ニ弾正盛義トアリ」の記述を確認することができた。「南慶儀」が正しく、「南盛義」は「南慶儀」の「慶」を「盛」と誤写・誤記したものであろう。

（41）前掲注15藤木氏著書、二五三―二五四頁。

（42）多湖淳『武力行使の政治学――単独と多角をめぐる国際

政治とアメリカ国内政治』（千倉書房、二〇一〇年）三―五頁。なお、「単独主義」と「多角主義」は対義語の関係にあり、「多角主義」とは「多国間主義」を政策論の観点から表現したものとされる。

(43) 前掲注30、不染斎俊恕書状八通。

(44) 「川嶋貞子氏所蔵文書」天正十九年四月十六日、同四月頃、同五月十八日、同五月二十九日、同六月二十七日、同七月十二日、同七月二十二日の南部信直書状（『新編八戸市史』五四四、五四五、五四六、五四七、五五六、五五八、五六四）。

(45) 国際法学会編『国際関係法辞典（第2版）』（三省堂、二〇〇五年）六六九頁。

(46) 多湖淳『戦争とは何か――国際政治学の挑戦』（中央公論新社、二〇二〇年）九〇頁。

(47) 前掲注40、南慶儀書状三通。

(48) 拙稿「北奥の戦国争乱」（遠藤ゆり子編『伊達氏と戦国争乱』吉川弘文館、二〇一六年）一六〇頁、一六九―一七〇頁、同「北奥羽の戦国世界」（東北大学日本史研究室編『東北史講義【古代・中世篇】』筑摩書房、二〇二三年）一六六―一六七頁。

(49) 前掲注21ジョセフ・S・ナイ・ジュニア、デイヴィッド・A・ウェルチ両氏著書、五三頁。

(50) 「もりおか歴史文化館収蔵」『奥南旧指録』（『青森県史　資料編　中世4　金石文・編さん物・海外資料・補遺』青森県、二〇〇六年、一八九七）。

(51) 前掲注33拙稿、一三五―一三七頁。

(52) 「もりおか歴史文化館収蔵盛岡南部家文書」天正十七年八月二十日・前田利家書状（『新編八戸市史』四九三）。

(53) 前掲注52前田利家書状によれば、すでに天正十七年八月時点で、「上様」（豊臣秀吉）による「出羽・奥州両国之御仕置」が予定されていた。

(54) 「仙台市博物館所蔵伊達家文書」天正十九年八月十五日・簗田詮泰書状写（『新編八戸市史』五八一）。

(55) 「仙台史博物館所蔵伊達家文書」天正十九年七月二十日・伊達政宗朱印状（『新編八戸市史』五六三）・

(56) 「仙台市博物館所蔵伊達家文書」天正十九年八月七日・浅野正勝書状（『新編八戸市史』五七八）。

(57) 『藤坂村誌』（藤坂村役場経済更生委員会、一九三九年）六三頁。

(58) 豊臣政権期・近世成立期における「九戸一揆」の歴史的意義については、熊谷隆次・滝尻侑貴・布施和洋・柴田知二・野田尚志・船場昌子『戦国の北奥羽南部氏』（デーリー東北新聞社、二〇二一年）二一五―二一九頁（筆者執筆部分）、拙稿『九戸一揆』の歴史的意義――「日本史探究」の授業を深めるために」（『歴史地理教育』九六一号、二〇二三年）三一―三三頁参照。

上杉景勝と出羽の仕置

阿部哲人

上杉景勝が、奥羽仕置・再仕置で出羽で活動し、庄内を領国化したことなどから、最上義光を牽制しながら豊臣政権の出羽支配の一翼を担うようになったことを論じた。

はじめに

本稿は、天正十八年（一五九〇）から十九年にわたる奥羽仕置・再仕置での上杉景勝の動向を通して、豊臣政権の出羽支配について考察する。

奥羽仕置・再仕置は豊臣秀吉による全国統一の完成となった。したがって、その考察から、豊臣政権の支配の実態や性格、奥羽の領主権力や民衆の対応などの問題が検討されてきた。[1]また、これらが奥羽における中世と近世を分ける画期と理解されていることから、その連続面、断絶面が大きな論点の一つとされている。

本稿は、まず先学の成果をふまえて奥羽仕置・再仕置における上杉氏の動向を具体的に示したい。[2]そして、当該期の出羽において最上義光が重要人物の一人に数えられ、景勝とは対立関係にあったことから、景勝（上杉氏）の活動を義光との関係で検討する。[3]それによって豊臣政権の出羽支配における上杉景勝の位置を明らかにし、その性格や歴史的意義を考察したい。[4]

あべ・てつと——米沢市上杉博物館学芸員。専門は日本中世史。主な論文に「上杉景勝の揚北衆掌握と直江兼続」（『新潟史学』63、二〇一〇年）、「関ヶ原合戦と奥羽の諸大名」（高橋充編『東北の中世史5　東北近世の胎動』吉川弘文館、二〇一六年）、「慶長五年の戦局と最上義光」（『山形史学研究』45、二〇一六年）がある。

一、天正十八年の仕置

(1) 仕置の開始

発令と諸将の派遣

まずは、天正十八年(一五九〇)の奥羽仕置における上杉景勝の動向をみていく。

七月、北条氏を滅ぼした豊臣秀吉は、北へ進み、宇都宮、次いで会津において奥羽・関東の諸領主の処置や、仕置の方針などを示した(5)。その中で伊達政宗と義光、各々に陸奥、出羽の仕置の助言、先導が命じられた。

そして、八月一日、景勝は大宝寺領・庄内三郡(飽海・田川・櫛引)の仕置を大谷吉継と相談して上方同様に行うことを命じられた(6)。ほかにも景勝は吉継とともに、由利郡、北浦・中・上浦三郡からなる仙北地方を担当した。

なお、ほかの出羽の担当は以下の通りである。政宗の治める置賜郡、義光の領地最上・村山両郡は、それぞれ自らで実施する自分仕置を認められ、豊臣政権からの奉行・軍勢の派遣はなかった(7)。秋田実季の領地檜山・秋田両郡は木村常陸介と前田利家が担当した。

諸将は、小田原出兵に引き続き、奥羽各地へ向かっていった。景勝も、七月十四日頃に忍城を攻略した後に(8)、出羽へ向かったとみられている。その行程は、『上杉家御年譜　景勝公』や『上杉景勝一代略記』、『管窺武鑑』などの近世の編纂物に記されるが、内容が区々で、具体的には明らかではない。仕置の執行を命じながら、庄内、由利を経て、仙北に至ったと考えられている。

九月十八日、秀吉は秋田・仙北表での仕置執行を慰労する朱印状を景勝に送った(9)。仙北から京都までの通信には、片道で半月以上を要したと考えられるので、景勝は八月末には仙北での任務を進めていたと考えられる(10)。なお、景勝は秋田領を担当していない。

仕置の分担

仙北は、横手に小野寺義道、六郷に六郷道行、本堂に本堂忠親、角館に戸沢光盛らが割拠していた。吉継は横手城、景勝・その家臣色部長真は大森城に駐留したとされる(11)。仙北・庄内の諸城には景勝の家臣らが入城し、仕置が進められたと『管窺武鑑』は伝える。由利十二頭と呼ばれる中小領主の割拠していた由利については不明である。景勝らによる仕置の具体的執行状況も部分的にしか明らかでない。

(2) 仕置の執行

基準と実態

出羽検地の基準は、八月に吉継・常陸介宛の「出羽国検地条々」で示された。[12] 田畠を上中下の等級に分け、一段ごとの年貢額を貫高（永楽銭の額）で示し、屋敷地・麻畠の年貢額の決定方法や川役に対する代官任命、一段を三〇〇歩とすることなどが記されている。これは奥羽全体の統一基準であった。

天正十八年九月吉日付の「御朱印写　田畠指出之事」で始まる文書がある。[13] これは仙北で仕置を執行した色部氏に伝わったことから、仙北仕置の執行に関わるとみられている。「上田〇一段　弐百文　上田〇半段　百文」のように記され、上記「検地条目」と一致する。しかし、面積の積算については「五間六十間」に「七尺ノ杖尺ニ而」と注記があり、太閤検地の杖尺六尺三寸と異なる。実際にこの差異があったかは不明とされるが、[14] ここから小林氏は何らかの丈量を経て作られた指出を検地奉行・役人が現地で検分して検地帳さらに検地目録に取りまとめるという方式が採られたと推察する。しかし、北羽は事実上の指出検地であったとする。[15]

吉継は、九月十八日、景勝重臣・直江兼続に、忙しさから前日に景勝と対面できなかったことの詫び状を送り、二十日には黒川氏に破城と刀狩の進捗状況を尋ね、自らの状況を報告した。[16] 仕置の励行が窺われる。

検地と並行して刀狩や破城が進められた。刀狩については後述する。破城は大名権力の居城のみを残し、家臣らの居城は破壊し、家臣の大名城下への集住を図るものであったが、徹底しなかったとみられている。[17]

領地の確定

貫高は石高に改められる手続きが採られ、刈高が採用されていた地域は、それを貫高に、さらに石高へと換算された。しかし、仙北では豊臣政権が示した基準も無視され、現地の実情に合わせた執行が、担当奉行の判断で行われたと考えられている。[18]

さらに、この検地を通して北羽では、領主ごとに本領の三分の一が、豊臣政権の直轄地、太閤蔵入地とされた。ただし、年貢の税率は低く、賦課は緩やかであったとされる。[19] なお、これについて庄内は設定の有無も含めて不明である。

十月十九日、吉継は「仙北上浦郡指出目録」と「御蔵納帳」を上洛中の小野寺義道の留守を預かる父・輝道と実弟・大森康道に交付した。[20] ここに仙北の検地は一応完了した。

そして、秋田氏や仙北衆、由利衆ら、北羽の領主たちは上洛し、この年十二月から翌一月にかけて、検地によって確定した石高を記された領地宛行状と、村ごとの田畠の等級ごとの面積と年貢高を記した目録帳を交付され、北羽諸領主の領地が確定した。

（3）仕置への反発

仙北一揆

以上のように仕置は展開したが、順調に進んだわけではなかった。近世の記録によれば、九月下旬ごろ、仙北の六郷・浅舞・鍋倉・増田・山田・川連などに一揆が起こった。吉継の検地が発端とされる。これらが太閤蔵入地もしくはその近隣であることから、その設定に伴う厳密な検地の実施による中小領主層の既得権益の喪失、負担の増大などが蜂起の理由として指摘される。(21)

一揆平定後、秀吉が基準とした「京升」が在地から没収されている。これは一揆側が検地を行う豊臣勢から奪ったとみられている。現地の升ではなく、「京枡」で進められる検地に反対したこと、すなわち「京儀」を嫌うという側面が見出されている。以上から、この一揆の主体は在地支配に関与する中小領主や農民であったと考えられている。

鎮圧と武装解除

仙北の一揆は上杉勢らが十月中旬までに鎮圧した。十月二十日付で色部長真は、仙北郡で没収された武具類を景勝家臣・泉澤久秀に報告した。(22)これには刀二五〇腰のうち一五〇腰の腰鋼や口金がなく、二七三〇腰の脇指のうち一七〇〇の口金・鋼がないこと、部品の欠けた鉄砲二十六丁、壊れた靭三十五、束のない壊れた弓、傷のある兜五刎などが挙げられている。このような完全ではない大量の武器類は、一揆の蜂起・衝突の結果とみなされている。そして、豊臣政権が刀狩の対象としたのは刀と脇差であったことから、このように広範な武器が没収されていることは、武力衝突という特別な事情による武装解除の徹底が行われたことを示していると考えられている。(23)実際、この刀狩の結果、豊臣政権に渡されたのは刀と脇差のみである。(24)

ところで、この検地を通して北羽の領主の領地に設定された太閤蔵入地三分の一は、本来の領主を代官として預け置かれた。しかし、小野寺義道は代官に任命されず、それは義光の支配下に置かれた。これは一揆勃発に対する懲罰的措置とみられている。(25)

庄内・由利の一揆

仙北一揆の平定後の十月二十日を過ぎたころ、景勝、吉継らは仙北を離れた。単なる帰国ではなく、由利・庄内の一揆への対応のためと指摘される。(26)そして、十一月上旬ごろまで、上杉氏は藤島を除く庄内一揆を鎮圧したとされる。(27)

米沢藩が中級家臣団に当たる御馬廻組、五十騎組、与板組に属する藩士たちに、先祖の務めなどを報告させた、延宝五年（一六七七）の先祖由緒帳がある。(28)ここにも奥羽仕置における一揆勢との交戦の記事があり、仙北の鍋倉や湯沢、増田、庄内及び庄内菅野での祖父や曽祖父の戦功などが記されている。しかし、由利の記事はないことから、由利一揆の鎮圧には上杉勢は関わっていない可能性が高く、これは秋田領の仕置を終えて帰国の途上であった前田勢が鎮圧したとみられる。

（4）仕置の残務処理

色部長真の残留

景勝・吉継は仙北を離れたが、仙北の仕置は完了せず、太閤蔵入地の年貢収納や刀狩などがまだ残されていた。そこで長真が大森に残留し、それらに当たった。十月二十日、吉継や兼続は引継ぎを行っている[29]。大森の蔵に納められている年貢米、刀狩で没収された武器・武具類も引き渡された[30]。その地位は、吉継の地位を継承した豊臣政権の奉行であった。長真は義道の領地安堵や帰国など、吉継の指示を受けて活動していた[31]。

刀狩は、十一月十日に刀と脇指が長真から吉継に引き渡されて完了した[32]。太閤蔵入地の年貢収納は難航し、十月二十日時点で三分の一免除とするも、完納できない領主もいた[33]。そのような状況のまま、三月十四日、長真は義道家臣とみられる黒沢次郎三郎に徴収した年貢などを引き継ぎ、帰国した[34]。

これによって仙北の仕置は終了し、翌年五月の庄内藤島一揆の平定によって、天正十八年以来の上杉氏による仕置は終結に至った。

二、天正十九年の再仕置

続いて天正十九年の奥羽再仕置における景勝の動向について述べる。

（1）仕置への反発の広がり

陸奥の反乱と再仕置

天正十八年冬、陸奥でも大崎・葛西、和賀・稗貫、糠部の各地に、仕置に抵抗した反乱が起きていた。これらは翌年まで続いた。これらの鎮圧、伊達政宗と蒲生氏郷の領地確定と、それに伴う検地の実施などが再仕置の目的であった[35]。

糠部郡において「京儀」を嫌った一揆、侍中との衝突が激化していたため、浅野長吉家中浅野忠政ら四名、および南部信直は、天正十九年二月二十八日、大森の色部長真に豊臣軍の陸奥派遣を問い合わせた[36]。すでに長吉から、豊臣勢の派遣と仕置の実施について伝えられており、その確認であった。奥羽と中央を結ぶ窓口としても長真は機能していた。

豊臣軍の派遣

豊臣政権は、正月、政宗の状況次第としながら、翌月の徳川家康、豊臣秀次、北国勢の派遣を構想したが[37]、それは実現せず、四月に改めて長吉から南部氏に軍勢の派遣が通知された。[38] そして、上洛していた氏郷や政宗は四月末ごろに奥羽へと向かった。

六月二十日、秀吉は派遣軍の編成と進軍ルート、仕置の内容を示した。[39] 派遣軍は、一番は政宗、二番は氏郷、三番は佐竹義宣と宇都宮国綱、四番は景勝、五番は家康、六番が秀次と編成された。そして、家康と秀次は二本松通、義宣・国綱らは相馬通、景勝は出羽衆とともに米沢から諸城へ軍勢を駐留させながら最上通を進むよう命じられた。また景勝は、任務終了、帰国などについて家康・秀次の判断で行うよう秀吉に命じられた。[40] 家康と秀次が全体を統括していた。

同じく六月二十日、秋田実季、小野寺義道、津軽為信らに、奥州奥郡御仕置のための出兵が命じられた。[41] 四番手に編成される出羽衆、そして津軽氏の動員である。

四番手の編成

さて、六月二十日の出羽衆・津軽氏の動員命令には、大谷吉継の指示に従うよう記されていた。同日、秀吉は政宗に領内の奥郡への進軍ルート上の諸城への軍勢駐屯に関して、最上筋に吉継を派遣すると通知した。[42]

八月十二日、義光は由利五人衆に吉継の出陣に合わせて自分も出陣すると伝え、陣中での対面を期し、準備に不足がないようにと書き送っている。[43]

前述の秀吉が景勝に帰国などについて家康と秀次の判断に従うように命じた二通の朱印状にも、吉継からより詳細、具体的な説明があることが示されている。吉継は九月上旬に江刺・水沢で城普請に従事しており、[44] 景勝と距離的に近い位置にあった。対面か、書面かは不明だが、秀吉からの命令系統における吉継の景勝に対する指揮権を見出せる。

この吉継の立場は軍事指揮の奉行と位置付けられている。[45] 景勝・出羽衆からなる四番手は吉継の指揮下にあった。為信が四番手であったかは不明だが、再仕置においては越後・出羽・津軽にわたる日本海側の領主が吉継の指揮下にあったとみられる。これは豊臣政権の出羽支配における有事の態勢の一つを示すものとして注目される。また、再仕置で吉継は秀次の意を受けた禁制を発給しているので、吉継も秀次・家康の指揮下にあったとみられる。しかし、景勝はじめ、四番手に属した諸将に対する秀次・家康からの命令が、吉継を介するものであったかは判然としない。軍事行動の展開状況で可変的なものであっただろうか。後考を期したい。

なお、前述の八月十二日付義光書状から、この時由利衆が義光の指揮下にあったと理解する向きもある。しかし、これには「其表へも御陣触之儀被仰付、各御陣参之用意候哉」、すなわち由利衆にも出兵が命じられ、それぞれ出兵を準備されているでしょうとある。ここに義光が出兵を命じていないことは明らかである。そして、前述のように吉継の陣中での対面を期しているから、由利衆も吉継の指揮下にあるといえる。したがって、豊臣政権は由利衆への指揮権を義光に認めてはいないと考えられる。

(2) 再仕置の執行
景勝の出兵

小林氏は、この時の景勝勢は、百石五人役の半役で一万二五〇〇人、あるいは前年の出兵をふまえて五〇〇〇人程度であった可能性もあるとし、奥羽勢は百石五人役で総勢二万五〇〇〇人と試算している[46]。そこで示された石高の数値などによって、四番手の領主、および津軽為信について個別に試算すると、義光一三万石は六五〇〇人、秋田実季五万二〇〇〇石は二六〇〇人、仙北衆八万四五〇石は四〇〇〇人余、為信三万石は一五〇〇人となる。ちなみに前年の仕置では吉継勢は五七〇名と小林氏はみている。なお、小林氏は言及しないが、由利衆は小介川・仁賀保・滝沢・岩屋・内越の五氏からなる由利五人衆に再編されて軍役を負担した。領地高の明らかな仁賀保・岩屋・内越三氏の合計は五八五七石、小介川・滝沢両氏は合わせて七三〇〇石と推定されている[47]。すると、六五〇人程度になる。すると出羽衆全体では一万三七〇〇程度となる。あくまで参考だが、同じ負担率であれば、上杉勢は為信・吉継を含めても四番手の半分近い数を占めた。名前の明記からも、軍勢の数からも、上杉勢が四番手の主力であった。

再仕置の出兵は、前年の仕置によって豊臣政権の軍役体系に編成された奥羽諸領主の動員の実現が試されたものであったとされる。現実の上杉勢の出兵は、景勝が出羽方面における豊臣軍の軍事力に大きな位置を占めることを出羽衆に誇示したのではあるまいか。

さて、京都で受命した景勝は、越後を経て、七月中旬に出兵したとみられる[48]。諸将もまた七月中旬ごろに奥羽に向けて出発した。

七月晦日、景勝は長井（米沢）に着陣している。大崎・葛西一揆はすでに政宗が鎮圧していたので、残る和賀・稗貫一揆、糠部の九戸政実の乱に対する作戦会議が、八月六日ごろ、二本松で開かれた。秀次・家康・氏郷・政宗らが参加し、そして景勝も米沢から出向き、加わった可能性が指摘されている[49]。義光も出迎えとして二本松にいた。その後、景勝は米沢に戻り、おそらく途上で合流した出羽衆とともに、諸城に軍勢を駐留させながら、最上通を北上したであろう。そして、八月二十二日には葛西地方の柏山にあった[50]。ただし、米沢から柏山までのルートは詳らかではない。

一揆の鎮圧

和賀・稗貫一揆は、八月下旬に氏郷と長吉が鎮圧した。そして、政実の拠る九戸城は九月四日に降伏、開城した。その攻撃には、氏郷・長吉・井伊直政・堀尾吉晴・秋田・小野寺・津軽・蠣崎・南部ら各氏が加わっていた。一方、景勝は九戸の前線には出ず、柏山で普請に従事していた。柏山は葛西一揆の蜂起の地であった[51]。景勝は大崎・葛西地域の戦後処理を進めていた。新たにこの地域に入部する政宗へのこれらのスムーズな引き渡しを図るとともに、その領地の情報の把握を行っていたといえよう。春日山への帰陣は、十月上旬のことであった[52]。

天正十九年の奥羽再仕置における景勝は、最上通を進軍する大谷吉継率いる四番手の主力を担うとともに、政宗と氏郷の新たな知行割に基づく支配秩序構築の一端を担っていた。

三、景勝と出羽

(一)景勝と義光

仕置・再仕置と義光

前節まで景勝の活動が出羽と大きく関わっていたことが確認できた。本節では、その活動を最上義光との関わりでみていく。

まず当該期の義光の動向を簡単にまとめる。天正十八年の仕置で義光は仕置遂行の案内、助言を行った。また、小野寺領・仙北上浦郡の三分の一を獲得した。そして、天正十九年正月には侍従に任官した。戸谷氏は、これを豊臣政権が義光の指導的立場を可視化し、義光を核とした地域集団を軍事・政治支配の単位として利用しようとしたとする[53]。

景勝の担当地域と義光

さて、天正十八年の仕置での景勝の担当した庄内・由利・仙北は、いずれも義光がその影響力を及ぼそうとしていた地域であった。

庄内については、天正九年ごろから大宝寺義氏との対立が激化する中、義光は同十一年に義氏の家臣・前森蔵人と結んで義氏を倒した。前森は東禅寺氏永と改名し、義氏実弟・義興を大宝寺氏当主に立て、義光をバックに庄内支配を目論んだ。粟野氏は、義興は義光の傀儡であったとする[54]。しかし、それに抗した義興が、越後村上の本庄繁長、景勝を頼ることで、庄内における抗争は最上氏と上杉氏の対立に発展した。

同十五年、義光は義興の養子となっていた繁長次男千勝丸を逐い、義興を山形に連行した。そして、庄内に中山光直を入れ、氏永とともに庄内の支配に当たらせた。だが、翌年には繁長の反撃によって氏永は敗死し、最上勢は庄内から駆逐された。この庄内領有をめぐる問題は、豊臣政権に裁定が委ねられ、同十七年に千勝丸が上洛して秀吉に対面することで、庄内は大宝寺氏の領有とされた。

由利は当時、由利十二頭と呼ばれる中小領主が割拠する地域であった(55)。戦国期以来、彼らは大宝寺氏や土佐林氏ら、庄内の諸氏と各々が独自の関係を結び、その強い影響を受けていた。そして、天正十五年、庄内を掌握した義光は、中山光直を通じて由利衆との関係強化に努めたが、翌年、繁長が庄内を制圧すると、由利衆はその軍事指揮下に置かれた。既述のように再仕置の出兵の際に義光は、由利衆に書状を送っており、ここに小林氏は義光の由利衆制御の意志を見出している(56)。周辺領主との関係から、義光との友好関係を望む領主もいた。戸谷氏は、出羽支配に義光中心の地域集団の存在を指摘したが、そこには由利衆との関係が前提にあった(57)。

仙北では、天正十年代には義光は小野寺氏家臣関口能登守を通じて仙北の領主らへの勢力の浸透を図ったとされる(58)。また、後述のように天正十八年の仕置において、小野寺氏は最上氏に強い警戒を見せる。そして、義光が小野寺領三分の一を獲得したことは既述した。

（2）上杉氏（色部長真）と義光の交渉

最上氏の小野寺領への進軍

天正十八年から翌年春にかけて、仙北において上杉氏と最上氏は交渉を持った。それらを通して、上杉氏の立場をみていこう。

十月二十二日、小野寺氏の宿老らは、義光が今日、明日にも小野寺領を通過するという情報を得て、義光が計策をもって小野寺氏が一揆を起こそうとしているというような言いがかりを付けるのではないかと警戒し、それを色部長真に伝え、万一には越後衆の援助を求めるよう大森康道に書き送っている(59)。このとき、横手では城郭の整備も行われていた。義光の通過に軍事的緊張が高まっていた。

また、このころ仙北で起こった一揆への対応として湯沢に義光家臣・鮭延愛綱・寒河江光利が駐屯していた。これについて小野寺氏宿老らは、両者の帰国を勧告するように長真に要請してほしいと康道に求めた(60)。そして長真は、愛綱に書状で帰国を促した。それに対して愛綱は、この出兵は「不私（私ならざる）」ことで、「上使」から御代官衆が庄内の境目の山を越えたのを確認して、湯沢城を破却して帰国せよと命令を受けたものであると回答した(61)。

以上から、小野寺氏は義光に脅威を感じ、その対応を長真に期待し、長真もそれに応え、小野寺氏の利益擁護を図ったといえる。

義光の上浦郡拝領の主張

翌年二月八日、愛綱は義光が上浦郡を拝領したので、仙北にその旨を周知したいと長真に申し出た[62]。これに長真は、義光の拝領について大谷吉継からも景勝からも連絡はないとして、この要求をすぐには受け入れなかった[63]。正式な情報、命令がない状況で一方の要求のみで長真は動かなかった。

これに伴って、二月二十六日、義光重臣・氏家守棟が対象地の「面々、地下・百姓」らが小野寺領に「引越」ているという情報を得たとして、その帰住の手配を長真に依頼している[64]。これに対して長真はその事実はないと回答したが、そのような事実があれば帰住させることを約束している[65]。在所から離れた農民らの還住は、当時の領主らの基本的な態度であったが、ここには奉行として公平な態度で問題に対応しようとする長真の姿勢が見て取れる。長真は、奉行として仙北情勢の安定に努めていたのである。

なお、この引越問題には、小野寺領の民衆も義光を忌避し、小野寺氏を領主として支持する志向をもっていたことが垣間見られる。

このような長真の活動は、義光が小野寺領に進出を目論む以上、その動きを抑制する性格を帯びざるを得ない。小野寺領における上杉氏の活動は、小野寺氏の保護・最上氏の抑圧という性格を持ったのである。

竹井氏は、義光を中心とした豊臣政権の出羽支配方針が、天正十六年十二月の庄内領有をめぐる裁判のために本庄氏と最上氏の召還を命じた時点で変更されたと指摘した[66]。仕置・再仕置における景勝の活動は、これを具現化したものであり、豊臣政権に景勝を介して義光を一定度牽制する意図があったとみられる。

大宝寺義勝が領する庄内、中小領主の割拠する由利にも同様の景勝の役割が想定されていたと考えられる。ただし、庄内は上杉氏の影響力が強く及ぶ地域であった。由利は義光との友好関係を求める領主も存在したともみられ、各地域における上杉氏への期待は一律ではなかったと思われる。

(3) 景勝の出羽への関与

小野寺氏との関係強化

天正十九年六月六日、小野寺氏家臣・西馬音内茂道は、直江兼続に茂道の上洛時の厚情に謝意を示している[67]。小林氏は、前年来の義道の上洛への同行時のこととする[68]。

この時、義道は上浦郡三分の二を安堵されるが、仙北一揆の責任を問われていたことから、必死の工作の結果であったともいわれる。[69] 在京時の義道による秀吉への鷹の贈与がその一つとされる。[70] この礼状の副状は吉継が発行した。ここから吉継が交渉の窓口であったとされる。すると、仕置を担当した景勝も豊臣政権から報告や意見を求められた可能性も考えられる。[71] ともあれ、小野寺氏の危機的状況において、景勝も何らかの働きをしたように思われる。

また、この茂道書状では義道が木戸元斎を介して通信したところ、「御直書」を送られ、今後の上杉氏との友好関係、関係強化を確認することができたともある。この「御直書」は景勝、もしくは兼続の書状であったと考えられる。奥羽仕置をきっかけに上杉氏と小野寺氏は強く結びついたのである。

再仕置における義光

さて、再仕置における出兵で景勝が四番手として米沢から最上通を出羽衆とともに北上することが命じられていたこと、その指揮官は吉継であったことはすでにみた。義光もこれに加わったとみられるが、豊臣軍の行程を示す「道行之次第」では、義光の名はみえず、出羽衆に包摂されていた。陸奥の問題であり、大崎・葛西一揆が対象であったからではあるが、大きな役割を担った政宗とは対照的である。軍事力という点では景勝が主力を担ったとみられることは既述した。また、義光の指揮権も見出せなかった。この派遣軍の中で義光の占める位置は大きかったとはいい難い。

そして、この四番手の軍勢は、最上通の諸城に軍勢を駐留させながら北上することを命じられていた。このことは義光の軍備の一端が、豊臣派遣軍に把握されることを意味した。具体的な駐留の様相は不明だが、軍勢の主力を担う上杉勢の関与は十分に想定されよう。すなわち、この進軍は景勝、そして吉継によって最上領の軍事情報が、一部とはいえ、把握される機会になったと考えられる。

（4）庄内の領国化

景勝権力の庄内進出

さて、小林氏も指摘するように奥羽仕置・再仕置を通して景勝が得た最も大きな成果は、庄内の領有であろう。[72] その時期は議論があるが、[73] 小林氏の指摘のように、庄内が上杉領であれば、自分仕置を命じられたであろう。しかし、景勝は天正十八年八月一日に秀吉から庄内仕置を命じられているから、当時庄内は上杉領ではなく、大宝寺氏の領地であったとみるべきである。[74] そして、庄内で起きた仕置に反対する一揆を扇動したとして、天正十八年十二月から翌三月までの間に、大宝寺義勝、支配の実権を握っていた本庄繁長が改易となり、庄内は上杉領に編入されたのである。その時期を厳密には確定できないが、一揆の制圧を前提とした処置であった。

天正十年代半ば、繁長は伊達政宗と組んで大宝寺義興を援助していた。繁長、義勝による庄内支配は、従前の北越・南奥羽の領主間秩序を前提に行われていた可能性が高く、景勝の関与は間接的であったと考えられる。しかし、上杉領となった庄内に直江兼続を中心とした支配体制が導入されることで上杉氏権力が直接北羽と接することになった。この改易、庄内の上杉領化の背景には、景勝のもとに上杉氏領国を一元化することによって強力な親豊臣勢力を育成しようとする秀吉の思惑が見出されている。[75] 上杉氏を介して、庄内に豊臣政権の支配をより強力に浸透させようとする意図があった。

そして、景勝の庄内領有は、北越・庄内から本庄氏・大宝寺氏権力の排除、すなわち、両地域にわたる領主間秩序の解体をもたらした。さらに、伊達氏の岩出山移封、その跡への蒲生氏入部に及んで、北越から南出羽における領主間秩序は完全に解体された。

庄内領有と北羽

すでに述べたように、天正十五年、義光は庄内を掌握すると、由利の諸領主と庄内に派遣した中山光直を介した通交に努めた。[76] そして、義勝の領有時期には繁長が由利の領主と音信を通じ、その軍事行動を規定していた。秋田氏との通交も確認できる。[77] これまた、すでに指摘した上杉氏と小野寺氏の通信を仲介した木戸元斎は、天正十九年に藤島一揆のために在庄し、続いて藤島城の城将となる。[78] これらから庄内は、北羽の領主との関係構築に重要な地域であったことが分かる。庄内の上杉領化によって、景勝権力が北羽の領主と直接通交することとなり、景勝自身、そして豊臣政権と北羽の領主との関係強化の道が開かれたといえる。

さて、奥羽仕置・再仕置は有事であり、その活動は時限的な態勢であった。しかし、庄内の上杉領化は出羽支配に恒常的に機能する体制であった。それによって景勝は豊臣政権の出羽支配の軸の一つとして、主に北羽領主との関係を強化し、義光を牽制する位置を与えられたと考える。それは天正十年代の景勝と義光が対峙する体制の延長線上にあった。奥羽仕置・再仕置後の出羽支配は両者の緊張関係を内包しながら展開されることになった。

おわりに

以上、本稿では天正十八・十九年にわたった奥羽仕置・再仕置に際する上杉景勝の動向から、その豊臣政権の出羽支配における位置を考察した。それは、政策執行、抵抗排除、戦後処理などを遂行する実行部隊、軍事力であり、出羽支配の重要人物・最上義光を牽制する立場であった。[79] 有事に際する出羽における具体的活動に大きく関与する位置に景勝はあったと考える。そして、庄内の領国化によって、有事に留まらず、豊臣政権の出羽支配の軸の一つに位置付けられた。

これらは従前の領主間秩序の解体と新秩序の形成をもたらした。一方で義光、北羽領主の仕置以前からの関係、天正十年代に形成された景勝と義光の対立関係は温存された。以上が奥羽仕置・再仕置による出羽における断絶と継続の具体的様相であり、歴史的意義の一つと考える。

本稿は、出羽における領主の関係に目を向けたために、豊臣政権と諸領主をつなぐ取次論には全く言及しなかった。奥羽の諸領主は取次を介在して支配を受ける以上、この考察は欠かせない。戸谷氏、小林氏は奥羽仕置を契機とした浅野長吉に着目している。(80)

一方、出羽では大谷吉継が注目される。(81)そして、取次だけでなく、景勝や前田利家、木村常陸介なども含めた出羽支配の総体的な検討が必要と思われる。吉継を含めた北国勢が、仕置の主要な軍勢であったし、仕置後の奥羽からの物資調達・輸送体制に大きく関わっているからである。また、仕置の完了が、文禄元年(一五九二)に始まる朝鮮出兵の前提になったとされることからも、その軍事編成にも目を向ける必要があろう。

多くの課題を残した不十分な考察に留まってしまったが、後考を期するとともに、読者諸賢のご叱正を乞う次第である。

注

(1) 研究史・論点などは、遠藤基郎「シンポジウム「奥羽一揆・仕置」問題提起」(『歴史』七六、一九九一年)、小林清治A『奥羽仕置と豊臣政権』(吉川弘文館、二〇〇三年)、同B『奥羽仕置の構造』(吉川弘文館、二〇〇三年)、高橋充「奥羽仕置」(『東北近世の胎動』吉川弘文館、二〇一六年)など参照。

(2) 上杉氏の動向は、西澤睦郎A「奥羽仕置の諸相」(『上越教育研究』三、一九八八年)、同B「奥羽仕置と色部長真」(『福大史学』四六・四七、一九八九年)、前掲注1小林著書A・B、鈴木登「中世由利の終息」、長谷川成一「統一政権と由利衆」(『本荘市史通史編1』一九八七年)、金子拓A「奥羽仕置と太閤検地」、同B「上浦郡をめぐる小野寺氏と最上氏」、佐藤一幸A「仙北一揆と人々の抵抗」、同B「豊臣政権支配下の横手盆地」(『横手市史通史編原始・古代・中世』二〇〇八年)。

(3) 義光と庄内情勢は、大島正隆「奥羽に於ける近世大名領成立の一過程――最上義光と伊達政宗」(『東北中世史の旅立ち』そしえて、一九八七年。初出は一九四一年)、渡辺信夫「天正十八年の奥羽仕置令について」(小林清治編『東北大名の研究』吉川弘文館、一九八四年。初出は一九八二年)、粟野俊之「出羽国庄内地方と豊臣政権」(『織豊政権と東国大名』吉川弘文館、二〇〇一年。初出は一九八五年)、遠藤ゆり子「公権の形成と国郡・探題職――最上・伊達両氏の事例から」(『戦国時代の南奥羽社会』吉川弘文館、二〇一六年。初出は二〇〇二年)、竹井英文「出羽国「庄内問題」再考」（『織豊政権と東国社会「惣無事令論を越えて」』吉川弘文館、二〇一二年。初出は二〇一〇年）、戸谷穂高A「最上義光と「庄内之儀」――豊臣政権の施策と方針」（『東国の政治秩序と豊臣政権』吉川弘文館、二〇二三年。初出は二〇二二年）、同B「天正・文禄期の豊臣政権における浅野長吉」（同前）などを参照。

（4）史料の引用は、資料集の略称と文書番号で示す。略称は以下の通り。『上越市史別編』…上越、『豊臣秀吉文書集』…秀吉、『横手市史資料編古代・中世』…横手、『大日本古文書伊達家文書』…伊達。

（5）前掲注3渡辺論文。

（6）上越三三七七。

（7）前掲注3渡辺論文四二六頁。

（8）尾下成敏「上杉景勝の居所と行動」（藤井譲治編『豊臣期主要人物居所集成』思文閣出版、二〇一一年）二六二頁。

（9）上越三三八五。

（10）前掲注1小林著書A二三四頁。

（11）前掲注1小林著書A二三三頁。

（12）上越三三八〇。

（13）上越三三九六。

（14）前掲注2金子論文A五二九頁。

（15）前掲注1小林著書B一九〇頁。

（16）上越三三八六・三三八七。

（17）前掲注1小林著書B四一頁。

（18）前掲注1小林著書B一七五頁。

（19）前掲注1小林著書B一六一頁。

（20）横手一八一・一八二。

（21）前掲注2佐藤論文A五三八頁。

（22）横手一九八。

（23）前掲注2西澤論文A九〇頁。

（24）上越三四一九。藤木久志「奥羽刀狩事情――付、廃刀令からの視点」（羽下徳彦編『北日本中世史の研究』吉川弘文館、一九九〇年）一〇六頁。

（25）前掲注2金子論文B五五七頁。

（26）前掲注2佐藤論文A五三九頁。

（27）上越三四二六。

（28）市立米沢図書館所蔵。地域資料KG一〇四〇〇一。元禄年間の写本である。山田邦明「上杉家中先祖由緒書とその成立」（『日本歴史』六七三、二〇〇四年）、金子拓「覚書と記憶」（『記憶の歴史学――史料に見る戦国』講談社、二〇一一年）などを参照。

（29）上越三三九九―三四〇一。仙北における色部長真の活動は、前掲注2西澤論文A・B、同佐藤B論文などを参照。

（30）上越三四〇二―三四〇四。

（31）上越三四四四・三四六四・三四七三。

（32）上越三四一九。

（33）上越三三九九・三四二八・三四二九・三四三四・三四三八。

（34）上越三四七四―三四七六。

（35）前掲注1小林著書A三四一頁。

（36）上越三四六七・三四六八。

（37）秀吉三五七八。

（38）横手二四九。

（39）上杉神社所蔵（米沢上杉文化振興財団『図説直江兼続――人と時代』一三〇頁）。

（40）上越三五〇四・三五〇六。

（41）秀吉三六九五―九七。

(42) 秀吉三六九八。
(43) 横手二五四。
(44) 伊達六一七。
(45) 前掲注1小林著書A三四三頁。
(46) 前掲注1小林著書B二三頁。
(47) 前掲注2鈴木論文四九〇頁。
(48) 前掲注8尾下論文二六三頁。
(49) 前掲注1小林著書A三六四頁。
(50) 上越三五〇六。
(51) 前掲注1小林著書A二八五頁。
(52) 上越三五〇八。
(53) 前掲注3戸谷論文B三二九頁。
(54) 前掲注3粟野論文一一八頁。
(55) 由利については、鈴木登「庄内の動向と由利衆」(前掲注2『本荘市史』)参照。
(56) 前掲注1小林著書A三六八頁。
(57) 前掲注3戸谷論文B三二八頁。
(58) 金子拓「戦国大名平鹿小野寺氏と周辺領主たち」(前掲注2横手市史)五一一頁。
(59) 上越三四〇九。この義光の通過を、小林氏は秋田領の仕置終了による帰国(前掲注1同著書二五八頁)、金子拓氏は仙北一揆に対する出兵からの帰陣とみる(前掲注2同論文B五五四頁)。
(60) 上越三四〇一。
(61) 上越三四一一。
(62) 上越三四六二。
(63) 上越三四六三。
(64) 上越三四六六。
(65) 上越三四七一。
(66) 前掲注3竹井論文二六七頁。
(67) 上越三四八九。
(68) 前掲注1小林著書A二七〇頁。
(69) 前掲注2西澤論文A八六頁。
(70) 横手二一四・二一五。
(71) 天正十七年の伊達政宗の会津攻略をめぐる豊臣政権と政宗の交渉において、景勝が意見を述べた可能性がある(伊達四五一)。
(72) 前掲注1小林著書A四一三頁。
(73) 以下に示す小林説のほかに、粟野氏は天正十六年の本庄氏による制圧を機に秀吉から景勝が領有を認められた可能性を指摘し(前掲注3同論文一二九頁)、渡辺氏は仕置を命じられた天正十八年八月とする(前掲注3同論文四二八頁)。竹井氏は天正十七年の大宝寺義勝上洛時点で上杉氏家臣としての大宝寺領(事実上の上杉領)を経て、天正十八年末から翌年初めに繁長・義勝父子の改易で完全な上杉領となったとする(前掲注4同論文二六八頁)。改易時期は、秋保良「大宝寺義勝の庄内没収と信州の移封について」(『山形地域史研究』三四、二〇〇九年)を参照。
(74) 前掲注1小林著書A二三〇頁。
(75) 光成準治「上杉景勝と直江兼続」(『関ヶ原前夜——西軍大名たちの戦い』KADOKAWA、二〇一八年。初出は二〇〇九年)一六八頁。
(76) 前掲注54鈴木論文四六五頁。
(77) 上越三二五九。『青森県史資料編中世3』は天正十七年とする。
(78) 金子達「景勝上洛」(『新潟県史通史編2中世』一九八七

年）六五九頁。

（79）矢部健太郎氏は景勝を豊臣政権の「公戦」の遂行者と評価し、その位置に東国諸大名への牽制という政治的効果も指摘する（「東国「惣無事」政策の展開と家康・景勝――「私戦」の禁止と「公戦」の遂行」『日本史研究』五〇九、二〇〇五年）五七頁。

（80）前掲1小林著書B三三一頁、前掲注3戸谷論文B。

（81）由利衆は吉継を取次とした（前掲注2長谷川論文五五〇頁）。

南出羽の仕置前夜

――出羽国の領主層と豊臣政権

菅原義勝

近年見直しが図られている豊臣政権の「惣無事」令。奥羽仕置に至る少し前、最上義光をはじめとする出羽国の領主層は、どのような眼差しで豊臣政権を見ていたのか。出羽国における「惣無事」令の非実効性と義光による受容・利用の側面、そして安東氏などを含めた出羽諸領主の交渉や対応に、絡み合う各々の思惑をみる。

はじめに

天正十八年（一五九〇）の奥羽仕置および翌年の再仕置は、奥羽両国内における地域秩序を大きく覆すものであった。中央政権の軍勢が奥羽の地へ足を踏み入れ、領土の確定や検地を行う。それは圧倒的な軍事力をもつ政権による強制であり、各地域の領主層は新たな政治秩序のもとに再編成されることとなった。従来評価されている通り、奥羽仕置が当該地域における戦国期の終焉、近世への移行を象徴する大きな画期となったことは間違いない。

とはいえ、奥羽の諸領主としてみれば、中央政権による支配をある程度の覚悟をもって迎え入れたことは想像に難くない。奥羽諸領主のなかには、これ以前より織田信長と誼を通じるなど、中央の有力者と関係をもち、政治動向を注視する者も少なくなかった。[1]天正十三年（一五八五）以降は、毎年豊臣政権から金山宗洗が奥羽へ派遣され、南奥羽を中心に「無事」創出のための活動がみられる。[2]

豊臣政権が奥羽仕置によって支配体制下に取り込む過程に

すがわら・よしかつ――公益財団法人 致道博物館学芸員。専門は戦国期出羽国における権力構造。主な論文に「最上義定・義守と地域内諸氏」（『羽陽文化』一六七、二〇二三年）、「戦国期庄内における村落間相論――大宝寺義興と東禅寺氏永の狭間で」（『山形県地域史研究』四七、二〇二三年）、「天正二年最上氏内紛再考」（久保田昌希編『戦国・織豊期と地方史研究』岩田書院、二〇二〇年）がある。

ついては、藤木久志氏が提起した「惣無事令」論を基軸として説明が加えられてきた。(3) 渡辺信夫氏は奥羽側の動向に視点を置くことで伊達・最上両氏の自分仕置権を明らかにし、(4) 小林清治氏の一連の研究によって仕置全体の政治的動向が明らかとなった。(5)

　そして、一九九〇年代以降には「惣無事令」論を批判的に継承した議論がみられるようになり、二〇一〇年頃には、「惣無事令」論に対する批判研究が相次いで発表された。(6) その到達点ともいえるのが、竹井英文氏や戸谷穂高氏の一連の研究である。(7) これらの研究により、一時代を貫いて全国に敷衍したとする「惣無事令」の万能性は否定された。とは言え、それが政権の政策なのか、スローガンなのか、と言った議論を含め、「惣無事令」概念は未だ豊臣政権による全国統一過程を考える上で重要であることに違いは無い。現状では「惣無事令」論を前提として全国的・地域的に形作られてきた政治史を批判的に見直す必要がある。

　奥羽仕置と「惣無事令」との連関についても再検討を要するなか、まずは戦国大名個別の性格を踏まえた研究を深化させ、在地（奥羽）の領主層が豊臣政権をどのような眼差しでみていたのか、その影響力の大小を把握し直す必要がある。本稿では特に出羽国、なかでも最上氏や大宝寺氏といった政権との関係性がよく窺える南出羽を検討フィールドの中心に据える。

　なお、出羽国における仕置については、北出羽に関する研究が豊

図1　天正14年頃の出羽国主要勢力図

富で、特に検地や太閤蔵入地、仙北・由利地域で発生した一揆に関して多く積み重ねられている。[8]また、『横手市史』では、もともと小野寺氏領国内であった上浦三分の一が最上氏領となった経過などが整理されている。[9]

南出羽については、先述の渡辺信夫氏の論考を基礎とし、最上氏の動向に視点を当てた論述が多い。[10]伊達・最上両氏は自分仕置を認められていたわけだが、南出羽四地域のうち置賜・最上・村山の三地域は両氏の領域が広がる地域である。そのため、仕置の対象は必然的に庄内地域に限られることとなる。仕置下での置賜・最上・村山三地域については、一次史料がほとんど残っておらず、その様相を窺い知ることは難しい。一次史料の残存数でいえば庄内地域も同様だが、江戸時代初期から前期にかけて作成された記録物から、朧気ながらも一揆の様子などを知ることが出来る。

これら仕置を論じる前提として検討の対象とするところは特に天正期後半の南出羽である。本稿は出羽国、特に南出羽の諸領主が中央政権の存在感をどれほど意識し、接していたのかを探ることに力点を置いている。特に「惣無事令」ありきで語られてきた奥羽仕置までの政治的な流れを問い直すことが目的となる。また、小田原出兵を前に繰り広げられた安東氏と南部氏との外交戦に関わる史料から、奥羽諸領主に対する政権側の対応のあり方についても検討する。

まずは「惣無事」令の奥羽における実効性を検討し、最上義光や出羽諸領主が豊臣政権の影響力をどのように受容したのかを考察する。[11]はじめに庄内地域をめぐる抗争と豊臣政権の関わり方についてみることとしたい。

一、天正十年代の庄内と「惣無事」令

(1) 庄内をめぐる攻防

南出羽の日本海沿岸に位置する庄内地域では、天正十一年(一五八三)、大宝寺義氏が家臣の前森氏永(のちの東禅寺氏永)の謀反によって横死する事件があった。長らく大宝寺氏が庄内領主層の盟主として地域支配にあたっていたが、これを契機に庄内は南出羽内陸部の最上氏と越後国の上杉氏の影響を強く受けるようになる。[12]

天正十五年(一五八七)には川北(庄内の最上川以北地域)の領主・東禅寺氏永を擁する最上義光が大宝寺氏を破り、庄内を手に入れた。当主の義興は山形へ連行され、その後自害したとされる。[13]義興の養子となっていた千勝丸(のちの大宝寺義勝)は、出羽・越後両国の境に位置する小国城に逃れ、実父である本庄繁長を頼った。大宝寺氏の本拠・大浦城には最上氏の家臣の中山光直が入り、庄内は一年ほど最上氏領とな

図2　大浦城跡

図3　十五里ヶ原古戦場（東禅寺右馬頭墳墓）

るが、翌年八月、十五里ヶ原合戦で本庄繁長が勝利し、最上氏は庄内から撤退した。

(2) 奥羽「惣無事」令と奥羽仕置

最上義光は庄内を領有して以降、天正十七年（一五八九）にかけて、京都へ何度も使者を派遣している。とりわけ徳川家康や富田一白を通じた一連の交渉については、豊臣政権による「惣無事」令と関わって竹井英文氏や戸谷穂高氏が「庄内問題」「庄内之儀」として論じている[14]。庄内問題については本節でも取り上げるが、細かな史料検討については、別稿で改めて考察を加えることとし、本稿では深く立ち入らない。はじめに述べた通り藤木久志氏が「惣無事令」論を提起して以来、奥羽仕置を中近世の断絶の象徴と捉えるのか、連続面で捉えるのかといった議論の広がりもあり、「惣無事令」が奥羽仕置にどのような影響を及ぼしたのかは重要な検討課題であったことも確かである[15]。

近年に至っては「惣無事」令に関する研究自体が論者の視点により複雑化しており[16]、特に法令としての性格はおおよそ否定的に捉えられている[17]。戸谷氏は、「惣無事」や「惣和」は関東・南奥羽ではすでに通用していた和睦形態であり、実際に史料上に表れるのは、天正年間の関東・南陸奥に集中しており、時代的・地域的に偏差があることを明らかにした。また、秀吉による「惣無事」令を「東国諸領主のある程度の

図4　最上義光所用「三十八間総覆輪筋兜」
（最上義光歴史館蔵）
※一説では織田信長より拝領したと伝わる

図5　最上義光肖像（『山形県史談』掲載）

武力行使、つまり自力救済権を認め、諸領主合議による紛争解決と境界未画定・境目領主温存という秩序維持の手法を承認したもの」と定義している。[18]

さらに、南陸奥と南出羽での「惣無事」受容の在り方については、南陸奥が当事者間での談合を通じた解決に期待でき、その多くが「利害折衷・原状回復」の形で落ち着くのに対し、南出羽は「領主間の「骨肉」関係が皆無に近く」、「自律的な秩序維持・回復機能に乏しく、地域秩序としての「惣無事」理念とは無縁であり、仮に政権が現地の秩序維持機能に依拠する「惣無事」令を発したとしても、それを受容する下地が希薄であった」と述べる。[19]

伊達氏領を除く出羽国においては国内の諸氏が「惣無事」「惣和」と表現している事例はない。「地域秩序としての「惣無事」理念とは無縁」であることは間違いない。だが、その理由としての秩序維持・回復機能の乏しさについては、天正十一年の大宝寺義氏横死以後から数年間の状況に限定されるものである。[20]

最上・村山・置賜・庄内の南出羽四地域のうち、特に日本海に接する庄内地域と他の三地域とは出羽山地によって大きく隔てられている。最上氏が出羽山地を越えて軍事行動を起こすこと自体、それまでには無い異例の事態であった。この軍事行動は、庄内地域の中心的存在であった大宝寺氏当主が家臣の謀反により横死したこと、そして謀反を起こした東禅寺氏永が他地域の領主である最上義光に臣従を誓い、援助を頼んだことで実現した。[21]

加えて、最上地域においては最上氏・天童氏・寒河江氏をはじめとする網の目のような血縁関係、庄内地域においても大宝寺氏と砂越氏、土佐林氏間の血縁関係がある。大宝寺氏と最上地域の白岩氏、砂越氏と北出羽の安東氏といった地域を跨いだ血縁関係もみられるものの、ほとんどが地域内諸氏間の血縁である。これは、地理的に隔てられていることによるもので、頼まれれば中人のような形で関与するが、基本的には他地域と接点をもとうとする指向性自体がほぼ無かったことを表している。

大宝寺義氏横死により地域の核であった大宝寺氏の存在感が薄れ、今まであり得なかった地域を跨いだ抗争が現出した。これにより庄内地域という枠組みのなかで成立していた秩序が崩れ、最上氏の動向如何が地域秩序を規定する段階へと移ったといえる。

天正十三・十四年以降、豊臣政権は金山宗洗を派遣し、奥羽情勢に積極的に関与する姿勢をみせている。宗洗は庄内地域で起きていた抗争の「無事」を実現しようと動いてはいるが[22]、それが実際に功を奏してはいない。当該期における宗洗の「惣無事」令に連なる動きは、政権のもとの「静謐」を求める交渉の範疇である。[23]それはあくまで命令ではない。政権による軍事動員、強制力、そして実効性のある命令として奥羽の地に表出するのは、天正十八年の奥羽仕置まで待たれるのである。

(3)政権による「無事」の呼び掛けと実効性

奥羽において抗争が起きた際には、第三者としての中人が和睦を仲介する慣習があった。「惣無事」令も中人制に連なるものであったとする見解も提示されているが[24]、中人による和睦仲介には、その仲介が破られた時の軍事的制裁による保証が表裏として必要不可欠であった[25]。地域間・地域内抗争の当事者にある者たちにとっては、存亡をかけた局面に接して、即効性も実効性も伴わない「無事」「惣無事」の呼びかけに、どの程度期待を寄せ得るだろうか。

例えば、天正十五年に危機的な状況を迎えていた大宝寺義興は、在地の問題として伊達政宗や本庄繁長に和睦仲介や助力を求めた。政宗は和睦を実現するために奔走することとなるが、最上義光と境を接して対立しており、大宝寺氏を支持する姿勢をとっていた。中人として相応しいと言える立場にはなかったが、表面上は頼まれることで仲介者として和睦を図る、中人制に準じた行為であった[26]。しかし、その政宗にしても、調停工作そのものに政権の意向を謳い、その効力に頼る様子は窺えず、そもそも大宝寺氏が政権による仲裁を頼む気配すらないのである[27]。

当該期、奥羽領主層にとって軍事的保証・介入という実績の無い豊臣政権の意向が、今目の前に繰り広げられている抗争を止揚するほどの強制力として認められることはなかったといえる[28]。

(4)最上義光の「惣無事」令受容

「惣無事」令が抗争の停止に直接繋がるものではなかったとは言え、金山宗洗による「無事」創出の動き、「惣無事」令の伝達は、奥羽諸氏にとって初めて豊臣政権の影響を肌で感じ、印象づけるものであった[29]。北出羽での宗洗の活動は認められないが、南出羽においては最上・庄内地域を行き来し、「無事」を実現するために奔走している。

天正十五年(一五八七)十月に庄内地域を手に入れて以降、最上義光は豊臣政権を意識した動きをみせている。同年冬には秀吉のもとへ使者を派遣した。初めは庄内領有の認可を得るための交渉であったとみられるが、翌年には徳川家康と富田一白を通じて本庄繁長の庄内進攻に関わった交渉を行っている[30]。

天正十六年閏五月には、義光の家臣で庄内・大浦城代であった中山光直から由利地域（北出羽、現在の秋田県南西部）の領主・潟保氏に宛てて次の書状が送られた。先行研究で多く引用されている史料であり、論旨の被る部分もあるが、当該期の最上氏権力の在り方を知る上で重要なため、全文を掲げる。

史料一　中山光直書状(31)

如芳札、其後杳々絶音問御床敷存候処、示給本望候、仍此間、[1]従関白様為上使、金山宗洗公当地へ着、山形へ上越候条、致案内者不計罷上候、定而於其許無御心元候間、可申届候処、俄事候間、無其儀候、彼方送届申、則罷帰候間、此程逮御音問候ツ、[2]然者彼御使節之御意趣、天下一統ニ御安全ニ可被執成之段、被思食候処、出羽之内へ、自越後口弓矢ヲ被執鎮由達高聞不謂之旨、[3]并最上出羽之探題職被渡進候ニ、国中之諸士被随山形之下知候哉如何、如斯之儀を以被指下候、依之山形之威機を宗洗公被聞之、一昨日此方へ入来候而、則昨日越国被指遣使者候、様体如何可有之候哉、返答候者可申入候、[4]将又仙北干戈之儀、従山被執刷之処、未落着之由候而、重而寺民被指下之由候、其許各より横手へ被及御内意之由候、返事到来候者可有注進候、恐々謹言、

中山播磨守
潤（天正十六年）五月十一日　光直（花押）
潟保治部大輔殿　御返報

傍線部1からは、金山宗洗が庄内へ入り、山形へ向かうために中山光直が「案内者」を務めたことが分かる。続いて傍線部2・3には、宗洗が下向した理由を記している。2では、「天下一統ニ御安全」が実現されようとしているところに、越後口から軍事行為があったと秀吉の耳に入り、これはあってはならないことと伝えるため。3では、義光を「出羽之探題職」に命じているなか、「国中之諸士」が義光の命令に従っているかどうかを調査するため。以上のような内容が記されている。

義光は傍線部4にみられるように、同時期に起きていた「仙北干戈」の和睦仲介にも乗り出していた。傍線部3の「出羽之探題職」に任じられたとするのは誇張表現であろうが、出羽諸領主からの求心力を得ようとする意識的な表現といえよう。また、藤木久志氏は「国中の諸士を最上氏のもとに従属させることによって出羽戦国の終息を計る構想が豊臣方にあったことも否定出来ない」とし(32)、竹井英文氏も「秀吉は最上氏を軸に出羽の支配体制を構築しようとしていたことは明らか」と同様に論じている(33)。

遠藤ゆり子氏は、天正十一年以降、越後国上杉氏に対抗する上で「国中之儀」が創出され[34]、「出羽国の者という共通する地域認識によって、庄内の問題に介入する正当性を作り出そうとしていた」とする[35]。**史料一**傍線部2においても「出羽之内」へ「越後口」から、という表現にみえる。

ただし、義光が「国中之儀」という観念を前面に押し出し始めるのは、天正十六年以降のことである。粟野俊之氏は、天正十六年以前から義光は「羽州探題としての意識があった」とし、「国中之儀」と称して出羽国内の紛争に介入したのは、「出羽国における最高の支配者として自認していたからに他ならない」とする[36]。これに対し遠藤氏は、史料上の記載から義光が自己を郡規模領域の領主として認識しており、羽州探題職に基づく支配を行った形跡がみられないことから、「羽州探題職と「国中之儀」を直接結びつけて考えることはできない」とする。

以上のように、最上氏の権力の拠り所を探る議論がなされているが、いずれにせよ「国中」の論理や「出羽探題職」は、天正十六年から主張し始めたものである[37]。

そして、天正十五・十六年は、義光が庄内を手に入れ、北出羽の仙北方面へも和睦仲介に乗りだし、豊臣政権とも密に交渉を進めた時期とも重なる。能動的に豊臣政権へ外交を展開したこと、政権から「庄内領有」の認可を得たこと、そして越後国の本庄氏による進攻を非とする判断を得たこと、これら一連の事象は、政権が最上氏を出羽国における有力な権力主体として認めているからこそである。政権との繋がりを前提に「国中」の論理や「出羽探題職」の主張をし始める天正十六年は、義光にとって画期となる年であった。

伊達・最上両氏は、天正十八年の奥羽仕置において自分仕置権が認められている[38]。彼らの領内は検地の対象外となり、仕置の補佐を任せられた。渡辺信夫氏は、自分仕置が認められた者と検地などの仕置の対象とされた者の差を、大名権確立している領主かテコ入れが必要な領主かで選別されたとする。また、旧奥州探題家と旧羽州探題家であったことが大きかったとしている。豊臣政権側が職権的に探題家として認めていたわけではないが、政宗しかり義光はそれぞれの地域の代表者として政権から認知されていたことは間違いない。

それは、天正十四年以降の金山宗洗下向によるものであり、実際に奥羽情勢の把握がなされたことは**史料一**からも窺い知れる。前項で述べたとおり、奥羽領主層にとって即効性・実効性をもたない「惣無事」令が実態として地域内・地域間抗争に直接的に影響を与えることはなかった。しかし裏腹に、義光は豊臣政権の影響力を上手く取り込むことで出羽国で最も有力な権力主体として認められたのである。

戸谷穂高氏は、政権が佐竹義宣や義光、政宗の自分仕置を認め、天正十八年十二月から翌二月の間に侍従に補任した待遇について、「三氏の実力を認め、当該地域での指導的立場を可視的にする目的があると思われ、政権への臣従以前からすでに形成されていた三氏を核とする地域集団が奥羽仕置によって少しずつ拡大し、政権運営上の政治・軍事単位として利用」されたと述べる[39]。

自分仕置権が認められるには、任務遂行のための実力をもつことが大前提であり、政権はそれを利用しようとした。ただし、それは天正十八年における政治的状況がすべての判断基準であったわけではなく、本項で述べてきたように天正十四年以降の「惣無事」令受容、豊臣政権との外交関係の構築がその背景にあったといえよう[40]。

二、庄内をめぐる外交と政権の決定

(1) 大宝寺義勝の上洛

豊臣政権との交渉および仙北方面への介入など、義光の外交面での動きは活発であったものの、天正十六年八月、本庄・大宝寺氏勢の進攻により、庄内は奪還される（十五里ヶ原合戦）。同年春より続いた大崎合戦に伴って、二方面に兵力を分散せざるをえなかったことが敗因として挙げられる。こうしたなか、義光は豊臣政権に対して本庄氏による庄内進攻の非を訴えたらしく、同年十二月、秀吉は上杉景勝に宛てて次の書状を送った。

史料二　羽柴秀吉書状[41]

態染筆候、仍山形出羽守分領与哉覧庄内城、本庄乗取之由申越候、事実候哉、双方被遂御紕明、雖可被仰出候、年内無余日之間、至来春山形をも可被召上候条、其刻本庄をも可被差上候、様子被聞召、理非次第可被仰付候、其中互手出不可有之旨、山形かたへも被仰遣之候条、下々猥儀無之様可被刷候、其上往還之輩聊無滞様、堅可被申付候、猶増田右衛門尉・石田治部少輔可申候也、

（天正十六年）
十二月九日（花押）

羽柴越後宰相中将殿

前半部では、義光の「分領」である庄内を本庄繁長が「乗取」ったことが事実なのか、景勝に問い合わせている。この前提には義光の訴えがあったのだろう。続けて秀吉は「御紕明」を遂げるため、来春には双方京都へ上るように伝え、その間は互いに「手出」してはいけないということを義光へも伝えたと述べている。

史料二を受け取った景勝は、すぐに繁長に対して書状を

送っている。[42] そこでは、庄内のことについて義光から秀吉に対して「侘言」があったこと、石田三成・増田長盛両「奏者」からは一時も早い上洛を勧められていることが伝えられた。そして、繁長は庄内の「仕置」に専念し、千勝丸を上洛させるよう指示している。千勝丸は実際に翌年の五月から七月にかけて京都へ上り、秀吉と対面。従五位下左京大夫の官途と出羽守の受領、義勝の名乗を与えられた（以下、義勝と表記する）。[43] 八月二十六日には、伊達政宗から繁長に対して「千勝丸上洛仕合能候而、府内訖下向之由候哉、一身満足候」と、秀吉との謁見が首尾よく終えたことを祝す書状が送られている。[44] 天正十八年二月には家康を通じて「其方上洛、殿下へ申上候処、先以御無用之由御意ニ候」と義光に伝えられている。[45] 義勝の上洛、謁見を経て、秀吉は**史料二**の方針を撤回、これによって庄内は大宝寺氏領として認められたと考えられている。

（2）豊臣政権の裁定

史料二には「其中互手出不可有」とある。義光・繁長両者共に「手出」をしないように命じられていた。しかし、天正十七年五月三日に景勝が石田三成・増田長盛へ宛てた書状には、「大宝寺上洛疾可申付処、三月中旬自山形致乱入、端之地少押落候、定仕置油断之様可致思召候、旧冬被成　御書、山形上雑之間、本庄事も罷上、於京都得　御下知次第仕自分之弓矢可相止之段就　仰出、何之構も無之処、不図及調儀事無是非候、併防戦堅固申付候条、近日可為差上候」とあり、[46] 三月中旬には最上勢が庄内に攻め入っていることが分かる。

義光は前年九月には大崎・葛西両氏と共に上洛する意思を政権へ伝えている。戸谷氏は「政権を裁定機関と頼む姿勢を強く見せ」ており、「上洛・訴訟へと能動的に動く義光の反応速度には目をひくものがある」と、義光の外交面での柔軟さを評価している。しかし、その反面、在地においては政権からの停戦命令を無視する形で庄内を奪還すべく攻撃を仕掛けているのである。[47] それも数年来「庄内之儀」として政権内でも注視されていた係争地において、である。前節で述べた通り、これもまたこの時点での豊臣政権の意向が実効性を伴うものではなく、在地で繰り広げられている抗争を止揚する強制力とはなり得なかったことを示す事例といえよう。

天正十五年十月に庄内を手に入れていた義光は、政権から庄内領有の認可を得ていたとみられる。義光としては、〝自領〟の庄内が奪い取られた形であるため、自力で奪い返すことの理屈は通るのかもしれない。もし義光がこの反攻によって庄内を奪い返していたならば、義光の当知行安堵が認められる形で収束していたことは十分想定出来る。[48]

最終的に庄内は大宝寺氏領となるわけだが、**史料二**をもって庄内問題が豊臣政権の裁定に委ねられたとされている。大宝寺氏領と認められた背景として、最上・大宝寺それぞれを支持する徳川・上杉両氏の豊臣政権内における立ち位置の違い(49)、上杉氏の取次を務めた石田三成・増田長盛ラインの政権内における影響力の強さ(50)、大宝寺氏当主である義勝自らが上洛したことの重要性(51)、といった視点から論じられている。

従来、**史料二**の「双方被遂御糺明」や「理非次第可被仰付候」といった表現から、豊臣政権の裁定として捉えられている。だが義光に対しては、家康を通じて翌年二月に上洛無用という通達が来たのみである(52)。義勝が秀吉との謁見を首尾よく済ませたこと自体が、大宝寺氏の庄内領有を既成事実として認識させることとなったものとみられる。当主義勝の上洛は最重要の意味をもった。直接の謁見によって臣従を果たし、豊臣大名として認められたのである。これが事実上、政権の答えとなったのであり、およそ裁定といえるほどの結末を迎えるものではなかった。

その後、庄内は上杉氏領となる。大宝寺氏は改易となったとされ、その理由は①庄内奪還に関わる「惣無事令」違反によるもの、②奥羽仕置時の一揆扇動の嫌疑をかけられたため、の大きく二つに分けて説明されている。また、改易されたとする時期も、①説を取る場合は天正十七年十二月か天正十八年、②説を取る場合は天正十九年とされる。以上の先行研究による見解の違いについては、秋保良氏が詳細にまとめている(53)。

本稿で考察するように「惣無事令」違反による懲罰としての可能性は無いと言ってよい。では、奥羽仕置の際に一揆扇動の嫌疑をかけられたためなのかといえば、それも二次史料に拠っており、再考の余地がある。そもそも大宝寺氏は改易という認識でよいのか、上杉氏家中として取り込まれる流れを含め、大宝寺氏の処遇についてはなお検討が必要であろう。

三、政権による本格的な介入と処遇

(1)義光の小田原出仕

大宝寺義勝が上洛して以降、義光が庄内領有について主張している様子はみられない。その後、義光は北出羽の大名・安東実季へ次の書状を送っている。

史料三　最上義光書状(54)

急度之来翰大悦之至候、仍其境河北不合期之侭、不断乍
在心底無音之至、意外千万候、[1]随而其元進退之儀付而、
様々御苦労候つる由承候処ニ、漸本意之段令伝聞、我等
一人事悦ニ存候、[2]殊其郡殿下之御蔵所ニ被成置候様ニ、
粗申来候間、一段無心元存候処ニ、於貴前聊此儀無御存

知之旨、石田治部少輔殿御内通ニ付而、其許案堵之儀令識察候、国中之儀与云、兼而懇切申承候へハ、於当方も満足此一事候、就中従石治此方へ之伝事令披見、弥喜悦之至候、然而小田原為御追討、関白様関東へ御動座之間、年来御注進申上御首尾与申、[3]御陣場へ参上雖申度候、伊達無躰人ニ在之、境近之条、留守中之儀如何ニ被思召候之条、拙罷登候事先以無用之由、御朱印被成下候、左候共雖可罷上候、追日伊達無残成事共聞候之間、乍存知遅参無念之至候、雖然彼使者如被及見候、当城普請をも申付候間、於備者可御心安候、本意儀も不可有程候、兼亦此使被罷越候路次筋をも、為尋置候条、何様自是以使者、頃日疎遠打過候儀、彼是可申達候間、令省略候事候、

恐々謹言、

追啓、石田治部少輔殿より其元ニ被差越候書状、幸便候間相届候、以上、

卯月廿七日《天正十八年》　義光（印）

下国殿

傍線部1・2は次項にて検討することとし、まずは傍線部3に注目したい。ここでは、秀吉の小田原出兵に際して「参上」したかったが「無躰人」である伊達氏が境を接しているため、留守を心配する秀吉の「思召」もあって小田原への参陣は「無用」であるとの朱印状を得たと述べている。遡って、二月に上洛無用の通達があった際には、「関白殿相州御動座三月上旬必定ニ候、落去不可有程候、其刻早々御越可被仰上儀専一候」と、秀吉が関東を「落去」したならばすぐに小田原へ来ることが「専一」であると述べていた。(55) ただし、この時はあくまで秀吉の意向を汲んだ徳川家康からの助言である。家康は三月にも義光に書状を送り、「関東御静謐不可有程候、然者御身上之義、一途可被仰付候条、可御心安候」として、程なく「関東御静謐」が成るので、その後のことは改めて秀吉から仰せ付けられるだろうから安心するように、と述べている。(56) 二月・三月時点で義光に求められていたのは、「関東御静謐」が成った後の出仕であったが、これは家康の助言という性格が強い。

前田利家の家臣・河島重続は、五月二日付で片倉景綱・原田宗時に対して書状を送り、「一刻も早く、政宗様御参陣之儀、急申度由被申候」と、一刻も早い政宗の小田原出仕を求めている。(57) この頃、秀吉は大政所に宛てて「小たわら《小田原》かたくとりまかせ候」と、小田原攻めが順調に進んでいる旨を伝え、「小たわらの事ハくわんとう《関東》・ひのもと《日の本》までのおきめ《置目》にて候まゝ、ほしころし《干殺》ニ申つく可候間」と述べている。小田原を徹底的に叩くことが、関東・奥羽まで従わせる「おきめ《置目》」＝

仕置に繋がると展望しているのである。(58)

以上のような流れからすると、小田原攻めが軌道に乗った四月に入り、秀吉は会津問題の解決を図るため、政宗の小田原出仕を求める方針を決めたものと思われる。実際に政宗は六月五日に小田原へ参着している。一方、**史料三**傍線部3の通り、義光には政宗出仕が済むまでの待機が命じられていた。義光は、政宗が出仕した半月ほど後に秀吉との面会を遂げている。(59)

秀吉が本格的に奥羽の問題へと目を向け始めたのは、関東平定の目算が整った天正十八年四月頃からのことといえよう。そして、政宗の叔父である義光は、有事の際にすぐに対応出来得る存在として豊臣政権にとっても奥羽における重要な存在として認められていたことが窺える。転じて言えば、それだけ政宗の動向・処分如何がその後の奥羽の情勢を大きく規定したということでもあった。

(2) 安東氏の「進退之儀」と蔵入地設定

続いて**史料三**傍線部1・2について検討するが、まずはその前提となる史料を掲げる。

史料四　前田利家書状(60)

将又今度御理共浅野弾正少弼方具被申上候、一段馳走被申候間、於向後も御入魂尤候、我々事ハ京都程遠候間、浅野方畢竟御頼肝用候、以上、

去夏木村木工助方江指上御状之趣、具令披見候、仍御上洛之儀、被致披露候処、尤之旨被成遣御朱印候、越後へも路次等可有馳走之由被仰出、被成御朱印候、先以珍重存候、此度御迎可進之処、[1]秋田表従赤津令乱入、以其競津軽及行、御家中ニも反逆之族有之由、粗其聞候、千万無御心元次第候、此上無越度之様ニ御調談専一候、[2]当秋中歟、来春ハ早速上様被進御馬、出羽奥州両国之御仕置堅可被仰付候旨御諚ニ候、北国之人数悉拙者ニ被相付、為先手至秋田面、可致出馬之条、近年御内存之鬱憤無残所可属御本意候間、可御心安候、其内少之間手堅被相備、随分御油断有間敷候、[3]秋田之儀当年ハ為御蔵納貴所与上杉方ゟ遣奉行被為所務候様ニと被仰出候、於様子ハ木工助渕底存知候儀候間、可被申披候、猶寺前縫殿助可申候、恐々謹言、

羽筑

（天正十七年）八月廿日　利家（花押）

南部大膳大夫参御返報

本書状については、千葉一大氏が詳細に検討を加えている。(61)差出人の前田利家と追而書に登場する浅野長吉は豊臣政権内における南部信直の取次であった。前半部には秀吉から信直

へ朱印状が発給されていることが記されており、これは八月二日付の秀吉朱印状のことを指す[62]。その朱印状からは、信直が安東実季と同道して上洛する旨を秀吉に伝えていたことが明らかとなるが、この時期、南部・安東両氏は対立していた。そのため、秀吉は実情を知らないままに信直、そしておそらく取次を務めた利家の申告を受けていることが分かる[63]。

史料四傍線部1では、湊・檜山合戦と連動する形で津軽氏が南部氏に対して反旗を翻したことを聞き、心配していると伝え、「調談専一」と述べている。続けて傍線部2では、今秋か来春に秀吉が出馬し、奥羽の仕置をすることが決まった。北陸の軍勢は利家に任され、「先手」として秋田に進発するので、「近年御内存之鬱憤」も晴れるだろうと伝えている。傍線部3では、秋田についてしばらくは蔵入地とし、南部と上杉両氏から奉行を派遣すると秀吉より「仰出」されたとする。

この秋田の蔵入地化について、藤木久志氏が「惣無事令」論を提起して以来、先行研究においては湊・檜山合戦に対する「惣無事令」違反のための処分事例として取り上げられてきた[64]。しかし、北出羽に関しては、金山宗洗の活動自体を確認することが出来ず、湊・檜山合戦についても、豊臣政権がその和睦を目指した積極的な介入を行った形跡はみられない。「惣無事令」ありきの解釈自体、改め直す必要があろう。

さて、**史料三**を改めてみてみよう。傍線部1からは、安東氏の「進退」が苦労の末にようやく「本意」となったことが分かる。この背景には、天正十八年二月に、安東氏に対して当知行安堵の朱印状が発給されたことがある[65]。なお、このときの奏者は石田三成と増田長盛が務めている。

そして傍線部2。まず義光は、安東氏領が「御蔵所」、つまり蔵入地に設定されたと聞いて心配していたと述べている。続く「於貴前聊此儀無御存知之旨」の「貴前」は秀吉のことを指すと捉えてよいだろう。書状中では、実季のことを「其元」「其許」と呼び、秀吉のことを「殿下」「関白様」と呼んでいる。おそらく先行研究では、これを実季として読んでいるために曖昧な解釈となっていたものと思われる[66]。

「貴前」を秀吉と読めば、その解釈は、秀吉においては少しも「此儀」(=秋田を蔵入地とすること)について知らなかったとのこと、石田三成から義光に対して内々に連絡があった、となるだろう。三成の「御内通」というのも、『日本国語大辞典』では「ひそかに敵に味方の情報を流すこと」「内応」という意味と、二つめの項に「内々に話を通しておくこと」「あらかじめ斡旋しておくこと」と挙げられている。『日葡辞書』では「いきさつ・事情を他の人に内密に明かすこと、あるいは知らせること、特にかたき同士、または憎み合っている者の間に用いられる」として、内応や内々の斡旋・工作というよりも内々に知らせることという意味に重点が置かれている。ここでの「御内通」は、『日葡辞書』が表現している通り「内々の知らせ」ととるべきであろう。そうすると、傍線部2後半部の「就中従石治此方へ之伝事令披見、弥喜悦之至候」という表現も、三成から義光に宛てられた書状を実季へ見せる（送る）ことが出来て嬉しい、と読むことが出来る(67)。そして、義光は安東氏領が「案堵」されることは、出羽の「国中」でかねてより親しい間柄であるため嬉しいことであると述べている。

従来、「惣無事令」を前提とし、**史料三**傍線部1の「進退之儀」を、湊・檜山合戦の「惣無事令」違反による「進退」問題として捉え、これが安東氏領が蔵入地と設定された理由として理解されてきた。そして、蔵入地の決定が撤回されたのは、石田三成を介した実季の必死の運動によるとされている。「御苦労候つる由」との表現からすれば、実季が必死に外交交渉を行ったとも考えられるが(68)、そもそも湊・檜山合戦に関して政権が停戦を命じたとする史料は存在しない。

湊・檜山合戦で安東実季と戦っていた湊通季は、敗北を喫すると南部信直を頼って小田原参陣を遂げている（秀吉との面会は出来なかったが）。**史料四**傍線部1の通り同時期に津軽為信が信直に対して反旗を翻しており、政権には利家を通じて為信のことと共に安東実季の非を訴えていた可能性が高い。状況から勘案すれば、「進退之儀」は、政権からの発信ではなく、南部信直の訴えに端を発するものである。戸谷氏が述べる通り、この時期の政権は、「情報量の不足もあって一方の当事者、いうなれば能動的に「京儀」を求める者の申請内容を即座に採用する傾向にある」(69)。最終的には、その後の石田三成を介した実季の運動もあって天正十八年二月の秀吉朱印状により当知行安堵がなされることとなった(70)。

以上のように考えると、**史料四**で利家が言っていたことが出任せなわけでもなく、その時はそのような判断がなされた、ということのようだ。津軽為信が小田原で津軽郡領主の座が認められた際のことについて、「北松斎手扣」には「不慮ニ南部家風□□□（津軽ノ）大浦右京助、秋田ニ同心仕、逆心仕、南部信直則打立可被申付所ニ、小田原御陣ニ依テ手を不付罷上、天下之御前ニ而可相済と被存候所ニ、其跡ニて津軽我まゝに仕、関白様へ其旨被申上候所ニ、津軽右京助と云者、兼而細々の忠節の者也、其子細ハしらす候故、御朱印を被下候、先々相しつまり候得と、御諚ニ依テ、いまにいたるまで天下へちきに出仕する」とある(71)。傍線部のように、津軽為信は秀吉に対して「忠節の者」であり、「其子細」（＝信直との確執）については「知らなかった」ので朱印状を下した、としている。これは**史料三**傍線部2の「於貴前聊此儀無御存知」と同様の言い逃れである。現状で秀吉に認められる存在からの求めがあれば、秀吉が「知らなかった」という理由で一度決められた事項も覆る可能性があったのである。これを単に情報量の不足とみるか、取次を務めたものの何かしらの差とみるか、更なる検討が必要であろう。ただ、このような事例からは、基本的に歩み寄る者を是とする姿勢をもち、様々な案件が届けられる政権であるからこそ、「知らないふり」を可能とする取次の存在は重要であり、政権を支える体制の一要素として機能していたのである。

安東氏の「進退之儀」が「惣無事令」を前提とするものではないからには、懲罰的に秋田が蔵入地に設定されたとする説明も成り立たない(72)。秋田の蔵入地設定の背景には、「進退之儀」と同じく南部氏からの働きかけを考えるべきである。陸奥国における会津と同様に、係争地となっていた場所が仕置の拠点に指定されている。拠点としての蔵入地であることは、これが一時的な処置と想定されていたことがそれを物語っている(73)。

おわりに

本稿では、近年の「惣無事」令研究を踏まえ、奥羽仕置の前提を明らかとすることを目的に検討してきた。その対象時期は主に天正十四年から同十八年七月頃までである。特に在地（奥羽）からの視点をもって「惣無事」令の非実効性、そして最上義光の受容と利用の側面を考察した。

庄内地域での混乱に際しては、金山宗洗による「無事」創出の動きもみられるものの、そこに政権による強制力、実効性が伴わない限り、在地においては抗争の抑止力としてなり得なかった。一方、最上義光のように政権から認められた存在であることを謳い、出羽国内の問題として和睦仲介を行う者もいた。

伊達政宗や義光の小田原出仕や秋田蔵入地設定の問題からも窺えるように、政権が奥羽の諸問題解決のために本腰を入れるのは、天正十八年、小田原攻略の目算が立つ頃まで待たれる。本稿では取り上げなかったが、「関東・奥両国惣無事」といった一方向的な意思の伝達は、天正十四・五年頃の奥羽諸領主にとっては、未だ現実的な効果を期待するものではなかった。とは言え、天正十六年以降の最上氏や南部氏、秋田氏などの事例があるように、在地からの求めがあれば、政権は当知行安堵の方針のもと個別に対応している。来る者拒まずの姿勢のなかで、取次は政権運営を支える重要な存在であった。

以上、政治的動向のなかで、政権と奥羽との関わり方に変化が生じる過程を考察した。秀吉自身、「小たわら《（小田原）》をひころし《（干殺）》ニいたし候へ者、大しゆ《（奥州）》まてひまあき《（隙明）》候間」と述べているように(74)、小田原を徹底的に叩くことは、奥羽を従えることと同義という程に捉えていた。小田原合戦の末、初めて行われた軍事力を伴う強制的な政権による介入であった。天正十六年頃から二、三年で大きく変わった政権との関わり方。それに付いていけた者、付いていけなかった者との差はあまりにも大きかったのである。

注

(1) 大島正隆「奥羽に於ける近世大名領成立の一過程——最上義光と伊達政宗」（同『東北中世史の旅立ち』（そしえて、一九八七年。初出は一九四一年）、粟野俊之「織田政権と東国」（同『織豊政権と東国大名』吉川弘文館、二〇〇一年）等。

(2) 戸谷穂高「金山宗洗の「惣無事」伝達とその経路」（『戦国史研究』六〇、二〇一〇年）。

(3) 藤木久志『豊臣平和令と戦国社会』（東京大学出版会、一九八五年）。

(4) 渡辺信夫「天正十八年の奥羽仕置について」（小林清治編『東北大名の研究』吉川弘文館、一九八四年。初出は一九八二年）。

(5) 奥羽仕置については、小林清治氏が著した『奥羽仕置と豊臣政権』（吉川弘文館、二〇〇三年）および『奥羽仕置の構造——破城・刀狩・検地』（吉川弘文館、二〇〇三年）がその指標となっている。

(6) 「惣無事」研究については、竹井英文氏がその軌跡をよくまとめている（竹井英文「織豊政権の全国統一過程に関する研究史整理と課題——東国を中心に」、同『織豊政権と東国社会——「惣無事令」論を越えて』吉川弘文館、二〇一二年、以下本書を引用する場合は『織豊』と略記する）。「惣無事令」批判を行ったものとして、藤井讓治「「惣無事」はあれど「惣無事令」はなし」（『史林』九三―三、二〇一〇年）などがある。

(7) 竹井英文『織豊』、戸谷穂高『東国の政治秩序と豊臣政権』（吉川弘文館、二〇二三年、以下本書を引用する場合は『東国』と略記する）。

(8) 塩谷順耳編『中世の秋田』（秋田魁新報社、一九八二年）、『本荘市史』（通史編一、一九八七年）、長谷川成一『近世国家と東北大名』（吉川弘文館、一九九八年）、同『北奥羽の大名と民衆』（清文堂出版、二〇〇八年）、『能代市史』（通史編一原始・古代・中世、二〇〇八年）等。

(9) 『横手市史』（通史編原始・古代・中世、二〇〇八年）。

(10) 粟野俊之「最上義光と豊臣政権」（同『最上義光』日本史史料研究会、二〇一七年）等。

(11) 本稿では、藤木久志氏が提起し、以後積み上げられてきた研究概念を「惣無事令」と記し、史料用語として表現する場合は「惣無事」とのみ表記する。また、豊臣政権が関東・奥羽の諸氏に対して求めた「無事」「惣無事」、停戦や秩序維持の実現を図るための軍事力の行使を伴わない呼び掛け、下達による豊臣政権の意向（御礼言上や出仕の要請なども含む）を総じて「惣無事」令とする。

(12) 当該期の庄内における政治情勢については、竹井英文氏や粟野俊之氏の論考に詳しい。竹井英文「出羽国「庄内問題」再考」（同『織豊』。初出は二〇一〇年）、粟野俊之「最上義光の対外戦争」（同『最上義光』日本史史料研究会、二〇一七年）、また、筆者もいくつかの拙論で当該期の庄内地域について検討している。拙稿「東禅寺氏永考」（『山形県地域史研究』三九、二〇一四年）、同「大宝寺義氏横死以後（天正十一年〜十三年）の庄内地域」（『歴懇論集』創刊号、二〇一八年）、同「戦国期庄内における村落間相論——大宝寺義興と東禅寺氏永の狭間で」（『山形県地域史研究』四七、二〇二三年）。

(13)（天正十五年）十月二十二日付最上義光書状（藤田文書、『古代・中世史料 上巻』荘内史料集一—一、二〇〇二年、No.三二八、以下『荘上』No.〜と略記）、「鮭延越前守聞書」（保角里志『南出羽の戦国を読む』高志書院、二〇一二年）。

(14) 前掲注12竹井論文。戸谷穂高「最上義光と「庄内之儀」——豊臣政権の施策と方針」（同『東国』。初出は二〇二二年）。

(15)「惣無事令」論が活況を呈するなかで開催された東北史学会主催のシンポジウム「奥羽——一揆・仕置」では（『歴史』七六、東北史学会、一九九一年）、奥羽仕置を考える上で藤木氏の惣無事令論を如何に扱うべきか、模索している段階にあったことが全体を通して窺える。遠藤基郎氏の問題提起ほか各論者の研究、藤木氏や渡辺信夫氏、小林清治氏、三鬼清一郎氏の論評など、当時の到達点が示されている。また、遠藤ゆり子氏は、前掲注5の小林両書に対する書評のなかで（遠藤ゆり子「奥羽仕置の一考察——小林清治『奥羽仕置と豊臣政権』・『奥羽仕置の構造——破城・刀狩・検地』によせて」、同『戦国時代の南奥羽社会——大崎・伊達・最上氏』吉川弘文館、二〇一六年）、中近世の連続面を論じる上で、藤木久志氏が村の視点から豊臣の平和を理解しているのに対し、小林氏が大名や家臣層に視座を置いて検討していることで生じる議論のズレを指摘している。

(16) 研究者による論点の違いについては、戸谷穂高「「惣無事」をめぐる諸論点——近年の研究史によせて」（同『東国』）で整理されている。

(17) 成文法ではない慣例としての中世ならではの法と捉える考え方もある（黒田基樹『小田原合戦と北条氏』吉川弘文館、二〇一三年）。

(18) 戸谷穂高「関東・奥両国「惣無事」と白河義親——卯月六日付富田一白書状をめぐって」（同『東国』。初出は二〇〇八年）。

(19) 戸谷穂高「豊臣政権の東国政策」（同『東国』）。

(20) 例えば天文年間の砂越氏父子間の争いでは、土佐林禅棟が最上氏や安東氏ら地域外諸氏に中人を頼み、事の終結を図っている。中人による仲裁が破綻したならば、「廿八一家・外様・三長吏」が大宝寺氏のもとへ集まって相談の上で「治定」するとし、中人による仲裁を地域内諸氏の連合によって軍事的に保証することも実現可能な秩序維持機能があった（拙稿「戦国期羽黒山関係文書の基礎的考察——進出史料の紹介も兼ねて」、『羽陽文化』一六六、二〇二二年）。

(21) 戸谷氏は、南出羽においては「遺恨を発露、発散する場として武力行使が肯定され、敵対者の身上を根絶する傾向が相対的に強かった」とするが、最上義光による庄内への進攻は、あくまで最上氏への臣従を誓う東禅寺氏永から頼まれたことによるものである（八月二十四日付氏家守棟書状、白石市教育委員会編『伊達氏重臣遠藤家文書・中島家文書　戦国編』、二〇一一年）。

(22)（天正十五年四月ヵ）伊達政宗書状写「貞山公治家記録附録三」（『仙台市史』資料編一〇、一九九四年、№九〇三）。年月の比定については別稿で検討する。

(23) 黒嶋敏氏は、秀吉の武威による「静謐」に注目している（黒嶋敏『秀吉の武威、信長の武威――天下人はいかに服属を迫るのか』平凡社、二〇一八年）。ただし、秩序回復と主従関係の構築という理想の「静謐」には限界があり、九州停戦令の事例のように武力を伴う強制解決による「静謐」が武威の根幹となっていたとする。

(24) 丸島和洋『戦国大名の「外交」』（講談社、二〇一三年）。

(25) 山田将之「中人制における「奥州ノ作法」――戦国期の中人制と伊達氏の統一戦争」（『戦国史研究』五七、二〇〇九年）、前掲注20拙稿論文。

(26) 前掲注25山田論文では、南陸奥の事例から天正十年代後半より、中人制が成立する政治秩序そのものが崩壊しつつある状況を指摘している。

(27) 前掲注22史料では、実際に宗洗は庄内に下向したのかもしれないが、その後の動きをみても、その活動が功を奏したようには思えない。

(28) 豊臣政権は、天正十四・五年には九州に対する「天下静謐」令、そして実際に軍事的強制力をもって当該地域の平定、「仕置」を行っている。しかし、この九州での実績は奥羽領主層の動向を規定するものではなかったのだろう。天正十八年の奥羽仕置で軍事的圧力のもとに「仕置」が断行された点でいえば、九州と同様の在り方と大枠で捉えることはできる。その大枠の根本は、「独善的」で「好戦的」なものかは別として藤田達生氏が論じるような武力・暴力と平和との表裏一体性に繋がるところではある（藤田達生「豊臣国分論（三）――九州国分」同『日本近世国家成立史の研究』校倉書房、二〇〇一年、初出一九九五年）。しかし、天正十七年以前までの「惣無事」令、それを受容する奥羽側の姿勢は大きく異なる。戸谷氏が述べる通り、「天下静謐」令と附則としての「惣無事」令という正副関係を念頭に置いて捉えるべきであり、さらに「惣無事」令を受け入れる側の地域的偏差から考える必要があろう（戸谷穂高「本書の成果と政権構造の展望」、同『東国』）。

(29) 十二月二十日付富田一白書状（渡部慶一氏所蔵、『上越市史』別編二、二〇〇四年、№三三〇六、以下『上越』№～と略記）。年次比定については天正十四年か同十五年かで分かれている。

(30) 初めは庄内領有認可のための交渉であったという点は、小林清治氏も「庄内に関しては天正十五年十月これを攻略し、その領有安堵について家康を介して豊臣方への運動につとめ（中略：筆者注）、義光への庄内安堵は決定したかにみえた」との認識を述べており、筆者も同意するところである（小林清治「戦国期奥羽と織田・豊臣権力」、同『奥羽仕置と豊臣政権』吉川弘文館、二〇〇三年）。

(31)（天正十六年）閏五月十三日付中山光直書状（潟保文書、『山形県史』資料編十五上、一九七七年、五〇五頁、以下『山上』～頁と略記）。戸谷前掲注14論文による校訂を参照。

(32) 前掲注3藤木書。

(33) 前掲注12竹井論文。

(34)（天正十一年）四月一日付最上義光書状写（「大泉叢誌」所収、『荘上』№二九七）。

(35) 遠藤ゆり子「公権の形成と国郡・探題職――最上・伊達両氏の事例から」（同『戦国時代の南奥羽社会――大崎・伊達・最上氏』吉川弘文館、二〇一六年。初出は二〇〇二年）。

(36) 粟野俊之「戦国大名最上氏の領国形成と羽州探題職」（『駒沢史学』二八、一九八一年）。

(37) 前掲注34史料で越後国を意識して「庄内之儀も出羽之国中ニ候条」と表現はしているものの、その後、この表現は使わなくなる。それが天正十六年になって突如多く使用事例がみられるようになる。

(38) 前掲注4渡辺論文。

(39) 戸谷穂高「天正・文禄期の豊臣政権における浅野長吉」（同『東国』。初出は二〇〇六年）。

(40) 南部氏も政権による検地の対象とはならず、自分仕置権が認められていたとされている。南部氏についても天正十三年頃からの前田利家を通じた外交など、その素地が外交関係構築のなかで形作られていた。南部氏の外交については、千葉一大「南部と前田」（『青山史学』三五、二〇一七年）に詳しい。

(41) （天正十六年）十二月九日付羽柴秀吉書状（片山光一氏所蔵、『上越』№三二七一）。

(42) （天正十六年）十二月二十八日付上杉景勝書状（米沢市上杉博物館所蔵、『上越』№三二七二）。

(43) 大宝寺義勝上洛日記（本庄俊長氏所蔵、『上越』№三二九七）。

(44) （天正十七年）八月二十六日付伊達政宗書状（村上市郷土資料館蔵、『荘上』№三六七）。

(45) （天正十八年）二月四日付徳川家康書状（記録御用所本所収文書、『山形県史』資料編一五下古代中世史料二、一九七九年、五七三頁、以下『山下』～頁と略記）。

(46) 新潟県立歴史博物館蔵、福原圭一「上杉景勝と秀吉・三成」（太田浩司編『石田三成――関ヶ原西軍人脈が形成した政治構造』宮帯出版社、二〇二三年）掲載の写真図版参照。

(47) 最上氏による反攻は三月中旬以降、六月頃まで続いている。（天正十七年）六月二日付来次氏秀書状写（「出羽国風土略記」所収、『荘上』№三六六）によれば、繁長自ら軍を率いて最上勢を攻め破り、大宝寺義勝の上洛に際しては繁長の嫡子・顕長を大浦城の留守居として入れ、最上勢掃討のために戦っている。

(48) ここでは「当知行安堵」と表現したが、戸谷氏のいうように奥羽における「惣無事」では「原状回復」が基本方針である（前掲注18戸谷論文）。政権が「原状回復」を是認する姿勢であるとしても、庄内問題の場合は、一年間最上氏が庄内を領有していたという実績もあり、「原状」をいつに設定するかで違ってくるという問題がある

(49) 前掲注1大島論文。

(50) 前掲注12竹井論文。

(51) 粟野俊之「出羽庄内地方と豊臣政権」（同『織豊政権と東国大名』吉川弘文館、二〇〇一年）、前掲注14戸谷論文。

(52) 前掲注45史料。

(53) 秋保良「大宝寺義勝の庄内没収と信州への移封について」（『山形県地域史研究』三四、二〇〇九年）。

(54) （天正十八年）四月二十七日付最上義光書状（本間美術館蔵、『能代市史』資料編古代・中世一、一九九八年、№二三〇、以下『能代』№～と略記）。

(55) 前掲注45史料。

(56) （天正十八年）三月二十二日付徳川家康書状（記録御用所本所収文書、『山下』五七三頁）。

(57) （天正十八年）五月二日付河島重続書状（伊達家文書、『山上』五九七頁）。

(58)（天正十八年）五月一日付羽柴秀吉書状（妙法院文書、名古屋市博物館編『豊臣秀吉文書集』四、吉川弘文館、二〇一八年、№三一九〇、以下他の巻数含め『豊臣』№～と略記）、また、四月十三日付羽柴秀吉書状（『豊臣』№三〇二九）でも「小たわら《（小田原）》をひころし《（干殺）》ニいたし候へ者、大しゅ《（奥州）》まてひまあき《（隙明）》候間」と同様のことを述べている。

(59)（天正十八年）七月一日付和久宗是書状（伊達家文書、『山上』五九九頁）。

(60)（天正十七年）八月二十日付前田利家書状（南部文書、『能代』№二二九）。

(61) 前掲注40千葉論文。

(62)（天正十七年）八月二日付羽柴秀吉朱印状（南部家文書、『豊臣』№二六八五）。

(63) この点、戸谷氏は「秀吉のもとに意識的な偽報が届けられていた可能性は残るが、政権が北奥羽情勢に全く注意を払わず、領主の申告をそのまま受け入れていることはうかがえよう」「南部領およびその周辺域の情報収集に消極的な姿勢を見て取ることができる」と述べている（前掲注39戸谷論文）。

(64) 藤木久志「大名の平和＝惣無事令」（同『豊臣平和令と戦国社会』東京大学出版会、一九八五年）、小林清治「戦国期奥羽と織田・豊臣権力」（同『奥羽仕置と豊臣政権』吉川弘文館、二〇〇三年）等。

(65)（天正十八年）二月二十三日付羽柴秀吉朱印状（秋田家文書、『豊臣』№二九六八）。

(66) 例えば、小林清治氏は当該部を引用して「具体的な経緯は明らかでないが、石田三成を通じての実季の必死の運動が功を奏した」と述べるに止めている（前掲注64小林論文）。

(67) 前節で検討した通り、庄内問題に際して石田三成は上杉氏を通じて大宝寺・本庄氏方の上洛を斡旋している。一年を経ない内に義光・三成間でこのようなやり取りが行われていることは、政権内における「取次」の在り方を考える上でも興味深い。

(68)「苦労」は、『日葡辞書』によれば「苦しみ、労るる」ことで「すなわち骨折り、辛苦」と訳している。「骨折り」は「努力」や「精を出して働くこと」という意味をもつため、ここでは小林氏が訳す通り、実季が政権に対して必死の運動を行った、と解釈した。しかし、「苦労」を「心配」「苦しい思いをすること」という意味で取るならば、実季が実際になにか行動を起こしたわけではなく、単純に「進退之儀」に問題が生じていたために苦しい思い（心配）をしていた、と解釈すべきかもしれない。

(69) 前掲注39戸谷論文。

(70) 前掲注65史料。

(71) 北松斎手扣（『青森県史』資料編中世一、二〇〇四年、№六八五）。前掲注39戸谷論文も参照。

(72) 当然ながら、天正十八年から翌年にかけての仕置で秋田氏領、小野寺氏領、由利地域に蔵入地が設定されていることと、天正十七年時点での話とは切り離して考えるべきである。

(73) 政宗が小田原で秀吉と面会を果たした後に送った（天正十八年）六月十四日付伊達政宗書状（伊達家文書、『山上』五九八頁）では、「会津之事者一端被仰出候条、先々　関白様御蔵所ニ被成候」と述べ、（天正十八年）七月七日付伊達政宗書状（大浪文書、『山上』五三二頁）でも「会津之義、関白へ申合始末候而、先以御蔵所ニ被定置候」と述べており、**史料四**傍線部3の「当年ハ」と同様に一時的なものという認識があった。

(74) 前掲注58史料。

奥羽仕置と色部氏伝来文書

前嶋　敏

まえしま・さとし――新潟県立歴史博物館専門研究員。専門は日本中世史。主な著書に『上杉謙信』（共編著、高志書院、二〇一七年）、『戦国期地域権力の形成』（同成社、二〇二四年）、シリーズ・中世関東武士の研究　第36巻『上杉謙信』（編著、戎光祥出版、二〇二四年）などがある。

本稿では、越後揚北に拠点をおいて活動していた色部氏に関わって伝来した奥羽仕置関連文書の概要を提示し、またそれを内容面から区分して、それぞれの文書の詳細と伝来状況等を検討した。そして、色部氏による奥羽仕置の実態、またそのことを踏まえて同氏の関連文書整理・伝来状況について指摘した。

はじめに

本稿は、中世越後揚北に拠点をおいて活動した色部氏に関わって伝来した奥羽仕置関連文書について、伝来の経過を意識しつつその全体像を確認し、当該期色部氏の動向などについて考え直す素材とすることを目的とする。

豊臣秀吉の天下統一の総仕上げと位置づけられる奥羽仕置では、奥羽の各地域別に担当奉行が割り当てられて仕置が実施された。そのなかで、出羽においては上杉景勝家臣色部長真が奉行として大森城に在番し、仙北郡の仕置に関わったことがつとに知られている。出羽における仕置については、『新潟県史』(1)や『横手市史』(2)などといった自治体史を含めて多くの先行研究があり、そのなかで長真が奉行として仕置に関わることについて、おおむね次の経過が示されている。天正十八年（一五九〇）八月頃、秀吉は庄内・由利・仙北について景勝と大谷吉継に仕置を命じ、両名は出羽仙北地域の領主小野寺義道・大森康道が拠点としていた大森城・横手城（秋田県横手市）に入った。しかし景勝は九月頃に庄内で軍事活動を行い、また吉継は十月下旬から十一月頃に仙北を離れ、京都へ向って秀吉へ報告を行っていたとみられている。色部長真は、景勝・吉継が仙北両郡（上浦郡・北浦郡）を離れるという状況を受けて、十月二十日に豊臣政権から同地の仕置を命じられ、以後それを担うこととなった。[3] 以上の経過を踏まえれば、長真の動向は、出羽の仕置全体のなかでも重視されるべきであろう。

出羽仙北郡の仕置ならびに色部長真の動向に関する記録としては、とくに米沢藩士色部氏に関わって伝来した色部氏文書が注目される。後述する通り、同氏に伝来した出羽の奥羽仕置・再仕置に関わる文書としては六五通が知られる。なお色部氏には写も含めて鎌倉期以来の中世文書が四二一通伝来しているが、そのうち約一五パーセントが出羽の奥羽仕置・再仕置に関わるものということになる。この伝来状況を踏まえ、西沢睦郎氏は、色部氏にとっての奥羽仕置の画期性を指摘している。[4] また色部氏の文書群に関しては、その伝来経緯も注目されるようになっている。[5]

これらのことからすれば、奥羽仕置における色部氏の動向を検討する上においても、同氏伝来の関連文書について、伝来の経緯を含めてその全体像をあらためて見直すことにも一定の意義はあるものと思う。

二〇二二年一月十五日～二月十三日、新潟県立歴史博物館では、奥羽再仕置四三〇年記念プロジェクト「激突！秀吉の天下と奥羽の反発」の一環として、常設展示室内にて「奥羽仕置と色部長真」と題した小展示を行った。そこでは、同館の所蔵する色部氏関連文書をもとに、奥羽仕置における色部長真の行動について紹介した。そして、長真が大谷吉継の後継として出羽における仕置に大きな役割を果たしたとした。ただし、このときは展示スペースの関係もあり、色部氏伝来文書のうち五通の文書を紹介するにとどまった。本稿では、このプロジェクトの趣旨に鑑みて、その五通のみならず、全体像を提示してみることとしたい。[6]

一、色部氏に伝来した奥羽仕置関連文書

本節では、写本を含めた色部氏伝来文書のうち、出羽の奥羽仕置・再仕置に関わるものの全体の概要を確認する。

色部氏に関わって伝来した文書群としては、原本として、①新潟県立歴史博物館所蔵色部氏文書および同館所蔵雑文書、②米沢市上杉博物館所蔵上杉文書、③米沢市上杉博物館所蔵色部氏文書、④個人所蔵文書（桜井市作氏旧蔵文書）、⑤阿賀野市立吉田東伍記念博物館保管文書などがある。さらに写本として、⑥市立米沢図書館所蔵「古案記録草案」などによっ

て知られるものがある。[7] そのなかで出羽の奥羽仕置関連文書は、①（色部氏文書のみ）、②、⑥にみられる。そこでまず、その三群の概要を示しておくこととしたい。

① 色部氏惣領家に伝来した文書群。明治期上杉家の歴史編纂掛をつとめた伊佐早謙氏などの手を経て、全一〇巻一九五通の古文書群としてまとめられ、現在に至っている（以下「新潟色部」とする）[8]。

② 米沢藩御記録所に収められていたもののうちの一群。冊子の台帳に張り付けられて保管されている。色部氏のみならず、越後奥山荘領主の中条氏などに関わる文書などもみられるが、中世の色部氏に関する文書としては一一通が収録される（以下「米沢上杉」とする）[9]。

⑥ 宝暦五年（一七五五）に当時色部氏当主であった色部隆長が、同家に伝来していた文書の破損状況を嘆いて、それらを当主別に編年して収録したもの。三冊の冊子に約三六〇通が写し取られている。なおこの三六〇通には①②の多くの内容が含まれており、これらの文書原本は宝暦年間の段階で色部氏のもとにあったことがわかる（以下「草案」とする）[10]。

上記のとおり色部氏関連文書としては四二一通が知られるが、以上の概要から、全体の約半数は「新潟色部」として原本が伝来していること、また色部氏に関わって伝来した文書原本の多くは、宝暦年間の時点で同家に所在していたことなどがわかる。

次に、そのことを踏まえて、色部氏伝来文書のなかの出羽の奥羽仕置関連文書の全体を一覧してみたい（**表1**）。**表1**から、関係文書としては六五通確認される。そして、これらは大きく次の五つに区分することができる。

A 奉行引継にかかる文書
B 年貢などの徴収・引渡に関する文書
C 諸将・領内の統治に関する文書
D 最上氏方との交渉に関する文書
E その他の文書

このことから、色部長真は、出羽仙北地域の仕置にあって、とくに年貢徴収や領内統治などを中心とした活動を行っていたことがうかがわれる。

そこで以下では、**表1**の分類に基づいて、それぞれの収録文書について検討していくこととしたい。

二、奉行引継にかかる文書

本節では、**表1**Aにみられる、大谷吉継から色部長真への奉行の引継に関する文書についてみていきたい。この区分に含まれる一二通には、引継に伴って大谷方や出羽仙北大森城主の小野寺氏方から長真のもとにもたらされたものが多くみられる。これらの文書は、さらにA―1〜4の四つに分類できる。

A―1は豊臣秀吉の行った検地の細目に関する文書である(①・②、なお以下丸囲み数字はすべて**表1**内の文書番号をあらわす)。『横手市史』では、①・②が色部氏文書に伝えられていることについて、長真が実務的な任務にたずさわっていたことと関係するとしている[11]。

A―2は大谷吉継から色部長真への奉行引継にかかる文書である。③・④は、天正十八年(一五九〇)十月十九日付で小野寺氏家臣の横手宿老中が吉継・長真に宛てて送った連署書状である。③で横手宿老中は、蔵入地の年貢納入の引継に伴って、仙北郡大森郷横手分の欠米未進分を大森在番の長真に進納すると吉継に伝えている。⑤は京都にいる吉継が出羽大森城に在番する長真に宛てた書状である。この文書では、小野寺義道が来春帰国し、仙北地域と城をあわせて受け取る予定であることなどが伝えられている[12]。したがって長真の担当期間は天正十八年十月から翌十九年春の義道の仙北帰還までの間とされていることがわかる。なお、③はそもそも吉継に送られたものであるが、年貢納入の引継にともなって長真にもたらされ、色部氏に伝来したとみられている[13]。このことからすると、A―1にみた①・②についても奉行引継にあわせて色部氏に引き渡された可能性を意識すべきかもしれない。

A―3は、年貢徴収業務の引継に関する文書である。⑥〜⑩は、来年春まで大森城に在番することになった色部長真に対して年貢収納に関する指示内容を伝えるものである。なお⑥には「横手之年寄」からの請文を添えるとあるが、この請文が③とみられ[14]、前述のとおり同文書は奉行引継のときに色部氏にもたらされたものである。さらに⑥では大谷吉継は仙北の上浦・北浦両郡について「覚」を遣わしたとあるが、その「覚」が⑦とみられる。また⑧は、⑦に関わって直江兼続が長真に宛てた覚書である[15]。これらから、引継は吉継・兼続からのものであることが確認される。

なお⑦で大谷吉継は、色部長真に対して、両郡の奉行として残し置かれているので、色部氏への逆意は公儀に対する慮外であるとしている。このことから西沢睦郎氏は長真が豊臣政権の公権力を分与されて仕置実務にあたったと評価する[16]。

⑨・⑩は、年貢徴収の引継にともなって、大谷吉継家臣の藤野吉久が色部長真に宛てた年貢送状と、これを受けて長真が作成した請取状である。なお⑩は本来大谷方に伝来すべきものであるが、年貢が翌年に大谷方に引き渡されていること

宛所	出典	備考
―	新潟色部9-9	
―	新潟色部9-10	
大谷刑部少輔殿　参人々御中	新潟色部10-5	
色部次郎兵衛殿　参	新潟色部10-33	
色辺修理殿　御宿所	新潟色部9-12	
色辺次郎兵衛尉　御陣所	新潟色部9-11	
色辺次郎兵衛殿	新潟色部10-12	
色部殿	新潟色部10-13	
色部修理太夫殿　参	新潟色部10-6	
藤野角左衛門尉殿　参	新潟色部10-10	
色部殿　参	新潟色部10-9	
泉澤殿　参	新潟色部10-7	
山上縫殿助殿・小嶋与三左衛門殿・村山監物殿　参	新潟色部10-15	月は11月の誤りか
小嶋与三左衛門尉殿・村山監物殿・山上縫殿助殿　参	新潟色部10-19	
小嶋与三左衛門尉殿・村山監物殿・山上縫殿助殿　参	新潟色部10-20	
色部内小嶋与三左衛門殿・村山監物丞殿・山上縫殿助殿	新潟色部10-21	
小嶋与三左衛門殿・村山監物殿・山上縫殿助殿	草案2-059	
―	草案2-061	
―	草案2-060	
しんほ内膳殿　まいる	草案2-060	
金与九郎殿・忠木工之助殿	草案2-060	
小嶋与三左衛門尉殿・村山監物助殿・山上ぬいの介殿　参	新潟色部10-23	
―	米沢上杉-30	
―	草案2-061	
小嶋与三左衛門殿・村山監物殿・山上縫殿助殿　参	草案2-059	
―	新潟色部10-27	
山上縫殿助殿・小嶋与三左衛門殿・村山監物殿	草案2-060	
山上縫殿助殿・村山監物丞殿・小嶋与三左衛門尉殿	新潟色部10-24	
山上縫殿助殿・小嶋与三左衛門殿・村山監物助殿　参	新潟色部10-22	
―	米沢上杉-31	
色部殿　参人々御中	新潟色部10-35	
―	新潟色部10-25	
色部殿江　急々御報	新潟色部10-18	
小嶋兵左衛門尉殿・村山けんもつ殿・山上ぬいの介殿　参	新潟色部10-16	
黒沢次郎三郎殿　参	新潟色部10-28	

表1　奥羽仕置関連色部氏伝来文書一覧

項目1	項目2		西暦	年月日未詳	資料名称
	A-1　秀吉の検地指示	①	1590	天正18年 庚／寅 8月　日	豊臣秀吉出羽国検地掟書写
	A-1　秀吉の検地指示	②	1590	天正18年 庚／寅 9月吉日	豊臣秀吉年貢定書写
	A-2　大谷吉継から色部長真へ	③	1590	天正18年10月19日	小野寺家中四名連署書状
	A-2　大谷吉継から色部長真へ	④	1590	天正18年10月19日	小野寺家中八名連署書状
	A-2　大谷吉継から色部長真へ	⑤	1590	天正18年極月18日	大谷吉継書状
A　奉行引継にかかる文書	A-3　年貢徴収の引継	⑥	1590	天正18年10月20日	大谷吉継書状
	A-3　年貢徴収の引継	⑦	1590	天正18年10月20日	大谷吉継覚書
	A-3　年貢徴収の引継	⑧	1590	天正18年10月20日	直江兼続年貢定書
	A-3　年貢徴収の引継	⑨	1590	天正18年10月20日	藤野吉久年貢算用状
	A-3　年貢徴収の引継	⑩	1590	天正18年10月20日	色部長真年貢請取状
	A-4　武具狩の引継	⑪	1590	天正18年10月20日	斎藤盛利・戸狩頼世諸道具注進目録
	A-4　武具狩の引継	⑫	1590	天正18年10月20日	色部長真蔵納所道具注進目録
	B-1　年貢の徴収	⑬	1590	天正18年10月23日	佐藤左京助等年貢送状案
	B-1　年貢の徴収	⑭	1590	天正18年11月24日	菅中左衛門年貢送状
	B-1　年貢の徴収	⑮	1590	天正18年11月24日	栗田綱盛年貢送状
	B-1　年貢の徴収	⑯	1590	天正18年極月3日	忠鉢勝宣年貢送状
	B-1　年貢の徴収	⑰	1590	天正18年極月3日	河連道綱年貢送状
	B-1　年貢の徴収	⑱	1590	天正18年極月5日	山上縫殿助等三名連署年貢未納分覚写
	B-1　年貢の徴収	⑲	1590	天正18年極月10日	山上縫殿助等三名連署御蔵銭渡状写
	B-1　年貢の徴収	⑳	1590	天正18年極月19日	菅秀磐年貢送状
	B-1　年貢の徴収	㉑	1590	天正18年極月20日	菅秀磐年貢送状
	B-1　年貢の徴収	㉒	1590	天正18年極月24日	堀頼助年貢送状
	B-1　年貢の徴収	㉓	1590	(天正18年カ)	横手領太閤蔵入地年貢請取注文
B　年貢などの徴収・引渡に関する文書	B-1　年貢の徴収	㉔	1590	天正18年極月25日	山上縫殿助等三名連署状写
	B-1　年貢の徴収	㉕	1590	天正18年極月28日	佐藤信頼年貢送状
	B-1　年貢の徴収	㉖	1590	(天正18年カ)	年貢定書
	B-1　年貢の徴収	㉗	1591	天正19年閏正月28日	大川原助次郎年貢送状
	B-1　年貢の徴収	㉘	1591	天正19年2月3日	堀頼助年貢送状
	B-1　年貢の徴収	㉙	1591	天正19年2月22日	堀頼助年貢送状
	B-1　年貢の徴収	㉚		年月日未詳	仙北郡太閤蔵入地年貢請取注文
	B-1　年貢の徴収	㉛	1590	天正18年11月21日	稲庭道勝書状
	B-1　年貢の徴収	㉜	1590	天正18年11月22日	道則書状
	B-1　年貢の徴収	㉝	1590	天正18年11月晦日	川連道棟書状
	B-2　引き渡し	㉞	1590	天正18年11月10日	樫田理右衛門等連署武具請取状案
	B-2　引き渡し	㉟	1591	天正19年3月14日	色部長真年貢送状

色部殿　参	米沢上杉-32	
―	米沢上杉-33	
―	草案2-055	
色辺殿　参	新潟色部9-13	
御城番様江　参	新潟色部9-14	
	新潟色部9-16	
―	新潟色部10-41	
―	草案2-052	
―	新潟色部10-26	
―	新潟色部10-31	
―	草案2-067	
色部殿　御陣所	新潟色部10-29	
康道さまへ　参人々御中	新潟色部10-4	
大森江　五郎殿　参人々御中	新潟色部10-14	
色部殿　御報	新潟色部10-30	
色部殿　御報	新潟色部10-34	
色部殿　御旅所	新潟色部10-39	
鮭延殿　御報	新潟色部10-38	
色部殿　御宿所	新潟色部9-2	
色部殿　御旅所	新潟色部10-40	
氏家殿　返案	新潟色部9-5	
鮭延殿　御報	新潟色部10-37	
色部修理大夫様　参人々御中	新潟色部10-36	
色部修理大夫殿　御宿所	新潟色部9-1	
色部修理大夫殿　回報	新潟色部9-6	
色辺殿　参	新潟色部9-4	
色辺殿　参	新潟色部9-3	
色部殿　御報	新潟色部9-7	
色部殿　御報	新潟色部9-8	
―	新潟色部10-32	

※出典のうち、新潟色部○-○は新潟県立歴史博物館所蔵色部氏文書全10巻の第一号を表す。米沢上杉○は米沢市上杉博物館所蔵上杉文書の「古文書集」のうち、『新潟県史』資料編に記載の文書番号を表す。草案○-○は市立米沢図書館所蔵古案記録草案全3冊の冊-丁を表す。

から、そのときに大谷方から戻されたものとみられる。

A―4は、色部長真が大谷吉継から年貢の徴収とともに引き継いだ業務である武具狩りに関する文書である。⑪は、奥羽仕置では吉継の下で活動していた斎藤盛利・戸狩頼世が、大森城に保管されていた太刀・脇差・鑓・鉄砲・靭と矢・弓・古具足・兜・京升の数量を書き上げた覚である。⑫はこの書上を受けて、その実態について長真が上杉氏重臣泉澤久秀に報告したときのものである。この文書によれば、引き継がれた武具類には使い物にならないものが少なくなかったとみられる。[17] なお⑫は上杉家

	B-2　引き渡し	㊱	1591	天正19年3月14日	黒沢二郎兵衛年貢請取状
	B-2　引き渡し	㊲	1591	天正19年3月14日	太閤蔵入地年貢請取状写
	B-2　引き渡し	㊳	1591	(天正19年カ)	出羽仙北郡最上方引渡覚
C　諸将・領内の統治に関する文書	C-1　諸将の統制	㊴	1590	天正18年10月22日	佐貫秀綱血判起請文
	C-1　諸将の統制	㊵	1590	天正18年10月25日	戸沢道茂　香川道次起請文
	C-1　諸将の統制	㊶			
	C-1　諸将の統制	㊷	1590	天正18年カ	色部起請文案
	C-1　諸将の統制	㊸	1591	天正19年カ	渡申証人之覚
	C-2　領内の統制	㊹	1590	天正18年極月2日	色部長真制札案
	C-2　領内の統制	㊺	1590	天正18年極月2日	色部長真制札
	C-2　領内の統制	㊻	1591	天正19年カ	仙北領村数之日記
D　最上氏方との交渉に関する文書	D-1　天正18年の交渉	㊼	1590	天正18年10月22日	鮭延愛綱・寒河江光俊連署書状
	D-1　天正18年の交渉	㊽	1590	天正18年10月22日	小野寺家中横手宿老中書状
	D-1　天正18年の交渉	㊾	1590	天正18年10月22日	横手宿老書状
	D-1　天正18年の交渉	㊿	1590	天正18年10月23日	鮭延愛綱書状
	D-1　天正18年の交渉	51	1590	天正18年10月25日	鮭延愛綱書状
	D-2　天正19年の交渉	52	1591	天正19年2月8日	鮭延愛綱書状
	D-2　天正19年の交渉	53	1591	天正19年2月13日	色部長真書状案
	D-2　天正19年の交渉	54	1591	天正19年2月26日	氏家守棟書状
	D-2　天正19年の交渉	55	1591	天正19年2月28日	鮭延愛綱書状
	D-2　天正19年の交渉	56	1591	天正19年2月晦日	色部長真書状案
	D-2　天正19年の交渉	57	1591	天正19年2月晦日	色部長真書状案
E　その他の文書	E-1　鷹の進上など	58	1590	天正18年12月6日	佐藤家莫等四名連署書状
	E-2　帰還指示	59	1591	天正19年2月17日	直江兼続書状
	E-2　帰還指示	60	1591	天正19年3月11日	大谷吉継書状
	E-3　九戸政実の乱	61	1591	天正19年2月28日	南部信直書状
	E-3　九戸政実の乱	62	1591	天正19年2月28日	浅野忠政等三名連署状
	E-3　九戸政実の乱	63	1591	天正19年3月17日	南部信直書状
	E-3　九戸政実の乱	64	1591	天正19年3月17日	浅野忠政等三名連署書状
	E-4　再仕置か	65	1591	天正19年8月20日	色部家中起請文案

に伝来すべきものとみられるが、泉澤への提出時に長真が手控として作成されたものとも考えられる。

以上、Aとして区分された文書について確認してきた。ここからまず、十月十九日付と二十日付の文書だけで九通あることがわかる。このときに引継が行われ、多くの文書のやり取りが行われたことがうかがわれる。また、色部氏が自らに宛てられた文書のみならず、奥羽仕置の引継に関わってもたらされた他家宛ての文書や、自らが発給して引き戻した文書、手控などについても保管して伝来させていたことがわかる。そして、これらはすべて「新潟色部」全一〇巻のうち、第九巻あるいは第一〇巻のいずれかに含まれる。「新潟色部」全一〇巻の各巻は、編年の整理のみではなく、ある程度内容的にまとめられていることが指摘されているが、(18)これらからすると、同氏の文書群については、同氏による文書整理の結果が反映されている可能性がうかがわれる。そして、そのなかで奥羽仕置関連文書が内容的に重視されていたことが示唆されるものと思う。

三、年貢などの徴収・引渡に関する文書

本節では、**表1**Bとして区分した文書二五通の概要について検討する。この二五通は、色部長真が大谷吉継から奥羽仕置の担当奉行を引き継いだのち、仙北地方において行った年貢の徴収と武具狩りに関して作成されたものであり、これらは大きくB—1〜2の二つに分類できる。

B—1は年貢の徴収にかかる文書である。⑬〜⑰・⑳〜㉒・㉔・㉕・㉗〜㉙は、それまでで未納分となっていた年貢について、各地の領主のもとで収納にあたった代官から、色部氏配下で徴収の担当である山上縫殿助・小島与三左衛門尉・村山監物等に対して年貢を納入したことを示す年貢送状である。天正十八年（一五九〇）十月二十三日から翌年二月二十二日まで、各所から年貢が納入され、報告されていたことがわかる。なお、⑬は十月廿三日付となっている。しかし、他の年貢送状の日付はいずれも十一月下旬以後である。また、⑭は「十月」と先に書いたのち「十」と「月」の間に「一」を追記している。これらのことからすると、⑬についても、十月ではなく、十一月の誤りである可能性が考えられる。その場合、色部氏による年貢徴収作業は十一月下旬からはじめられたことが推測される。

また㉖は山田領・稲庭領・三梨領・川連領・東福寺領の五カ所の年貢定書であり、張紙でその後の収納状況が示されている。なおここにみられる山田領以下の五カ所は、前節にみた⑦・⑧において直江兼続・大谷吉継が色部長真に年貢収納を命じた地域に含まれており、さらに三梨領は⑭、稲庭領は⑮、東福寺領は⑯、川連領は⑰・㉕が関わっている。そして㉛〜㉝は、稲庭道勝・三梨道則・川連道棟らが、年貢納付が遅滞していることを詫び、今後の納付の方向として、いずれもひとまず納入できる分を納めるとしたものである。これらからすれば、長真は⑦・⑧の指示のもと、㉖において未納状況を整理し、年貢徴収業務を実施して⑭〜⑰・㉕などを受け取っていたことが確認される。

また⑱・⑲・㉔は、この業務を担当した山上氏らが年貢の未納状況を報告するものである。この日付が天正十八年極月

五日、十日、二十五日であることからすると、山上氏らは長真に対して納入状況を定期的かつ頻繁に報告していたと考えられる。色部氏は、厳重に年貢徴収を行っており、その様相がはっきりわかるかたちで文書を伝来させていたといえる。

B―2は徴収した年貢などの引渡にかかる文書である。㉞は、前節に触れた⑪・⑫において色部氏に引き継がれた武具およびその後の武具狩りの結果として徴収された刀剣類などをあわせて大谷方へ引き渡したときに作成された請取状とみられる。[19] 武具狩りについては、十月二十日の引継ぎから約二十日後には大谷方へ引き戻され、豊臣秀吉方へ報告されることとなったとみられる。

㉟・㊱は、天正十九年三月、そこまでに納入された年貢を小野寺氏家臣とみられる黒沢氏方へ引き渡したときの送状ならびに請取状であり、ここで長真は担当していた奉行の職から離れることになったことがわかる。[20] なお㉟は色部氏から小野寺氏方へ引き渡した年貢の送状であることから、色部氏の手控えとして残された副本とみなされよう。また㊳は、それまで蔵入地年貢が長真から最上義光に移管されたときのものとみられてきたが、[21]『横手市史』では、ここに示された地は仙北の小野寺旧領のうち最上氏が与えられた地域であり、その引き渡しにあって作成されたものとする。[22] 後述する通り、鮭延氏は最上氏が秀吉から上浦郡の一部を得たと主張しており、[23] 色部氏からの引継過程も含めてさらに検討すべきであろう。

以上、表1にBとして区分された文書について確認してきた。ここからは、色部氏は仙北地域の担当奉行として、大谷吉継、また上杉景勝・直江兼続の引継時の指示に基づいて年貢徴収業務等を厳格に行っていたことが示されるものと思う。[24] そして、ここに含まれる文書が五つの区分のなかで最も多いことからしても、ここにみられる年貢の徴収がとくに重視されていたことがうかがわれよう。

なお、表1にみるとおり、全六五通の奥羽仕置関連文書のうち、四九通は「新潟色部」に所収されており、とくにA、D、Eはすべて「新潟色部」で構成される。その一方でBの文書をみてみると、「米沢上杉」また「草案」に採録される文書が多数含まれること、「新潟色部」の年貢送状は堀頼助発給分（㉒・㉘・㉙）を除き、極月三日以後のものは所収されておらず、それ以後の年貢送状等は「草案」記載のものであることなどが注目される。前記のとおり、「草案」は、宝暦五年（一七五五）に色部氏に伝わっていた文書を整理した記録である。[25] すなわち⑰～㉑など極月三日以後の年貢送状等の原本はそれ以後に同氏から失われたものとみられる。このことについては、たとえば色部氏が年貢送状等を年代順に保管し、結果として相対的に新しい時代の文書のみが亡失あるいは破損した可能性が考えられるように思う。また一方で㉒・㉘・㉙が伝わっているのは、㉓がこれらと関わる内容であることから、㉓が伝来したこととの関わりを意識すべきではなかろうか。

また、㉓・㉚・㊱・㊲は「米沢上杉」として伝来しているが、これらはいずれも年貢請取注文・請取状であり、後世の色部氏が奥羽仕置関連文書に関して、とくに内容を意識して分類・保管していたことをうかがわせるように思う。

四、諸将・領内の統制に関する文書

ここまでにみたとおり、色部長真は豊臣秀吉から権力を分与されて、出羽仙北の北浦・上浦両郡の奉行として領内の統制を行うことになったとみられる。またこのことを受けて、多くの武将たちは長真に対して奉公することとなった。本節では、**表1**Cとして区分した、これに関する文書八通について検討する。なお**表1**Cは、C—1〜2の二つに分類できる。

C—1は地域の領主たちの統制にかかる文書である。㊴・㊵・㊶は、天正十八年(一五九〇)十月二十二日・二十五日に小野寺氏家臣の佐貫秀綱、青川道房・戸沢道茂が長真に奉公を誓った起請文である。[26]そして㊷は、㊵の起請文前書部分と同文の写であり、色部氏側で作成されたものとみられる。このことから、㊷は色部長真が大森城に在番するにあたり、佐貫氏らに忠誠を誓わせるために作成された起請文のひな形であった可能性が指摘されている。[27]

㊸は、仙北郡大森氏領内の領主・地侍たちが長真に預けた人質を書き上げたものである。この記録によると、青川・戸沢・佐貫の三名は、仙北郡内の領主層から集められた約五十名の人質の「あつかい」を行っている。色部長真が領内諸将の統制にあって小野寺氏家臣を通じて人質を徴発していたことがわかる。[28]

C—2は、領内の村々にかかる文書である。㊹・㊺は色部長真による制札であり、大森城下に発布されたものとみられる。三ヶ条にわたって大森在城の武士たちの不動狼藉などが戒められており、大森城下や各地の市場でのトラブルを抑止することが主眼とされていたと考えられている。[29]小林清治氏は、この背景として「軍紀の弛緩に対して地下百姓等からの訴えがあったのであろう」と推測している。[30]㊻はどのように用いられたのかは判然としないものの、仕置の範囲となる仙北郡内の村々を書き上げたものである。[31]

以上、**表1**Cにみられる八通について確認した。なお、これらの多くは「新潟色部」に所収されており、それ以外の文書として㊸、㊻がある。この二通はいずれも「草案」に採録されたもので、原形態は判然としないが、その内容からすると、一紙あるいは続紙といった状態ではなかった可能性がある。「新潟色部」は一紙状の文書を巻子に装丁したものである。このことからすると、㊸・㊻は他の文書とは別に保管され、結果として「新潟色部」としては伝来しなかった可能性が考えられる。すなわち、色部氏が当主にかかわる一紙状の文書をわけて保管した結果、㊸・㊻のような文書の原本が亡失あるいは破損した可能性も考えられるように思う。

五、最上氏方との交渉に関する文書

天正十八年（一五九〇）九月中旬以後、仙北地方でおきた一揆の鎮圧には、奥羽の武将最上義光も加わっていた。そして、最上氏家臣鮭延愛綱の軍勢はその後も湯沢に在陣し、現地が不穏な情勢となっていたとみられる。(32) **表1**Dに区分した文書は、これ以後仙北地方の領有を主張した最上氏方との交渉に関するものである。本節では**表1**Dにみられる文書一一通について検討したい。これらの文書は、大きく天正十八年の交渉（D―1）と十九年の交渉（D―2）の二つに分類できる。

まずD―1の様相から確認していきたい。㊽・㊾は、天正十八年十月二十二日に横手宿老中が大森城主の大森康道に送った書状であり、鮭延氏が湯沢に在陣している状況に対して、色部長真、また上杉氏による対応を依頼するものである。一方、長真はそれに先んじて鮭延氏に文書を送っていたとみられる。㊼は、㊽・㊾と同日、最上義光の年寄寒河江光俊・鮭延愛綱が色部長真に宛てた書状であるが、この書状は長真からの二度にわたる音信に対する返信となっている。すなわち長真は大谷吉継から奉行を引き継いだ当初から、この状況について不安視していたと考えられる。(33)

㊿・51は、鮭延愛綱が色部長真に送った書状である。長真は㊽・㊾をうけて再び愛綱に書状を送ったとみられ、その返状と考えられる。愛綱は、湯沢城を破却する予定であること、まもなく帰国することなどを伝えている。ただし、愛綱はその後も撤退せずに活動を継続している。

次にD―2について確認したい。52は、鮭延氏が色部氏に対して、鮭延氏の主君である最上氏が豊臣秀吉から仙北三郡のうち上浦郡を下し置かれたと伝え、対応を求めるものである。53はその書状に対する返信案であり、52のような話は聞いていないとする。また54・55では最上氏家臣の氏家守棟と鮭延愛綱が、最上氏が豊臣秀吉から上浦郡一郡を与えられたことなどを重ねて伝えている。そして、(56)・(57)はこの二通に対する返信案であり、最上氏の領地拝領について、やはり知らされていないとする。また、これらのやりとりの中で長真は自らを「当座在番」と位置づけている[34]。

なお、小野寺氏の旧領のうち、上浦郡三分一については、長真が大森城を去る際に、湯沢城周辺が最上氏預かりになったとする見解があり、これに対して田嶋悠佑氏は、上浦郡三分の一はさらに分割されて、小野寺氏と最上氏の管轄地に分けられていた可能性が高いとする[35]。これらについても、本文書などを通じてさらに検討されるべきであろう。

以上、**表1**Dに区分された文書を紹介しつつ、鮭延氏の湯沢在陣以後における色部氏と鮭延氏の交渉経過について確認した。なお、㊽・㊾は大森氏宛の文書であるが、最上義光の軍勢と小野寺領内の情勢を伝えるため、康道が長真にこの書状をそのまま与えたことから色部氏に伝来したと考えられている[36]。長真が現地差配を行う役割を担っていたことがわかる。また、天正十八年に長真が鮭延氏等に送った書状の手控は残されていないが、天正十九年になると長真の書状手控も保管されるようになり、これが「新潟色部」として伝来している。このことは、鮭延氏の撤退を要求する交渉が難航した結果として、この案件が長真の奉行としての役割のなかで比重を増していったことを示すとも考えられるのではなかろうか。そして、これらの交渉内容を重視した結果として、色部氏ではその後もその文書全体を一括して管理していたことがうかがわれる。

六、その他の文書

本節では、**表1**Eとして区分される八通についてみていきたい。これらは大きくE―1〜4に分類できる。

E―1は鷹の進上などについて示すものである。E―2は直江兼続・大谷吉継が色部氏に帰還指示、また慰労を行うものである。なお天正二十年、色部長真は兼続を「旦那」として、兼続次女を息子の嫁に求めるなどしており、直江兼続との縁は深い[37]。奥羽仕置における直江氏と色部氏との関わりについては、こうした点もあらためて注目すべきであろう。E―3は天正十九年に勃発した九戸政実の乱に関して、浅野忠政らが援軍を要請するものである。色部氏はこの時期には帰還が決定していたとみられ、この乱に対して援軍を送ったようすは見受けられない。これらの文書は出羽の仕置への越後諸将の関わり方をうかがわせるものとしても注目されよう。

E―4は(65)一通のみで、天正十九年八月廿日付で色部氏家中が「御陣中」において狼藉や喧嘩をしないことなどを誓約した起請文である。なおこの文書の年代については天正十八年の誤りとされ、そのことを前提として検討が行われている場合が少なくないが(38)、色部長真の天正十九年における動向が判然としていないことなどからすれば、必ずしも天正十八年の誤りであることを前提にするべきではないように思う。むしろ天正十九年の奥羽再仕置との関係を視野に入れた検討も必要ではなかろうか。

おわりに

以上本稿では、文書伝来の観点も含めて、色部氏に伝わる出羽の奥羽仕置関連文書の全体像を概観してきた。これらの文書および伝来状況からは、次の点などがあらためて確認されよう。

奥羽仕置関連文書六五点は大きく五つに内容を区分できる。またこれによって、色部氏は文書の引継ののち、主に年貢ならびに武具の徴収・納入を担っていたこと、人質を提出させて領内諸将の統制を行っていたこと、鮭延氏との交渉に注力していたことなどがわかる。

奥羽仕置関連文書は、年貢徴収にかかる文書の一部以外はほぼすべて「新潟色部」として原本が伝わっている。それ以外に伝来している原本は、請取状・請取注文に限定され、また写本として伝来している文書も天正十八年極月三日以後の年貢送状など、時期・内容が限定される。また、一紙形状のもの以外は原本としては伝わりにくい傾向がうかがわれる。色部氏では、伝来する文書をある程度内容および形状によって意識的に整理していた可能性が高い。

天正十九年二月に長真が氏家氏や鮭延氏に送った書状の案文も含め、鮭延氏等との交渉経過に関する文書が多数伝来していることに関しては、天正十八年から十九年における鮭延氏の湯沢駐留への対応が、色部長真の仙北地方における奉行としての役割のなかで次第に比重を増していき、のちの色部氏にとっても重視されるものとなったことを示す可能性が考えられる。

色部氏関連文書はこれまでにも多く検討されており、そのなかで本稿は出羽における奥羽仕置・再仕置関連文書について、伝来経緯とともに確認したにすぎないが、長真の動向、またその後の状況も含めて色部氏がこの事案をどのように把握していたのかをうかがうための素材となるようであれば幸いに思う。

出羽における奥羽仕置・再仕置に関して、色部氏伝来文書はきわめて多くの情報をもたらしている。その意味でも同氏伝来文書全体におけるこの文書群の位置づけを明らかにすることは重要といえよう。色部長真らの動向とともに、さらに検討を深めるべきであろう。

注

（1）『新潟県史』通史編2　中世（第四章第二節二　金子達「景勝上洛」新潟県、一九八七年）。

（2）『横手市史』史料編　古代・中世（横手市、二〇〇六年）、『横手市史』通史編　原始・古代・中世（横手市、二〇〇八年）。

（3）出羽仙北地域の奥羽仕置に関する先行研究は枚挙に暇ないが、ここではとくに深沢多市『小野寺氏盛衰記』（東洋書院、一九七九年）、遠藤巌「戦国大名小野寺氏」（『秋大史学』三四、一九八八年）、西沢睦郎a「奥羽仕置の諸相――御鷹・故実・刀狩り」（『上越社会研究』三、一九八八年）、同b「色部氏と奥羽仕置」（『福大史学』四六・四七合併号、一九八九年）、小林清治a『奥羽仕置と豊臣政権』・同b『奥羽仕置の構造』（吉川弘文館、二〇〇三年）、高橋充編『東北の中世史5　東北近世の胎動』（吉川弘文館、二〇一六年）、外岡慎一郎『大谷吉継』（戎光祥出版、二〇一六年）、などを挙げておく。

（4）前掲注3西沢論文bでは、奥羽仕置が色部氏にとって独立的在地領主としての性格を失わせる決定的事件となったとする。

（5）田島光男「色部氏文書の伝来と現況」（小川信編『中世古文書の世界』吉川弘文館、一九九一年）、前嶋敏「色部氏伝来中世文書の現状について」（矢田俊文・片桐昭彦・新潟県立歴史博物館編『越後文書宝翰集　色部氏文書Ⅳ』新潟大学、二〇二一年）などを参照。

（6）奥羽再仕置四三〇年記念プロジェクト「激突！秀吉の天下と奥羽の反発」および各博物館での展示については、展示中に配布されたリーフレット（二〇二一年四月一日発行）を参照。なお本稿に示す古文書の理解に関しては、矢田俊文・片桐昭彦・新潟県立歴史博物館編『越後文書宝翰集　色部氏文書Ⅲ』・『越後文書宝翰集　色部氏文書Ⅳ』（新潟大学、二〇一九年・二〇二一年）の成果に多くの恩恵をいただいている。同書の編集者・執筆者にあらためて感謝したい。なお、以下同書解説に関しては「（執筆者名）『色部Ⅲ』あるいは『色部Ⅳ』〇―〇（巻―号）解説」と略称する。

（7）その全体像および伝来状況については、一九九〇年代に田島光男氏が、また二〇二〇年代に入り前嶋が整理を行っている。前掲注5田島論文、前嶋論文を参照。

（8）新潟県立歴史博物館所蔵「越後文書宝翰集」のうちの一群。

（9）前掲注5前嶋論文、『新潟県史』資料編4　中世二（新潟県、一九八二年）を参照。

（10）「草案」については、前嶋敏「越後文書宝翰集「色部氏文書」と『古案記録草案』」（矢田俊文・新潟県立歴史博物館編『越後文書宝翰集　色部氏文書Ⅰ』新潟県立歴史博物館、二〇一〇年）などを参照。

（11）前掲注2『横手市史』史料編などを参照。

（12）森田真一『色部Ⅳ』十―五解説、片桐昭彦『色部Ⅲ』九―十二解説。

（13）森田真一『色部Ⅳ』十―五解説。

（14）片桐昭彦『色部Ⅲ』九―十一解説。

（15）森田真一『色部Ⅳ』十―十二・十三解説など。

（16）前掲注3西沢論文b。

（17）藤木久志「奥羽刀狩り事情――付、廃刀令からの視点」（羽下徳彦編『北日本中世史の研究』吉川弘文館、一九九〇年）、同

『刀狩り』（岩波書店、二〇〇五年）などに指摘がある。

(18) 前嶋敏「天文期の色部氏と『越後文書宝翰集』「色部氏文書」」（矢田俊文・新潟県立歴史博物館編『越後文書宝翰集　色部氏文書Ⅱ』、二〇一七年）。

(19) 前掲注17藤木論文・著書。

(20) 黒沢氏を小野寺氏家臣とする推測は田嶋悠佑『色部Ⅳ』十―二十八解説に従う。

(21) 前掲注9『新潟県史』資料編、二〇五七号文書注解（1）。

(22) 前掲注2『横手市史』史料編。

(23) 天正十九年二月八日付鮭延愛綱書状（52）、天正十九年二月廿六日付氏家守棟書状、鮭延愛綱書状（54・55）。

(24) なお、先に触れた通り西沢睦郎氏は色部長真が大谷吉継から直々に命じられて同地の仕置を行ったとするが（前掲注3西沢論文ｂ）、一方金子拓「奥羽仕置と太閤検地」（前掲注2『横手市史』通史編）などにおいては、長真は景勝の下で実務を担った代官として位置付けられている。出羽の仕置における長真の立場についてはさらに検討が必要であろう。

(25) 前掲注10前嶋論文。

(26) 佐貫氏・青川氏・戸沢氏が小野寺氏家臣であることについては、前掲注2『横手市史』史料編、また片桐昭彦『色部Ⅲ』九―十四解説を参照。また㊵・㊶は「草案」ではこれを一通としている。本稿では、「新潟色部」で二紙に分かれていることから**表1**では番号を分け、現状を二通と数えているが、「草案」にもとづき、もと一通であったとしておきたい。

(27) 前嶋『色部Ⅳ』十―四十一解説。

(28) 「草案」、『上越市史』別編二、三四五五号。なお本文中にみられる「あつかい」について、前掲注2『横手市史』史料編では、人質の徴発、監視と解釈する。

(29) 福原圭一『色部Ⅳ』十―三十一解説。

(30) 小林清治「「仕置」経過」（前掲注3小林著書ａ）。

(31) 前掲注2『横手市史』史料編では、「仕置のとき色部長真によって作成されたと推測できる以上のことはわからない」とする。

(32) 佐藤一幸「仙北一揆と人々の抵抗」、金子拓「上浦群を巡る小野寺氏と最上氏」（前掲注2『横手市史』通史編）、前掲注30小林論文など。

(33) 前掲注2『横手市史』史料編。

(34) 片桐昭彦『色部Ⅲ』九―五解説、田嶋悠佑『色部Ⅳ』十―三十七解説など。

(35) 田嶋悠佑『色部Ⅳ』十―三十七解説。

(36) 片桐昭彦『色部Ⅳ』十―十四解説、前掲注2『横手市史』史料編。

(37) 新潟県立歴史博物館所蔵雑文書、『上越市史』別編二、三五二六号。

(38) 「草案」では、「右神文ハ仙北郡在番時家来トモ神文之御案ト相見也、然トモ天正十八年ト可有之処筆者之誤成ヘシ」として、年代の記述は誤りとする。これを踏まえてたとえば小林清治氏は、本文書を天正十八年における色部長真の大森城在番体制を整えるためのものとする（前掲注30論文）。また田嶋悠佑『色部Ⅳ』十―三十二解説では、色部長真が豊臣政権の奉行となるのが天正十八年十月であることから、天正十八年の誤りとすれば大森在番に関わらない可能性があるとする。

◎コラム◎

上杉景勝書状――展示はつらいよ

大喜直彦

だいき・なおひこ――山形大学地域教育文化学部教授・同大学附属博物館長。専門は信仰社会史・古文書学。主な著書に『中世びとの信仰社会史』（法藏館、二〇一一年）、『神や仏に出会う時』（歴史ライブラリー）（吉川弘文館、二〇一四年）がある。

はじめに

本稿では、令和三年（二〇二一）【奥羽再仕置四三〇年記念プロジェクトについて】に参加した、山形大学附属博物館（以下、当館と略す）ミニ展示「上杉景勝と再仕置」について話を進めていく。特に作成した解説などを提示し、その際の当館スタッフの苦労を語ってみたい。

このプロジェクトは、栃木県立博物館や福島県立博物館が発起人となり始まった。令和三年は、天正十九年（一五九一）奥羽再仕置により豊臣秀吉の天下統一が完成してから四三〇年という節目の年になる。これに合わせて、関連する地域の資料館・博物館が連携して奥羽再仕置四三〇年を記念する展示等を実施した。

当館はこれを受けて企画を立てた。これは六月一日（火）公開予定であった（七月二十九日［木］終了）。しかし、新型コロナ感染症に対する本学の方針に従い、最後まで開館ができなかったのである。このような経緯を経た展示だが、以下、その展示内容についての話をしていく。なお、内容の説明は展示で使用した解説などを基本とするが、本原稿用に多少修正を加えた。

一、上杉景勝と奥羽仕置の企画にあたって

ここでは、本展示の企画について解説する。以下は、その企画書を引用しておく。

上杉景勝は、天正十八年（一五九〇）、出羽国大宝寺領庄内三郡の「仕置」を豊臣秀吉より命じられました（新潟県編『新潟県史』資料編三中世一［同県、一九八二年］史料番号九一四）。この「仕置」とは、奥羽の諸大名に対する領地の没収と分配を行うことをいいます。

「管窺武鑑」（秋田県編『秋田県史』資料編一古代中世編［同県、一九七九年］史料番号八八四）によると、景勝は山形を木村常陸介に渡して、出羽野辺沢（尾花沢市）へ押し行き、庄内に入り「仕置」を行ったと伝えられています。

ただ、最上氏領の出羽国最上・村山郡の「仕置」は最上氏自身でなされた（自分仕置）と考えられており、上記「管窺武鑑」の記事もすべて事実とはいえないかもしれませんが、最上氏の居城山形城には、仕置軍が入城したことは認めてよいでしょう。

したがって、本館では「仕置」に主体的に関わった「上杉景勝」に焦点をあてました。特に今回は、重要文化財指定の中条家文書にある上杉景勝の「書状」六通（朱印状一通・御内書五通・目録後掲）を一括展示しました。同文書は著名で、その中から上杉景勝の「書状」一括展示は、当館においては近年にない企画です。直接「仕置」の文書ではありませんが、その「書状」を通じて、仕置を実施した景勝の人となりを考える手がかりにできればと考えます。

今回の企画で山形大学所蔵の貴重な文書を公開することは、大学を始め研究者ほかの方々にとっても、また研究の進展や地域貢献という視点からも、有益な事業となると考えています。

【展示文書の目録】

天正十年（一五八〇）十二月二日　上杉景勝朱印状　中條一黒（与次三盛）宛

（年未詳）正月二日　上杉景勝御内書　中條与次（三盛）宛

（年未詳）正月二日　上杉景勝御内書　中條与次（三盛）宛

（年未詳）正月二二日　上杉景勝御内書　中條与次（三盛）宛

（年未詳）正月二日　上杉景勝御内書　中條一（市）兵衛（盛直）宛

（年未詳）十二月二十八日　上杉景勝御内書　中條一（市）兵衛（盛直）宛

二、重要文化財——中条家文書

文書は中条家文書より選んだ。次に同家文書について説明しておく。ここでも、展示した解説を引用しておく。

中条家文書は中条本家に伝来した文書群で、昭和四十七年（一九七二）、中条敦氏により本学に譲与されたものです。平成四年（一九九二）にはその内二三三通が重要文化財に指定されました。

中条氏は、相模国三浦半島の有力者、三浦義明の一族三浦和田氏を出自とします。建久三年（一一九二）、鎌倉幕府侍所別当の和田義盛の弟・三浦和田宗実が越後国・奥山庄地頭職に補任されると、三浦和田氏は鎌倉を離れ、越後国揚北地域（阿賀野川以北）の有力国人衆に成長していきます。

戦国時代の中条氏は上杉家臣団に編成

され、景勝の代には、織田信長の侵攻を受け、中条景泰以下が魚津城で戦死する悲劇に見舞われます。豊臣政権に取り込まれた上杉氏が会津へ転封すると、転地し鮎貝城主となり、関ヶ原の戦後、江戸時代において、米沢三十万石に減封された米沢藩上杉家の家老職として時代を重ね明治維新を迎えました。

このように中条氏は鎌倉時代より連綿と続く名族であり、中条家に伝来した文書群は中世越後国の戦乱や土地支配・一族の相克を映し出す貴重な史料群です。

三、展示史料
――翻刻とキャプション

ここでは、展示した文書の内二通を紹介する。まず、写真と作成した翻刻とキャプションをあげておく。なお、キャプションは展示した内容を引用する。また、文書の法量はセンチメートルである。ま

①天正十年（一五八二）十二月二日　上杉景勝朱印状　折紙　タテ二九・ヨコ二×四六・一

【翻刻】

知行之事、
本領・新地共ニ
如亡父《景泰》越前守代
不可有相違
者也、仍如件
天正十年
　十二月二日　景勝（朱印）＊
　　中條一黒《与次三盛》殿

＊印文「摩利支天・月天子・将軍地蔵」

【キャプション】

有名な㊞が捺してある!!　＊印文「摩利支天・月天・勝軍地蔵」

本文書は、景勝が、織田軍との攻防で討ち死にした中条景泰の遺領相続を、その子一黒（当時五歳、のち与次三盛を名乗る）に安堵したものです。天正十年は本能寺の変の年で、劣勢だった景勝軍が信長の死で窮地を脱した年です。同年十月には、羽柴秀吉が信長後継を誇示するため、その葬儀を挙行しています。中央におけるこの新たな権力闘争をみた景勝は何を思ったでしょうか。

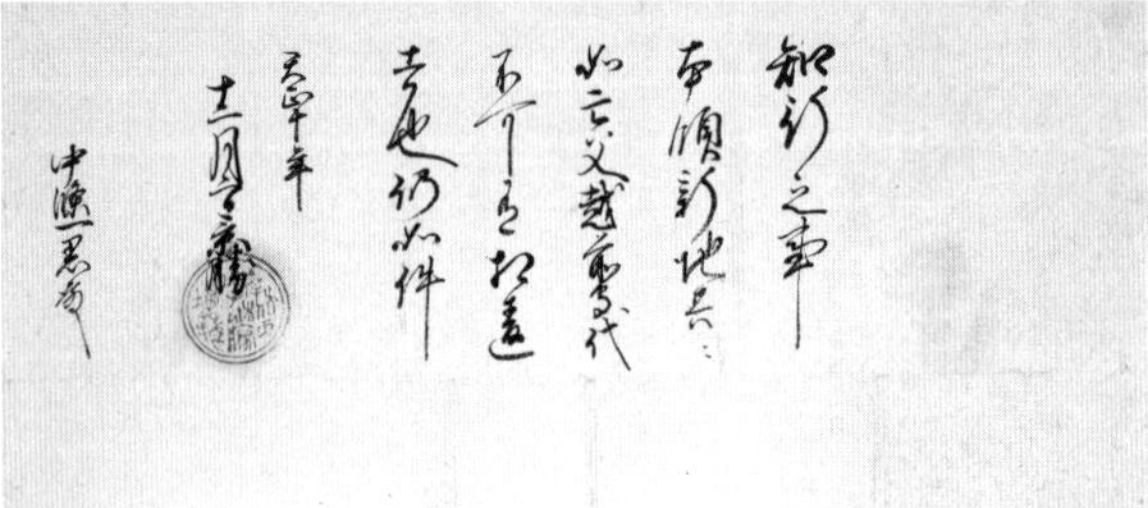

写真1　天正10年12月2日 上杉景勝朱印状（山形大学中央図書館所蔵）

②（年未詳）正月二日
上杉景勝御内書　折紙　タテ三三・ヨコ一×五〇・八

【翻刻】
為年頭之
祝儀、太刀一
腰到来、令
悦喜候者也
正月二日（花押）
中條与次《三盛》とのへ

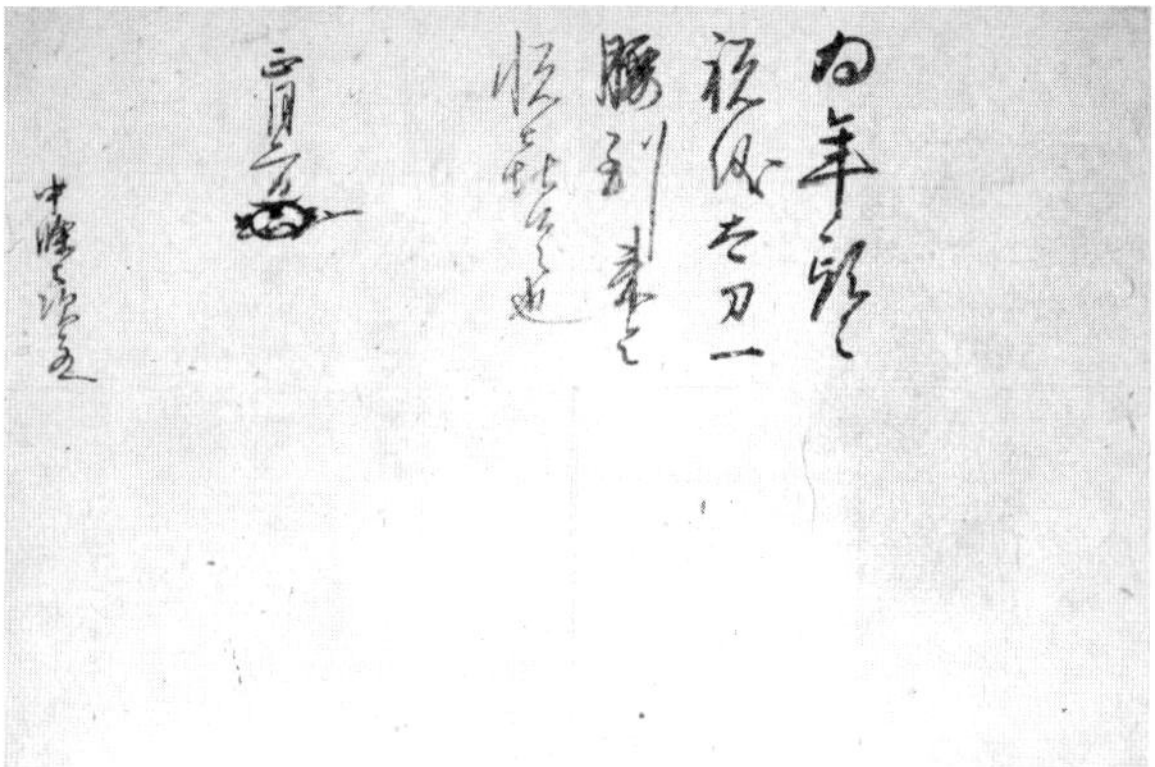
写真2　（年未詳）正月2日 上杉景勝御内書（山形大学中央図書館所蔵）

【キャプション】
本文書は、景勝が中条与次（三盛）より受けた年頭の祝儀（太刀一腰の献上）に対する礼状です。このような祝儀の礼状が、山形大学には全五通所蔵されています。
＊本文書は一五八四～一六〇七年に発給されたものと考えられます。

四、文書の探求
——朱印状・御内書と花押

展示では、文書をより深く理解してもらうために、「朱印状・御内書と花押」のコーナーを設けた。ここではその内容を引用しておく。

上杉景勝朱印状と御内書

朱印状は印判状の一つです。印判状とは、花押の代わりに戦国大名の印章が捺してある文書をいいます。その中で、朱印の印判状を朱印状としています。

本文書で景勝は、当時五歳の一黒に旧領を安堵しています。五歳に安堵とは、上杉家にとっての中条家の重要性がわかります。朱印状は、このように領地安堵など公的な内容に用いられました。なお、印判状は東国大名に多く見られ、上杉氏も多様な印章を用いています。

本文書の印章は養父謙信も用いたもので、印文には「摩利支天・月天・勝軍地蔵」と仏菩薩の名が刻まれています。

摩利支天は、仏教の守護神で陽炎を神格化したものです。陽炎は実体なく捉えがたく、焼けず、濡らせず、傷付かず、隠形の身で自在の通力を持つとされています。月天（子）は、月を神格化したもので、仏教に取り入れられ仏法守護の十二天の一つとして位置づけられています。勝軍地蔵は地蔵菩薩の一つで、戦勝を得て、宿業・飢饉などを免れるといわれています。この印文からは、神仏に深く帰依し、戦国大名として勝ち抜こうとする景勝の気迫が伝わってきます。

御内書は、足利将軍が直接発給した書状(直状)様式の文書です。当初はおよそ将軍の私用文書でしたが、やがて公用文書となり、以後、江戸時代の将軍まで利用されました。通常の書状と異なる点は、書止めを「恐々謹言」などではなく、御内書は「也」「之状如件」とすることが特徴です。この書止は宛所の受取者を見下す書式です。また宛所の敬語の「とのへ」も、「殿」に比して見下した書き方なのです。

本文書は将軍発給ではありませんが、「御内書」と同書式です。では景勝は重臣中条氏を見下していたのか。その答えは本文書の花押にあります。景勝は花押を多種用います(上杉景勝の花押一覧参照・本稿では省略)が、この花押の型(**写真2**文書の花押参照)は、特定の家臣宛にそして私的な場合に使用されたものです。つまり信頼ある親しい関係ゆえに、景勝はあえて私的な関係を強く示す御内書を用いたのであり、見下すためではないのです。

おわりに――展示はつらいよ

本企画は大学当局の方針で開館できなかった。ただ、閉館していても、大学のコロナ対応レベルが下がれば、すぐに開館となる。そのため開館しなくても、企画展などの準備や展示は完成しておかなければならなかったのである。

そこで開館許可は下りないことを当初より想定して、当館スタッフと話し合いをして、展示解説の動画を制作配信することとしたのである。

そのために企画会議を重ね、結果、面白おかしく、掛け合い漫才的な形の動画とし、配信しようとなった。ただし、史料の解説は学術的に…というコンセプトとした。掛け合ってくれる相手を、山形大学教授兼学芸研究員の佐藤琴氏が担当した。

動画作成はかなり楽しく作成できた。このような動画を配信することは、当館でも初めてのことであった。なお、その動画は、当館ＨＰから視聴できるので、一見して頂きたい(以下参照)。

奥羽再仕置430年記念プロジェクト 山形大学附属博物館

https://www.youtube.com/watch?v=cUEvEfa8JMA

現在コロナ対応はなくなったが、コロナ禍で開始した動画配信など、新たな形での展示は、博物館にとって今後にもつながるよい経験であった。このようにコロナ禍での展示を完成させることができたのは、当館スタッフの努力の結果であったことはいうまでもない。最後となるが、スタッフの努力に改めて敬意を表し、稿を終わりたいと思う。

参考文献

秋田県編『秋田県史』資料編一古代中世編（同県、一九七九年）
青木和夫ほか編『日本史大事典』（平凡社、一九九四年）
国史大辞典編集委員会編『国史大辞典』（吉川弘文館、一九七九年）
小林清治『奥羽仕置の構造』（吉川弘文館、二〇〇三年）
新潟県立歴史博物館他編『越後文書宝翰集』（新潟大学人文学部地域文化センター、二〇〇七年）
新潟県編『新潟県史』資料編三中世一（同県、一九八二年）
日本歴史学会編『概説古文書学』古代・中世編（吉川弘文館、一九八三年）
山形大学中央図書館同文書解説

奥羽再仕置関連年表

■天正18年（1590）

月	陸奥の動向	出羽の動向
7〜8	豊臣秀吉、関東・奥羽の諸氏の処分や諸政策を命じる　【宇都宮・会津仕置】 秀吉は京都へ帰還し、奥羽各地で豊臣大名による検地・刀狩・破城などが始まる	
9		仙北一揆蜂起
10	仕置を終えて諸将帰陣 葛西・大崎一揆蜂起。伊達政宗、鎮圧のため出陣 和賀・稗貫一揆蜂起。南部信直、鎮圧のため出陣	上杉景勝らが仙北一揆を鎮圧 色部長真を大森城に残し景勝帰還。帰路で庄内一揆蜂起
11	蒲生氏郷、葛西・大崎一揆鎮圧のため出陣 政宗、一揆勢から木村吉清らを救出 秀吉への報告をめぐって政宗と氏郷の確執深まる 浅野長吉が駿府から戻り、江戸で徳川家康と会談	庄内一揆を鎮圧して、景勝は越後へ帰還
12	伊達・蒲生・南部以外の奥羽諸氏の上洛 秀吉、豊臣秀次・家康らに奥州出陣を命令（氏郷出城により延期） 氏郷は名生城を出ず、旧葛西・大崎領、和賀・稗貫、庄内藤島での抵抗は続いたまま越年	

■天正19年（1591）

1	氏郷、名生城を出て、会津へ帰還した後に上洛 政宗、米沢を出発して上洛（〜閏正月）	
2	政宗入洛、秀吉に参礼。旧葛西・大崎領を与えられる 九戸一揆蜂起による信直の危急が伝えられる	
3		長真、大森城から越後へ帰国
4	南部信直子息の利直、父の使者として上洛 九戸一揆討伐を決定	
5	政宗、米沢へ帰国	直江兼続が庄内へ出陣。藤島一揆鎮圧
6	秀吉、「奥州奥郡仕置」のため諸将に出陣を命じる　【奥羽再仕置】	
7	政宗、佐沼・登米に進軍し葛西・大崎一揆を鎮圧 氏郷・家康ら奥羽・関東の諸将、一揆鎮圧のため出陣	景勝、米沢に着陣
8	秀次・家康ら二本松に着陣。諸将参集して会合 秀次・家康は旧大崎領で城普請などの仕置を実施 長吉・氏郷ら、和賀・稗貫一揆を鎮圧	景勝、旧葛西領の城普請
9	九戸（二戸）城を長吉・氏郷・信直・津軽為信らが攻撃。九戸政実降伏・開城。氏郷ら城普請 和賀・稗貫両郡の仕置が行われ、南部領となる 伊達と蒲生の郡分け確定。政宗、岩出山へ移る	
10	諸将帰陣	
12	秀吉、秀次へ家督・関白職を譲る	

「奥羽再仕置430年記念プロジェクト」リーフレットをもとに作成

執筆者一覧（掲載順）

江田郁夫	高橋　充	内野豊大
青木文彦	泉田邦彦	佐々木徹
高橋和孝	熊谷博史	滝尻侑貴
船場昌子	熊谷隆次	阿部哲人
菅原義勝	前嶋　敏	大喜直彦

【アジア遊学 294】
秀吉《ひでよし》の天下統一《てんかとういつ》
奥羽再仕置

2024年6月25日　初版発行

編　者　江田郁夫
発行者　吉田祐輔
発行所　株式会社勉誠社
〒101-0061　東京都千代田区神田三崎町 2-18-4
TEL：(03)5215-9021(代)　FAX：(03)5215-9025
〈出版詳細情報〉http://bensei.jp/

印刷・製本　㈱太平印刷社

ISBN978-4-585-32540-6　C1321

ドイツで／における日本中世史研究
田中誠

【コラム】比較文書史料研究の現場から
高橋一樹

第3部　日本で外国史を研究すること

日本で外国史を研究すること—中世ヨーロッパ史とイタリア史の現場から
佐藤公美

交錯する視点—日本における「外国史」としてのベトナム史研究　多賀良寛

日本でモンゴル帝国史を研究すること
向正樹

自国史と外国史、知の循環—近世オランダ宗教史学史についての一考察　安平弦司

【コラム】中国における日本古代・中世史研究の「周縁化」と展望　王海燕

第4部　書評と紹介

南基鶴『가마쿠라막부 정치사의 연구』(『鎌倉幕府政治史の研究』)　高銀美

Kawai Sachiko, *Uncertain Powers: Sen'yōmon-in and Landownership by Royal Women in Early Medieval Japan*（河合佐知子『土地が生み出す「力」の複雑性—中世前期の荘園領主としての天皇家の女性たち』）
亀井ダイチ利永子

Morten Oxenboell, *Akutō and Rural Conflict in Medieval Japan*（モーテン・オクセンボール『日本中世の悪党と地域紛争』）
堀川康史

Morgan Pitelka, *Reading Medieval Ruins: Urban Life and Destruction in Sixteenth-Century Japan*（モーガン・ピテルカ『中世の遺跡を読み解く—十六世紀日本の都市生活とその破壊』）　黄霄龍

Thomas D. Conlan, *Samurai and the Warrior Culture of Japan, 471-1877: A Sourcebook*（トーマス・D・コンラン『サムライと日本の武士文化：四七一—一八七七　史料集』）
佐藤雄基

【コラム】新ケンブリッジ・ヒストリー・オブ・ジャパンについて
ヒトミ・トノムラ

288 東アジアの「孝」の文化史—前近代の人びとを支えた価値観を読み解く

雋雪艶・黒田彰　編

序　雋雪艶

序文　黒田彰

一、孝子伝と孝子伝図

中国の考古資料に見る孝子伝図の伝統
趙超

舜の物語攷—孝子伝から二十四孝へ
黒田彰

伝賀知章草書『孝経』と唐宋時代『孝経』テクストの変遷　顧永新（翻訳：陳佑真）

曹操高陵画像石の基礎的研究　孫彬

原谷故事の成立　劉新萍

二、仏教に浸透する孝文化

報恩と孝養　三角洋一

〈仏伝文学〉と孝養　小峯和明

孝養説話の生成—日本説話文芸における『冥報記』孝養説話　李銘敬

説草における孝養の言説　高陽

元政上人の孝養観と儒仏一致思想—『扶桑隠逸伝』における孝行言説を中心に
陸晩霞

韓国にみる〈孝の文芸〉—善友太子譚の受容と変移　金英順

平安時代における仏教と孝思想—菅原文時「為謙徳公報恩修善願文」を読む
吉原浩人

三、孝文化としての日本文学

漢語「人子」と和語「人《ひと》の子《こ》」—古代日本における〈孝〉に関わる漢語の享受をめぐって　三木雅博

浦島子伝と『董永変文』の間—奈良時代の浦島子伝を中心に　項青

『蒙求和歌』における「孝」の受容　徐夢周

謡曲における「孝」　ワトソン・マイケル

『孝経和歌』に見る日本における孝文化受容の多様性　雋雪艶

和漢聯句に見える「孝」の題材　楊昆鵬

橋本関雪「木蘭」から見る「孝女」木蘭像の変容　劉妍

290 女性の力から歴史をみる―柳田国男「妹の力」論の射程

永池健二　編

序言　いま、なぜ「妹の力」なのか　永池健二

総論「妹の力」の現代的意義を問う　永池健二

第Ⅰ部　「妹の力」とその時代―大正末年から昭和初年へ

「妹の力」の政治学―柳田国男の女性参政論をめぐって　影山正美

柳田国男の女性史研究と「生活改善（運動）」への批判をめぐって　吉村風

第Ⅱ部　霊的力を担う女たち―オナリ神・巫女・遊女

馬淵東一のオナリ神研究―オナリ神と二つの出会い　澤井真代

折口信夫の琉球巫女論　伊藤好英

地名「白拍子」は何を意味するか―中世の女性伝説から『妹の力』を考える　内藤浩誉

【コラム：生きている〈妹の力〉1】民俗芸能にみる女性の力―朝倉の梯子獅子の御守袋に注目して　牧野由佳

【コラム：生きている〈妹の力〉2】江戸時代の婚礼の盃事―現代の盃事の特質を考えるために　鈴木一彌

第Ⅲ部　生活と信仰―地域に生きる「妹の力」

くまのの山ハた可きともをしわけ―若狭・内外海半島の巫女制と祭文　金田久璋

長崎のかくれキリシタンのマリア信仰　松尾恒一

敦煌文献より見る九、十世紀中国の女性と信仰　荒見泰史

【コラム：生きている〈妹の力〉3】母親たちの富士登山安全祈願―富士参りの歌と踊り　荻野裕子

【コラム：生きている〈妹の力〉4】女たちが守る村―東日本の女人講　山元未希

第Ⅳ部　女の〈生〉と「妹の力」―生活から歴史を眼差す

江馬三枝子―「主義者」から民俗学へ　杉本仁

「妹の力」から女のための民俗学へ―瀬川清子の関心をめぐる一考察　加藤秀雄

「女坑夫」からの聞き書き―問い直す女の力　川松あかり

高取正男における宗教と女性　黛友明

【コラム：生きている〈妹の力〉5】「公」と「私」と女性の現在　山形健介

「妹の力」をめぐるミニ・シンポジウムの歩み

289 海外の日本中世史研究―「日本史」・自国史・外国史の交差

黄霄龍・堀川康史　編

序論　日本中世史研究をめぐる知の交差　黄霄龍・堀川康史

第1部　海外における日本中世史研究の現在

光と闇を越えて―日本中世史の展望　トーマス・コンラン

韓国からみた日本中世史―「伝統」と「革新」の観点から　朴秀哲

中国で日本中世史を「発見」する　銭静怡

ドイツ語圏における日本の中世史学　ダニエル・シュライ

英語圏の日本中世経済史研究　イーサン・セーガル（坂井武尊：翻訳）

女性史・ジェンダー史研究とエージェンシー　河合佐知子

海外における日本中世史研究の動向―若手研究者による研究と雇用の展望　ポーラ・R・カーティス

【コラム】在外日本前近代史研究の学統は描けるのか　坂上康俊

第2部　日本側研究者の視点から

イギリス滞在経験からみた海外における日本中世史研究　川戸貴史

もう一つの十四世紀・南北朝期研究―プリンストン大学での一年から　堀川康史

歴史翻訳学ことはじめ―英語圏から自国史を意識する　菊地大樹

ケンブリッジ日本学見聞録―研究・教育体制と原本の重要性　佐藤雄基

アジア遊学既刊紹介

293 彷徨する宗教性と国民諸文化
—近代化する日独社会における神話・宗教の諸相

前田良三　編

はじめに　「彷徨する宗教性」と日独の近代　前田良三

第一部　近代日本—神話・宗教と国民文化

解題　前田良三

日本国家のための儒学的建国神話—呉泰伯説話　ダーヴィッド・ヴァイス（翻訳：前田良三）

神道とは宗教なのか？—「Ostasien-Mission（東アジアミッション）」（ＯＡＭ）の報告における国家神道　クラウス・アントーニ

国民の人格としての生きる過去—昭和初期フェルキッシュ・ナショナリズムにおける『神皇正統記』とヘルマン・ボーネルによる『第三帝国』との比較　ミヒャエル・ヴァフトゥカ（翻訳：馬場大介）

戦間期における宗教的保守主義と国家主義—ルドルフ・オットーと鈴木大拙の事例を手掛かりに　チェ・ジョンファ（翻訳：小平健太）

ゲーテを日本人にする—ドイツ文学者木村謹治のゲーテ研究と宗教性　前田良三

第二部　近代ドイツ—民族主義宗教運動と教会

解題　前田良三

ナザレ派という芸術運動—十九世紀における芸術および社会の刷新理念としての「心、魂、感覚」　カーリン・モーザー=フォン=フィルゼック（翻訳：齋藤萌）

「悪魔憑き」か「精神疾患」か？——一九〇〇年前後の心的生活をめぐるプロテスタントの牧会と精神病学との論争　ビルギット・ヴァイエル（翻訳：二藤拓人）

近代ドイツにおける宗教知の生産と普及—ドイツ民族主義宗教運動における「ナザレのイエス」表象を巡って　久保田浩

自然と救済をめぐる闘争—クルト・レーゼとドイツ民族主義宗教運動　深澤英隆

フェルキッシュ・ルーン学の生成と展開—アリオゾフィー、グイド・リスト、『ルーンの秘密』　小澤　実

ヴィリバルト・ヘンチェルと民族主義的宗教（völkische Religion）　齋藤正樹

あとがき　前田良三

292 中国学の近代的展開と日中交渉

陶徳民・吾妻重二・永田知之　編

序説　陶徳民・吾妻重二

第Ｉ部　近代における章学誠研究熱の形成とそのインパクト

十九世紀中国の知識人が見た章学誠とその言説—史論家・思想家への道　永田知之

「欧西と神理相似たる」東洋の学問方法論の発見を求めて—内藤湖南における章氏顕彰と富永顕彰の並行性について　陶徳民

戴震と章学誠と胡適—乾嘉への接続と学術史の文脈　竹元規人

「章学誠の転換」と現代中国の史学の実践—胡適を中心に（節訳）　潘光哲（邱吉、竹元規人編訳）

余嘉錫の章学誠理解—継承と批判　古勝隆一

内藤湖南・梁啓超の設身処地と章学誠の文徳について　高木智見

【コラム】『章氏遺書』と章実斎年譜について　銭婉約

【コラム】劉咸炘と何炳松の章学誠研究について　陶徳民

【コラム】清末・民国初期における史学と目録学　竹元規人

【コラム】『文史通義』の訳出を終えて　古勝隆一